우리 안의 실크로드

아시아

유럽

아프리카

인도양

오스트레일리아

1. 비너스상
2. 포틀랜드 화병
3. 파로스의 등대가 새겨진 로마 동전
4. 알렉산드로스
5. 아멘호테프 2세의 유리제 두상
6. 페르시아 왕의 알현 부조
7. 설형문자 점토판
8. 아시리아 아슈르바니팔 왕 사자사냥 부조
9. 간다라 불상
10. 모헨조다로 동물 문양 인장
11. 견왕녀도

12. 둔황 출토 비단
13. 비천상
14. 대방정
15. 옥벽사
16. 장건
17. 당식 5현 비파
18. 시집가는 왕소군과 흉노 선우
19. 고인돌
20. 인면유리구슬(일명 미소짓는 상감옥 목걸이)
21. 황금장식보검

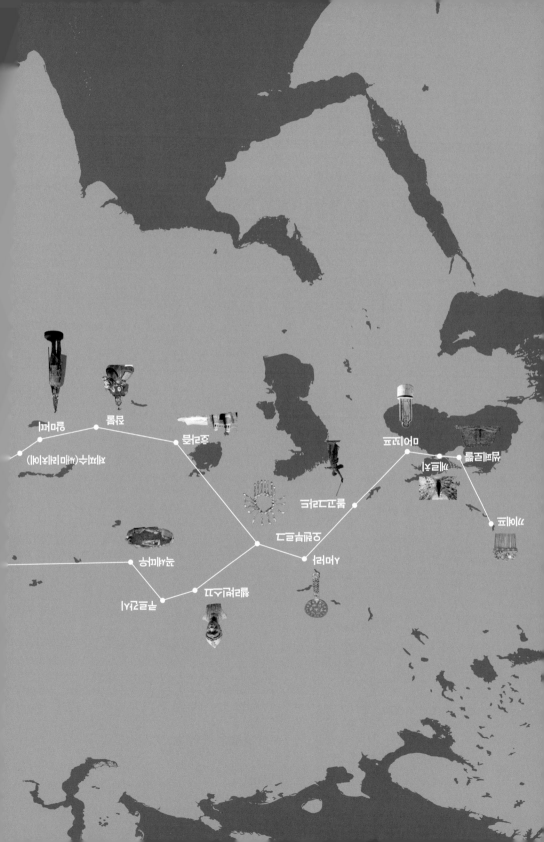

실크로드 지도

(정수일, 『고대문명교류사』, 사계절 2001)

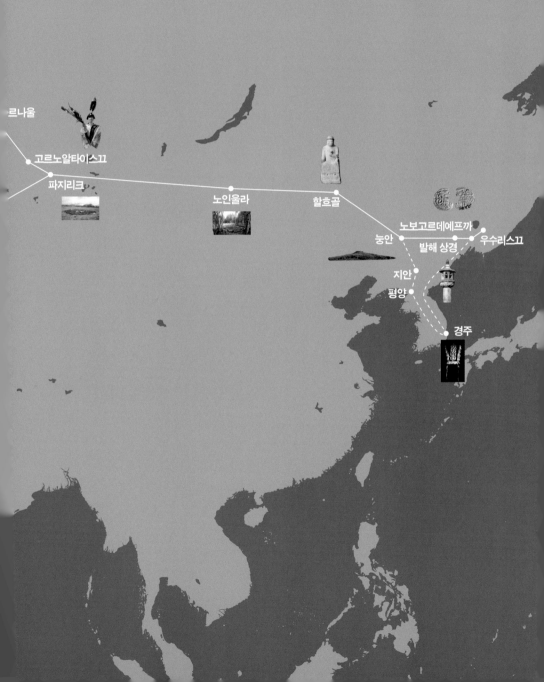

복원된 초원실크로드 노정도

르나울

고르노알타이스끄

파지리크

노인울라

할흐골

눙안

노보고르데예프까

발해 상경

우수리스끄

지안

평양

경주

독일
뒤스부르크

네덜란드
로테르담

러시아
모스끄바

터키
이스탄불

우즈벡
사마르칸트

까자흐스딴
알마띠

우루무치

육상실크로드

이딸리아
베네찌야

끼르기스
비슈께끄

시안

그리스
아테네

이란 테헤란

중 국

푸저우

인도 콜카타

베트남
하노이

해상실크로드

광저우

아라비아해

태평양

케냐
나이로비

스리랑카 콜롬보

말레이시아
쿠알라룸푸르

인도네시아
자카르타

중국의 '일대일로' 지도

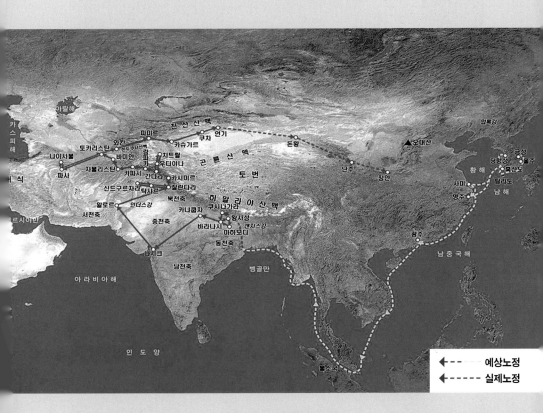

아랄해

카스피해

압록강

천산산맥

파미르 쿠차 언기

카슈가르 돈황 오대산

외간 경성
토카리스탄 림 지트발 당항성 등주
나이사불 바미안 키 우디아나 황해 밀라도
자불리스탄 카피사 곤륜산맥 사미 남해
파사 간다리 카시미르 토번 명주

신드구르자라 탁사르
잘란다라
알로르 인더스강
서천축 쿠시나가라 히말라야산맥
중천축 카나쿱자 왕사성
바라나시 갠지스강 광주
마하보디
바시크 동천축 남중국해
남천축 뱅골만

아라비아해

인도양

몰소국

◀----- 예상노정
◀----- 실제노정

혜초의 서역기행노정도

신라 때의 경주 전경

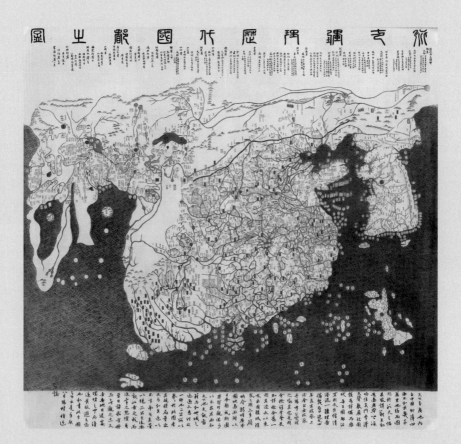

「혼일강리역대국도지도」속의 중앙아시아
(서울대학교 규장각한국학연구원 제공)

S
I
L
K

R
O
A
D

정수일 지음

우리 안의 실크로드

창비

책머리에

이 책은 저자가 지난 11년간(2009~2019) 주로 국내외에서 개최된 실크로드 관련 국제학술대회에서 발표한 논문 가운데 22편을 골라 엮은 논문집이다. 이 졸저는 『문명교류사 연구』(2002)와 『문명담론과 문명교류』(2009)에 이은 세번째 논문집으로서, 우리와 우리 바깥을 소통시키며, 우리 안의 삶을 풍요롭게 해주는 길인 실크로드에 관한 바른 이해를 도모하기 위해 쓴 글들을 모은 것이다.

일반적으로 학술논문은 소정된 주제에 관해 심층적인 전문 탐구를 목적으로 하여 구사하는 글이기 때문에 관련 통론이나 개설을 보완할 뿐만 아니라, 창의적인 논제들을 새롭게 개진함으로써 학문 연구를 가일층 심화시키고 활성화한다. 그래서 학문의 진주는 논문에서 캐낸다고 한다. 이것은 경험을 통해 굳어진 필자의 학문적 소신이며, 나름대로 논문 쓰기에 부심하는 이유이기도 하다.

그러나 졸저에 관한 한 이러한 일반론에 앞서 한가지 강조하고자 하는 것은 비록 구족(具足)한 명문들은 아니지만, 이 글들이 21세기 초반 동아시아, 특히 한국의 선도에 의해 일어난 실크로드 연구의 새로운 붐 속에서 절박한 시대적 요청에 부응해 쓰였다는 점이다. 사실 제2차 세계대전 이후 일본 말고는 실크로드에 관해 어느 서방국가에서도 연구는 고사하고, 관심조차 별로 있지 않았다. 일본의 경우도 단기필마(單騎匹馬)식 연구에 자족한 나머지 지속 가능한 활력을 점차 잃어가고 있었다. 바야흐로 문명 창달의 가교인 실크로드 연구에 녹이 슬기 시작하였다.

이 운명이 경각에 달려 있는 시기에 냉전체제는 무너지고 문명교류가 시대의 화두로 떠오르면서 실크로드의 연구 붐이 들불처럼 일어났다. 자랑스럽게도 우리 대한민국은 세계실크로드학회의 창립총회를 비롯한 세번의 실크로드 국제학술대회의 주최, 한반도—지중해 간의 오아시스로와 해로에 대한 두차례 미증유의 대탐험, 최대 규모의 『실크로드 사전』(한·영)과 초유의 실크로드 3대 간선 도록(한·영, 6권)의 출간, 경주와 이스탄불에서의 실크로드 엑스포 개최, 세계실크로드학회에 대한 지속적인 지원…… 등을 통해 자타가 인정하다시피 이 시대 실크로드의 중흥에 앞장서고 있다.

학술적으로 보면, 이상의 모든 활동은 실크로드학의 학문적 정립에 초점을 맞췄다. 지난 140여년 동안 동서양 학계에서 띄엄띄엄 진행해온 연구사업은 비록 일정한 성과를 거두기는 하였지만, 학문적 규범이 결여된 진부한 통념의 구각에서 벗어나지 못한 채 지지부진한 상태에 빠져 있었다. 따라서 새롭게 부상한 인문학의 중요한 분야인 실크로드학의 학문적 정립은 절박한 시대적 요청이 아닐 수 없었다.

다행히 필자는 세계실크로드학회의 창립 발기인의 한 사람으로서, 그리고 이 학회 3대 회장을 역임하면서 학회의 활동과 본인 연구의 초점을 실크로드의 학문적 정립에 맞춰야 할 책무를 지니게 되었다. 이 대목에서 특기할 사항 한가지는 이 모든 활동과 연구는 필자가 지속해온 28년간의 종횡 세계일주의 결속기와 그 기록인 세계문명기행기의 저술과 때를 같이했다는 점이다. 굳이 그 의미를 말한다면, 모든 저술은 시종일관 철저한 현장조사(field work)에 의한 실증의 결과물이라는 것이다.

상술한 바와 같이, 실크로드학의 학문적 정립을 시대적 사명으로 받아들인 필자는 동분서주하면서 그 수행에 신명을 다하려고 하였다. 그 결과가 졸저에 고스란히 반영되어 있는데, 그 내용은 크게 두가지다.

첫째는 실크로드의 기본개념 정립이다. '기본개념'의 중요성만큼이나 이에 관한 논란이 분분해서 적잖은 경우 아직 완전한 합의에는 이르지 못하고 있으나, 점차 중론이 모아지고 있어 전망은 십분 밝다. 실크로드의 기본개념에는 개념의 정의, 개념의 4단계 확대론, 실크로드의 구대륙 한계론과 범지구론(범주), 실크로드의 기능론과 종결론 및 역할론, 중국의 '일대일로'론, 실크로드의 3대 간선로와 5대 지선로의 지도제작…… 등이 포함된다.

둘째로 그 내용은 실크로드의 한반도연장설이다. 지금까지는 '문명중심주의론'자들의 부당한 편견에 의해 한반도는 세계 문명교류 통로인 실크로드에서 소외되어왔다. 필자는 일찍부터 이 점을 간파하고 이른바 실크로드의 '한반도연장설'을 끈질기게 주창해왔다. 졸저에 수록된 한반도 관련 모든 글들(관계론, 교류론, 교통론 등)에서 이 '연장설'은 학문적으로 의문의 여지 없이 확실하게 실증되었을 뿐만 아니라, 전술된 바와 같은 선도적 활동을 통해 세계 학계의 한결같은 공인을 획득하기에 이르렀다.

한가지 부언할 것은, 책 미부(尾部)에 실린 4편의 외국어 글들(중국어 3편, 영어 1편)은 관련 국제학술대회에서 발표된 원문으로서 외국 독자들을 위한 배려 차원에서 첨부했다는 점이다. 동명의 한국어 역문은 앞에 실려 있다.

10여년간 흩어져 있던 글들을 한데 모으니 썩 내키지는 않지만, 그런대로 건져 올릴 만한 것이 있는 성싶어 일말의 위안은 된다. 그리고 설익은 글 묶음이지만 관심있는 연구자들의 연구에 조금이나마 도움이 된다면 더없는 보람이 되겠다. 더불어 미흡한 점에 대한 독자 여러분의 가차 없는 질정을 바라 마지않는 바이다.

끝으로, 논문집쯤은 '있어도 그만, 없어도 그만'으로 홀대되는 현하의 학문풍토에서, 별로 '상품성'도 없는데다가 꽤나 난삽한 졸저의 출간을 흔쾌히 맡아 수고하신 창비 편집진 여러분의 배려와 노고에 진심으로 고마움을 표하는 바이다.

2020년 7월
옥인학당에서
정수일

제2부 문명교류

제3부 부록

제 1 부

실 크 로 드

1
우리에게 실크로드란 무엇인가

서론

실크로드란 인류문명의 교류통로에 대한 범칭으로서, 이 통로는 주요하게 유라시아대륙을 동서로 횡단하는 초원실크로드와 오아시스실크로드, 해상실크로드의 3대 간선으로 구성되어 있다. 실크로드 자체는 태고에 인류문명이 이동되던 때부터 실존해왔지만, 사람들이 그것을 인류문명의 교류통로로 인지하게 된 것은 불과 140여년 전(1877)부터다. 그간 연구를 심화시켜온 결과 그 개념이 몇 단계를 거쳐 부단히 확대되어왔으며, 괄목할 만한 연구성과도 거두었다.

그러나 아직까지도 실크로드의 정의라든가, 기능과 범위 등 기본개념에 관해 여러가지 이견(異見)이 분분하다. 예컨대, 범지구적인 교류통로인 이 길을 중국이나 일본, 유럽의 대부분 학계에서는 아직까지도 구대륙, 즉 유라시아대륙에만 국한시킬 뿐만 아니라, 중화중심주의나 서구문명중심주의에 사로잡혀 한반도를 비롯한 이른바 '주변문명(국가)'들을 제외시키는 진부한 통념을 고집하고 있다.

그럼에도 불구하고 작금 세계적으로 실크로드 붐이 일어나고 있다. 그 붐은 한국과 중국이 선도하고 있다. 한국은 경상북도가 '코리아 실크로드 프로젝트'를 2013년에 발의해 실크로드사상 유례없는 대규모 실크로드 탐사를 진행하고, 실크로드 문화엑스포를 개최했으며, 프로젝트의 일환으로 『실크로드 사전』(한글판·영문판)과 『해상실크로드 사전』 『실크로드 도록』(육로편·해로편)을 각각 편찬 출간하였다. 그리고 이 프로젝트를 계기로 5개 대학 내에 실크로드 연구소(원)가 출범하여 한반도를 실크로드 연구의 메카로 자리매김하기 위한 연구사업이 활발하게 진행되고 있다.

한편, 중국은 실크로드의 이름하에 '일대일로(一帶一路)'란 어마어마한 전지구적 전략구상을 내놓고, 그 실현에 진력하고 있다. 그밖에 최근 연간 한·중·일 동아 3국은 실크로드를 학문적으로 집대성한 '실크로드 사전(事典, 辭典)'을 연이어 출간함으로써 실크로드 연구에서의 선도적 위상을 보여주고 있다. 아직 유럽학계에서는 이러한 유의 사전을 출간한 예가 없다. 이러한 실크로드 붐이 일어나고 있는 요인은 21세기가 교류의 무한확산 시대로서 실크로드 연구가 시대의 절박한 요청으로 제기되고 있으며, 아울러 시대의 흐름에 부응해 실크로드를 새롭게 이해하고 더욱 발전시켜나가야 한다는 욕구가 분출된 데 있다.

이 글에서는 지금까지 인정받지 못해온 실크로드의 한반도 연장 사실을 복원하면서, 우리의 역사·문화의 뿌리를 내리게 하고, 역사적으로 우리와 세계를 이어주고 소통시켜준 길이란 두 측면에서 '우리에게 실크로드란 무엇인가'라는 주제를 조명해보고자 한다.

1. 실크로드의 한반도 연장

지금까지의 통설로는 구대륙 내에서 전개된 실크로드의 동단(東端)은 일괄해서 중국이다. 이를테면, 초원로는 화베이(華北) 지방이고, 오아시스로는 장안(長安, 현 시안西安)이며, 해로는 중국 동남해안이라는 것이다. 그러나 한반도에서 발견된 여러가지 서역 및 북방계 유물과 관련 기록은 일찍부터 한반도와 이들 지역 간에 문물이 교류되고 인적 내왕이 있었음을 실증해준다. 그렇다면 분명한 것은, 이러한 교류를 실현 가능케 한 공간적 매체로서의 길이 있었을진대, 그 길은 다름 아닌 중국을 관통한 실크로드의 동쪽 구간, 즉 한반도로 이어지는 길이라는 사실이다. 이러한 사실이 제대로 밝혀질 때, '세계 속의 한국'이라는 우리의 역사적 위상이 제대로 자리매김될 것이다.

(1) 오아시스로의 한반도 연장

초보적인 연구결과에 의해서도 실크로드 3대 간선의 한반도 연장은 고증 가능하다는 것이 확인되었다. 우선, 오아시스 육로의 동단이라고 할 수 있는 고대 한·중 육로의 원형은 평양과 전국(戰國)시대 연(燕)나라의 수도인 계(薊, 베이징의 북방) 간의 이른바 '명도전로(明刀錢路)'다. 이 길은 연나라 화폐인 명도전의 출토지들을 연결한 고조선시대의 길이다. 명도전은 중국 전국시대에 연나라에서 통용되던 칼 모양의 동전으로, 연나라와 고조선의 고지(故址) 여러곳에서 숱하게 출토되었는데, 한반도 내에서만도 1917년부터 20여곳에서 출토되었다. 출토량은 각이한데, 많은 곳에서는 4천여매나 된다. 명도전의 출토지는 당시 한·중 간 교역로의 요지였을 것이다. 그 출토지를 연결한 노정은 한반도 경내의 평양에서 출발해 동북방의 영원(寧遠)과 영변(寧邊)을 지나 압록강 중류의 동황성(東黃城, 현 강계江界)에 다다른다. 여기서 강을 건너 중국 등베이(東北) 경내의 통구(通溝, 현 지안集安)에 이른 후 서행해 랴오둥(遼東)반도를 거쳐 청더(承德)를 지나 허베이성(河北省) 연나라 수도 계에 종착한다.

고조선에 이어 출현한 삼국 중 북방에 위치한 고구려는 한·중 간의 육로를 독점하였다. 『삼국사기(三國史記)』 등 사적의 기록에 의하면, 수도 평양(후기 고구려 수도)에서 중국 여러 조와의 접경 요지인 영주(營州, 현 차오양朝陽)까지 가는 육로(평양-영주로)에는 남·북 두 길이 있다. 두 길모두가 평양에서 출발해 동황성을 지나 압록강을 건너 환도(丸都, 즉 통구, 전기 고구려 수도)에 이른 후 남·북 두갈래로 나뉜다. 두갈래는 각기 광주(廣州, 현 랴오중遼中)와 심주(瀋州, 현 선양瀋陽)를 지나 양어무(梁魚務)와 통정진(通定鎭, 현 신민현新民縣)에서 랴오허(遼河)를 건넌 다음 영주에서 만난다. 그중 랴오둥반도를 통과하는 남쪽 길은 고대 '명도전로'와 대체로 일치한다.

통일신라시대에는 나·당 관계의 발전과 서역문물의 한반도 전래로 인해 이 육로가 양국 수도를 연결하는 길, 즉, 금성(金城, 현 경주)-장안로로 확대 연장되었다. 그 노정은 금성에서 출발해 한반도 경내의 한주(漢州, 현 서울)를 지나 평양에 이르러서는 전술한 평양-영주로로 이어져 영주에 이른다. 여기서부터 다시 서행해 임투관(臨渝關, 渝關, 현 산하이관山海關)과 평주(平州) 등 랴오닝성(遼寧省) 서부와 허베이성 동북부 여러곳을 지나 유주(幽州, 현 베이징)에 도착한다. 유주부터는 서·중·동도의 세갈래로 갈라져 각기 남행하다가 뤄양(洛陽)에서 합친 후 서행해 장안에 이른다. 이상의 내용을 종합하면, 금성에서 장안까지의 거리는 약 6840리가 되며, 로마까지는 약 3만 6840리(1만 4750km)로 추산된다.

하루에 1백리(40km)를 걷는다면 꼭 1년이 걸려야 전노정을 주파할 수 있다.

(2) 해로의 한반도 연장

다음으로, 실크로드 3대 간선의 하나인 해로의 경우, 한반도는 일찍부터 중국과는 물론, 멀리 동남아시아나 서역과도 바닷길을 통해 내왕하고 교역을 진행하였다. 기원전 진시황 시대에 서복(徐福) 선단이 중국 산둥(山東)반도에서 출발해 한반도 남해안에 이른 것을 비롯해 고대 한·중 간의 해상 내왕은 연락부절(連絡不絶)하였다. 그 바닷길은 대체로 중국 동남해안을 거쳐 연해로(우회로)나 횡단로(직항로)를 따라 한반도의 서남해안까지 이른다. 이 한·중 간의 바닷길은 두 나라의 문헌기록에 의해 구체적으로 구명되고 있다. 이 점에서 해로는 중국 동남해안을 매개로 하여 해상실크로드가 한반도와 연결되었다고 말할 수 있다.

한편, 한국은 삼국시대부터 동남아시아는 물론, 멀리 아랍세계를 비롯한 서역과도 교류하고 있었음이 여러가지 유물과 기록에 의해 입증되고 있다. 동남아 특산의 유리구슬이 백제 왕릉에서 출토되고, 자단(紫檀)과 침향(沈香), 공작새 꼬리와 비취색 털이 신라인들의 기호품으로 애용되었다. 그런가 하면 중세 아랍 문헌에는 신라로부터의 수출품이 열거되고 있으며, 아랍·무슬림들의 신라 내왕, 내지는 정착까지 기록되어 있다. 고려 초기에는 아랍 상인들이 1백여명씩이나 집단적으로 상역(商易)차 뱃길로 개경에 오곤 하였다. 이 모든 사실은 실크로드의 한 간선인 해로의 종착지는 결코 중국 동남해안이 아니라, 그 이동의 한반도까지 연장되었음을 입증해주고 있다. 조선술과 항해술의 발달 수준으로 미루어 동남아 지역과는 직접적 해상교통이 전개되었음직한데, 연구의 미흡으로 아직 실증적 증거는 확보하고 있지 못하다.

(3) 초원로의 한반도 연장

끝으로, 초원로의 한반도 연장 문제가 남는다. 스키타이와 흉노를 비롯한 북방 유목기마민족 문화의 영향이 역력한 한반도가 일찍부터 그들과 교류하고 있었으며, 그 교류통로가 바로 초원로였다는 사실은 의심의 여지가 없다. 북방 유목기마민족 문화와의 접촉은 지역적으로 폭넓게 진행되었기 때문에 한반도로 이어지는 초원로는 한 길만이 아니고 여러갈래의 길이었을 것이다. 그러나 관련 기록이나 유물이 별로 없는데다가 연구의 일천까지 겹치니 아직은 오롯하게 밝혀진 바가 없다. 요체는 지금까지의 통설대로 중국 화베이 지방까지 이르렀다는 초원로를 한반도로 이어줌으로써 한반도를 초원로의 동단으로 자리매김하는 것이다.

역사적으로 보면, 고구려나 발해의 서변 출구는 영주다. 전술한 바와 같이, 고구려시대에 한반도를 이어주는 오아시스 육로의 남·북 2도도 이곳에서 만난다. 영주는 고구려의 서역행 육로의 요지일 뿐만 아니라, 여기로부터 화베이와 몽골로 이어지는 초원로의 시발점이기도 하다. 『위서(魏書)』와 『구당서(舊唐書)』 등 중국 사적에 소개된 교통로 관련 기록들을 참고하면, 한반도와 초원로의 연결 루트를 두 길로 갈라 설정할 수 있다.

우선, 영주-평성(平城)로다. 『위서』에는 북위 도무제(道武帝) 등극 2년(387)부터 태무제(太武帝) 연화(延和) 원년(432)까지의 45년 동안에 위나라 수도 평성(현 산시성山西省 다퉁大同)에서 화룡(和龍, 현 차오양)까지 일곱차례에 걸친 위나라 왕의 순유(巡遊)나 동정(東征)에 관한 기록과 더불어 그 노정이 구체적으로 기술되어 있다. 그 기술에 의하면, 이 길은 평성-(동행) 대령(大寧, 현 장자커우張家口)과 유원(濡源, 롼허灤河)의 어이진(禦夷鎭)-(동남행 90리) 서밀운술(西密雲戌, 현 다거진大閣鎭)-(동행) 안주(安州, 현 룽화隆化)-삼장구(三藏口, 현 청더 북부)-(동북행) 백낭성(白狼城, 현 링위안凌源 남변)-(동행) 화룡으로 이어지는 초원로다. 이 길은 평성에서 유주와 몽골의 오르콘(Orkhon)강을 남북으로 잇는 마역로(馬易路, 실크로드 5대 지선의 하나)와 합쳐 북방 몽골 초원을 관통하는 초원로와 연결된다.

다음은, 영주-실위(室韋)로다. 『구당서』「해국(奚國)」전의 기록에 의하면, 이 길은 영주-(서북행) 송경령(松徑嶺, 현 다칭산大靑山)-(서북행) 토호진수(吐護眞水, 현 라오하허老哈河)-(서북행) 해국의 아장(牙帳)인 황수석교(潢水石橋, 현 바린차오巴林橋)-(북행) 구륜박(俱輪泊, 현 후룬츠呼倫池, 혹은 후룬후呼倫湖)의 오소고부(烏素固部, 실위의 최서부)로 이어지는 초원로다. 이 길은 몽골의 동부 초원로에 가닿는다. 고구려의 서변 출구인 영주로부터 이어져간 이상의 두 초원로는 실크로드 초원로의 동단(東段)으로서 고대 한반도와 북방 유목기마민족을 연결하는 통로로 많이 이용되었다.

이와 같은 3대 간선을 통해 실크로드는 한민족의 혈통적·역사문화적 뿌리를 내리게 한 길이었으며, 한민족이 세계와 소통하는 길이었다. 이 길이 없었던들, 한민족은 궤를 달리해 뿌리를 내리게 되었을 것이며, 세계와의 교류나 내왕, 소통은 도시 불가능했었을 것이다.

2. 뿌리를 내리게 한 길

약 6만년 전에 출현한 현생인류의 역사로 추적해보면, 한민족의 혈통적·역사문화적 뿌리는 단원적(單元的)이 아니고, 다원적(多元的)이다. 즉 어느 일방적인 뿌리가 아니라, 북방과 남방뿐만 아니라, 서방과 자생 등 다방면적인 뿌리에서 탄생하고 성장하였다. 유전적으로 한민족의 약 25%는 남방계이고 65% 정도는 북방계라는 주장이 있지만, 신빙성은 별로 없다. 지금까지 연구결과로는 북방계가 우세를 점하고, 남방계가 그에 버금간다는 것이 학계의 중론이다.

(1) 북방 뿌리

개론

지금으로부터 약 1만년 전 해빙기에 바이깔호가 범람해 홍수가 일어났다. 그러자 주변에 살던, 한민족의 조상으로 추측되는 구석기인이자 순록유목민인 코리족(Khorl, Qori, Kholrl)이 홍수를 피해 순록의 먹이인 이끼의 길을 따라 몽골 초원과 다싱안링(大興安嶺)을 넘어 만주지역으로 남하한다. 여기서 목축과 농업이 결합해 고조선, 부여, 고구려, 발해 등 여러 나라의 생태적·경제적 토대가 이루어진다. 그후 이들이 더 남하해 한반도에 이르러서는 농업구조로 전환하면서 한반도 고대 국가들의 밑거름이 되었다. ('순록민족이동설')

체질인류학적 상관성

이렇게 바이깔호 부근에서 한반도까지 남하해 한민족의 조상이 된 코리족의 원조는 아프리카에서 기원해 동방으로 이동한 현생인류(호모사피엔스사피엔스)의 고대 동아시아인 집단의 한 분파다. 유전학적 지표인 Y염색체와 미토콘드리아 DNA에 근거해 이 고대 동아시아인들의 초기 이동경로를 추적해보면, 약 6만년 전에 아프리카에서 기원한 현생인류가 동남아시아나 시베리아 쪽으로 이동해 코리족을 포함한 오늘날의 동아시아인 집단을 형성하였으며, 그들 간에는 이러저러한 체질인류학적 상관성이 추적된다.

그러나 지금까지의 과학적 실험결과를 보면, 몽골로이드(황색인종) 특유의 ab3st라는 감마유전자가 바이깔호를 중심으로 확산되었는데, 그 비율이 몽골, 만주, 한국, 부랴뜨(바이깔호 부근에 정주)를 비롯한 동시베리아 지역 사람들에게는 높을 뿐만 아니라, 이들 서로가 아주 가깝다는 것이 일본 오오사까의대 마쯔모또 히데오(松本秀雄) 교수 등에 의해 밝혀졌다. 한걸음 더 나아가 미국 에머리대학 연구소가 발표한 세계 종족별 DNA 분석자료에 의하면, 놀랍게도 바이깔호 주변의 야꾸뜨인과 부랴뜨인, 아메리카 인디오, 그리고 한국인의 DNA가 거의 같다고 한다. 그대로라면 이 네 민족은 그야말로 친족인 셈이다.

문화적 상관성

한민족의 북방 뿌리에 대한 확실한 증거는 앞에서 언급한 체질인류학적 상관성 내지 친연성에서 밝혀졌을 뿐만 아니라, 숱한 세월의 풍상을 겪어온 오늘날까지도 생생하게 남아 계승되어가는 문화적 상관성에서도 여실히 입증된다.

몇가지 실례를 들어보면, 우선, 무속신앙에서 그러한 상관성이 나타나고 있다. 알다시피, 바이깔호 주변에 거주하는 인종들의 정신적 근간은 친환경주의 사상의 결정체인 샤머니즘인데. 주문(呪文)이나 무구(巫具)로 보아 한국 무속의 원류는 이 시베리아 샤머니즘임이 분명하다. 바

부랴뜨인들의 '강강술래'

이깔호 한가운데 있는 올혼섬의 불칸산(不咸山)은 샤머니즘의 발상지로 지금도 한국 무속인들의 성지순례지로 되고 있다.

구비전승에서도 바이깔호 주변의 코리인과 부랴뜨인은 순록을, 몽골인은 늑대를, 한국인은 곰을 시조로 삼는 수조(獸祖)전설을 공유하고 있으며, '나무꾼과 선녀' 설화, 솟대와 성황당, 적석목곽분(積石木槨墳) 등의 문화현상들도 일맥상통하다. 일상 생활습성에서도 이 지역에 전승되어오는 전통복식은 모두 앞섶이 열린 전개형(前開型, 카프탄kaftan) 이다.

(2) 남방 뿌리

개론

지금으로부터 5만~6만년 전 현생인류가 아프리카에서 동남아시아와 시베리아로 이동해 동아시아인 집단을 형성하고, 약 1만 5천년 전에는 그 일파가 육로로 계속 동진해 베링해협(Bering Strait)을 건너 아메리카대륙에 이르고, 다른 일파는 해로로 태평양을 건너 아메리카대륙에 이르러 인디오의 조상이 되었다. 이 해로(해상실크로드)의 동진 과정에서 고유의 남방 해양문화가 형성되었으며, 그 문화적 상관성의 흔적은 한반도뿐만 아니라, 라틴아메리카의 곳곳에서 발견할 수 있다. 우리는 이러한 문화적 상관성의 흔적에서 한민족의 역사적 뿌리를 찾아보게 되며, 그 매개체는 해상실크로드다. 단, 체질인류학적 상관성 여부에 관해서는 단편적인 단서는 잡히고 있으나, 과학적인 실험이나 종합적인 연구는 아직 미진한 상태다.

문화적 상관성

아프리카 동해안에서 인도양과 태평양을 거쳐 아메리카대륙에 이르는 광활한 해역은 고유의 남방 해양문화인 양석문화(陽石文化, 태양과 거석을 숭배하는 문화)를 공유하고 있는데, 그 대표적 유물은 다음과 같은 몇 가지가 있다.

1) 거석문화. 거석은 선사시대에 무엇을 기리거나 상징하기 위하여 큰 돌로 만들어진 구조물, 즉 거석기념물(megalithic monument)을 지칭하며, 거석문화란 선사시대의 거석기념물을 수반하는 여러 문화를 통칭한다. 거석문화는 대체로 신석기시대에 출현해 청동기시대를 거쳐 철기시대 초기까지 긴 세월 동안 성장해온 문화다.

거석기념물은 영국으로부터 동남아시아 도서들을 지나 태평양과 라틴아메리카에 이르기까지 광활한 지역에 분포되어 있으며, 종류도 다양하다. 총 5만 5천기 거석 유물 중 가장 많은 것은 돌멘(dolmen, 지석묘)인데, 그 숫자는 약 4만 2천기에 달한다. 그런데 그중 4만기가 한반도(남

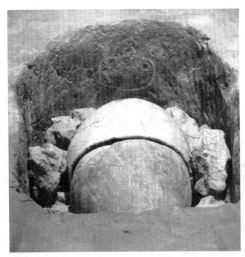

제주도 옹관

한에 2만 5천기, 북한에 1만 5천기)에 집중되어 있다. 그래서 한반도를 '돌멘의 나라'라고 하는 것이다. 석기문화가 고도로 발달한 라틴아메리카에는 다양한 거석기념물이 수두룩하다.

2) 옹관(甕棺). 옹관이란 인간의 유해를 안장하는 항아리(토기나 도자기)관을 말한다. 고온다습한 남방 해안지역에서 인간의 유해가 습기에 의해 쉽게 부식되는 것을 방지하기 위해 옹관을 만들어 사용한다. 한반도에서는 일찍이 남해안을 비롯한 제주도에서 일종의 매장 묘제(墓制)로 유행하였으며, 동남아시아에서는 지금까지도 좀더 철저한 방부를 위해 통풍이 잘되는 다락에 묘관을 올려놓는 관습이 있다. 옹관은 라틴아메리카 남부에 자리한 빠라과이의 한 박물관에서도 발견되었다.

3) 벼문화대. 벼는 고온다습한 자연환경에서 생성하는 남방 해양문화의 대표적 농작물로, 수천년간 범지구적 문화대를 형성하고 있다. 이 문화대에는 6대주 110여개 나라가 망라되어 있으며, 그 주역은 한국을

비롯해 경작면적의 90%를 차지하는 아시아다. 벼는 자연환경, 특히 기후조건에 따라 재배종류(인디카Indica와 자포니카Japonica로 대별)나 경작방법(단작과 윤작, 수도水稻와 육도陸稻)이 다르다.

한민족문화와 남방 해양문화의 상관성을 추구하는 과정에서 우리는 뜻밖에도 한반도와 남인도 타밀(Tamil)의 언어문화적 상관성을 발견하게 되었다. 한민족과 인도 원주민인 현 남인도 타밀인들의 사이에는 여러가지 언어문화적 상관성이 있음이 점차 밝혀지고 있다. 일찍이 내한 선교사 호머 헐버트(Homer B. Hulbert, 1863~1949)는 1905년 「한국어와 인도 드라비다어의 문법 비교」란 논문을 발표하였다. 그는 80면에 불과한 이 소논문에서 한국어와 타밀어가 공유하고 있는 40여개의 동음동의어(同音同義語)를 실례로, 두 언어와 두 지역 사이의 언어문화적 상관성을 예단하였다.

그의 주장과 후학들의 연구에 의하면 두 언어 사이에는 다음과 같은 몇가지 상관성이 발견된다. ① 두 언어는 약 1천개의 동음동의어를 공유하고 있다. 예: 암마(엄마), 안니(언니), 궁디(궁뎅이), 풀(풀), 날(날, 날자), 큰길(대로), 모땅(몽땅), 니사금(니사금, 왕), 석탈에(석탈해)…… ② 문법적으로 어순이 같다. 예: '난 그건 모린담(나는 그것을 모른다)'. ③ 가야 상층어가 타밀어였다는 일설이 있다.

이러한 언어적 상관성에 관한 연구를 심화시키는 과정에서 여러 분야에 걸친 문화적 상관성도 밝혀지리라는 기대 속에 연구를 계속하고 있다.

근자에 와서 이렇게 남방 해양문화 속에서 한민족의 역사적 뿌리를 모색하는 과정에서 아이러니하게도 저 멀리 떨어진 아메리카 인디오와의 여러가지 상관성을 현장에서 확인할 수가 있다. 우선, 체질인류학적으로 전술한 바와 같이 DNA가 거의 동일하다는 것이 과학적 실험을 통

Había gran variedad de ajíes,

쌀바도르인들의 머리에 이기와 등에 지기(위)
아르헨띠나산 고추(아래)

해 이미 밝혀졌다. 그밖에 광대뼈와 검은 직모(直毛), 작은 키, 적은 체모(털), 검은 눈동자 등 외형적인 체질이 상당히 상사하다.

다음으로, 의식주의 생활문화 면에서 남녀 복식에 그 흔적이 많이 남아 있는데, 남성들의 도포(두루마기), 갓, 상투와 여성들의 머리 땋기, 가체(加髢, 쪽진 머리 위에 큰머리를 얹기), 머리에 이기, 등에 업기, 연지 찍기, 색동옷 등에서 찾아볼 수 있으며, 고수레나 5일장 보기, 윷놀이 같은 데서도 그 상관성이 드러난다. 농작물에서는 오늘날 우리가 즐겨 먹는 옥수수와 감자, 땅콩, 고추, 강낭콩, 토마토 등은 모두 그 원산지가 라틴아메리카이니, 일반 상관성을 넘어선 친연성인 것이다.

끝으로, 놀라운 것은 언어의 상관성과 역사의 공유 개연성이다. 일부 언어학자들의 연구에 의하면, 한국어와 멕시코의 나와들어의 형태소 구조를 비교분석한 결과 어음이나 어의에서의 상관성이나 일치성뿐만 아니라, 어순에서의 일치성도 발견된다고 한다. 예컨대, 마이즈(maiz, 맛있어), 콘(corn, 콩), 바돌린(patollin, 발 돌림 놀이), 진꼬(tzinco, ―진 곳, 패배한 곳), 마까기뜰(macahuitl, 막까기틀, 막 패는 도구) 등이 그 예증이다.

언어의 이러한 상관성과 더불어 한민족과 멕시코의 콜와(Culhua)인과 아스떽(Aztec)인은 역사를 공유하고 있다는 사실이 소수의 학자들에 의해 다음과 같이 주장되고 있다. 즉 멕시코 역사기록에 의하면, 몽골로이드에 속하는 7개 민족이 각각 다른 시기에 북서쪽에서 남하해 오늘날의 멕시코시티에 도착한 후 이곳을 중심으로 널리 퍼져 살았다. 그중 네번째로 도착한 민족이 콜와인이며, 마지막으로 10세기 말~11세기 초에 도착한 사람들이 바로 아스떽인들이다. 콜와인은 고조선 부여계의 일족인 고리족을 가리키는 것이다. 그들은 기원후 49~50년경 멕시코 땅에 들어오기 시작해 소규모 집단으로 도착하다가 670년경에는 대규모로 들어왔다. 한편, 마지막으로 도착한 아스떽인들은 자신들을 맥이(貊夷)라고 부르고, 살던 중심도시를 테노치티딴(Tenochtitan, 땅), 또는 '맥이사람들이 사는 곳'이라는 뜻의 '맥이 곳'(México)이라고 불렀다. '아스떽'란 말에 관해서는 아직 밝혀진 바가 없다.

이렇게 아스텍인과 한국인 간에는 "지금까지 상상도 못했던 많은 일치가 발견되었다. 그 일치는 인간생활의 한 단면에서 나타나는 것이 아니라, 언어, 종교, 모든 방면의 생활풍습까지 일치하고, 그들의 남긴 유물에서도 일치한다. 아스텍인들이 우리 한민족과 이렇듯 많은 일치성을 가지게 된 이유에 관해서는 '그들이 우리 민족일 것이다'라고밖에는 달리 해석할 수가 없다."(이상은 배재대학교 스페인어·중남미학과 손성태 교수의 글 중에서)

(3) 서방 뿌리

개론

기원을 전후한 시기 실크로드가 번영기(전개기)를 맞으면서 활발해진 동서 문명 간 교류의 흐름을 타고 서방(서구와 서역) 문명이 여러 방면으로 한반도에 유입되어 부분적으로 한민족 전통문화의 원류를 이루었다.

문화적 상관성

유입된 그리스·로마문명과 불교문명, 아랍·이슬람문명 등 서구·서역문명들에 관한 유물과 기록들이 다수 남아 있어 한민족문화와의 상관성이 여실히 실증되고 있다(구체적 사실들에 관해서는 후술 참고).

3. 세계와 소통시킨 길

아직까지도 실크로드학계에 집요하게 남아 있는 통념에 따르면, 한반도는 인류문명 교류의 통로인 실크로드에서 제외됨으로써 사실상 세계와의 소통이 무시되어왔다. 그러나 최근 연간 이러한 통념을 이론적·실천적으로 극복한 결과 세계와의 소통상이 원상회복되었다. 분명 한반도는 역사의 여명기부터 실크로드 3대 간선을 통해 인접 국가들은 물론, 멀리 서역과 서구 나라들, 아메리카대륙과도 각방으로 밀접히 소통하여왔다.

(1) 초원로를 통한 소통

빗살무늬토기문화대

초원로를 통한 북방과의 소통은 신석기시대부터 시작되었는데, 빗살무늬토기〔櫛文土器〕문화대가 그 유력한 증좌다. 빗살무늬토기란, 겉면에 빗살 같은 기하학적 무늬가 새겨진 토기로, 기원전 4000~1000년 사이에 산림이나 하천에서 수렵이나 어업으로 생계를 유지하던 사람들이 제작하여 사용하였다. 한반도에서는 서울 암사동(巖沙洞)을 비롯한 60여곳에서 출토되었는데, 신석기시대(BC 3000~1000) 토기의 주류를 이루며, 연대상 시베리아 것보다 1천년 이상 앞선 것도 있어, 일부에서는 한반도 빗살무늬의 자생설을 제기하고 있기도 하다.

빗살무늬토기는 신석기시대의 4대(빗살무늬, 거석, 채도, 세석기) 문화대의 하나를 이루는 문물로, 그 문양적 공통성은 빗살무늬며, 기형적 특징은 반달걀 모양으로 가장자리에 구멍이 있는 것이다. 분포지는 시베리아를 중심으로 한 북위 55도 이북의 광활한 초원지대로 핀란드→시베리아→바이깔호→한반도→일본을 잇는 선사시대의 한 문화대를 이루고 있다. 이 문화대는 한반도 문물의 세계와의 역사적인 첫 만남의 증거이다. 빗살무늬토기는 특히 중국과의 만남의 시비를 가려내게 해주는 준거(準據)유물이다. 왜냐하면 청동기시대 이전의 한반도 고대문화가 중국과는 무관하다는 것을 시사해주기 때문이다.

황금문화대

황금문화는 가장 값지고 귀중한 고차원 문화로서, 황금문화를 창조하고 향유한 나라나 민족은 지구상에서 몇 안 된다. 금의 산지인 알타이 지방을 중심으로 시베리아 동서를 관통한 황금문화대는 북방 유목기마민족들이 주축이 되어 이룬 문화대로, 기원전 5세기부터 기원후 6세기까지 약 1천년 동안 존재하였다. 알타이 지방에서 발생한 황금문화는 스키타이가 개척한 동방무역로를 통해 서방으로 그리스까지 전해졌으며, 알타이족을 비롯한 북방 기마민족들의 동진에 의해 한반도의 신라까지 유입되었다.

신라인들은 토산(土産)의 황금과 유입된 황금으로 금관을 비롯한 당대 최고의 황금제품을 만들어 황금문화대의 동단을 빛나게 장식했다. 따라서 금관은 황금문화대를 형성한 북방 유목기마민족 문화와의 상관성을 짙게 시사한다. 금관을 비롯한 황금유물은 신라 1천년 역사 중에서 김알지(金閼智, AD 65~?) 후예들인 김씨 마립간(麻立干, 마루한, 군왕 혹은 대수장)들이 통치하던 5~6세기의 돌무지덧널무덤〔積石木槨墳〕에서 집중적으로 출토되는데, 이런 무덤은 전형적인 북방 유목기마민족들의 무덤으로 스키타이·알타이식 고총(高冢, 쿠르간Kurgan)의 영향을 받은 것이다.

뿐만 아니라, 외관의 형태나 장식에서도 그런 상관성이 엿보인다. 외관의 형태는 수지녹각형(樹枝鹿角形) '山'자('出'자라고도 함) 3~4개가 아래로 붙어 있고, 그 좌우에 사슴뿔 모양의 장식 가지가 세워져 있으며, 거기에 곡옥(曲玉)이나 영락(瓔珞, 달개장식), 새의 날개(천마총 출토) 같은 장식이 달려 있다. '산'자 형태는 신수사상(神樹思想, 자작나무 숭상)에서 나온 나무 도안이며, 새 날개는 새가 땅과 하늘을 연결하는 매개자 역할을 한다는 신조(神鳥)사상에서 유래한 것이다. 알타이 부근 우꼬끄(Ukok) 고분에서 출토된 '얼음공주' 머리에 앉아 있는 새(솟대를 연상)가 바로 그 일례다.

신라는 황금문화대의 동단에서 황금문화의 전성을 구가하였다. 그것은 금관에서 집중적으로 나타난다. 현존하는 세계의 고대 금관 유물은 모두 10점인데, 이 가운데서 한국이 7점(가야 1, 신라 6점)을 점하고 있다. 게다가 제작술이나 장식문양에서도 단연 압권이다. 신라 금관이 경주 일원의 150기 무덤 가운데 발굴된 금관총(金冠冢)과 서봉총(瑞鳳冢) 등 30여기의 무덤 중에서 나온 점을 감안할 때, 앞으로 더 나올 가능성은 충분하다. 그래서 한국을 가리켜 '금관의 나라'라고 하는 것이다.

초원로를 통한 고구려 사절의 중앙아시아 파견(650년경)

1965년 현 중앙아시아 우즈베끼스딴 사마르칸트시의 북부 교외에 있는 아프라시압(Afrāsiyāb) 도성의 내성지(內城址) 제23호 발굴지점(Loc. 23) 1호실 서벽에서 7세기 후반의 사마르칸트 왕 바르후만(Varxuman, 『신당서新唐書』의 불호만拂呼縵)을 진현하는 12명의 외국사절단 행렬이 그려진 채색벽화가 발견되었다. 그 행렬의 마지막에 조우관(鳥羽冠)을 쓰고 황색 원령포(圓領袍)에 환두대도(環頭大刀)를 패용하고 공수(拱手, 팔짱을 낌)한 자세로 서 있는 2인의 상이 보인다. 발견 당시부터 학계에서는 이들이 한국의 사절들이라는 데 견해를 같이하였으며, 이 사절도는 당시 한반도와 서역 간에 존재한 공식관계를 시사해준다는 점에서 큰 관심을 불러일으켰다.

발굴 당시부터 인물상과 복식 및 패용물에 대한 고증에 근거해 그들을 한국인이라고 단정하였다. 그 근거는 우선, 인종적으로 이들이 검은 머리카락에 밝은 갈색 얼굴을 하고 있는 점으로 미루어보아 몽골인종에 속한다는 것이 분명하다. 다음으로 복식을 살펴보면, 상투머리에 새의 깃이 꽂혀 있는 모자(조우관)를 쓰고 있으며, 무릎을 가릴 정도의 긴 황색 상의에 허리에는 검은색 띠를 두르고, 헐렁한 바지에 끝이 뾰족한 신발을 신고, 양팔은 팔짱을 끼고 있다. 이러한 복식은 당시 한국인의 복식과 매우 비슷하다. 특히 조우관은 당시 한국인들 외에는 사용하는 예가 거의 없다. 그리고 사절이 패용한 대도가 당시 한국, 특히 고구려에서 패용하던 대도와 형태가 동일하다. 머리가 환상(環狀)이고, 칼코등이가 비교적 크며, 칼집에 M자형 장식이 있는 이러한 형태의 대도는 삼실총(三室塚)을 비롯한 고구려 고분벽화에서 발견된다.

이렇게 사절이 한반도에서 간 사람이라는 것은 밝혀졌지만, 한반도의 어느 나라에서 갔는가, 즉 신라인가 고구려인가 백제인가 혹은 발해인가와 어느 때 파견되었는가 하는 문제는 오랫동안 논쟁거리로 남아 있었다. 그러다가 2008년 한국 전문가들과 우즈베끼스딴 전문가들 간의 진지한 합동연구에 의해 이 문제가 비로소 다음과 같이 매듭지어지게 되었다. 즉 바르후만 왕의 등극 연대와 멸망기에 이른 고구려의 대돌궐 관계 및 중앙아시아 지역과의 접촉관계, 그리고 복식이나 패용물에서 고구려적 요소가 다분하다는 점 등 여러가지 주·객관적 조건과 국제관계를 종합적으로 고려하면, 750~755년 사이에 고구려가 파견한 사절이라고 일단 추정하였다.

발해시대 '초피로'를 통한 중앙아시아(소그드)와의 교역

러시아 블라지보스또끄에 있는 극동대학교 역사연구소 금고에는 8세기에 주조된 것으로 추정되는 중앙아시아 소그드(Sogd, 현 우즈베끼스

발해 고성 출토 소그드 은화(8세기)

딴)의 은화(銀貨) 한점이 소중히 보관되어 있다. 이 은화는 블라지보스
또끄에서 북방으로 280km 떨어진 아르쎄니예프 지역의 발해 성인 노
보고르데예프까성 밖 취락지에서 발견되었다. 은화의 앞면에는 왕관
이 부조되어 있는데, 그 좌우에 아랍어로 '알 마흐디', 소그드어로 '부하
라의 군주 짜르'라고 새겨져 있다. '알 마흐디'는 아랍어로 '미래에 도
래할 구세주', '짜르'는 소그드어로 '황제'란 뜻이다. 이 취락지에서는
은화 말고도 주물틀, 도가니, 줄, 장신구 등 청동제 유물이 반출되었다.
러시아 극동고고역사연구소의 에른스뜨 블라지미로비치 샤프꾸노프
(Ernst Vladimirovich Shavkunov) 박사는 이 은화가 중앙아시아의 사마
르칸트(소그드)에서 주조된 것으로 교역에 쓰인 것이 분명하다고 증언했
으며, 출토 현장을 안내한 동 연구소의 유리 겐나지예비치 니끼찐(Yury
Gennadiyevich Nikitin) 교수는 반출된 청동제 장신구가 중앙아시아 계
통의 것이라고 하면서 이 취락지는 이주한 이방인들의 수공업단지였다
고 추정하였다.

　샤프꾸노프 박사는 이 은화의 전래 경위에 관해 다음과 같은 가설을

제시하였다. 즉 초피(貂皮, 담비의 모피)가 발해의 특산물로서 중앙아시아 상인들이 그것을 구입해 갔을 것이라는 추단과 더불어 중간지점 격인 치따(Chita)에서 고구려의 등자(鐙子) 유물과 동서 문물이 동시에 발견된 점 등을 감안해 사마르칸트→치따→상경(上京, 발해 수도)으로 이어지는 이른바 제2의 동아시아 교역로, 즉 '초피로(貂皮路)'가 개통되었으리라는 것이다.

발해의 유지에서 교역수단인 은화가 발견되었다는 사실은 발해와 중앙아시아 간에 교역이 진행되었음을 실증한다. 당시 천부적인 상술을 지니고 동방 교역에 적극적으로 종사하던 소그드인들로서는 발해를 포함한 극동 지역에까지 교역망을 뻗쳤을 개연성이 충분히 있다. 문제는 그 루트인데, 지금까지는 16세기 러시아의 동점을 계기로 모피를 주 교역품으로 하는 '시베리아 초원로'가 개척되었으며 그 길을 일명 '모피로(毛皮路)'라고 한다는 일설은 있어도, 10세기 전후의 이른바 '제2의 동아시아 교역로'에 관해서는 누구도 논급한 바가 없다.

몽골과의 소통

주지하다시피, 한국과 몽골은 유구한 소통과 교류의 역사를 공유하고 있다. 그 역사적 배경을 추적해보면, 세계 3대 인종군(흑인종, 황인종, 백인종)과 3대 어족(우랄알타이어족, 인도유럽어족, 셈어족)에서의 동군(同群) 동족(同族)이고, 체질인류학적으로 감마유전자 ab3st와 DNA를 공유하고 있으며, 특히 역사적으로 공동원류를 갖고 있다. 전술한 바와 같이, 6만년 전 아프리카에서 기원한 현생인류가 동남아나 시베리아로 동진해 오늘날의 동아시아 인간집단을 형성하였다. 이러한 인간집단 가운데서 기원전 6000년경 몽골 초원에서 기원한 훈육(葷粥)을 비롯한 여러 종족이 이합집산을 거듭하다가 중국 전국시대(BC

403~221)에 이르러 국가권력을 갖춘 흉노(匈奴)와 부족연맹체인 동호(東胡)로 분열되었다. 그 결과 현 몽골인은 흉노계로, 한국인은 동호계로 정착됨으로써 역사적으로 보면 한·몽은 공동조상에서 발원해 공동원류를 갖고 있다고 봐야 할 것이다.

이러한 공동조상이나 공동원류는 체질인류학적 공통성에서 뚜렷이 나타나고 있다. 황색 피부, 직모, 적은 체모, 중간 신장, 짧고 넓은 두형, 중간 높이의 코, 적은 귀지, 대다수의 아반(兒斑, 몽골반점) 등 외형적 체질이 바로 그것이다. 또한 이러한 공동조상이나 공동원류는 암각화, 적석총, 석인(石人), 오보(ovoo, 서낭당), 각종 마구, 각종 농기구(쟁기, 탈곡기, 맷돌), 복식, 음식 등 여러 분야의 문화유산 공유에서도 실증되고 있다.

이러한 공통성과 공유성에 바탕한 양국 간의 소통과 교류는 고려시대에 특출했던 '몽골의 고려풍(高麗風)'과 '고려의 몽골풍'에서 찾아볼 수 있는데, 그 여파는 오늘날까지 남아 있다. 우선, 몽골이 고려의 여러 가지 풍물을 수용해 융합함으로써 일어난 '고려풍' 몇가지를 살펴보면 다음과 같다.

1) 고려 선진문물의 수용. 원 세조는 '고려유학제학사(高麗儒學提學司)'를 설치해 고려 유학을 수용하고, 충선왕은 원 수도에 '만권당(萬卷堂)'을 세워 양국 학자들 간의 학문교류를 장려했다. 고려의 명의 설경성(薛景成)이 원 세조와 성종의 병을 치유하고, 고려 바둑 고수들이 초빙되어 바둑을 전수하기도 하였다.

2) 조공품. 몽골은 간섭기에 인삼 등 특수 약재와 비단·청자·종이·담비가죽·사냥매 등 진귀품을 조공 명목으로 요구하고, 양곡을 징발했으며, 납질(納質, 왕 또는 지배층의 자제들을 볼모로 상납)로 세자들을 세뇌 교육하였다.

3) 공녀(貢女). 몽골은 매해 '처녀조공사신(處女朝貢使臣)'을 보내 150명의 공녀를 징집(수시로 뽑아간 여성은 기수부지)했는데, 공녀들은 원나라 황족의 시녀로 전락하는데, 원말 궁중 시녀는 태반이 고려 여인이었다. 최후 황제 순제의 정비가 된 기황후(奇皇后)처럼 일세를 풍미한 고려 여인도 배출되었으며, 그녀들에 의해 원 천지에 고려식 복식과 음식, 기물이 유행하게 되었다.

4) 고려 음식. 몽골인들의 구미에 맞는 고구려의 어갱(魚羹, 생선국), 닭고기, 잣, 인삼주, 고려양(樣, 무늬) 과자 등 다양한 고구려 음식이 몽골에 전수되었다.

5) 조선 담배 수입. 조선이 1636~37년 기간 우역(牛疫)으로 축력이 크게 부족하게 되자 1638년 인조는 성익(成釴)을 몽골에 파견해 조선 담배와 몽골 소를 교환해 오도록 하였는데, 그 몽골 소가 오늘날 황우의 조상이라고 한다. 이를 계기로 몽골에 코담배를 피우고 코담배통을 선물하는 풍습이 생겨났다.

다음으로, 몽골의 간섭기에 고려가 몽골의 여러가지 풍물을 수용해 융합함으로써 고려에서는 '몽골풍'이 일어나지 않을 수 없었다. 1259년 고려 원종이 태자 신분으로 원 세조 쿠빌라이와 '불개토풍(不改土風)'(풍습을 바꾸지 않음) 약속을 했지만 교류에 의한 접변(接變)은 불가피하였다. 몽골풍은 주로 복식과 음식, 언어 등 생활문화 영역에서 일어났으며, 그 여파는 오늘날까지도 남아 있다.

1) 복식. 몽골에서 수용한 복식으로는 윗옷과 아랫도리를 따로 재단해 이어붙이고, 아랫도리에 주름을 잡아 활동에 편리하게 한 몽골식 복장인 철릭과 '고고(姑姑)'라는 몽골 여인의 외출용 모자가 예모(禮帽)로 변모한 족두리가 있으며, 상투 대신 머리를 깎고, 가운데 머리카락을 뒤로 땋아 내리는 두발형인 개체변발(開剃辮髮)이 있다. 신부 뺨에 연지를

몽골의 영향을 받은 고려 족두리

찍는 풍습도 '몽골풍'의 한가지다.

2) 음식. 대표적인 음식류로는 고기소를 넣은 만두 같은 육식품이 있으며, 한국인들이 오늘날까지도 즐기는 설렁탕은 양을 잡아 대강 삶아 먹는 '슐루'라는 몽골 음식에서 유래되었다는 일설이 있다. 특기할 것은 소주(燒酒, 露酒, 火酒, 汗酒, 白酒, 氣酒, 아랍어로 아라끄, 몽골어로 아라키, 만주어로 알키, 힌두어로 알락, 중국어로 阿剌吉酒)로, 원래는 몽골 서정군(西征軍)이 1258년 압바스(Abbās)조 이슬람제국을 공략할 때 아랍인들로부터 소주(증류술)의 양조법을 배웠는데, 몽골군이 일본 원정을 위해 개성과 안동, 제주도 등지에 주둔할 때 이 술 양조법을 고려인들에게 전수해 '고려소주'가 되었으며, 그것이 오늘날까지 전승되어 한국 3대 토주(土酒)의 하나가 되었다. 지금도 개성 사람들은 소수를 '아라키'라고 부른다.

3) 언어. '마마' '마누라' '수라' '-치'(접미사) '보라매' '아질게말' 등 아직까지 우리 말 속에 남아 있는 이러한 어휘들은 몽골어에 그 어원을 두고 있다.

그밖에 제주도의 조랑말이나 고려와 조선시대에 매의 사냥과 사육을 위해 두었던 관청인 응방(鷹坊), 그리고 원대에 발행해 사용한 지폐인 교초(交鈔) 등은 고려의 '몽골풍'과 관련된 유물들이다.

(2) 오아시스로를 통한 소통

서역과의 문물교류

중세 실크로드의 발달과 더불어 그 동단에 위치한 한반도와 서역(아랍, 페르시아, 중앙아시아) 간에는 활발한 소통과 교류가 있었다는 것이 문헌과 유물에 의해 밝혀지고 있다. 특히 한반도에서는 다양한 실증적 유물이 발굴되고 있다. 다음과 같은 몇가지 유물들은 그 대표적인 실례라 할 수 있다.

1) 경주에서 발견된 심목고비(深目高鼻, 눈이 움푹 들어가고 코가 높음)한 서역 무인석상과 토용. 경주시 남쪽 외동면(外東面) 괘릉리(掛陵里)에 위치한, 신라시대의 대표적인 왕릉 형식이라고 할 수 있는 성덕왕릉(聖德王陵) 형식의 괘릉에는 외호석물(外護石物)로 이색적인 용모와 복장을 한 한쌍의 무인석(武人石)이 동서로 마주하고 있다. 석상은 신장이 약 2.5m쯤 되는 장대한 체구로 상체를 약간 뒤로 젖히고 허리를 튼 자세로 서 있다. 주먹을 불끈 쥔 한 손은 가슴에 대고, 다른 한 손은 발등까지 처진 길이 1m 정도의 막대기(무기?)를 잡고 있다. 부릅뜬 큰 눈이 치켜 올라갔고, 쌍꺼풀진 눈은 푹 들어가 눈썹이 두드러졌다. 큰 코는 콧등이 우뚝하고 코끝이 넓게 처진 매부리코이며, 콧수염이 팔자로 말려 올라갔다. 큰 얼굴에 광대뼈가 튀어나오고 큰 입은 굳게 다물고 있다. 귀밑부터 흘러내린 길고 숱 많은 곱슬수염이 목을 덮고 가슴까지 내리 닿고 있다. 이러한 외모는 한마디로 심목고비한 서역인상이다. 이 능은 신라

경주 괘릉의 무인석상

38대 원성왕(元聖王, 재위 785~98)릉으로 추정된다. 이외 유사한 무인석상이 경주시 안강읍(安康邑)에 있는 42대 흥덕왕(興德王, 재위 826~36)릉에서도 발견되는데, 괘릉에 비해서는 전반적으로 퇴화된 모습이다.

두 왕릉의 지킴이인 이 무인석상들은 비록 위치나 새김기법에서 약간의 변화와 차이를 보이고 있지만, 총체적인 모습이 심목고비한 서역인(최근 중앙아시아 소그드인이란 주장이 있음)의 형질적 특색을 공유하고 있다. 생동하고 사실적으로 조각된 이러한 무인석상은 서역인에 대한 직관 때문에, 즉 현장의 서역인을 직접 모본(模本, 모델)으로 삼았기 때문에 가능했던 것이다. 그 현장모델은 바로 일찍이 이상향 신라를 찾아온 서역인들이었을 것이다.

이러한 무인석상과 유사한 형질적 특색을 하고 있는 몇점의 토용(土俑, 흙으로 빚은 인형)도 경주 일원에서 발굴되어 주목을 끌고 있다. 1986년 경주 용강동(龍江洞)에 있는 한 폐분에서 남자상 15점, 여자상 13점, 총 28점의 채색 토용이 출토되었다. 7세기 말~8세기 초에 만들어진 이 무덤의 주인공은 진골 왕족으로 추정된다. 순장하는 풍습이 사라진 뒤에 그것을 대신해 무덤의 주인공을 지키도록 토용을 만들어 같이 묻은 것으로 짐작된다. 그런데 남자 중 용모가 괘릉의 무인석상과 매우 비슷한 한 인물(키 17cm)이 손에 홀(笏)을 잡고 흡족한 표정으로 서 있다. 그 말고는 홀을 잡은 사람이 한두명밖에 안 된다. 홀은 임금을 알현할 때 신분을 상징하는 조복에 갖추어 손에 쥐는 패물이다. 조복이나 홀로 보아 그는 지체가 높은 문관임에 틀림없다.

7세기 것으로 추정되는 경주 황성동(隍城洞) 돌방무덤(석실분石室墳)에서도 여러점의 토용이 나왔는데, 그 가운데도 서역인의 모자인 고깔모자를 쓴 이색적인 남자상이 끼여 있다. 지금까지 서역 일원에서 출토된 유물은 물론, 중국이나 한국에서 출토된 고깔모자 유물의 주인공을 살

경주 용강동 돌방무덤 출토 토용

펴보면, 예외 없이 심목고비한 서역인의 모습이 다수 있다. 이것은 이러한 형태의 모자가 서역인들 고유의 모자였다는 사실을 증명해준다.

이러한 무인석상이나 토용은 단지 상징적 염원만을 반영한 조각품이 아니라, 늦어도 7세기부터는 서역인들이 신라 땅에 와서 살면서 무장(武將)이나 문관으로까지 기용되고 있었음을 시사하는, 상당한 정도의 사실성이 투영된 증거물인 것이다. 이 석인상과 토용은 우리가 서역인들과 서로의 문화를 주고받으면서 삶을 함께해온 그 옛날의 만남과 어울림의 역사를 무언으로 증언하고 있는 귀중한 역사유물이다.

2) 입수쌍조문석조유물(立樹雙鳥文石造遺物)과 화수대금문금구(花樹對禽文金具). 1928년 경주 교외의 본원사(本願寺) 정원에서 용도 불명의 입수쌍조문석조유물(300×68.5cm)이 발견되어 국립경주박물관에 소장되어왔다. 그러다가 1966년 10월 경주 황룡사 목탑지 사리공에서 직경 2.5cm밖에 안 되는 작은 금구 하나가 발견되었다. 이 금구의 문양과 용

도 불명인 앞의 유물의 문양은 같은 계통의 것으로서 신라 고유의 문양과는 전혀 다르다. 석조유물을 발견한 일본의 사이또오 타다시(齊藤忠)는 유물의 구도와 내용을 참조해 '입수쌍조문석조유물'이라 불렀고, 한국의 진홍섭(秦弘燮)은 금구를 '화수대금문금구'라고 명명하였다.

이 유물은 원의 중앙 밑에서 한 줄기 나무가 수직으로 올라가고, 위에는 잎이 무성하며, 줄기 밑에는 줄기 앞뒤에서 긴 목을 교차한 두마리 새가 상대하고 있다. 새 머리 위에는 벼슬이 있고, 굵고 긴 꼬리는 반원을 그리면서 위로 올라가 위의 나뭇잎까지 이르고 있다. 발은 모으고 머리는 숙이고 있는 자세가 먹이를 찾고 있는 형상이다. 이러한 문양 밖으로는 외주(外周)를 쳐서 원주대(圓周帶)를 만들고, 그 안에 연주(聯珠)를 촘촘히 돋을새김하였다.

이 석조유물과 같은 계통의 유물로 추측되는 금구의 문양을 보면, 외주에 윤곽이 없이 연주 22개를 돌리고, 중앙에는 밑으로부터 위로 수직으로 뻗은 나무가 있다. 나무 끝에 가지 3개가 나고, 가지 끝에는 인동초(忍冬草)와 같은 오엽식(五葉式)의 꽃이 피어 있으며, 중심에 자방(子房)으로 보이는 부분이 있다. 나무 밑에는 끝이 뾰족한 날개를 활짝 편 두마리 새가 고개를 들고 상대해 있다. 문양의 간지(間地)에는 몇군으로 나뉘어 평행선을 그리면서 어자문(魚子紋)이 가득 새겨져 있고, 바깥에는 연주대(聯珠帶)가 둘러져 있다. 앞의 석조유물과 닮은 꼴이다.

이 두 유물의 문양상 공통점은 평면이 원형이고, 중앙에 나무가 수직으로 서 있으며, 나무 좌우에 쌍금(雙禽)을 배치해 나무를 중심으로 좌우 대칭이며, 원 둘레에 연주대를 돌린 것이다. 이렇게 두 유물에는 대칭구도와 연주대라는 페르시아 특유의 문양(그밖에 고리문양)이 선명하게 나타난다. 따라서 이 두 유물은 전래시기는 확정할 수 없으나 페르시아, 특히 사산조 페르시아의 유물임에는 의문의 여지가 없다.

경주 본원사 출토 입수쌍조문석조유물

3) 이슬람 역법과 천문의기의 도입. 조선 초기 이슬람문명과의 만남에서 특기할 사항은 몇가지 이슬람 과학기술의 수용이다. 그중 가장 중요한 것은 이슬람 역법의 도입이다. 세종은 새로운 역법을 창제하기 위해 정인지(鄭麟趾)를 비롯한 학자들에게 명해 원나라의 수시력(授時曆)과 명나라의 대명력(大明曆), 이슬람의 회회력(回回曆)을 구해다가 연구토록 했다. 수시력이나 대명력은 모두 당시로서는 가장 발달한 이슬람력을 참조하여 만든 것이기는 하나, 여러가지 미흡한 점이 발견되었다. 그리하여 이순지(李純之) 등의 학자들은 별도로 이슬람력을 집중 연구하였다.

연구 끝에 만들어낸 것이 바로 이른바 『칠정산내·외편(七政算內·外篇)』이라는 조선의 새로운 역법이다. 그중 『외편』은 순태음력인 이슬람력의 원리를 도입해 만든 것으로서 가위 '조선의 이슬람력'이라고 할 수있다. 이 새로운 역법은 기원(紀元)에서 이슬람력의 기원인 622년, 즉성천(聖遷, 히즈라, 무함마드 일행이 박해를 피해 메카에서 메디나로 옮겨간 것)의

이슬람의 영향을 받은 조선시대의 천문의기

해를 그대로 수용하고 있으며, 전래의 태양태음력에 따르는 윤달을 따로 설정하지 않고 30태음년에 11일의 윤일(閏日)을 두고 있다. 또한 분도법(分度法)에서도 중국의 100진법이 아닌 이슬람력의 60진법을 받아들였다. 이처럼 『칠정산외편』은 이슬람 역법의 기본원리와 특성을 그대로 수용하고 있다.

역법의 수용에서뿐만 아니라, 천문관측의기의 제작에서도 이슬람 천문학의 영향을 찾아볼 수 있다. 조선조에 제작된 간의(簡儀)나 혼천의(渾天儀), 해시계인 앙부일구(仰釜日晷), 물시계인 자격루(自擊漏) 등 여러가지 천문관측의기들은 원나라 때 중국에 도입되었던 같은 종류의 이슬람 천문의기들과 구조나 기능에서 대동소이하다. 14세기에 제작된 우즈베끼스딴 사마르칸트 울루그베그 천문대박물관 소장의 지구의와 혼천의는 조선의 그것들과 거의 같다.

한국의 첫 세계인 혜초의 서역기행을 통한 신라와 서역 간의 소통

신라 고승 혜초(慧超)는 공인된 한국의 첫 세계인이다. 그는 704년경 신라에서 태어나 16세 때인 719년에 도당(渡唐), 광저우(廣州)에서 723년 남해로로 천축(天竺, 인도)에 갔다. 동천축에 상륙해 동·중천축의 성지와 불교 사적지를 돌아보고 남천축과 서천축, 북천축을 순방한 다음 서쪽으로 대식(大食, 아랍) 치하의 파사(波斯, 페르시아, 현 이란) 니샤푸르(Nishāpūr)까지 갔다. 귀로에 중앙아시아를 경유, 파미르고원을 넘어 727년 11월 구자(龜玆, 쿠처)에 도착, 언기(焉耆)를 거쳐 장장 4년간의 서역기행을 마치고 당나라 수도 장안에 돌아왔다. 장안에서 50여 년간 종사적(宗師的) 활동을 하다가 780년 5월 5일 우타이산(五臺山) 건원보리사(乾元菩提寺)에서 향년 76세로 입적하였다.

그의 여행 노정은 경주에서 출발해 중국 광저우→(남중국해→수마트라→동인도양)→동천축 상륙→불교성지들 참배→중천축→남천축→서천축→북천축→대식국의 파사→중앙아시아의 호국(胡國)들→파미르고원→구자→언기→(둔황敦煌→장안)으로 이어진 장도였다. 남아 있는 그의 여행기인 『왕오천축국전(往五天竺國傳)』(3권)은 잔간본(殘簡本)이라서 중국 광저우로부터 인도의 동천축국까지의 구간과 중국 언기로부터 장안까지의 구간 노정이 누락되어 있어 구체적으로 알 수가 없다.

혜초는 6400여 자의 잔간본 여행기 『왕오천축국전』을 남겨놓았다. 여행기의 내용은 4년간(723~27)의 인도와 중앙아시아 및 아랍 여행에서의 견문이나 전문을 다음과 같은 기술 순으로 기록한 것이다. 즉 출발지에서 목적지로 가는 방향과 소요시간→왕성이나 치소의 위치와 규모→통치 상황→대외관계→기후와 지형→특산물과 음식→의상과 풍습→언어와 종교, 특히 불교 보급 상황 순으로 간명하게 기술하였다.

혜초의 서역기행과 여행기는 비록 그리 길지는 않지만 그것이 갖는 문명사적 의미는 지대하다.

① 문명교류사에서 개척자적·선구자적 역할을 수행하였다. 동양에서 혜초에 앞서 아시아대륙의 중심부를 해로와 육로로 일주한 사람은 없었으며, 더욱이 아시아대륙의 서단까지 다녀와서 현지 견문록을 남긴 전례는 없었다. 뿐만 아니라, 혜초는 중국 밀교의 제6대조로 동양 밀교의 창도적 역할을 하였다. 그리고 그의 여행기는 마르꼬 뽈로의『동방견문록』보다 무려 550년이나 앞선, 세계 4대 여행기 중 가장 오래된 여행기로서 귀중한 인류 공동의 문화유산이다.

② 한민족사에 불후의 업적을 남겨놓았다. 혜초는 겨레의 세계정신을 선양하고, 한민족의 얼과 넋, 슬기를 만방에 과시한 한국의 첫 세계인이며, 여행기는 한국에서 가장 오래된 서지(書誌)로 국보급 진서이며 불후의 고전이다.

③ 여행기는 높은 사료적 가치를 지닌 인류 공동의 문화유산이다. 동서양 학계가 공인하다시피, 여행기는 8세기 인도와 중앙아시아에 관한 으뜸가는 명저로 평가되며, 각지의 국명과 지명을 정확하게 음사(音寫)하고 이국 풍물을 생생하게 기술하며 서정적인 시편도 곁들임으로써 여행기이자 역사서이며 문학서란 찬사도 받고 있다.

고대동방기독교의 전래를 통한 서구와의 소통

기독교는 팔레스타인에서 출현한 후 1천여년이 지나서 동·서 기독교로 나눠졌는데, 이렇게 분열되기 이전의 기독교를 통칭 고대동방기독교(네스토리우스파, 경교)라고 한다. 그런데 이 고대동방기독교는 넓은 의미에서는 서아시아에서 탄생한 초기 기독교와 동전(東傳)된 기독교를 통틀어 말하지만, 대개는 좁은 의미로 동전된 기독교만을 지칭한다. 기독교의 동방 전파는 5세기 중엽에 이단으로 몰린 네스토리우스파 (Nestorianism)의 주도하에 페르시아와 인도, 중앙아시아를 거쳐 7세기 중엽에 중국에까지 이른다. 중국에서 경교(景敎)라고 불린 이 고대동방 기독교는 635년 당 태종 때 처음으로 중국에 들어오는데, 그 특유의 매력 때문에 일시에 정식 공허(公許)를 얻어 250년간 몇만명의 신도를 포섭할 정도로 흥성하였다. 그런데 9세기에 '회창법난(會昌法難)'(845)과 '황소(黃巢)의 난'(875) 등 일련의 배타적 소요에 휘말려 경교는 중국 본토에서는 거의 멸절되다시피 하고, 잔존세력이 몽골과 한반도 인접지역인 만주 등 변방으로 뿔뿔이 흩어졌다.

이 고대동방기독교의 동전 물결은 중국에서 중단되지 않고, 한반도에까지 그 여파를 몰고 와 초전(初傳) 단계의 모습을 보여주었다. 이러한 초전을 시사하는 증거로는 다음과 같은 몇가지 유물이 남아 있다. 즉 1965년 경주 불국사 경내에서 출토된 돌십자가(24.5×24×9cm, 7~8세기)

발해 팔연지 출토 삼존불상

와 성모 마리아 소상(7.2×3.8×2.8cm, 7~8세기), 그리고 경주에서 발견된 2점의 철제 십자무늬장식(7~8세기, 이상의 유물들은 숭실대학교 '한국기독교박물관'에 소장), 발해의 동경용원부(東京龍原府, 현 훈춘琿春) 팔연지(八連址)에서 출토된, 목에 십자가를 건 삼존불상(전쟁기념관 소장), 발해의 솔빈부(率賓府, 시베리아 연해주) 아브리코스 절터에서 출토된 십자가 등이다.

아직은 고증에서 불확실성이 적지 않고, 개연성의 범위를 크게 벗어나지 못하기 때문에 공식적 수용에 의한 공허까지는 이르지 못했지만, 초전의 증빙으로 삼는 데는 큰 하자가 없을 성싶다. 그렇다면 한반도와 기독교 간의 만남의 역사는 1200여년 전으로 거슬러 올라갈 수 있다고 봐야 할 것이다.

벼문화의 세계사적 기여

벼는 6천~7천년 동안 지구 방방곡곡으로 확산되어 범지구적 문화대를 형성하고 있다. 이 문화대에는 6대주의 110여개 나라가 망라되어 있는데, 그중 주역은 재배면적의 90% 이상을 차지하는 아시아다. 벼의 껍질을 벗겨낸 알맹이인 쌀은 밀과 더불어 인간의 2대 주식 곡물로 자리를 굳혀왔다. 벼에는 서아프리카 나이저강 유역에서 발생한 서아프리카벼(Oryza glaberrima)와 아시아벼(Oryza sativa) 2대 종류가 있다. 벼의 기원에 관해서는 여러가지 설이 있어왔는데, 지금까지의 통설로는 7천~8천년 전 인도 동북부의 아삼(Assam)지대와 중국 남부 윈난(雲南)지대를 아우르는 아삼-윈난 일원에서 재배하기 시작했다는 설이 가장 유력시되어왔다. 아시아벼는 다시 인도를 비롯한 동남아와 중국 양쯔강 이남에서 재배하는 인디카(Indica, 인도형 메벼)와 양쯔강 이북과 한국·일본 등 동북아 일대에서 재배하는 자포니카(Japonica, 일본형 찰벼)로 대별된다. 그밖에 주로 동남아에서 재배되는 자바니카(Javanica, 자바벼)가 있다. 형태상으로 보면, 인디카는 좀 길쭉하다고 해서 장립형(長粒形)이라 하고, 반대로 짧은 자포니카는 단립형(短粒形)이라고 한다.

한국에서도 벼의 재배 기원에 관해서 많은 논란이 이어져왔다. 1970년대 중반까지 일본 학자들이 1920년대 김해(金海) 조개더미에서 나온 기원전 1세기 볍씨 유물에 근거해, 한국의 벼는 기원전 3세기경에 시작된 일본 벼로부터 유입되었다는 설이 유행하였다. 그러다가 1970~80년대에 경기도 여주군 흔암리와 평양시 삼석구 남경, 충남 부여군 송국리 등지에서 기원전 1000년경의 탄화미(炭化米)가 발견되자, 벼 경작 연대의 상한선을 청동기시대로 올려 잡았다. 다시 1990년대 경기도 김포시 가현리와 경기도 고양시 일산 가와지 유적에서 기원전 2000년경의 탄화 볍씨가 발견되자, 그 상한선을 신석기시대로 다시 고쳐 잡았다.

이렇게 볍씨 편년(編年)이 부단히 상승하는 가운데 1998년과 2001년에 충북대, 서울시립대, 단국대, 한국지질자원연구원 등 4대 팀이 충북 청원군 옥산면 소로리 오창과학산업단지의 구석기 유적에서 약 1만 3천~1만 7천년 전(미국 GX방사성연구소는 1만 3010~1만 4820년 전)의 토탄층(土炭層, 유적이 보존되어 있는 흙층)에서 탄화 볍씨 59톨이 발견되었는데, 고대 벼와 유사(類似) 벼 2종이다. 길고 짧은 것이 섞여 있는 고대 벼 중에는 완전한 낱알이 9알이 포함되어 있다. 1999년 필리핀에서 열린 제4회 유전학국제회의와 2001년 제1회 소로리볍씨 국제학술대회(한국)에서 발견 사실이 발표되었으며, 2002년 워싱턴에서 열린 제5회 세계고고학대회에서도 소개되어 큰 국제적 반향을 불러일으켰다. 그때까지만 해도 세계에서 가장 오래됐다고 하는 중국 양쯔강 유역의 위찬옌(玉蟾巖) 유적 볍씨(약 1만 1천년 전)보다 수천년 앞선 셈이다. 이 볍씨의 편년을 비롯한 실체에 관해서는 국내외 학계에서 이론이 있지만, 일단 '소로리카'로 잠정 명명해 졸저 『실크로드 사전』(창비 2013)에 표제어(413면)로

소로리 볍씨

올렸다.

'소로리카'의 실체에 관해서는 이러저러한 이론(異論)이 있지만, 일단 발굴자 측의 주장에 따른다면, '소로리카'의 발굴은 세계 농업사에서 획기적인 의미를 지닌다. 그 의미는 벼 시조의 개연성이 있으며, 벼의 생태적 진화에 크게 기여하였다는 데 있다. 북위 53도나 되는 발해의 상경(上京)에서까지 벼의 재배에 성공함으로써 다습고온 작물인 벼를 건조한랭 작물로 순화시켜 양질의 쌀을 생산한 것이다. 발해 쌀은 당시 중국 중앙에 바치는 공미(貢米,『신당서』)였고, 명대에는 황제만이 먹는 '황량미(皇糧米)'로, 1960년대에는 '특별미'로 지정되었으며, 1970년대부터는 국가의 특별관리미가 되었다.

(3) 해로를 통한 소통

첫 국제결혼이 이루어진 길

『삼국유사(三國遺事)』「가락국기(駕洛國記)」에 의하면, 16살의 인도 아유타국(阿踰陀國, 아요디아로 추정) 공주 허황옥(許黃玉)은 하늘이 내린 가락국 왕을 찾아가 배필이 되라는 부모의 분부를 받들어 서기 48년에 20여명의 수행원과 함께 붉은 돛을 달고 파사석탑(婆娑石塔)을 실은 큰 배를 타고 장장 2만 5천리의 긴 여행 끝에 (한반도) 남해의 별포(別浦) 나룻목에 도착한다. 영접을 받으며 상륙한 다음 비달치고개(綾峴)에서 입고 있던 비단바지를 벗어 신령에게 고하는 의식을 치르고는 장유사(長遊寺) 고개를 넘어 수로왕(首露王)이 기다리고 있는 행궁에 가서 상면한다. 하늘이 내린 황금알에서 태어나 배필도 역시 하늘이 점지(點指)할 것이라고 믿어오던 가락국 시조 수로왕은 허황옥을 반가이 맞이한다. 둘은 2박 3일의 합환식(合歡式, 결혼식)을 마치고 왕궁으로 돌아온다. 그후 140여년을 해로하면서 아들 10명과 딸 2명을 두었는데, 둘째와 셋째에게 왕비와 같은 허씨 성을 따르게 하여 그들이 김해 허씨의 시조가 되었다. 아들 가운데 7명은 지리산에 들어가 선불(仙佛)이 되고, 왕후는 189년 157세로 생을 마감한다.

허황옥의 도래는 인도와 한국 및 일본 간에 문물이 교류되는 첫 계기를 열어놓았다. 왕후가 가져온 옥함에는 수놓아진 비단옷이나 갖가지 금은주옥(金銀珠玉)의 패물과 함께 차의 씨앗이 담겨 있었다. 흔히들 9세기 초 신라 흥덕왕 때 대렴(大廉)이 당나라로부터 차 씨앗을 가져온 것으로 알고 있는데, 사실은 그보다 8백년 앞서 허황후가 최초로 가져다 심은 차 씨앗에서 머리·귀·눈을 밝게 하는 9덕을 갖추고 있다는 죽로차(竹露茶)가 자라났다. 묘견공주(妙見公主)는 불교와 함께 차의 씨앗과 부채를 일본에 전해주었다. 수로왕은 왕후가 타고 온 배의 뱃사공 15명에게는 각각 쌀 10섬과 비단 30필씩을 주어 돌려보냈다. 첫 한-인도-일본 간의 나눔과 교류였다.

수로왕과 허황옥의 만남은 한국의 첫 국제결혼으로, 한국과 인도 간의 혈연이 맺어지는 시발점이었다. 그 만남이 있었기에 수백만 김해 김씨와 허씨가 왕후를 시조할머니로 모시고 오매불망 할머니의 고향을 찾아가기도 한다. 2004년 8월 17일 열린 한국유전체학회 모임에서 한림대와 서울대 연구팀은 허황옥의 인도 도래설과 관련해 흥미로운 연구결과를 발표하였다. 미토콘드리아 유전물질을 추출해 분석하는 방법으로 허황옥의 후손으로 추정되는 김해 예안리 고분에 묻힌 왕족 유골을 분석하였다. 그 결과 우리 민족의 기원으로 분류되는 몽골의 북방계가 아닌, 인도의 남방계라는 결론을 내렸다.

이처럼 2천년 전 이 땅에 온 허황옥은 혈연과 불연(佛緣), 그리고 교류의 인연을 맺어준 메신저이자 교류인으로서 오늘날까지도 우리와 함께 있다. 문명은 이러한 메신저와 교류인에 의해 알려지며 교류된다. 인간의 만남, 문명의 만남이라는 교류사관에서 보면, 허황옥이 어디서 온 누구라는 것이 중요한 것이 아니라, 그녀를 통해 우리는 세계와 어떻게 만났는가, 세계를 향한 우리 마음의 여닫이는 어떠했는가를 살피는 일이 중요하다. 설혹 그녀의 정체가 허구라고 할지라도 우리네 조상들은 어떻게 그녀라는 '허상'을 통해 세계를 이해하고, 세계와 만나고 있었는가를 알아보는 것이 오늘을 살아가는 우리가 어제를 되짚어보는 의미인 것이다.

'처용설화' 속 주인공 처용을 통한 신라와 서역 간의 소통

오랫동안 전승되어온 신라의 유명한 '처용설화'의 실체를 바로 구명하자면 이 설화의 출처인 『삼국사기』의 관련 기록을 실사구시하게 연구해야 한다. 이 기록에 의하면, 신라 49대 헌강왕(憲康王) "5년(879) 3월 왕이 동쪽 지방의 주와 군들을 돌아보는데 어디서 왔는지 알 수 없는 네 사람이 어전에 나타나 노래하고 춤을 추는데, 모양이 괴상하고 의관

처용탈

도 이상야릇하므로 사람들은 산해정령이라고 하였다(五年春三月 巡幸
國東州郡 有不知所從來四人 詣駕前歌舞 形容可駭 衣巾詭異 時人 謂之山海精
靈)"(「신라본기」11권).

　그런데 지금까지 80여년간 학계에서 관련 논문만도 근 3백편을 발표
해 다방면적인 접근과 입체적 조명을 시도했지만 종시 처용(處容)의 실
체는 제대로 밝혀내지 못하였다. 처용은 화랑, 호족의 자제, 무당, 호국
호법의 용, 영험한 화랑, 유행병 고치는 의사, 외래 무슬림 등 '각인각설'
로, '천(千)의 얼굴'을 가진 인물로 분식되었다. 그러한 이견(異見)들을
집대성한『처용연구전집(處容研究全集)』이 2005년에 출간되었다.

　이렇게 처용의 실체가 제대로 밝혀지지 못하는 이유는, '모양이 괴상
하고 의관도 이상한' 외국인(심목고비한 서역인?)의 한반도 내왕에 관
해 알 수 없었던 역사적 한계 속에서 풀 수 없는 그 수수께끼를 어떻게
풀어보려고 140년 동안이나 인위적으로 가공하고 윤색한 나머지 이른
바 '처용설화'나 「처용가」 「처용무」 같은 '작품'이『삼국유사』에 등장하
게 되었기 때문이다. 그것이 오늘날까지 신라의 한 설화로 전승되어오

고 있는 것이다.

아무튼 근 한세기 반 동안 고안해낸 신라 향가로서의「처용가」나 '처용설화'를 보면 다음과 같다. 즉 헌강왕이 개운포(開雲浦)를 주유할 때 안개로 길을 잃자 일관(日官)의 권유로 근처에 절을 세우도록 하였다. 그러자 동해용(東海龍)이 아들 7명을 대동하고 나타났다, 그중 한명(처용)을 서울에 데려와 급간직(級干職)을 주어 왕의 정사(政事)를 보좌하도록 하고 미녀와 결혼까지 시켰다. 그러자 이를 시샘한 역신(疫神)이 어느 달 밝은 밤에 처와 동침하고 있었다. 이를 발견하고도 처용이 노래를 부르며 물러서자 역신은 사죄하였다. "서울 밝은 달밤에 밤늦도록 노니다가, 들어와 잠자리를 보니 다리가 넷이로구나. 둘은 내 것인데 둘은 누구의 것인가. 본래 내 것이지만 빼앗겼으니 어찌하리."(「처용가」)

사실 여부를 떠나 세세상전(世世相傳)해오는 향가란 고전 속에서 이방인을 너그러이 수용해 직급을 주어 정사를 돕게 하고, 미녀와 결혼까지 시켰을 뿐만 아니라, 신라의 대표적 향가의 주인공으로 윤색 승화시켰다. 이는 신라인들의 차원 높은 수용성을 시사한다.

신라와 그리스·로마 간의 교류

'세계 속의 한국'이란 역사문화적 인자(因子)를 배태(胚胎)해온 한민족문화는 몫의 많음과 적음을 불문하고 그 뿌리를 다원적으로 뻗었다. 그 한 맥(脈)이 멀리 서쪽의 그리스·로마다. 일본의 저명한 유리전문가이며 고미술사가인 요시미즈 쓰네오(由水常雄)는 신라의 로마 관련 유물들을 30년 동안 연구한 끝에 상당한 논리적 근거를 제시하면서 신라는 '로마문화의 왕국'이란 파격적인 평정(評定)을 내렸다. 그 전거로는 동아시아에서는 그 유례를 찾아볼 수 없을 정도로 신라에 그리스·로마 문화가 넓고 깊게 스며들었다는 사실을 들고 있다. 지금까지는 신라문화가 북방 대륙문화(중국 포함)의 영향을 많이 받은데다가 남방 해양문화가 가미되어 발달해왔다는 것이 학계의 통설이다. 간혹 서역이나 로마문화 계통에 속하는 유물 몇점을 놓고 왈가왈부해왔지만 모두 단편적이고 영성적(零星的)인 논의에 불과하였다.

요시미즈는 자신의 논지가 지금까지의 통설에 '하나의 바람구멍을 뚫는' 신선한 논지가 될 것이라고 설파하고 있다. 그가 주장하는 로마문화 유물로는, 4~6세기 신라 고분에서 집중적으로 나타나는 로만글라스, 그리스·로마의 전통적인 누금세공(鏤金細工) 장신구, 황금보검(黃金寶劍)을 비롯한 금은제품, 말머리 등을 장식한 뿔잔(rhyton, 角杯)이나 와인잔풍의 토기류, 손잡이 달린 칼, 그리스신화의 성수사상(聖樹思想)을 반영한 수목관(樹木冠) 형식의 왕관 등이 있다. 이러한 그리스·로마문화의 적극적인 수용은 인접국들인 중국이나 일본에서는 찾아볼 수 없는 신라문화의 독특한 개방성과 진취성, 창의성을 말해주고 있다. 요시미즈는 바로 이 점에 매료되어 신라문화를 연구하고, 급기야 '신라는 로마문화의 왕국'이란 과분한 평정도 마다하지 않았다.

그 결과 신라문화와 그리스·로마문화 간에는 뚜렷한 문화적 상관성이 생겨났다. 그 상관성은 두 문화의 공유성(共有性)과 그리스·로마문화에 대한 신라문화의 창의적 수용성에서 여실히 나타나고 있다. 공유성의 대표적인 유물이 바로 나뭇가지를 형상화한 수목형금제관식(樹木型金製冠飾)이다. 원래 성수숭배(聖樹崇拜)는 스키타이를 비롯한 북방유목민족들의 전통사상으로, 그리스를 비롯한 서방에 영향을 미쳤다. 그리스신화에서는 숲의 여신인 아르테미스(Artemis)가 숭배대상이 되고, 이를 계기로 성수숭배가 보편화되었다. 기원 전후 알타이 지방을 중심으로 동서에 황금문화대가 형성되면서 그런 사상을 반영한 수목형관식을 갖춘 금관이 동서 여러곳(총 10점, 그중 가야와 신라에 7점, 알타이와 아프

각종 로마제 유리그릇

가니스탄에 3점)에서 발견되었다. 그러나 중국이나 일본에는 없고, 백제나 고구려에는 드물다.

이러한 공유성과 함께 교류를 통해 신라가 로마로부터 받아들인 유물의 흔적이 여러곳에 남아 있다. 대표적인 것이 각종 유리제품인데, 로마 유리용기류가 총 80여점 출토되었다. 그중 출토지가 분명한 22점은 모두 9기의 신라 고분에서 출토되었다. 소재나 제조기법, 장식무늬, 색깔 등으로 보아 거개가 후기 로만글라스계에 속한다. 특이한 것은 미추왕릉지구(味鄒王陵地區) 고분(5~6세기)에서 출토된 '인물무늬 상감구슬'(일명 '미소짓는 상감옥象嵌玉 목걸이')이다. 지름 1.8cm의 작은 상감옥 속에는 앞뒤로 6명(그중 2명은 왕과 왕비로 추정)의 인물과 6마리 백조, 2개의 나뭇가지가 장식되어 있다. 인물은 피부가 희고 눈이 동그라며 눈섭이 맞닿아 있고 콧날이 오뚝하고 얼굴이 길며 목걸이를 하고 있다. 이러한 외관상의 특징을 감안하면 인물은 백조가 사는 북방계 백인종(아리아인)으로, 로마 식민지였던 흑해 부근에 살던 인종으로 추정된다. 로마세계(알렉산드리아 중심)에서는 1세기경부터 모자이크 무늬의 상감옥을 만들기 시작하였다.

그밖에 미추왕릉지구 계림로(鷄林路) 14호분에서 출토된 황금장식보검(黃金裝飾寶劍, 일명 鷄林路短劍)의 칼자루는 반(半)타원형이고, 칼집은 끝이 넓으며 표면은 금알갱이와 옥으로 상감하는 다채장식양식(多彩裝飾樣式)으로 장식되어 있다. 동아시아에서는 유일무이하고, 까자흐스딴 보로보에와 이딸리아의 랑고바르드족 묘에서 유사품이 출토되었을 뿐이다. 이 보검의 제작에 관해서는 전래설과 창조설 두가지가 있는데, 누금상감 양식의 기법이나 표면에 있는 나선(螺旋)무늬와 메달무늬 등 전형적인 그리스·로마무늬 등을 고려할 때, 로마문화의 영향을 받은 곳으로부터 선물이나 교역품으로 전래된 것으로 추측된다. 그리고 가야와 신라 고분에서 손잡이 달린 토기가 적잖게 출토되었는데, 이것은 로마세계에서 들어온 것이다. 왜냐하면, 한국 등 동양문명권에서는 잔이나 용기에 손잡이를 달지 않는 것

경주 출토 황금장식보검

이 예의상 관행이지만, 유럽에서는 다는 것이 전통이기 때문이다.

이러한 유물들은 대체로 변형 없이 그대로 받아들인 것들이지만, 기타 일부는 신라의 기호나 요구에 맞게 창의적으로 수용한 것들도 있다. 신라인들은 이들 유물을 일회적으로 수용한 것이 아니라, 생활정서나 환경에 맞게 변용하고 발전시킴으로써 신라문화를 한층 풍부하게 만들었다. 예컨대 귀고리나 팔찌, 목걸이 같은 장신구는 그리스·로마문화에서는 필수이나 동아시아문명권에서는 관심 밖이다. 그리하여 이런 유의 장신구는 중국이나 일본에는 없고 고구려에도 거의 없으며, 백제는 신라와의 관계가 좋을 때의 유물에서만 약간 나온다. 그러나 신라는 천마총(天馬塚) 금반지에서 보다시피, 모양은 대체로 로마 금반지의 기본 형식인 마름모꼴이나 신라인들의 취향에 맞게 변형시켰다. 같은 고분에서 출토된 허리띠와 띠드리개는 로마 것보다 더 화려하다. 각배는 중국이나 일본, 고구려나 백제에는 없다. 그리스신화에서 짐승의 뿔은 '코르누코피아', 즉 '풍요'를 상징하므로 각배를 행복을 가져다주는 '풍요의 잔'으로 숭상하였다. 그러나 신라는 일단 수용한 다음에는 다양한 형태와 용도로 변형하였다.

신라의 교역

신라와 아랍·이슬람세계 간의 교역에 관해 한국 문헌에서는 기록을 찾아볼 수 없으나, 중세 아랍 문헌에는 주목되는 몇가지 기록이 남아 있다. 그 첫 기록을 남긴 아랍 지리학자 이븐 쿠르다지바(Ibn Khurdādhibah, 820~912)는 저서 『제 도로(諸道路) 및 제 왕국지(諸王國志)』에서 신라의 지리적 위치와 황금의 산출, 그리고 무슬림들의 신라 내왕에 관해 기술한 후 신라로부터 무슬림들이 수입하는 물품(11종)에 관해 다음과 같이 언급하고 있다. 즉 "중국의 동해(東海)에 있는 이

나라(신라)로부터 가져오는 물품은 비단·검·키민카우(kiminkhau, 미상)·사향·침향·말안장·담비가죽·도기·범포(帆布)·육계(肉桂)·쿨란잔(khulanjan, 미상) 등이다." 이 11종의 물품 가운데서 '키민카우'와 '쿨란잔'이 도대체 어떤 것인지에 관해서는 아직껏 미상이다. 나머지 9종에 관해서는 대체적으로 그 신빙성이 인정된다.

신라는 이렇게 아랍·이슬람세계와 직접적인 교역을 진행했을 뿐만 아니라, 일본과의 중계무역도 하였던 것이다. 일본 나라(奈良)의 쇼오소오인(正倉院)에 소장되어 있는 『조모입녀병풍하첩문서(鳥毛立女屛風下貼文書)』 중의 「매신라물해(買新羅物解)」(신라 물품 구입명세서)에 의하면, 신라 경덕왕(景德王) 11년(752)의 신라 물품 구입명세서에 기재되어 있는 총 42종의 물품 중 7종은 서역이나 동남아시아의 물산이다. 이것은 신라가 이러한 물산을 일본에 재수출하는 중계무역지 역할을 하고 있었음을 시사한다.

배질 홀의 찬사와 나쁠레옹의 유언

1816년 9월 조선을 탐사하기 위해 온 최초의 서구인인 영국의 선장 배질 홀(Basil Hall)은 함선을 이끌고 10일 동안 서해안의 백령도에서 장한만·고군산열도·신안해협·제주도까지 두루 탐사하였다. 이어 일본 류우뀨우섬까지 탐사하고는 439면에 달하는 『조선 서해안과 대(大)류우뀨우섬 탐험 항해기』(1818)를 남겨놓았다. 그는 이 항해기에서 조선에서 만난 주민들은 자신들을 이방인인데도 다정하게 맞아 함께 술을 마시고 즐겁게 보냈으며, 문정(問情)하러 온 비인(庇仁, 현 충남 서천군) 현감 이승렬(李升烈)이 "세계 어느 곳에 갖다 놓아도 손색없는 교양과 통찰력을 지니고 있는 사람"이라고 찬사를 아끼지 않았다.

배질 홀은 동아시아 항해 임무를 마치고 고국으로 돌아가는 길에 아프리카 서남해에 있는 세인트헬레나(Saint Helena)섬에 들른다. 마침 그곳에서 유배 중인 나뽈레옹(그는 홀 아버지와 빠리군사학교 동창)을 만나 조선은 유서 깊은 나라인데도 그 민족은 남의 나라를 침략해본 적이 없는 선량한 민족이라고 소개한다. 이 말을 들은 나뽈레옹은 "이 세상에 남의 나라를 쳐들어가보지 못한 민족도 있단 말인가. 내가 다시 천하를 통일한 다음에는 반드시 그 조선이라는 나라를 찾아가보리라"라고 유언을 남겼다고 한다.

맺음말

어디로 가려는지 알고 싶거든 어디서 왔는지 되돌아보라(告諸往而知來者).

참고문헌

『三國史記』卷18,「高句麗本紀」卷6, 故國原王 12年 10月條.

『高麗史』卷5, 顯宗 15年 9月條; 卷6 靖宗 6年 11月條.

賈耽「登州航行入高麗渤海道」,『皇華四達記』(일명『道里記』);『舊唐書』卷432,
　　「地理志」에 수록.

『舊唐書』「奚國」傳.

徐兢『宣和奉使高麗圖經』卷31,「海圖」1~6.

『宋史』「高麗傳」.

Ibn Khurdādhibah, *Kitābu'l Masālik wa'l Mamālik*(『제 도로 및 제 왕국지』),
　　Leiden: Brill 1968, 70면.

박대헌『서양인이 본 조선(상)』, 호산방 1996.

요시미즈 쓰네오『로마문화 왕국, 신라』, 오근영 옮김, 씨앗을 뿌리는 사람
　　2002.

윤무병「명도전의 문제」,『한국사』1, 국사편찬위원회 1973.

정수일『한국 속의 세계(상)』, 창비 2005.

정수일『문명담론과 문명교류』, 살림출판사 2009.

정수일『신라·서역교류사』, 단국대학교출판부 1992.

진홍섭「黃龍寺木塔址發見花樹對禽文金具」,『이홍직박사회갑기념한국사학논
　　총』, 신구문화사 1969.

鄭守一「古代韓中陸路初探」,'譚其驤先生誕生85週年紀念國際學術大會'發表
　　論文, 上海 復旦大學, 1996. 2.

齊藤忠「慶州所在の立樹雙鳥文彫刻の石造物に就いて」,『考古學雜誌』第27卷
　　第9號, 日本考古學會 1939.

2
실크로드의 개념에 관한 동북아 3국의 인식

서론

문명교류가 시대의 화두로 부상함에 따라 실크로드에 관한 관심이 전례없이 고조되고 있다. 그러나 우리의 실크로드 연구는 이러한 시대적 흐름에 따라가지 못하고 있다. 특히 이 연구를 주도하고 있다고 자부하는 한·중·일 3국마저도 실크로드의 기본개념에 관한 인식에서 여러가지 엇갈린 견해를 보이고 있다. 따라서 이 글에서는 주로 3국이 잇따라 출간한 실크로드 사전과 기타 관련 논저에서 노정된 이러한 엇갈린 견해들을 적시(摘示)함으로써 진부한 통념을 깨고 인식에서의 공유를 도모해 궁극적으로 실크로드학(The Silkroadology)의 학문적 정립에 공통된 디딤돌을 마련하고자 한다.

1. 실크로드의 개념과 그 확대

(1) 실크로드의 개념

실크로드란, 인류문명의 교류통로에 대한 범칭(汎稱)이다. 문명은 정형화(定型化)된 구조이면서 동시에 항상 변화 이동한다. 그 공간적 변화 이동 과정이 곧 교류이며, 그 교류의 길이 바로 실크로드다.

실크로드는 인류의 장거리 이동과 더불어 개척되었다. 후기구석기시대(1만 2천~3만 5천년 전)에 인류는 장거리 이동을 시작했는데, 약 3만년 전에 자바의 와자크인(Wadjak man)이나 보르네오의 사라왁 니아 동굴인(Sarawak Niah man)들이 오스트레일리아나 뉴기니에 이주했으며, 1만~2만년 전에는 몽골 인종이 베링해협을 건너 아메리카에 정착해 인디오의 조상이 되었다. 그후 약 1만년 전에 충적세가 도래하면서 인류의 이동이 늘어나 유라시아대륙에 몇갈래 문명 이동의 길, 즉 실크로드가 생겨났다.

실크로드는 문명교류 통로의 역할을 계속해오다가 18세기 중엽에 이르러 일대 전기를 맞게 된다. 이때부터 일기 시작한 서구의 산업혁명의 물결로 인해 1769년 프랑스의 뀌뇨(Nicolas Joseph Cugnot)가 사상 처음으로 증기기관을 동력으로 하는 목제 삼륜차를 발명하게 된다. 이에 연동되어 19세기에 자동차와 기차, 기선, 비행기라는 새로운 현대적인 교통수단들이 잇따라 만들어짐으로써 지구는 육·해·공의 입체적 교통망으로 뒤덮이게 되며, 이에 따라 교류의 내용과 방도, 규모는 미증유의 크기로 달라진다. 그리하여 18세기 중엽부터 오늘날 21세기에 이르는 약 3백년간의 실크로드는 구각을 벗어난 신형의 문명교류 통로란 뜻에서 '신실크로드'라고 이름한다. 작금 회자인구(膾炙人口)되고 있는 '신실크로드'에 대비해 그 이전의 실크로드를 '전통적(혹은 고전적) 실크로드'라고 한다.

전통적 실크로드건 신실크로드건 간에 실크로드란 조어(造語)는 유럽문명중심주의의 소산이다. 원래 실크로드란 명칭은 중국 비단의 일방적인 대서방 수출에서 유래되었을 뿐만 아니라, 비단이 로마제국에서 큰 인기를 얻은 진귀품이었음을 기리기 위해 그 사용이 유지되어왔던 것이다. 사실 비단이 동서 교역품의 주종으로 오간 것은 기원을 전후한 짧은 한때의 일에 불과한 것으로서, 진정한 문명교류의 차원에서 유래된 말은 아니다. 따라서 그 사용이 적절치 못하기는 하지만, 비단이나 비단 교역이 지니는 상징성 때문에 하나의 아칭(雅稱)으로 그냥 관용되어오고 있다.

실크로드는 인류역사의 전개과정에서 지대한 역할을 수행하였다. 그것은 우선, 문명교류의 가교 역할을 한 것이다. 문명의 발달은 교류에 크게 의존하는데, 그러한 교류가 실현되려면 반드시 가교 구실을 하는 공간적 매체가 필요하다. 그 매체가 바로 실크로드다. 아시아인들의 문명 전환을 촉진한 청동기의 동전(東傳)이나, 유럽의 개화를 계도한 제지법의 서전(西傳)이나, 중국 전통악부에 커다란 변화를 가져온 호악(胡樂)의 동전이 모두 이 길을 따라 이루어졌다는 역사적 사실은 실크로드의 가교 역할을 증언해주고 있다.

다음으로, 실크로드가 세계사 전개의 중추적 역할을 감당하였다는 것이다. 문명교류의 통로인 이 길을 따라 일련의 세계사적 사변들이 일어나고 수많은 민족과 국가 들이 흥망성쇠를 거듭하면서 인류역사는 오늘로 꾸준히 이어져왔다. 이 길이 없었던들, 세계사는 분명히 다른 양상으로 전개되었을 것이다. 고대 오리엔트문명의 창조자들로부터 그리스·로마제국, 페르시아제국으로부터 이슬람제국, 선진(先秦)시대의 중국으로부터 몽골제국, 석가시대의 인도로부터 티무르제국의 출현과 번영에 이르기까지, 그리고 북방 유목민족들의 흥망으로부터 중앙아시아여러 나라들의 출몰에 이르기까지, 이 모든 역사적 사변들은 이 길을 따라 전개되었으며, 이 길에 의해 서로가 관련됨으로써 세계사는 추진되어온 것이다.

끝으로, 그 역할은 세계 주요 문명의 산파역을 담당한 것이다. 원래 문명의 탄생과 발달은 교통과 불가분의 관계에 있다. 교통의 불편은 문명의 후진을 초래하며, 교통의 발달 없이 문명의 창달이나 전파는 있을 수가 없다. 이러한 문명론의 원리가 실크로드사에서 그대로 실증되고 있다. 고대 오리엔트문명을 비롯한 황허(黃河)문명, 인더스문명, 그리스·로마문명, 유목민족문명, 불교문명, 페르시아문명, 이슬람문명 등 동서고금의 주요 문명들은 모두가 이 길의 연변(沿邊)에서 잉태되고 발아한 다음 이 길을 타고 개화하여 결실을 맺었다. 그 뚜렷한 일례가 바로 기독교와 불교, 이슬람교 등 종교가 이 길을 따라 동서남북으로 전파됨으로써 세계적인 종교로 발돋움할 수가 있었던 사실이다.

(2) 실크로드의 개념 확대

실크로드 연구과정을 살펴보면 내용은 물론이거니와, 개념마저도 이해의 범위를 부단히 넓혀나가는 과정이었음을 발견하게 된다. 실크로드의 개념 확대란, 끊임없이 확장되어온 이 길이 포괄하는 공간적 범위와 그 기능에 대한 인식의 심화를 의미한다. 문명교류 통로로서의 실크로드의 확장은 단선적(單線的)인 연장일 뿐만 아니라, 여러가닥이 겹쳐져 있는 복선적(複線的)인, 내지는 그물처럼 엉켜 있는 망상적(網狀的)인 확장을 말한다. 실크로드 자체는 인류의 문명사와 더불어 장기간 기능해온 객관적 실재이지만, 인간의 지적 한계로 인해 당초부터 그 실재가 그대로 인식된 것은 아니다. 그 실재가 인간에 의해 인지되기 시작한 것은 불과 140여년 전 일이다. 그간 학계의 꾸준한 탐구에 의해 이 길의 공간적 범위와 그 기능에 대한 인식은 점진적으로 폭을 넓혀왔다.

실크로드를 통해 전개된 교류의 실상이 점차 밝혀짐에 따라 그만큼 이 길의 개념은 확대되었으며, 역으로 이러한 개념 확대는 교류에 대한 시야를 그만큼 넓힐 수 있게 하였다. 그간 실크로드의 개념은 다음과 같은 몇 단계를 거쳐 부단히 확대되었다.[1]

첫 단계는 중국-인도로(路) 단계다. 독일의 지리학자 리히트호펜(Ferdinand von Richthofen)은 1868~72년 기간에 중국을 답사한 후 1877년부터 5권으로 된 방문기『중국』(China, 1877~1912)을 출간하였다. 그는 1권 후반부에서 동서교류사를 개괄하면서 고대에 중국으로부터 중앙아시아의 시르(Syr)강과 아무(Amu)강 사이의 트란스옥시아나(Transoxiana) 지방을 경유해 서북 인도로 수출되는 주요 교역품이 비단이었던 사실을 감안해, 중국으로부터 인도까지의 이 교역로를 독일어로 '자이덴슈트라센'(Seidenstrassen), 즉 '실크로드'(Silk Road)라고 명명하였다. 이리하여 실크로드란 이름이 처음으로 나타나게 되었으며, 이 길의 면모가 드러나기 시작하였다.

둘째 단계는 중국-시리아로 단계다. 이 단계로의 개념 확대는 탐험가와 고고학자들에 의한 비단 유물의 발견이 그 기폭제가 되었다. 20세기 초 탐험가들인 스웨덴의 헤딘(Sven Anders Hedin)과 영국의 스타인(Sir Mark Aurel Stein) 등은 중앙아시아 각지에서뿐만 아니라, 멀리 지중해 동안의 시리아 팔미라(Palmyra)에서까지 중국 비단, 즉 한금(漢錦, 한나라 비단) 유물을 발견한다. 그리하여 독일의 동양학자 헤르만(Albert Hermann)은 1910년에 이 비단 교역의 길을 시리아까지 연장하고, 선학을 따라 그 이름을 '실크로드'라고 재천명하였다.

　그런데 전 단계와 마찬가지로 이 단계에서도 비단 유물은 주로 동서로 펼쳐진 여러 사막에 점재(點在)한 오아시스들에서만 발견된다. 그리하여 이 길은 오아시스들이 연결되어 이루어진 길이므로 일명 '오아시스로'(Oasis Road)라고도 한다. 이 길의 동단은 중국 장안(長安, 현 시안西安)이고, 서단은 시리아의 팔미라다. 실크로드 개념의 확대 차원에서 보면, 둘째 단계의 길은 첫 단계의 길의 단선적인 연장이라고 할 수 있다. 실크로드사에서 이 오아시스로는 시종 큰 변화 없이 중요한 역할을 해왔으며, 그 노선도 비교적 명확하므로 오늘날까지도 많은 사람들은 이 오아시스로를 마냥 실크로드의 대명사로 오해하고 있다.

　셋째 단계는 3대 간선로(幹線路) 단계다. 2차대전 후 학계에서는 문

한금이 출토된 시리아 팔미라 묘탑

명교류와 그 통로에 관한 연구를 심화시켜 오아시스로의 동·서단을 각각 중국 동쪽의 한반도와 로마로까지 연장하였을 뿐만 아니라, 실크로드의 포괄 범위도 크게 넓혔다. 즉 유라시아대륙의 북방 초원지대를 지나는 초원로(Steppe Road)와 지중해로부터 중국 동남해안에 이르는 해로(Sea Road)까지 포함시켜 동서를 관통하는 이른바 '3대 간선'(초원로, 오아시스로, 해로)으로 그 개념을 확대하였다.

유라시아대륙의 북방 초원지대(북위 40~50도 사이)를 횡단하는 초원로는 가장 오래된 실크로드로서, 그 주로는 흑해 동북부-카스피해-아랄해-까자흐스딴 초원-알타이산맥 남부-중가리아 분지-몽골의 오르콘강 연안-화베이(華北)-둥베이(東北)-한반도로 이어진다. 이에 비해 중앙아시아를 중심으로 한 건조지대(북위 40도 부근의 사막)에 점재한 오아시스들을 연결한 오아시스로(로마에서 장안까지 1만 2000km)는 시리아 사막-이란의 카비르 사막과 루트 사막-중앙아시아의 카라쿰 사막과 키질쿰 사막-중국의 타클라마칸 사막-몽골의 고비 사막 등 여러 사막지대를 동서로 관통한다. 이 길은 오아시스들을 연결하는 육로이기 때문에 지형적으로 초원로나 해로에 대응시켜 오아시스 육로라고도 부른다. 남방의 해로는 지중해에서 홍해와 아라비아해를 지나 인도양과 태평양에 이르는 바닷길(로마에서 중국 동남해안까지는 1만 5000km)이다. 그런데 중세에 와서는 이 바닷길을 오가는 주종 교역품이 비단이 아니라 도자기와 향료이기 때문에 '도자기의 길' '향료의 길'이라고도 불렀다.

이 단계에 이르러서는 이상의 3대 간선에 유라시아대륙의 남북을 종관(縱貫)하는 마역로(馬易路, 몽골의 오르콘강 유역-베이징-광저우廣州), 라마로(喇嘛路, 중가리아 분지-라싸-갠지스강 하구), 불타로(佛陀路, 우즈베끼스딴-페샤와르-중인도 서해안), 메소포타미아로(깝까스-바그다드-페르시아만), 호박로(琥珀路, 발트해-콘스탄티노플-알렉산드리아) 등의 5대 지선(支線)²까지 합쳐지다보니 실크로드의 개념은 전례없이 확대되었다. 이리하여 이제 실크로드는 문자 그대로 동서남북으로 종횡무진 얽히고설킨 그물망의 교통로로 인식되기에 이르렀다. 실크로드 개념의 확대 차원에서 보면, 앞 두 단계의 단선적인 연장 개념에서 벗어나 복선적이며 망상적인 개념으로 증폭된 셈이다. 그러나 그 개념이 이렇게 3단계를 거쳐서 확대되어왔음에도 불구하고 실크로드는 아직은 주로 유라시아를 아우르는 이른바 구(舊)대륙에만 한정된 길이며, 이것이 지금까지의 통념이다.

마지막 넷째 단계는 환지구로(環地球路) 단계다. 앞의 세 단계를 거쳐 실크로드 개념이 부단히 확대되어왔지만, 그것은 아직 구대륙의 범위를 벗어나지 못한다. 바꾸어 말하면, 문명교류의 통로인 실크로드가 지구의 다른 한 부분인 '신대륙'(적절치 못한 표현이나 관용에 따라 사용)까지는 이어지지 않음으로써 '신대륙'은 인류문명의 교류권에서 소외당해왔다. 그렇지만 역사적 사실이 증명하다시피, 늦어도 15세기 말엽부터는 해로에 의한 문명교류의 통로가 구대륙으로부터 '신대륙'에까지 뻗어감으로써 실크로드는 명실상부하게 지구 전체를 망라하는 환지구적 문명교류 통로로 자리매김되어갔다. 그러나 아직까지 이러한 인식과 연구가 공론화·보편화되지 못함으로써 실크로드의 범위는 전래의 통념에 머물러 있는 형편이다.

이렇게 문명교류의 통로가 '신대륙'에까지 이어졌다고 보는 근거는 우선, '신대륙'으로 통하는 해로가 개척되었다는 사실에 있다. 1492년 이딸리아 항해가 콜럼버스(Cristopher Columbus, 1451~1506)가 대서양을 가로질러 카리브해에 도착한 데 이어 뽀르뚜갈 항해가 마젤란(Ferdinand Magellan) 일행이 1519~22년에 스페인→남미의 남단→필리핀→인도양→아프리카의 남단→스페인으로 이어지는 세계일주 항해를 단행함으로써 '신대륙'으로 연결되는 바닷길이 트이게 되었다.

다음으로, 신·구대륙 간에 교역이 진행되었다는 데도 그 근거를 두고 있다. 교역은 문명교류의 중요한 징표다. 16세기부터 스페인인들과 뽀르뚜갈인들이 필리핀 마닐라를 중간 기착지로 하여 중국의 비단과 도자기를 중남미에 수출하고, 중남미의 백은(白銀)을 아시아와 유럽에 수출하는 등 신·구대륙 간에는 이른바 '태평양 비단길' '백은의 길'을 통한 '대범선(大帆船) 교역'이 진행되었다. 이 교역을 통해 고구마·감자·옥수수·땅콩·담배·해바라기 같은 '신대륙'의 특산물이 아시아와 유럽에 유입되어 오늘날까지 널리 보급되고 있다. 원대 말엽에서 청대에 이르기까지의 기간에 중국에 들어온 라틴아메리카의 농산물은 이것 외에도 호박·고구마·고추·토마토·강낭콩·파인애플·파파야·육지면(陸地棉) 등 14가지나 된다.³ 16~17세기 태평양상에서 '대범선무역'이 시작되자 해상실크로드의 하나인 '백은의 길'이 열리면서 라틴아메리카산 백은(세계 산량의 60%)의 2분의 1~3분의 1이 중국에 유입되어 중국의 물가와 기타 사회생활에 큰 영향을 미쳤던 것이다.⁴

이상의 제반 사실을 감안할 때, 비록 해로의 단선적인 연장이기는 하지만 15세기를 기해 확실히 문명교류의 통로인 해상실크로드는 구대륙에서 '신대륙'으로 이어졌던 것이다. 따라서 실크로드의 개념은 종래의 구대륙의 한계를 벗어나 지구 전체를 망라하는 환지구적 통로로 확대되어야 마땅할 것이다.

인류가 실크로드의 실체를 인지하게 된 것은 불과 140년 전부터다. 그동안 연구가 심화됨에 따라 실크로드의 기능과 범주 등 기본개념에 관한 인식이 점차 심화·확대되어왔는데, 이것이 바로 실크로드 개념의 확대다. 작금 동아시아 3국을 비롯해 세계 실크로드학계가 실크로드의 개념 인식에서 이러저러한 오해와 혼선을 빚고 있는 것은 근원적으로 실크로드 개념의 단계적 확대에 관한 이해의 부족이나 외면에서 비롯된 것이라고 사료된다.

요컨대, 이러한 개념 확대 과정을 통해 실크로드는 신·구대륙을 아우르는 범지구적인 문명교류 통로로 변모하였던 것이다.[5] 그럼에도 불구하고 과문(寡聞)인지는 몰라도 중국이나 일본 학계는 이러한 개념 확대에 의한 실크로드의 새로운 변모에 관해 논급이 거의 없으며, 실크로드의 범주를 여전히 개념 확대의 제3단계, 즉 유라시아 구대륙에만 한정시키는 통념에서 벗어나지 못하고 있는 성싶다. 바로 이러한 통념 때문에 실크로드의 기본개념에서 상이한 인식과 견해를 노출시키고 있다.

2. 실크로드의 기능 개념

실크로드가 인류문명의 발달에 지대한 기여를 할 수 있었던 것은 이 길이 지니고 있는 본연의 기능, 즉 인류문명 교류의 가교 역할과 세계사 전개의 중추 역할, 세계 주요 문명의 산파 역할 등의 기능, 한마디로 인류문명의 교류통로로서의 기능을 수행했기 때문이다. 그럼에도 불구하고 동아시아 3국 학계는 그 기능에 관해 상이한 이해를 나타내고 있다.

1) 무역기능론. 실크로드의 기능은 오로지 무역로라는 논리다. 중국의 『실크로드 대사전(絲綢之路大辭典)』은 실크로드는 "고대 중국이 중앙아시아를 통해 남아시아와 서아시아 및 유럽과 북아프리카와 육상무역을 진행하는 통도(通道)"라고 그 기능을 정의하고 있다.[6] 해상실크로드에 관해서도 이 책은 "중국이 고대에 연해 성진(城鎭)으로부터 해로를 따라 동남아시아와 서아시아 및 북아프리카와 유럽과 해상무역을

진행한 통도를 지칭한다"고 못박고 있다.[7] 육상이건 해상이건 간에 실크로드는 시종 하나의 무역통로일 뿐이라는 것이다.

원래 실크로드는 중국 비단의 유럽 수출에서 비롯된 하나의 조어(造語)임에는 틀림없다. 그러나 실크로드의 개념이 부단히 확대된 결과 원래의 단순한 비단 무역로 개념에서 벗어나 외형상 단선에서 복선으로, 그리고 망상으로 확대되었을 뿐만 아니라, 내용도 정치·경제·문화·군사·예술, 심지어 인간의 왕래 등 다종다양하다. 이것은 실크로드가 이미 단순한 비단 무역로가 아니라, 인류문명 교류의 여러 분야를 두루 아우르는 통로로 변모하였음을 의미한다.

2) 교통기능론. 실크로드가 각광을 받는 이유는 이 길이야말로 인류문명의 교류와 소통의 기능을 부여받고 있다는 데 있다. 이러한 길은 일반 운수업의 교통로와는 엄연히 구별된다. 이 점에서 일본 학계는 나름의 견해를 갖고 있는 것 같다. 나가사와 카즈또시(長澤和俊)는 주저『실크로드 지식 사전(シルクロードを知る事典)』에서 "실크로드는 상고(上古) 이래 동아시아와 서아시아, 아시아와 유럽 및 북아프리카를 연결하는 동서 교통로의 총칭이다"[8]라고 규정하고 있으며, 미스기 타까또시(三杉隆敏)도 역작『바다의 실크로드 조사 사전(海のシルクロードを調べる事典)』에서 해상실크로드를 "동남아시아에서 인도양을 지나 홍해에 이르는 해로"[9]라고 정의했다. 여기서 언급된 '교통로'나 '해로'는 일반 통로에 속하는 바닷길이지, 교류통로로서의 해상실크로드는 아닌 것이다. 이와 같은 이해를 반영해서 1980년대 초 일본 NHK가 제작한 대형 기록영화「실크로드」(30편)는 실크로드란 이름은 취했지만, 실크로드의 오아시스로 내용만을 다루고 해상실크로드는 아예 제외하였다.

3) 기능종결론. 중국의 일부 연구자들은 해상실크로드를 "1840년 이전에 중국이 세계 기타 지역과 통교한 해상통도"라고 단정하면서, 이해

에 발생한 아편전쟁은 "중국의 대외관계의 성격을 근본적으로 변화시켰으며, 이에 따라 해상실크로드의 역사는 종결되었다"[10]고 주장한다. 그들의 주장대로라면, 2백년 가까이 전에 해상실크로드는 이미 활동을 멈추고 '종결'을 고했어야 했는데, 사실(史實)은 그러한 주장과는 반대로 해상실크로드는 '종말'은커녕 오히려 날로 번영의 일로를 걸어왔음을 보여준다.

3. 실크로드의 구성 개념

동아시아 3국 학계는 실크로드의 구성 개념에서도 서로 다른 견해를 표출하고 있다.

1) 실크로드 이원론(二元論). 실크로드의 구성을 이해하는 데서 두가지 이원론적 견해가 나타나고 있다. 한가지는 육상실크로드와 해상실크로드를 이원론적으로 분립시키는 견해다. 중국의 『실크로드 대사전』은 단원적(單元的)인 실크로드를 인위적으로 육상실크로드와 해상실크로드의 두갈래 길로 나누면서 해상실크로드를 실크로드와 무관한 독립적인 해상 무역통로로 간주하고 있다. 이것은 일종의 착각이라고 아니할 수 없다. 왜냐하면 전술한 바와 같이 해상실크로드는 실크로드의 개념 확대로 인해 산생한 개념으로서, 실크로드의 한 간선이며 그 구성부분이기 때문이다.

이원론의 다른 견해는 소위 협의의 실크로드와 광의의 실크로드로 나눠 병행적으로 거론하는 것이다. 중국의 『실크로드 대사전』은 실크로드를 무역통도라고 단정한 후에 "우리가 말하는 실크로드는 주로 원래 의미상의 실크로드, 즉 협의의 실크로드이다"[11]라고 부언하고 있다. 여기서 말하는 '원래 의미상의 실크로드'란 도대체 어떤 길을 가리키는지 분명치 않다. 이 사전의 다른 편(제11편)에서는 광의의 해상실크로드가 "중국 연해로부터 한반도와 일본 군도까지의 해상교통도 포함한다"고 지적하고 있다.[12] 여기서는 중국 연해 이동(以東)의 해상실크로드를 '광의의 해상실크로드'라고만 하고, 그 이서(以西)의 해상실크로드에 관해서는 구체적인 언급이 없다.

그런가 하면 일본의 일부 학자들은 "실크로드란 좁은 의미에서는 오아시스로를 말하지만, 넓은 의미에서는 여기에 초원로와 해로를 더해 광의의 실크로드라고 통칭한다"[13]라는 또다른 맥락에서의 이원론을 제시하고 있다. 이와 같이 문명교류 통로로서의 실크로드 고유의 단원성(單元性)을 무시하고 이른바 다원성(多元性)에 준해 단일 실크로드를 분립화(分立化)하는 것이 타당한지에 관해서는 논의의 여지가 있다고 보인다.

2) 실크로드 시종론(始終論). 이 이론은 실크로드의 시점(始點)과 종점(終點)에 관한 담론이다. 무릇 길이라면 언필칭 시점과 종점의 두 끝이 있게 마련이지만, 문제는 그것을 어떻게 설정하는가 하는 것이다. 역사가 증명하다시피, 시대의 변화에 따라 실크로드의 시종점도 변화를 피할 수가 없었다. 고대의 단향식(單向式) 무역시대와 중세 이래의 쌍향식(雙向式) 내지는 다향식(多向式) 교류시대의 실크로드 양단(兩端)은 고정불변한 것이 아니었으며, 끊임없이 변화해왔다. 심지어 출몰(出沒) 현상까지 나타났다. 사실상 초기의 실크로드 양단이었던 중국(한대)의 중원과 로마는 몇세기 지나지 않아서 비단 무역의 쇠퇴와 더불어 양단의 지위를 상실하고 말았다. 이어 도자기와 향료, 그리고 백은 무역이 성행함에 따라 실크로드의 양단은 자연스럽게 이동하였다.

지금 우리는 실크로드의 시종론에서도 하나의 통설에 직면하고 있다. 흔히들 실크로드 3대 간선의 종점을 공히 중국, 즉 오아시스로는 장안(長安, 현 西安), 초원로는 화베이 지역, 해상실크로드는 동남해안으로 설정하고 있다. 그러나 구체적인 지점에 관해서는 각인각설이다. 중국의 린스민(林土民)은 만당(晩唐) 이래의 도자기로가 바로 해상실크로드라는 주장을 근거로 중국 동남해안의 명주(明州)를 그 출발점으로 지목하고 있으나,[14] 리광빈(李光斌)과 천룽팡(陳榮芳)은 취안저우(泉州)를 해상실크로드의 '동방 기점'과 '시발점'으로 간주하고 있다.[15] 그런가 하면 딩위링(丁毓玲)은 중세 아랍과 페르시아 무슬림 상인들이 구축한 무역 네트워크의 종점은 중국이기 때문에 그들은 더이상 북상해 고려나 일본으로는 가지 않았다고 주장한다.[16] 바로 이러한 편파적인 종점론 때문에 한반도는 줄곧 해상실크로드상에서 소외되어왔다. 물론 실크로드의 시종점이 중국에 자리했던 시대가 없었던 것은 아니다. 그러나 그것은 1500년 전 비단이 단향식 수출품이었던 시대에 한했던 일이다. 21세기에 이른 오늘날, 실크로드가 환지구적인 교류통로가 된 상황에서 이러한 시종론은 거부되어야 할 것이다.

4. 실크로드의 범주 개념

실크로드의 범주를 어디까지로 할 것인가, 즉 유라시아 구대륙에 한정(국부성)시킬 것인가, 아니면 '신대륙'을 포함한 전지구(환지구성, globale)로 확대할 것인가는 당면한 실크로드 개념 정립에서 제기되는 절박한 문제다. 실크로드 개념의 단계적 확대에서 보면, 국부성은 통설이고, 환지구성은 '새로운 개념'이다. 이 '새로운 개념'은 실크로드 개념 확대(제4단계)의 결과에서 비롯된 것이다.

문명교류의 해상통로로서의 해상실크로드는 결코 지구상의 어느 특정 국가나 지역의 전유물이 아니라, 바다를 낀 해양 국가들과 지역의 공유물이다. 그것은 바다의 일체성과 연결성에 의해 산생된 필연적인 현상[17]으로서, 그 항로는 숙명적으로 서로가 연결되어 단절된 적이 없었다. 이것이 바로 해상실크로드만이 지니고 있는 특유의 환지구성이다.

　그럼에도 불구하고 중·일 양국을 비롯한 대부분의 국제 학술계는 여전히 실크로드 개념 확대의 제3단계에 안주하면서 실크로드의 범주를 구대륙에만 한정시키는 국한론(局限論)에 발이 묶여 있다. 근래 각국에서 제작한 실크로드 지도 대부분은 실크로드를 유라시아대륙에만 표기하고, 기타 지구의 서반구(西半球)는 아예 제외되어 있다. 중국이나 일본의 실크로드 사전류는 실크로드의 환지구성이나 국한론 문제에 관해서는 거의 언급이 없다.

　최근 중국은 실크로드의 명의를 빌려 '일대일로(一帶一路)'란 전지구적 전략구상을 내놓았다. '일대'는 중국에서 출발해 중앙아시아와 서아시아를 경유해 유럽에 이르는 실크로드(오아시스 육로) 연변에 '경제대(經濟帶)'를 구축하는 것이며, '일로', 즉 '21세기 해상실크로드'는 역시 중국에서 출발해 동남아시아와 인도양 및 아라비아해를 지나 동아프리카 연안에 이르는 해상실크로드 통로를 말한다. 문자 그대로 해석한다면, 여기서의 '일대'나 '일로'는 모두가 지구의 동반구(東半球, 즉 구대륙)에 한한 발상으로서, 비록 실크로드의 이름하에 추진되고는 있지만, 실크로드의 환지구성은 별로 눈에 띄지 않는다.

맺는 말

실크로드학과 같은 새로운 인문학 분야를 개척하는 과정에서 이견 (異見)이나 논쟁이 발생하는 것은 어쩌면 불가피한 일이라 하지 않을 수 없다. 본인은 차제에 우리 동아시아 학계가 그동안 실크로드 연구에 서 얻은 괄목할 만한 성과와 소중한 경험에 바탕해 앞으로도 계속 선도 적 역할을 수행함으로써 실크로드학의 학문적 정립에 응분의 기여를 해야 한다는 일념에서 위와 같은 미숙한 비견(鄙見)이나마 허심탄회하 게 피력하였다.

당면하여 우리에게는 '선인의 것을 서술할 뿐만 아니라, 새것을 창작' 하는 '술이작(述而作)'의 학구적 태도가 필요하다. 그럴 때만이 우리는 시대의 소명에 따르는 새로운 학문을 개척하고, 발전시킬 수가 있을 것 이다.

3
실크로드와 '일대일로'

'일대일로'는 실크로드를 거울로 삼고(借鑑), 실크로드 정신을 현대적 여건에 맞게 승화시킨 중국의 전지구적 전략구상이다. 이 참신한 구상은 제시된 후(2013) 지난 4년 동안 유라시아와 아프리카 여러 나라들의 지지와 동참 속에 괄목할 만한 성과를 거두었다. 그 과정에서 이 구상에 대해 정치공학적 접근과 경제논리적 접근, 지정학적 접근, 문명교류사적 접근 등 다양한 접근이 시도되어 여러가지 평가가 내려졌다. 특히 이 구상의 바탕이라고 할 수 있는 실크로드와의 관계 문제에서는 엇갈린 견해들이 맞서고 있어 시급한 해명이 요망된다.

1. 실크로드의 개념과 그 확대

'일대일로', 즉 '실크로드의 경제대와 21세기 해상실크로드'를 바르게 이해하려면 그 바탕인 실크로드의 개념과 그 개념의 확대 과정을 제대로 파악해야 한다. 실크로드란, 인류문명의 교류가 진행된 통로에 대한 범칭이다. 문명은 어디서 어떻게 창출되든지 간에 부단히 변화 이동한다. 그 공간적 변화 이동이 곧 교류이고, 그 교류의 길이 바로 실크로드다.

넓은 의미에서 보면, 지금으로부터 약 3만년 전 후기구석기시대에 인류의 장거리 이동과 더불어 문명의 만남이 이루어지면서 길이 뚫리기 시작했다. 특히 1만년 전에 충적세(沖積世)가 시작되면서 인류의 이동이 늘어나 유라시아대륙에 몇갈래의 길, 즉 실크로드가 생겨났으며, 이 길을 통해 문명교류가 가시화되었다. 중세를 거치면서 그 가동이 가속화되다가 18세기에 이르러 근대적인 교통수단의 등장으로 인해 일대 변신을 하게 된다. 1769년 프랑스의 뀌뇨(N. Cugnot)가 사상 처음으로 증기기관을 동력으로 하는 자그마한 목제 삼륜차를 발명한 것이 계기가 되어 지구는 육·해·공의 입체적 교통망으로 뒤덮이게 되고, 그에 따라 교류의 내용과 방도도 크게 달라진다. 그래서 18세기부터 오늘의 21세기에 이르는 약 3백년간의 실크로드를 '신실크로드'라고 한다.

실크로드에 관한 지금까지의 연구과정을 살펴보면, 내용은 물론이거니와 개념마저도 이해의 범위를 부단히 넓혀왔다. 실크로드의 개념 확대란, 끊임없이 확장되어온 이 길이 포괄하는 공간적 범위와 그 기능에 대한 인식의 심화를 의미한다. 문명교류 통로로서의 실크로드 확장은 외줄인 단선적(單線的) 연장에서 시발해, 겹줄인 복선적(複線的) 확장, 내지는 그물처럼 엉켜 있는 망상적(網狀的) 확장으로 이어져왔다.[1]

실크로드 자체는 인류의 문명사와 더불어 장기간 기능해온 객관적 실재이지만, 인간의 지적 한계로 인해 당초부터 그 실재가 그대로 인식되어온 것은 아니다. 그 실재가 인간에 의해 인지되기 시작한 것은 불과 140여년 전 일이다. 그간 학계의 꾸준한 탐구에 의해 이 길의 공간적 범위와 그 기능에 대한 인식은 다음과 같은 몇 단계를 거쳐 점진적으로 폭을 넓혀왔다.

첫 단계는 중국-인도로(路) 단계다. 독일의 지리학자 리히트호펜(F. von Richthofen)은 1868~72년 기간에 중국을 답사한 후 1877년부터 5권으로 된 방문기 『중국』(China)을 출간하였다. 그는 1권 후반부에서 동서교류사를 개괄하면서 고대에 중국으로부터 중앙아시아의 시르강과 아무강 사이의 트란스옥시아나(Transoxiana) 지방을 경유해 서북 인도로 수출되는 주요 교역품이 비단이었던 사실을 감안해 중국으로부터 인도까지의 이 교역로를 독일어로 '자이덴슈트라센'(Seidenstrassen), 즉 '실크로드'(Silk Road)라고 명명하였다. 이리하여 실크로드란 이름이 처음으로 나타나게 되었으며, 이 길의 면모가 드러나기 시작하였다.

둘째 단계는 중국-시리아로 단계다. 20세기 초 탐험가들인 스웨덴의 헤딘(S. Hedin)과 영국의 스타인(M. A. Stein) 등은 중앙아시아 각지에 서뿐만 아니라, 멀리 지중해 동안의 시리아 팔미라(Palmyra)에서까지 중국 비단, 즉 한금(漢錦, 한나라 비단) 유물을 발견한다. 그리하여 독일의 동양학자 헤르만(A. Hermann)은 1910년 이 비단 교역의 길을 시리아까지 연장하면서 선학을 따라 그 이름을 '실크로드'라고 재천명하였다.

그런데 전 단계와 마찬가지로 이 단계에서도 비단 유물은 주로 동서로 펼쳐진 여러 사막에 점재(點在)한 오아시스들에서 발견된다. 그리하여 이 길은 오아시스들이 연결되어 이루어진 길이므로 일명 '오아시스로'(Oasis Road)라고도 한다. 이 길의 동단은 중국 장안(長安, 현 시안西安)이고, 서단은 시리아의 팔미라다. 실크로드 개념의 확대 차원에서 보면, 둘째 단계의 길은 첫 단계 길의 단선적인 연장이다. 실크로드사에서 이 오아시스로는 시종 큰 변화 없이 중요한 역할을 해왔으며, 그 노선도 비교적 명확하므로 오늘날까지도 많은 사람들은 이 오아시스로를 마냥 실크로드의 대명사로 오해하고 있다.

셋째 단계는 3대 간선로(幹線路) 단계다. 2차대전 후 학계에서는 문명 교류와 그 통로에 관한 연구를 심화시켜 오아시스로의 동·서단을 각각 중국 동쪽의 한반도와 로마까지 연장하였을 뿐만 아니라, 실크로드의 포괄 범위도 크게 넓혔다. 즉 유라시아대륙의 북방 초원지대를 지나는 초원로(Steppe Road)와 지중해로부터 중국 동남해안에 이르는 해로(Sea Road)까지 포함시켜 동서를 관통하는 이른바 '3대 간선'(초원로, 오아시스로, 해로)으로 그 개념을 확대하였다.

유라시아대륙의 북방 초원지대(북위 40~50도 사이)를 횡단하는 초원로는 가장 오래된 실크로드로서, 그 주로는 흑해 동북부−카스피해−아랄해−까자흐스딴 초원−알타이산맥 남부−중가리아 분지−몽골의 오르콘강 연안−화베이(華北)−둥베이(東北)−한반도로 이어진다. 이에 비해 중앙아시아를 중심으로 한 건조지대(북위 40도 부근의 사막)에 점재한 오아시스들을 연결한 오아시스로(로마에서 장안까지 1만 2000km)는 시리아 사막−이란의 카비르 사막과 루트 사막−중앙아시아의 카라쿰 사막과 키질쿰 사막−중국의 타클라마칸 사막−몽골의 고비 사막 등 여러 사막지대를 동·서로 관통한다. 남방의 해로는 지중해에서 홍해와 아라비아해를 지나 인도양과 태평양에 이르는 바닷길(로마에서 중국 동남해안까지는 1만 5000km)인데, 중세에 와서는 이 바닷길을 오가는 주종 교역품인 도자기와 향료의 이름을 따서 '도자기의 길' '향료의 길'이라고도 불렀다.

이 단계에 이르러서는 이상의 3대 간선에 유라시아대륙의 남북을 종관(縱貫)하는 마역로(馬易路, 몽골의 오르콘강 유역−베이징−광저우廣州), 라마로(喇嘛路, 중가리아 분지−라싸−갠지스강 하구), 불타로(佛陀路, 우즈베끼스딴−페샤와르−중인도 서해안), 메소포타미아로(깝까스−바그다드−페르시아만), 호박로(琥珀路, 발트해−콘스탄티노플−알렉산드리아) 등의 5대 지선까지 합쳐지다보니, 실크로드는 문자 그대로 동서남북으로 종횡무진 얽히고설킨 그물망의 교통로로 인식되기에 이르렀다.[2] 실크로드 개념의 확대 차원에서 보면, 앞 두 단계의 단선적인 연장 개념에서 벗어나 복선적이며 망상적인 개념으로 확대된 셈이다. 그러나 실크로드 개념이 이렇게 세 단계를 거쳐서 확대되어왔음에도 불구하고 아직 실크로드는 유라시아를 아우르는 구(舊)대륙에만 한정된 길이며, 이것이 지금까지의 통념이다.

마지막 넷째 단계는 환지구로(環地球路) 단계다. 앞의 세 단계를 거쳐 실크로드 개념이 부단히 확대되어왔지만, 아직 실크로드가 지구의 다른 한 부분인 '신대륙'까지는 이어지지 않은 것으로 착각함으로써 '신대륙'은 인류문명의 교류권에서 소외당해왔다. 그렇지만 역사적 사실이 증명하다시피, 늦어도 15세기 말엽부터는 해로에 의한 문명교류의 통로가 구대륙으로부터 '신대륙'에까지 뻗어감으로써 실크로드는 명실상부하게 지구 전체를 망라하는 환지구적 문명교류 통로로 자리매김되어갔다. 그러나 아직까지 이러한 인식과 연구가 공론화·보편화되지 못함으로써 실크로드의 범위는 전래의 통념에 머물러 있는 형편이다.

이렇게 문명교류의 통로가 '신대륙'에까지 이어졌다고 보는 근거는 우선, '신대륙'으로 통하는 해로가 개척되었다는 사실에 있다. 1492년 콜럼버스(C. Columbus)가 대서양을 가로질러 카리브해에 도착한 데 이어, 마젤란(F. Magellan) 일행이 1519~22년에 스페인→남미의 남단→필리핀→인도양→아프리카의 남단→스페인으로 이어지는 세계일주 항해를 단행함으로써 '신대륙'으로 연결되는 바닷길이 트이게 되었다.

다음으로, 신·구대륙 간에 교역이 진행된 점에도 그 근거를 두고 있다. 16세기부터 스페인인들과 뽀르뚜갈인들이 필리핀 마닐라를 중간 기착지로 해서 중국의 비단과 도자기를 중남미에 수출하고, 중남미의 백은(白銀)을 아시아와 유럽에 수출하는 등 신·구대륙 간에는 이른바 '태평양 비단길' '백은의 길'을 통한 '대범선(大帆船) 교역'이 진행되었다. 이 교역을 통해 고구마·감자·옥수수·땅콩·담배·해바라기 같은 '신대륙'의 특산물이 아시아와 유럽에 유입되었다. 문헌기록에 의하면, 이 것들을 포함해 중국 원대 말엽에서 청대에 이르는 기간에 중국에 유입된 '신대륙'의 농작물은 호박·고추·토마토·유채(油菜)·콩·파인애플〔菠蘿〕·파파야(番木瓜)·육지면(陸地棉) 등 14가지[3]나 된다. 뿐만 아니라, 16~17세기에 해상실크로드의 한갈래인 '백은의 길'이 개통됨에 따라 라틴아메리카산 백은의 2분의 1~3분의 1이 중국에 수입되어 중국의 물가와 기타 사회생활에 큰 영향을 미쳤다고 한다.[4]

이상의 제반 사실을 감안할 때, 비록 해로의 단선적인 연장이기는 하지만, 15세기를 기해 확실히 문명교류의 통로인 해상실크로드는 구대륙에서 '신대륙'으로 연장된 것이다. 따라서 실크로드의 개념은 종래의 구대륙 한계를 벗어나 지구 전체를 아우르는 환지구적 통로로 확대되어야 할 것이다. 이러한 이해가 전제되어야만 실크로드와 '일대일로'가 공유하고 있는 진부한 국한론(局限論)을 극복할 수 있는 것이다.

2. 실크로드와 '일대일로'의 관계

최근 중국 학계와 언론계는 실크로드와 '일대일로'의 관계 문제를 놓고 치열한 논쟁을 벌이고 있다. 논쟁의 내용은 한마디로 양자 간의 상관성 여부다. 이것은 실크로드의 역사적 평가와 '일대일로'의 개념(명명과 내용, 정신과 사명 등) 규정에서 반드시 해명해야 할 중요한 이론적·실천적 문제다.

시진핑(習近平) 주석은 올해(2017) 5월 14일 "'일대일로'국제합작고봉(高峰)논단' 개막식 연설에서 "'일대일로' 건설은 실크로드의 역사적 토양(土壤)에 뿌리를 내리고 있다"[5]고 실크로드와 '일대일로'의 관계에 관해 명료한 규정을 내렸다. '일대일로' 건설은 아무런 연고도 없이 허공에서 갑자기 떨어진 것이 아니라, 오랫동안 역사의 풍상 속에서 가꾸어지고 다듬어진 토양에 깊이 뿌리내린 전략적 구상이라는 것이다. 양자 간의 관계를 나무와 그 나무를 뿌리내리게 한 토양의 숙명적 관계에 비유한 것은 적절한 표현이라고 사료된다. 이러한 비유관계를 반영한 표현들로는 차감(借鑑, 거울로 삼음)이나 차용(借用),[6] 전승(傳承),[7] 계승,[8] 연속, 재현 등 양자 간의 상관성을 시사하는 여러 유사어들이 널리 회자되고 있다.

이러한 상관성 주장은 역사의 전통성이나 계승성 일반에서 오는 당위성 말고도 다음과 같은 몇가지 구체적 사실에서 그 근거를 찾아볼 수 있다.

1) '일대일로'란 명칭 자체가 실크로드와의 상관성을 시사하고 있다. '일대일로'는 '실크로드 경제대'와 '21세기 해상실크로드'의 약어로, 이 명칭 속에 이미 실크로드와의 상관성이 고스란히 예시(豫示)되어 있다.[9]

2) 공간적(지리적) 범위에서 높은 중합성(重合性, 겹치기)을 지니고 있다. '일대일로'가 추구하는 육상 경제대와 21세기 해상실크로드가 제공하는 공간적 범위는 각각 실크로드의 육로나 해로의 공간적 범위를 크게 벗어나지 않고 대부분 겹쳐진다. 이러한 중합성으로 인해 양자는 사회경제나 문화 면에서 상관성에 바탕한 공통적 요소들을 공유하게 된다.

3) 내용 면에서의 계승성이다. '일대일로'는 정책구통(政策溝通, 정책소통), 시설연통(施設聯通, 시설연결), 무역창통(貿易暢通, 무역원활), 자금융

통(資金融通), 민심상통(民心相通)의 5대 소통(교류)을 기본내용으로 삼고 있다. 문자 그대로, 이 다섯가지는 서로간의 '소통'인데, 그러한 소통은 적건 많건 간에 문명교류 통로로서의 실크로드를 통해서 이루어졌으며, 또한 이루어지고 있다. 물론, 시대의 제약성으로 인해 그 소통이 오늘날의 소통이나 '일대일로'가 추구하는 소통만큼의 경지에 이르지 못한 것은 사실이다. 그러나 명백한 것은, 오늘날의 이만한 소통도 그 어느 것 하나 지난날 실크로드를 통한 소통이나 교류와 무관한 것은 없다.

4) 정신 면에서의 공유성이다. 시주석은 "'일대일로'국제합작고봉논단' 개막 연설에서 '평화합작(和平合作), 개방포용(開放包容), 호학호감(互學互鑑, 서로 배우고 서로를 거울로 삼아 함께 발전함), 호리공영(互利共嬴, 서로에게 이로워 함께 성공함)'의 4대 정신을 고대 실크로드와 오늘날의 '일대일로'가 공히 간직해야 할 '실크로드 정신(絲路精神)'으로 규정하였다. 사실 이 4대 정신은 지난 시기 실크로드인들이 간직해온 바로 그 정신이다.

그런데 근자에 와서 실크로드와 '일대일로'의 이러한 긍정적 상관성 담론이 부정적 도전에 부딪히고 있다. 이를테면, 상관성을 전면 부정하면서 '본질적인 부동(不同)'이니 '구별점'이니 하는 역설(逆說)을 주장하며, 심지어 고대 실크로드의 존재 자체를 부정하기까지 한다. 대표적인 일례로, 우투샤(烏圖俠)는 통신매체인 '바이두문고(百度文庫)'의 투고문에서 다음과 같이 실크로드와 '일대일로'의 '구별점'을 요약하고 있다. 즉 시대적 배경에서 고대 실크로드는 농업사회의 자연경제 환경에서 생겨났으나, 오늘날의 '일대일로'는 공업화와 정보화, 경제의 지구화(全球化)란 전혀 다른 시대를 배경으로 하고 있으며, 포괄범위 면에서 고대 육상실크로드는 유럽과 아시아를 연결하는 육상통로일 뿐이고, 해상실크로드는 중국과 인도양 각국 간의 해상통로에 불과했지만, 오늘날의 '일대일로'는 그와 비교할 수 없으리만큼 남북아메리카까지를 포함한 지구 전체를 망라하고 있다. 그런가 하면, 경제교류 방식에서 고대 실크로드는 동·서 간의 물산이나 상품 교역이 이루어지는 데 그쳤다면, 오늘날의 '일대일로'는 상품 교역뿐만 아니라, 어마어마한 자본 수출이나 대외투자도 겸행한다. 또한 교통수단에서도 전자는 고작 범선이나 축력에 의존했지만, 후자는 철도나 항공, 해운 등 현대적 교통기술과 통신수단을 이용하고 있다.[10]

보다시피, 실크로드와 '일대일로'의 상관성 부정론은 양자 간의 '본질적 부동'이나 구별, 내지 무관(無關)을 내세우면서 '창신(創新)'(새로운 창조)만을 역설한다. 우투샤는 이렇게 시대적 배경과 포괄범위, 경제교류 방식, 교통수단 등에서의 '구별점'을 부각시키면서 실크로드와 '일대일로'의 상관성을 일괄 부정하고 '일대일로'의 창신성에 집착한다. 실크로드를 2천여년 전 고대 농경사회의 산물로만 보고, 오늘날까지도 간단없이 변화 발전해오고 있는 동태적(動態的)인 실크로드의 면모는 외면한 채 정태적(靜態的)인 단순비교 논리로 전통(고전) 실크로드만을 화제로 삼는 것은 어불성설이라 하지 않을 수 없다. 학문연구에서 상관성을 무시한 통시적(通時的) 비교는 무의미하다. 또한 세상사에서 '창신성'이란 상대적 개념일 뿐, 순수한 '새로움'이란 있을 수가 없다. 그래서 '옛것을 바탕으로 새것을 창조한다'는 법고창신(法古創新)이란 언제 어디서 무엇에나 쓰이는 금과옥조(金科玉條) 같은 격언이 되고 있는 것이다.

3. 국한론과 그 극복

앞에서 언급하다시피, 해로의 '신대륙' 연장을 핵심으로 한 실크로드의 환구성(環球性, globale)은 실크로드 개념 확대(제4단계)의 결과로서 부상한 새롭고 중요한 개념이다. 그러나 지금껏 학계에서 이에 관한 심층적 검토와 연구는 거의 없다. 그리하여 여러가지 오해와 편견, 심지어 자가당착적인 주장마저 등장하고 있다.

문명교류의 한 통로로서의 해상실크로드는 결코 지구상의 어느 특정 국가나 지역의 전유물이 아니라, 지구상의 모든 해양을 아우르는 전 지구적인 해상통로이므로 의당 해양 국가들과 지역의 공유물일 수밖에 없다. 해상실크로드의 이러한 환구성은 바다의 일체성과 연결성에서 비롯된 필연적인 현상[11]으로서, 그 항로는 시종 일체성을 유지해왔으며 수로(물길)는 서로가 연결되어 단절된 적이 없었다. 이것이 바로 해상실크로드만이 지니고 있는 특유의 환구성이다. 바로 이러한 환구성으로 인해 대양 간의 원거리 항로는 구대륙(유라시아대륙)에서 '신대륙'(아메리카대륙)으로 연장되었으며, 구역 간의 항해가 세계일주와 같은 환구적 항해로 확장되었다.

비록 이러하지만, 중·일 양국을 비롯한 대부분 국제 학술계는 여전히 실크로드 개념 확대의 제3단계에 안주하면서 실크로드의 범위를 구대륙에만 한정시키고 있다. 이것이 바로 실크로드 범위와 관련된 이른바 국한론(局限論)이다. 우리가 각국에서 제작한 실크로드 지도나 약도를 유심히 살펴보면, 그 대부분은 실크로드를 유라시아대륙을 연결하는 길로만 표기하고, 기타 지구의 서반구(西半球)는 소외되고 있음을 발견하게 된다. 중국의 『실크로드 대사전』이나 일본의 『실크로드 사전(シルクロード事典)』은 실크로드의 환구성이나 국한론 문제에 관해서는 일언반구의 논급도 없다.

중국의 제시한 '일대일로'를 문자 그대로 해석한다면, 여기서의 '일대'는 여전히 서반구는 물론, 한국과 일본까지도 배제한 유한적(有限

的) '경제대'다. 더욱이 '일로'는 15세기 전반 정화(鄭和)의 '하서양(下西洋)'(1405~33, 서양으로의 항해) 서단(西端)인 아프리카 케냐를 종착선으로 해서 '21세기 해상실크로드'의 항로를 설정하고 있다. 요컨대, 구태의연한 실크로드의 국한론을 따라 '일대일로'의 항로를 지구의 반분(半分)인 동반구에만 국한시키고 있다.[12] 이것은 해상실크로드 본연의 환구성에 대한 무시일 뿐만 아니라, 현실에 대한 외면이기도 하다.

과문이지만, 중국 학술계에서 비록 이러한 국한론이 여전히 우세를 점하고 있어도, 천루이더(陳瑞德) 같은 몇몇 학자들은 해상실크로드의 환구성을 조심스레 제기하고 있는 것으로 알고 있다. 천루이더는 저서 『해상실크로드의 우호사절: 서양편』에서 "해상실크로드는 또한 조선과 일본으로 항행하는 동해항선(東海航線)과 태평양을 횡단해 아메리카대륙으로 항행하는 태평양항선(太平洋航線)을 포함해야 한다"[13]고 언급하고 있다. 이렇게 천루이더는 해상실크로드에는 남해항선과 동해항선뿐만 아니라, 태평양을 가로질러 아메리카대륙에 이르는 태평양항선도 응당 포함해야 한다고 주장한다. 그가 여기서 지적한 '태평양항선'은 바로 아메리카대륙에 이르는 해상실크로드상의 하나의 환지구적 해로인 것이다.

이러한 주장은 시진핑 주석의 언사 중에서도 감지할 수 있다. 그는 2014년 11월 4일에 개막된 '중앙재경지도소조' 제8차 회의에서 "'일대일로'는 유럽과 아시아대륙을 관통해 동변에서는 아·태(亞太, 아시아·태평양)경제권과 접해 있으며, 서변은 유럽경제권에 진입하고 있다"[14]고 언명하였다. 여기서 시주석은 해상실크로드('일로')의 동변은 이미 하나의 환지구적 해로(태평양)를 통해 아·태경제권과 맞닿아 있는 현실을 인정하고 있다. 시주석은 올해 5월 "'일대일로'국제합작고봉(高峰)논단' 개막 연설에서도 경제의 지구화('經濟全球化')를 강조하면서, "아시아나 유럽에서 왔건, 아프리카나 아메리카에서 왔건 간에, 우리 모두는 '일대일로' 건설의 국제합작 동반자입니다. '일대일로' 건설은 여러분이 함께 상의하며, '일대일로' 건설의 성과는 여러분이 함께 향유하게 될 것입니다."라고 '일대일로'의 환구성을 강조하고 있다. 사실상 중국과 '신대륙' 라틴아메리카의 관계는 이미 전반적인 동반자 관계와 운명공동체 관계로 승격되었다.[15] 이것은 실크로드의 초(超)국한성과 환구성이라는 현실에 대한 명증이다. 2015년 '중화인민공화국국가발전계획위원회'가 제시한 '일대일로'의 3대 사명 중 첫째는 지구경제 성장의 길을 모색하고, 둘째는 지구화의 재균형을 실현하는 것이라고 제시함으로써[16] '일대일로'의 지구화(환구성) 사명을 명확히 밝히고 있다.

문제는 '일대일로' 건설에서 전래의 통념화된 실크로드 국한론을 그대로 답습하고 있다는 것이다. 아이러니한 것은 앞글에서 보다시피, 현실적으로는 초국한론적인 환구성(지구화)을 시사 내지는 강조하면서도, 구태의연한 국한론에 실사구시하게 이론적 설파를 가하는 기미가 아직은 보이지 않고 있다는 점이다. 판단컨대, 그 설파에는 학계가 앞장서야 할 것이다. 이에 '일대일로'의 성공적 건설을 위해서는 반드시 국한론을 극복해야 한다는 제언을 중국 학계에 드리고자 한다.

문명교류의 통로인 실크로드에 대한 바른 이해가 선행되어야 그 토양에 뿌리내린 '일대일로'란 전대미문의 큰 나무가 제대로 자라나 아름다운 꽃을 피우고 풍성한 열매를 맺을 수 있을 것이다. 그럴진대, 실크로드와 '일대일로'의 상관성을 무시한 채 '일대일로'의 '창신'만을 역설하는 것은 이론적으로 모순될 뿐만 아니라, 실천적으로는 추진동력을 잃게 되는 것이다. 시대적 요청에 부응해 양자를 조화시킨 '일대일로'의 5통과 3대 정신, 그리고 3대 사명이 차질 없이 수행될 때, 특정의 '대

(帶)'나 '로(路)'를 넘어선 범지구적 보편가치가 창출될 것이다. '일대일로' 같은 범지구적 전략구상은 독주곡이 아니라 합주협연(合奏協演)을 필수로 하는 교향곡이다. 지구인 모두가 동참했을 때 이러한 웅대한 전략구상은 비로소 성공하게 될 것이다.

4
해상실크로드의 환지구성 문제를 논함
— 중국의 '21세기 해상실크로드' 예를 중심으로

　해상실크로드의 포괄범위 문제는 해상실크로드의 개념 정립에서 근본문제의 하나다. 왜냐하면 해상실크로드가 지금까지의 통념처럼 구라파와 아시아 구대륙만을 포괄하는 지역적 바닷길인가, 아니면 범지구적 해양세계를 아우르는 환지구성적 바닷길인가에 따라 해상실크로드의 역사와 그 범위 및 기능이 크게 달라지기 때문이다. 주지하다시피, 근간에 '바다를 지배하는 자 세계를 지배한다'라는 역사적 슬로건이 이 시대의 화두로 새롭게 부상하면서 연해국가들은 물론, 내륙 국가들마저도 해양 개발에 경쟁적으로 뛰어들고 있으며, 해상실크로드 연구가 새로운 붐을 맞고 있다. 해양의 성과적 개발은 바닷길, 즉 해상실크로드의 효과적 이용이 전제되어야 한다. 따라서 해상실크로드의 학문적 정립을 통해 해상실크로드에 대한 바른 이해를 도모하고, 해상실크로드 본연의 이념을 관철하는 것은 매우 절박한 이론적 및 실천적 과제라 하지 않을 수 없다.

　본 학술대회의 주제인 '해양도시의 문화교섭학'이나 '해항도시의 네트워크성'의 학문적 탐구도 해상실크로드의 환지구성 이해와 직결된다고 볼 수 있다. 해상실크로드의 지역성에만 국한(함몰)된다면, 해양도시의 문화적 교섭이나, 해항도시의 네트워크는 구대륙 같은 특정 지역에만 머물 수밖에 없을 것이며, 반면에 환지구성을 갈무리한다면, 문화적 교섭이나 네트워크는 초국가적·초지역적 글로벌성을 띠고 무한대로 발전할 것이다. 그렇다면 전자는 시대의 흐름에 대한 역행이고, 후자는 순행일 것이다. 실제로 우리는 의식적이건 무의식적이건 간에 후자의 흐름을 타고 문화 교섭이나 네트워크를 추진하고 있는 것이다.

본인은 해상실크로드의 환지구성 검토를 위해 최근 중국이 제시한 이른바 '21세기 해상실크로드' 구상을 분석표본으로 택했다. 중국은 최고 지도자들의 잇따른 공식 선언을 통해 '21세기 해상실크로드'를 오늘날 중국의 '범지구적 전략구상'으로 제시했으며, 구체적으로 '일로(一路)'란 표현으로 그 항로를 설정하고 있다. 그러나 아이러니하게도 이 바닷길의 환지구성이란 본연의 역사성이나 현실성, 그리고 그 논리에 관해서는 여하의 개진도 없이, 기껏해야 아프리카 동안까지로 그 범위를 한정하고 있다. 이러한 중국의 '21세기 해상실크로드'관은 과연 정당하고 합리적인 것인지, 냉철한 학문적 검토가 요망된다.

1. 해상실크로드의 환지구성 개념

문명교류의 해상통로인 해상실크로드는 지구상의 어느 하나의 한정된 지역의 해상통로가 아니라, 온 지구의 바다(5대양)를 아우르는 범지구적인 해상통로로, 그 항로는 단절되지 않고 환지구적인 물길로 연결되어 있다. 이것이 바로 해상실크로드만이 지니고 있는 환지구성이다. 이에 비해 실크로드의 다른 2대 간선인 초원로와 오아시스로는 유라시아대륙에 한정되어 있는 지역성을 띤 유한(有限)한 육로다. 환지구성은 해상실크로드의 고유 속성인 동시에 그 내용과 기능 및 이념과 범주를 규제하는 개념으로서 해상실크로드를 바르게 이해하는 관건적인 문제다.

해상실크로드의 환지구성은 그 무대인 바다의 일체성과 연결성에서 오는 당위(當爲)다. 원래 5대양을 비롯한 지구상의 모든 바다는 서로 연결된 범지구적인 하나의 대수역(大水域)을 이루고 있으며, 수역 내의 항로는 단절되거나 분할되지 않고 연계되어 있다. 그럼에도 불구하고 이러한 대수역을 여러 바다와 대양으로 산산조각내어 구역으로 획분하고, 구역 간의 통행에 제재를 가하는 것은 자기 필요에 의한 인간의 작위적인 행태로, 결코 바다 본연의 모습은 아니다. 애당초 바다는 열려 있었으며, 해상실크로드로 상징되는 바닷길로 서로가 연결되어 있었다. 요컨대, 바닷길은 트이기 시작한 때부터 환지구성이란 속성을 지니고 기능해왔다.

이러한 해상실크로드의 환지구성은 역사적 사실에 의해 확증되었다. 특히 15세기 이른바 '대항해시대'의 서막과 더불어 범지구적인 교류와 교역이 진행되면서 환지구성은 확연한 면모를 갖춰나갔다. 유라시아 구대륙권 내에서 맴돌던 교류와 교역은 대륙 간, 대양 간을 이어주는 환지구적 원거리 항로를 통해 '신대륙'에까지 확장되었다. 이른바 '태평양 비단길'이니, '대범선(大帆船)무역'이니, '백은의 길'이니 하는 태평양상의 교역과 바닷길은 이러한 신·구대륙 간의 환지구적 교류와 교역의 결과물이었다. 물론 이러한 환지구적 바닷길은 일조일석에 일괄해 이루어진 것이 아니라, 장기간에 걸친 구간별 항해의 축적에 의해 비로소 개척되었다. 15세기 근 한세기 동안 숱한 우여곡절과 실패를 거듭하면서 수행된 엔히끄(Henrique, Henry the Navigator, 1394~1460)의 대서양항로 발견, 콜럼버스의 대서양 횡단, 바스꾸 다 가마(Vasco da Gama, 1469~1524)의 인도항로 개척, 정화(鄭和)의 7차 '하서양(下西洋)' 같은 구간별 항로의 개척이 마침내 16세기 초 마젤란-엘까노의 세계일주라는 환지구적 항로의 개통을 결과하게 되었다. 이 세계일주를 계기로 시작된 환지구적인 해상실크로드 항행은 오늘날까지도 계속되고 있다. 역설적으로 이러한 환지구적인 항행이 없었더라면, 인류는 오늘의 글로벌시대를 맞이할 수가 없었을 것이며, 인류문명사의 발전은 오늘과 궤를 달리했을 수도 있었을 것이다.

이처럼 엄존하는 역사적 사실에 근거해 실크로드 연구자들은 실크로드의 개념 확대를 통해 해상실크로드의 환지구성을 설파하고 있다. 주지하다시피, 140여년 전(1877) 리히트호펜(F. von Richthofen)이 실크로드란 개념을 제시한 이래, 실크로드 개념은 중국-인도로 단계와 중국-시리아로 단계를 거쳐 제2차 세계대전 이후 동서 3대 간선로(초원로, 오아시스로, 해로) 단계로 확대되었다. 실크로드 개념의 확대 차원에서 보면, 이 세 단계에서 실크로드는 단선적(單線的)인 연장에서 복선적(複線的)인 연장으로 크게 확대된 셈이다. 그러나 아직은 구대륙(유라시아대륙)에만 한정된 실크로드로, 이것이 지금까지 학계를 지배해온 통념이다. 그러나 이제 이러한 구태의연한 통념은 도전에 부딪히지 않을 수 없게 되었다.

이러한 통념에 따르면, 해상실크로드를 포함한 실크로드는 구대륙의 범위에만 한정됨으로써 '신대륙'(아메리카대륙)은 물론, 한반도를 비롯한 이른바 '주변지역'은 인류문명의 교류통로인 실크로드에서 제외당하고 만다. 이것은 엄연한 역사의 위조이며 거역이다. 왜냐하면, 늦어도 15세기부터는 해로에 의한 문명교류의 통로가 구대륙에서 '신대륙'까지 뻗어가 명실상부한 환지구적 해상실크로드가 작동하고, 그 바닷길을 따라 신·구대륙 간에는 문물이 교류되었기 때문이다. 이 환지구적 해상실크로드에 의해 문명교류의 통로가 구대륙에서 '신대륙'까지 뻗어간 것은 실크로드 개념 확대의 네번째 단계, 즉 환지구로 단계다.

1492년 콜럼버스(C. Colombus)가 카리브해에 도착한 데 이어 마젤란(F. Magellan) 일행이 1519~22년에 스페인→남미 남단→필리핀→인도양→아프리카 남단→스페인으로 이어지는 세계일주 항해를 단행, '신대륙'으로의 바닷길이 트이게 되었다. 이 길을 따라 스페인과 뽀르뚜갈이 16세기부터 필리핀의 마닐라를 중간 기착지로 하여 중국의 비단이나 도자기를 중남미에 수출하고, 중남미의 백은(白銀)을 아시아와 유럽에 수출하는 등 신·구대륙 간에는 '태평양 비단길' '백은의 길'이 개척되어 이른바 '대범선(大帆船)무역'이 진행되었다. 이러한 무역에 의해 고구마·감자·옥수수·고추·낙화생·담배·해바라기 등 '신대륙' 특산의 농작물이 아시아와 유럽 각지에 유입되었다. 『음식수지(飮食須知)』(원말명초)『초화보(草花譜)』(명)『식물명실도고(植物名實圖考)』(청) 등 중국의 사적에 의하면, 원대 말엽~청대 사이에 중국에도 예외 없이 14종이나 되는 '신대륙'의 농작물이 수입되었다. 이 모든 것은 실크로드의 환지구로 단계에서 일어난 교류 현상들이다.

이와 같이 해상실크로드의 환지구성은 실크로드 개념이 환지구로 단계(네번째 단계)로 확대된 결과로 인한 필연적인 현상이었다.

2. 중국이 제창한 '21세기 해상실크로드'와 환지구성 문제

최근 연간 중국은 범지구적 대전략구상으로 유라시아를 아우르는 이른바 '일대일로(一帶一路)', 즉 '실크로드 경제대(經濟帶)'와 '21세기 해상실크로드'란 어마어마한 굉도(宏圖, 宏猷)를 공식 선포한 데 이어 라틴아메리카와의 관계도 결코 이에 못지않은 차원에서 '전면적 동반관계(全面的夥伴關係)'와 운명공동체(命運共同體)로 격상시키고, 그야말로 전광석화(電光石火) 같은 속도로 그 실현을 적극 추진하고 있다. 이러한 구상은 시진핑(習近平)을 비롯한 국가 최고 지도자들에 의해 직접 선포되고, 그들의 진두지휘하에 가시화됨으로써 더욱 주목받고 있다. 이러한 구상과 그 실천은 국가적·지역적 범위를 벗어난 세계의 전반적 정세에 상당한 영향을 미치고 있다. 그런데 제창자들이 누누이 강조하다시피 이러한 구상은 오랫동안 역사적 기제(機制)로 기능해온 실크로드란 문명교류의 통로와 가교를 거울로 삼고(借鑑), 그 전승(傳承)과 승화(昇華) 및 홍양(弘揚)을 명분으로 하여 전개되고 있기 때문에 반드시 그 실태와 적절성에 관한 학술적 및 이론적 접근이 전제되어야 한다. 하물며 해상실크로드를 포함한 실크로드 전반에 관해 이론(異論)이 분분한 상황에서는 더더욱 그러하다. 우리가 중국이 제창한 '21세기 해상실크로드'의 환지구성 문제를 논제로 제기하고 학술적 분석을 시도하는 것도 바로 이러한 취지에서다.

시진핑 주석은 2013년 9월 까자흐스딴을 방문하면서 처음으로 '일대일로' 구상의 얼개를 제시하였다. '일대'는 중국에서 출발해 중앙아시아와 서아시아를 거쳐 유럽에 이르는 실크로드 오아시스 육로 연변에 '경제대'를 구축(構建)하는 것이며, '일로'는 역시 중국에서 출발해 동남아시아와 인도양 및 아라비아해를 거쳐 동아프리카 해안까지 이어지는 해상실크로드의 '통로'를 건설하는 것이다. 이어 시주석은 2013년 10월 3일 인도네시아 국회에서의 연설과 이듬해 9월 16일 스리랑카 방문 시의 연설, 그리고 그해 11월 4일 중앙재경영도소조회의(中央財經領導小組會議)와 8일 APEC(아시아태평양경제협력체) 비회원국 정상들과의 담화 등 일련의 기회에서 특히 '일로'에 관해 각별한 관심을 표명하면서 구체적인 내용(內涵)과 시행방도를 밝혔다. '일대일로'는 경제적 합작을 주축(기초)으로 하고 문화(人文)교류를 지주(支柱)로 하는 전략구상으로, 그 구체적 내용은 앞에서 밝힌 바와 같이 정책구통, 도로연통, 무역창통, 자금유통, 민심상통, 즉 5가지 소통과 교류다. 이러한 전략구상을 실현하기 위해 중국은 '실크로드 기금'으로 4백억 달러를 쾌척(快擲)하고, '아시아인프라투자은행'의 초기 자본금으로 5백억 달러를 출자한다. 그리고 2020년 중국과 아세안(ASEAN, 동남아시아국가연합) 간의 무역량을 1억 달러로 증액하고, 2014년을 '중국·아세안문화교류년'으로 제정하면서, 금후 3~5년간 중국이 아세안으로부터 1만 5천명의 정부 장학생을 유치한다는 등 구체적 시행책들이 꼬리를 물고 제시되고 있다.

앞에서 보다시피, 중국은 주로 유라시아와 아프리카 동안까지를 망라하는 지구의 동반구(東半球)를 대상으로 이른바 '일대일로'란 전략구상을 제시하고 있다. 따라서 여기서 분명한 것은 이 전략구상이 비록 실크로드란 명분을 빌려 고안되었지만, 인류문명의 교류통로라고 하는 진화된 실크로드의 개념이나 내용 및 범주를 거울로 삼고 전승한 범지구적 구상이 아니라, 지구의 반쪽에 불과한 동반구에만 한정시킴으로써 환지구성에서 일탈(逸脫)된 편파적 구상이라는 점이다.

아이러니하게도 중국은 실크로드, 특히 '21세기 해상실크로드'란 명분으로 지구의 반쪽 동반구에 대한 이러한 전략구상을 내놓음과 거의 동시에 라틴아메리카를 비롯한 지구의 서반구(西半球)에 대해서도 이에 못지않은 내용과 규모의 전략구상을 주동적으로 펴고 있다. 그런데 그 명분이나 매체는 당연히 전승되어야 할 교류와 소통의 통로인 해상실크로드가 되어야 하는데 그렇지 않고, 그 목표가 마치 근자에 만들어가는 '동반관계'나 '운명공동체' 같은 추상적인 유대관계인 듯하다. 그 속에서 해상실크로드의 환지구성 같은 역사적인 명분이나 근거는 실종되고 있다. 하나의 지구상에서 하나의 길(바닷길)을 통해 간단없이 이어져온 소통과 교류의 역사나 과정은 아예 무시한 채 굳이 다른 명분을 내세워 강변(強辯)한다는 것은 도시 어불성설(語不成說)이 아닐 수 없다.

중국이 일찍부터 해로를 통해 아메리카대륙과 통교하고 교류했다는 사실은 중국 내외에서 여러가지 설과 관련 연구에 의해 입증되고 있다. 최초로 1761년 프랑스 한학자 드 기네(Joseph de Guignes, 德吉涅)가 '중국인들이 최초로 아메리카주를 발견'했다는 주장을 내놓은 이래 3백년간 이 문제에 관한 갑론을박이 계속되어오다가 1962년 덩퉈(鄧拓)가 제시한 '혜심동도부상(慧深東渡扶桑)'설에 의해 긍정되다시피 했는데, 부상의 위치 비정 문제에 대한 반론이 제기되면서 지금껏 결론이 나지 못하고 있다. 이 설에 이어 영국의 한학자 메드허스트(Walter Henry Medhurst)는 1846년에 기원전 1000년경에 은나라 사람들이 아메리카주로 도항(渡航)했다는 이른바 '은인항도미주(殷人航渡美洲)'설을 내놓아 세인을 놀라게 했다. 이 설에 대한 부정파와 긍정파 간에 치열한 논쟁이 벌어졌는데, 긍정파가 우세를 점하고 있다. 한때 '법현항도미주(法顯航渡美洲)'설도 제기되었으나, 대부분의 학자들에 의해 부정되고 있다. 영국 해군 잠수함 장교인 개빈 멘지스(Gavin Menzies, 加文 孟席斯)는 2003년 영국 '왕립지리학회'에서 '신대륙' 발견자는 콜럼버스가 아니라 정화 선단이란 폭탄선언을 한다. 그가 제시한 증거에 대해 많은 학자들은 의문을 제시하면서 부정하나 일부 학자들은 긍정하고 있다.

중국과 아메리카대륙 간의 고대 관계에 관한 몇가지 대표적인 설들을 살펴봤다. 설들의 사실 여부를 떠나 이들의 내밀한 함의는 두 지역 간에 일찍부터 해로, 즉 해상실크로드를 통해 내왕과 접촉이 있었다는 사실이다. 태평양상의 대범선무역을 통해 아메리카의 백은과 농작물이 중국에 수입되고, 역으로 중국의 비단과 차, 도자기가 중국 동남아-마닐라(필리핀)-아까뿔꼬(Acapulco, 阿佧普彌科, 멕시코)의 태평양항로를 통해 아메리카에 수출되었다. 이것은 해상실크로드의 아메리카 연장과 해상실크로드의 환지구성을 뜻한다. 이러한 역사적인 환지구성이 없었던들, 오늘날 두 지역 간의 '동반관계'는 이루어질 수가 없었을 것이다.

이러한 환지구성을 띤 해상실크로드를 따라 중국과 라틴아메리카 간의 '동반관계'는 괄목할 만한 속도로 발전해오고 있다. 1990년 5월 양상쿤(楊尙昆) 주석이 멕시코와 브라질 등 6개국을 공식 방문한 데 이어, 2004년과 2005년, 2008년 세번에 걸쳐 후진타오(胡錦濤) 주석은 아르헨띠나와 꾸바 등 7개 나라를, 2013년과 2014년에는 시진핑 주석도 꼬스따리까와 베네수엘라 등 7개국을 방문했으며, 1990년대 이후 30여개 라틴아메리카 나라 수반들이 중국을 답방하였다. 2008년 중국정부는 「중국의 대라틴아메리카와 카리브해 정책문건」을 발표해 두 지역 간의 동반자관계를 확인했으며, 2012년 8월에는 중국과 라틴아메리카·카리브해 국가공동체(CELAC, 2011. 12. 성립) 외교부장 간의 정기적 대화채널을 출범시켰다. 2014년 7월 브라질리아에서 시진핑 주석과 라틴아메리카 정상들 간에 논단(論壇) 성립에 대한 합의가 이루어짐에 따라 2015년 1월 베이징에서 중국과 라틴아메리카·카리브해 국가공동체 간에 제1차 부장급 논단이 개최되어 두 지역 간의 관계 발전에 관한 3대 문건이 합의되었다.

2014년 7월 17일 시진핑은 라틴아메리카 및 카리브해 정상들과의 회담에서 경제교류에 대해 이른바 '1+3+6' 합작관계 수립안을 내놓았다. '1'은 두 지역 간의 하나의 공동합작기획(2015~19)이고, '3'은 무역과 투자, 금융 합작의 3대 엔진(발동기)인데, 금후 10년 내에 두 지역 간의 무역 총액을 5천억 달러로 끌어올린다는 것이다. 2013년 두 지역 간의 무역 총액은 2616억 달러로, 이것은 2000년 126억 달러의 20여배에 달한다. 그만큼 두 지역 간의 무역은 고속의 가도를 달리고 있다. '6'은 에너지자원, 기초인프라 건설, 농업, 제조업, 과학기술, 통신기술 등 경제합작의 6개 영역을 말한다. 문화교류 분야에서 2016년을 '중국·라틴아메리카 문화교류의 해'로 정하고, 금후 5년 내에 중국이 6천명에게 장학금을 지급하며, 국가와 정당 지도자 1천명의 방화(訪華)를 추진한다.

이렇게 최근에 급부상한 중국과 라틴아메리카 간의 '동반자관계' 상을 중언부언하는 것은, 중국이 동반구에 못지않게 서반구(라틴아메리카)에 대해서도 유사한 대전략구상을 제시하고, 바야흐로 그 실천에 열을 올리고 있음에도 불구하고, 그 과정에서 해상실크로드의 환지구성이란 당연한 명분이 무시되고 있는 사실을 적시(摘示)하고 검토함으로써 이 시대 해상실크로드에 대한 바른 이해를 도모하기 위함이다. 그렇다면 '21세기 해상실크로드'를 앞세워 지구화(地球化, 全球化, Globalism)를 주창하는 중국이 왜 환지구성을 거스르는 이러한 자가당착적(自家撞着的) 주장을 펼치고 있을까. 그 근본원인은 해상실크로드에 대한 중국학계의 아전인수(我田引水)식 오해와 중화중심주의 집념에 있다고 판단된다.

우선, 해상실크로드의 환지구성에 대한 무시는 다음과 같은 몇가지 오해에서 비롯되었다고 사료된다.

이원론(二元論). 해상실크로드를 인류문명의 교류통로인 실크로드의 한 구성부분(간선)으로 보지 않고, 실크로드를 서로 '병행(幷行)'되는 육상실크로드와 해상실크로드, 둘로 대별하는 이원론이 절대적 중론이다. 이원론 속에서 해상실크로드의 범위나 기능은 위축될 수밖에 없다. 『실크로드 대사전(絲綢之路大辭典)』에서는 해상실크로드를 실크로드와 구별되는 별개의 무역통로로 다루면서 중국 연해로부터 한반도와 일본

군도에 이르는 해상교통로를 '광의적 해상실크로드'로 해석할 뿐, 그 이상의 언급은 없다. 물론 교류의 통로로서 육로와 해로가 따로 있기는 했지만, 140여년 전(1877)에 리히트호펜이 창의(創意)한 '실크로드'는 육상실크로드뿐이었으나, 전술한 바와 같이 그 개념이 확대되면서, 후일 문명교류 통로에 대한 범칭으로서의 실크로드는 초원실크로드와 오아시스실크로드 및 해상실크로드의 3대 간선으로 분류(分類)되었다. 따라서 실크로드의 이원론은 애당초 어불성설(語不成說)이다. 이 점을 갈파한 치쓰허(齊思和)는 저서『중국과 비잔틴제국의 관계(中國和拜占廷帝國的關係)』(1957)에서 중국 비단이 해로와 육로를 통해 로마에 전해졌으나, 육로만을 '비단길(絲路)'이라고 하였다고 지적하였다.

국한론(局限論). '21세기 해양실크로드' 구상에서 보다시피, 해상실크로드를 유라시아 구대륙을 포함한 동반구에만 국한시키고 있다. 이것은 실크로드 개념의 확대에 대한 이해 부족에 기인한다고 판단된다. 전술한 바와 같이, 실크로드의 개념은 인간의 인지도의 심화에 따라 중국-인도로 단계에서 형성된 이래 단선적(單線的)인 오아시스로 단계와 복선적(複線的)인 3대 간선 단계를 거쳐 환지구로(環地球路) 단계로 부단히 확대되어왔다. 환지구로 단계란 해상실크로드가 아메리카대륙으로까지 뻗은 단계, 즉 해상실크로드의 환지구성이 실현된 단계다. 국한론의 우세 속에서 천루이더(陳瑞德)를 비롯한 몇몇 학자들은 조심스레 해상실크로드의 환지구성을 제시하기도 하였다. 천루이더는 저서『해상실크로드의 우호사절: 서양편(海上絲綢之路的友好使者: 西洋篇)』(1991)에서 해상실크로드는 남해노선이나 동해노선뿐만 아니라, 태평양을 횡단해 아메리카대륙에 이르는 '태평양항선'도 포함되어야 한다고 주장한다(5면). 이와 더불어 16~17세기에 중국과 라틴아메리카 사이에 '대범선무역(大帆船貿易)'에 의해 '백은(白銀)의 길'이 개척되어 라틴아메리카산 백은의 2분의 1~3분의 1이 중국에 수입된 사실도 밝혀지고 있다.

사실 이와 같은 해상실크로드의 환지구성을 시사하는 논조는 여러 곳에서 감지된다. 2014년 11월 4일에 소집된 중앙재경영도소조 제8차 회의에서 시진핑 주석은 "'일대일로'는 유럽과 아시아대륙을 관통하며 동쪽에서 아시아·태평양경제권과 이어진다('一帶一路'貫穿歐亞大陸 東邊連接亞太經濟圈)"고 언급함으로써 해상실크로드('일로')가 태평양경제권, 즉 아메리카대륙 경제권까지 이어지고 있음을 암시했으며, 중국과 라틴아메리카 간의 관계를 논하는 글 「중국과 라틴아메리카의 관계(中國與拉美關係)」에서는 "일찍이 16세기에 중국과 라틴아메리카의 무역사절들은 만경창파를 가로지르면서 드넓은 태평양상에 유명한 '해상실크로드'를 개척하였다(早在16世紀 中拉貿易的使者就橫渡萬頃碧波 在浩瀚的太平洋上開闢了著名的'海上絲綢之路')"며 라틴아메리카까지를 아우른 해상실크로드의 환지구성을 정확히 해명했다. 이렇게 역사적 사실과 현실을 외면하지 않은 극히 일부의 학자들에 의해 환지구성이 적시되었지만, 국한론의 중압(重壓)을 이겨내지 못함으로써 그들의 주장은 '학술화'되지 못하고 압살되거나 무시당하고 말았다. 그러나 종당에는 사필귀정(事必歸正)으로 반전(反轉)이 일어나고야 말 것이다.

종결론(終結論). 놀랍게도 일부 연구자들은 "해상실크로드를 1840년 이전에 중국이 세계 기타 지역으로 통한 해상통도"라고 정의하면서, 이해에 발발한 아편전쟁은 "중국이 반봉건반식민지사회로 진입했다는 표지로 중국 대외관계의 성격이 근본적으로 변화되었으며, 해상실크로드의 역사도 이로써 종결되게 되었다"고 주장한다. 그들은 그러한 전거로 이른바 해상실크로드의 5단계설을 제시하고 있다. 즉 진한(秦漢)시대의 개척기, 위·진(魏晉)에서 당·오대(唐五代)까지의 지속발전기, 송·원(宋元)대의 미증유번영기, 명(明)대의 성쇠(盛衰)기, 청(淸)대의 정체

(停滯) 및 점차적 쇠락기다. 이것이야말로 기상천외한 발상이다. 그들의 주장대로라면 1백년 전에 해상실크로드는 가동을 멈춰야 했으며, 오늘날의 '21세기 해상실크로드' 같은 담론은 일종의 망령(亡靈)과 허구일 수밖에 없다.

다음으로 해상실크로드의 환지구성이 무시당한 이유는 이 해로를 중국의 전유물로 간주하고, 그 출현이나 항로 및 전개과정을 오로지 중국의 간여를 기준으로 재단하는 중화중심주의에 있다고 판단된다. 이 중화중심주의는 다음과 같은 몇가지 이론에 의해 안받침되고 지탱되어 왔다.

공도론(貢道論). 『청조문헌통고(淸朝文獻通考)』(권293, 影印本, 浙江古籍出版社 2000, 考 7413면)는 중국의 주변 국가들을 소개하면서 동서와 남북 길이가 각각 7만 2천리인 '대지(大地)', 즉 지구의 한가운데에 중국이 자리하고 있는데, 사면은 바다로 에워싸여 있으며(瀛海四環), 그 바닷가에는 일괄해 '예(裔)'(오랑캐)라고 부르는 사람들과 나라들이 있다고 기술하고 있다. 이와 같이 중국은 자고로 해외 제국을 낙후한 '만이번방(蠻夷番邦)'이라고 비하하면서 이러한 나라들과의 관계를 '칭신납공(稱臣納貢)'의 조공(朝貢)관계로 간주하고, 그들과의 연결통로인 해상항로를 그들이 중국에 조공하는 길, 즉 '공도'로 설정했다. 이에 따라 만청정부는 각국의 해상조공항로의 종착지를 구체적으로 규정했다. 예컨대, 일본은 명주(明州, 현 닝보寧波), 타이는 광둥(廣東), 여송(呂宋, 현 필리핀)은 푸젠(福建)이 '공도'의 종착지였다. 엄격한 의미에서 보면, 이러한 '공도'는 중국중심주의에 의한 일방통행식 편도(片道)에 불과할 뿐, 결코 상호성을 띤 교류나 교역의 통로로서의 해상실크로드라고 보기는 어렵다. 그 결과 중국인들의 눈에 비친 해상실크로드는 몇몇 주변국들로부터의 '공도'라는 한정된 좁은 바닷길일 수밖에 없었다. 그러다가 1840년에 발발한 아편전쟁을 계기로 중국의 전통적 조공체제는 무너지기 시작했으며, 이에 수반해 중국과 세계를 이어주던 해상통로는 만이(蠻夷)들의 '공도'에서 교역인들의 통상무역 통로로 변모하게 되었다.

외전론(外傳論). 중국 해상실크로드의 이론적 정초자(定礎者)로 알려진 천옌(陳炎)은 중국에서 1980년대부터 일기 시작한 해상실크로드 담론을 정리해 1991년에 「해상실크로드와 중외 문화교류를 논함(論海上絲綢之路與中外文化交流)」[1]이란 개창적인 논문을 발표했다. 천옌은 이 논문에서 상호성에 바탕해 동서 문명을 소통시킨 바닷길 개념에서가 아니라, 중국 비단의 일방적인 '외전(外傳)'(수출)에 의해 생겨난 바닷길이라는 관점에서 바로 그 '외전'의 길이 해상실크로드라는 이른바 중화중심주의적 '외전론'을 제시하였다. 그러면서 그는 중국 비단 수출(외전)의 시발과 흥행에 따라 해상실크로드의 발전과정을 당대(唐代) 이전의 형성기와 당·송대의 발전기, 원·명·청대의 극성기, 세 시기로 구분하고 있다. 해상실크로드의 발전단계론 측면에서 이 '외전론'과 전술한 '종결론'을 비교하면 단계(시기) 구분에서 큰 시각 차이가 있음을 발견하게 된다.

천옌은 이 글에서 해상실크로드를 중국 비단의 일방적 '외전', 즉 수출에 의해 개척된 바닷길로만 보고 있을 뿐, 비단 대신 다른 문물의 교류나 교역에 의해 이 길이 오늘날까지 면면히 지탱되고 확대되어온 사실은 간과하고 있다. 기원전 5세기경 서양에 비단이 '세레스'(seres, 고대 중국인의 명칭으로, 비단 생산자라는 의미)로 알려진 이래 기원을 전후한 로마 제국 시대에 중국 비단이 월지(月氏, Yuechi)나 흉노의 중계로 로마에 대대적으로 유입되어 금과 맞먹는 귀중품으로, 사치품으로 큰 인기를 끌었다. 그러다가 6세기 중엽에 양잠법이 비잔틴에 전해지면서, 중국 비단에 대한 서방의 수요는 점차 감소되었으며, 근현대에 들어와서는 비단이 교역품 '외전' 중에서 차지하는 비중은 극히 미미하다. 따라서 비단에 의한 실크로드의 전성기는 재현되지 않았다. 그는 원~청대를 이 길의 '극성기'로 보고 있는데, 사실은 원~청대에 이르면 남방 해로 교역품의 주종은 비단이 아니라 도자기나 향료였다. 그래서 이때의 해상실크로드를 일명 '도자기의 길' 또는 '향료의 길'이라고 하는 것이다. 부언할 것은, 천옌은 비단의 유럽 '외전'만 보았지, 태평양의 '대범선무역'을 통해 비단이 아메리카대륙에 '외전'된 사실(史實)에 대해서는 무지했거나 외면한 것이다. 그렇지 않았더라면 그는 해상실크로드의 환지구성에 개안(開眼)했을 것이다.

기착론(起着論). 해상실크로드에서의 기착론이란, 이 바닷길의 기점(起點, 출발점)과 착점(着點, 종착점)에 관한 이론이다. 해상실크로드의 '중화중심론'은 이 기착론에서도 뚜렷이 나타나고 있다. 린스민(林士民)은 만당(晩唐) 이래 도자기의 길이 곧 해상실크로드의 길이라고 하면서, 그 출발점을 중국 동해안의 명주(明州)로 지목하였다.[2] 그런가 하면 리광빈(李光斌)과 천룽팡(陳榮芳)은 취안저우(泉州)를 해상실크로드의 '동방 기점(東方起點)', '시발점(始發點)'으로 각각 주장하고 있다.[3] 그러나 한편, 이러한 '중국기점론'에 대한 이의(異意)도 있어 주목된다. 둥이안(董貽安)은 해상실크로드야말로 고대 각국 국민들이 바다를 통해 물질문명과 정신문명을 교류한 '평화적인 교역통로이며 문명대화의 길'이라고 정평(正評)하면서 명주는 동아시아 해상실크로드의 '주요한 항구'일 뿐, 결코 그 기점은 아니라고 반박한다.[4]

그런가 하면, 중국 동남해안을 해상실크로드의 동방 종착지, 즉 동단(東端)으로 보는 구태의연한 통념도 극복되지 못하고 있다. 딩위링(丁毓玲)은 중세 아랍이나 페르시아의 무슬림 상인들이 구축한 무역망로(網路, 네트워크)의 종착점은 중국이었기 때문에 그들은 더이상 북상해 고려나 일본에까지는 내왕하지 않았다고 주장한다.[5] 바로 이러한 주장 때문에 지금까지 한반도는 해상실크로드에서 소외되어왔다. 그러나 이러한 통념과는 달리 무슬림 상인들이 신라로부터 11종의 물품을 수입했다는 아랍 문헌의 기록이나, 고려 초기에 수백명씩 무리를 지어 고려에 와 교역하였다는 『고려사(高麗史)』의 기록, 그리고 여러가지 유물에 의해 실크로드의 '망로'는 중국에 와서 멎은 것이 아니라, 한반도까지 이어졌다는 것이 이미 사실로 입증되었다. 환지구로인 해상실크로드상의 어느 한 지점이나 지역을 '기점'이나 '종착점'으로 규정하는 것은 어불성설(語不成說)이다. 왜냐하면 이용의 경우에 따라서 기점이 종착점이 될 수 있고, 종착점이 기점으로 될 수 있기 때문이다. 바로 이러한 특성이 무시되고 인위적으로 중국 동남해안이 그 '기점'이나 '종착점'으로 설정됨으로써, 해상실크로드는 환지구성이 결핍된 지역적 해상실크로드로 치부될 수밖에 없는 것이다.

문명은 전파성이란 근본속성에 의해 교류되는데, 그 과정은 어떤 중심론에 의한 일방주의적인 주입이나 강요가 아니라, 서로의 필요에 따른 수평적 선택으로 실현된다. 해상실크로드상에서 진행된 교류가 바로 이를 증명해주고 있다.

3. 해상실크로드의 환지구성 형성과정과 현장 확인

해상실크로드의 환지구성은 15세기 초부터 약 1백년간의 구간별 항행을 거쳐 그 연장선상에서 이루어진 16세기 초의 환지구적 세계일주 항행에 의해 비로소 형성되었으며, 오늘날 그 과정을 현장 유물로 확인할 수 있다. 아이러니하게도 이 구간별 항행은 불과 10여년의 시차를 두

고 이루어진바, 동반구에서는 정화(鄭和)의 7차 '하서양(下西洋)'(1405)
이, 서반구에서는 엔히끄 탐험대의 아프리카 서해안 항행(1418)이 그 시
발점이었다. 정화의 '하서양' 뒤를 이은 엔히끄의 탐험과 다 가마의 '인
도항로' 개척, 콜럼버스의 대서양 횡단, 태평양 '백은(白銀)의 길' 개통
등 일련의 구간별 항행을 거쳐 마젤란-엘까노의 세계일주에 이름으로
써 드디어 해상실크로드사상 초유의 환지구성이 실현되게 된 것이다.

정화는 28년간(1405~33) 7차례에 걸쳐 대선단을 이끌고 '하서양', 즉
서양 항행에 나서 남해 일원 30개국, 총 18만 5000km를 종횡무진 누볐
다. 정화 선단은 보통 보선(寶船)과 전선(戰船), 양선(糧船), 마선(馬船),
좌선(坐船) 등 대형 선박 60여척을 포함해 2백여척의 각종 선박으로 구
성되었으며, 통상 선단은 쑤저우(蘇州)의 유가항(劉家港)에서 출발해
푸젠(福建) 오호문(五虎門)에 도착한 후 본격적으로 출항한다. 이후 남
해와 말라카해협을 지나 인도양을 횡단, 페르시아만이나 홍해, 아프리
카 동해안으로 서항(西航)한다. 정화의 '하서양'이 해상실크로드사에

정화의 제7차 '하서양' 지도

디아스가 도착(1488)한 희망봉

서 갖는 주요한 의미는 환지구성의 효시라는 데 있다. '하서양'은 그 항
정이나 항해기간, 선박의 규모와 수량, 선박의 적재량, 승선인원, 선단
조직, 항해술 등 모든 면에서 15세기 당시로서는 세계 최대의 원양 항
해였으며, 목선 범선(帆船) 항해의 기적이라고 할 수 있다. 정화의 '하서
양'은 유럽의 이른바 '대항해시대'의 항해보다 훨씬 앞선 것으로, 제1차
'하서양'은 콜럼버스가 아메리카대륙에 도착한 것보다 87년, 다 가마의
'인도항로' 개척보다 93년이나 앞선 선구적 장거였다. 이와 같이 정화의
'하서양'은 해상실크로드상에서 중국 동남해안으로부터 인도양을 거쳐
아프리카 동해안에 이르기까지의 첫 구간별 항행이었다.

　정화의 '하서양'에 이은 뽀르뚜갈의 항해 왕자 엔히끄(Henrique,
1394~1460)가 인도로 가는 항로를 개척하기 위해 조직한 탐험대는 아프
리카의 서해안을 따라가면서 항로를 개척했다. 그 과정에서 뽀르뚜 싼
뚜(Porto Santo, 1918)와 베르데곶제도(Cape Verde Islands, 1456) 등을 발

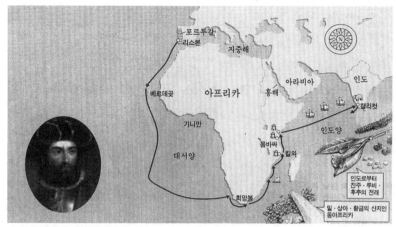

다 가마와 '인도항로' 개척도(1497~98)

견하고 사금(砂金)과 노예 등을 약취해 본국으로 운반하였다. 엔히끄가
사망한 후 역시 뽀르뚜갈 항해가 디아스(Bartholomeu Diaz)는 3척의 범
선을 이끌고 1488년에 마침내 아프리카의 최남단에 도착했으며, 폭풍
우 끝에 이곳을 발견했다고 해서 '폭풍의 곶'(Cape of Storms)라고 명명
했다. 그러나 국왕은 미래의 희망을 담은 '희망봉'(喜望峰, Cape of Good
Hope)으로 개명했다. 엔히끄 탐험대의 아프리카 서해안 탐험의 성공으
로 유럽에서의 '대항해시대'가 개막되었다.

　엔히끄와 디아스의 인도항로 개척의 꿈은 바스꾸 다 가마(Vasco da
Gama, 1469~1524)에 의해 실현되었다. 뽀르뚜갈 항해가 다 가마는 국왕
의 명을 받고 1497년 7월 4척의 범선을 이끌고 엔히끄와 디아스에 의해
개척된 항로를 따라 아프리카 서해안을 남하하였다. 그는 적도의 무풍
지대를 피해 육지에서 멀리 떨어진 원양 항해로 아프리카의 최남단 희
망봉을 우회한 후 아프리카의 동해안으로 북상하였다. 1498년 4월에 케
냐의 말린디(Malindi)에 도착해 아랍 항해가 이븐 마지드(Ibn Majīd)의

안내를 받아 그해 5월 20일, 출항 10개월 만에 드디어 인도 서해안의 캘리컷(Calicut)에 종착하였다. 이로써 다 가마는 유럽에서 아프리카 남단을 돌아 인도로 직항하는 이른바 '인도항로'를 처음으로 개척하였다. 그는 나중에 60배의 이익을 남긴 후추와 육계(肉桂) 등 향료를 싣고 이듬해에 리스본으로 귀향했다. 그가 이 새로운 항로에서 보낸 시간은 2년이 넘었으며(그중 해상에서 약 3백일간), 항해 중에 3분의 1 이상의 선원을 잃었다. 그후 다 가마는 두차례(1502~1503, 1524)나 인도를 다시 찾았다. 그에 의한 '인도항로' 개척은 서방의 동방식민지화 경략의 서막이고 서세동점(西勢東漸)의 효시가 되었다.

한편, 대서양에서의 환지구적 해상실크로드의 항해는 이딸리아 출신의 항해가 콜럼버스(Cristopher Columbus, 1451~1506)에 의해 시도되었다. 콜럼버스는 지구 구형설(球形說)을 믿고 대서양으로 서항(西航)하면 선망의 대상인 인도나 중국에 도달할 것이라고 예상하고 1492년 8월 3일 스페인의 서남항구 빨로스를 출발, 같은 해 10월 12일 바하마제도의 싼쌀바도르(San Salvador)섬에 도착하였다. 이어 꾸바와 아이티에도

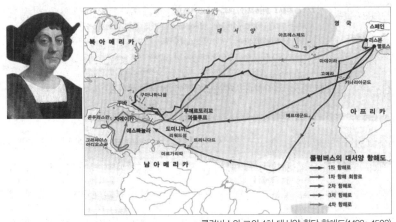

콜럼버스와 그의 4차 대서양 횡단 항해도(1492~1502)

들렀다. 그후 그는 세차례나 더 대서양 횡단 항해를 단행하였다. 제2차 항해 때(1493~95)는 도미니까와 과달루뻬, 자메이카에 도달하고, 제3차 항해 때(1498~1500)는 뜨리니다드와 오리노꼬강 하구에 이르렀다. 그가 행한 제4차 항해(1502~1504)에서는 온두라스와 빠나마 지협을 발견하였다. 이처럼 뽀르뚜갈 항해가들이 한창 인도항로를 개척하고 있을 때, 콜럼버스가 대서양을 횡단해 '신대륙'을 발견함으로써 유럽의 대항해시대에 일대 전기가 마련되었을 뿐만 아니라, 해상실크로드의 서단(西端)이 지중해에서 대서양으로 연장되어, 해상실크로드의 환지구성이 그만큼 확대되게 된 것이다.

이상은 해상실크로드의 환지구성이 형성되는 과정에서 기폭제적(起爆劑的) 역할을 한 대표적인 구간별 항해 몇가지다. 사실 이들 말고도 많은 항해가들이 환지구성 형성에 나름대로의 기여를 했던 것이다. 그들이 행한 성공적인 구간별 항해가 이어지고 그 경험이 결집됨으로써 비로소 마젤란에 의해 해상실크로드의 환지구성이 완성을 보게 되었다. 뽀르뚜갈 출신의 마젤란은 1517년 스페인으로 이주한 후 동방에서 서방으로 수출되는 향료의 길을 찾기 위해 스페인 국왕의 승인을 얻어 1519년 9월 20일 265명의 선원과 함께 5척의 범선을 타고 쎄비야항을 출발하였다. 대서양을 횡단하고 브라질 연안을 남행해 1521년 봄 험난한 마젤란해협을 통과하였다. 태평양에 들어선 선단은 서행해 괌을 거쳐 1521년 3월 필리핀 세부(Cebu)에 도착했으나 토착민과의 싸움에서 수행원 40명을 잃고 마젤란 자신도 전사하였다. 이후 배 두척만이 엘까노(Sebastián de Elcano)의 지휘하에 가까스로 말루쿠제도(Maluku Island)의 티도레(Tidore)에 도착하였다. 거기서 한척은 향료를 싣고 태평양으로 동항(東航)하다가 뽀르뚜갈인들에게 피랍되었다. 엘까노가 이끄는 다른 한척(빅또리아호)은 서항해 인도양을 횡단, 아프리카 남

마젤란과 기함 빅또리아호

단의 희망봉을 거쳐 1522년에 마침내 출항했던 쎄비야항으로 귀항하였다. 마젤란은 비록 중도에서 전사하였지만, 그가 발족한 선단은 부하 엘까노의 지휘하에 대서양→태평양→인도양→대서양으로 이어지는 사상 초유의 환지구적 항해를 실현하였다. 마젤란-엘까노의 세계일주를 통해 지구가 둥글다는 것과 아메리카와 아시아 및 서구는 서로가 독립된 별개의 대륙이지만 해상실크로드의 환지구성에 의해 서로 연결될 수 있다는 사실이 확인되었다.

이렇게 해상실크로드는 소통과 교류의 통로로 출현한 때부터 환지구적 사명을 띠고 기능해왔다.

결어

　본인은 해상실크로드가 범지구적 문명교류 통로라는 기본인식에 바탕해 중국이 제창하는 '21세기 해상실크로드'의 전략적 구상을 일례로 해상실크로드의 환지구성 문제를 나름대로 논급하였다. 보다시피, 개념을 비롯한 일련의 근본문제에서 서로의 견해 차이가 드러나고 있다. 이것은 비단 중국 학계뿐만 아니라, 통념을 고집하는 여타 나라 학계와의 사이에서도 마찬가지일 것이다. 실크로드나 문명교류 연구는 아직 학문적으로 정립이 되지 않은 채 인문학의 새로운 분야로 급부상하고 있는 상황이므로 견해의 차이가 발생하는 것은 당연지사(當然之事)일 터이다. 문제는 활발한 담론을 통해 그 차이를 극복하면서 학문적 정립에 천착하는 것이다.

5
해상실크로드와 한반도

주지하다시피 해상실크로드(Maritime Silk Road, 海上絲綢之路, 약칭 海絲路 또는 MSR)는 문명교류 통로인 실크로드 3대 간선의 하나로서, 이 길만이 갖는 잠재력과 비전 때문에 관심과 연구가 늘어나는 추세다. 이번 '해상실크로드와 세계문명 진정(進程)' 제하의 닝보(寧波) 국제학술회의가 바로 그 한 증좌다.

그러나 해사로의 명칭, 정의, 포괄범위, 발전과정 등 일련의 기본개념에서 전래의 통념에서 벗어나지 못한 채 이견이 분분해 아직 정설은 없다. 이 가운데서 포괄범위 문제는 기타 개념을 이해하는 데서 핵심이다. 이 글에서는 해사로가 실크로드의 개념 확대로 인해 자리매김된 길이기 때문에 우선 실크로드의 개념과 그 확대과정을 추적해본 다음, 해사로에 관한 통설의 문제점을 살펴보려고 한다.

통설 가운데서는 두가지 문제를 다루려고 한다. 그 하나는 인류문명교류의 통로인 해사로를 유라시아 구대륙의 지역성 해로에만 국한시킨 문제이고, 다른 하나는 중국 동남해 연안을 해사로의 동단(東端)으로 설정함으로써 그 동쪽에 자리한 한반도가 이 길에서 소외된 문제다.

1. 실크로드의 개념 확대와 해상실크로드

실크로드(Silk Road)란 인류문명의 교류가 진행된 통로에 대한 범칭이다. 실크로드 자체는 인류의 문명사와 더불어 장기간 기능해온 객관적 실체이지만, 그 실재가 인지(認知)된 것은 불과 140여년 전(1877) 일이다. 그간 학계의 탐구에 의해 실크로드의 공간적인 포괄범위와 기능에 대한 인식은 점진적으로 심화되어왔다. 이것이 바로 실크로드의 개념 확대다. 실크로드의 개념 확대는 총체적으로 실크로드라는 통로의 단선적(單線的)인 연장뿐만 아니라, 복선적(複線的) 내지는 망상적(網狀的)인 확대에서 나타났다.

그간 실크로드의 개념은 다음과 같은 몇 단계를 거쳐 확대되어왔다. 첫번째 단계는 중국-인도로 단계다. 이 단계는 1877년 리히트호펜이 저서『중국』(China, 5권)의 제1권 후반부에서 동서교류사를 개관하면서 중국에서 중앙아시아를 경유해 트란스옥시아나(Transoxiana)와 서북 인도로 이어지는 길을 따라 중국 고대 비단 유물이 교역되고 발견되었다는 사실에 근거해 최초로 이 길을 실크로드(Seidenstrassen)라고 명명함으로써 실크로드란 개념이 형성되기 시작한 단계다. 둘째 단계는 중국-시리아로 단계다. 1910년 헤르만(A. Hermann)은 첫번째 단계 기간에 스타인(M. A. Stein)을 비롯한 탐험가와 고고학자들이 중앙아시아와 서북 인도뿐만 아니라, 지중해 동안 시리아의 팔미라(Palmyra)에서도 중국의 한금(漢錦) 유물을 다량 발견한 사실을 감안해 이 비단 교역의 길을 시리아까지 연장해 '실크로드'라고 재천명했다. 이 두 단계에서의 실크로드는 주로 동서로 펼쳐진 여러 사막에 점재한 오아시스들이 연결되어 이루어진 길이므로 일명 '오아시스로'라고도 한다. 실크로드 개념의 확대 차원에서 보면 둘째 단계는 첫번째 단계 오아시스로의 단선적인 연장이다.

실크로드 개념 확대의 셋째 단계는 간선로(幹線路) 단계다. 제2차 세계대전 이후 학계에서는 선행 연구성과를 토대로 오아시스로의 동·서단을 중국의 동남해안과 로마까지 연장했을 뿐만 아니라, 실크로드의 포괄범위를 크게 확대했다. 즉 유라시아의 북방 초원지대를 동서로 관통하는 초원로와 지중해로부터 중국 동남해안에 이르는 남해로까지 포함시켜 유라시아 동서를 횡단하는 이른바 '실크로드 3대 간선'으로 그 개념을 확대했다. 여기에 아직은 연구가 미흡하지만 유라시아 남북을 종단하는 5대 지선[1]까지 합치면 실크로드는 문자 그대로 망상적인 교통로가 된다. 개념의 확대 측면에서 보면, 실크로드는 앞 두 단계의 단선적인 개념에서 벗어나 복선적이며 망상적인 개념으로 크게 확대된 것이다. 그러나 실크로드의 개념이 이렇게 확대되었어도 아직은 구대륙(유라시아대륙)에만 한정된 실크로드이니, 이것이 바로 지금까지의 통념이며, 학계는 아직껏 이 낡은 통념에 안주하고 있다.

앞의 세 단계를 거쳐 형성된 통념으로서의 실크로드(해상실크로드 포함)는 구대륙의 범위를 벗어나지 못함으로써 '신대륙'(남·북미주)이 인류문명의 교류권에서 소외당하는 결과를 낳았다. 그러나 늦어도 15세기부터는 해로에 의한 문명교류의 통로가 구대륙에서 신대륙까지 뻗어감으로써 실크로드는 명실상부한 환지구적(環地球的) 통로로 자리잡아오늘에 이르고 있다. 이것이 실크로드 개념 확대의 넷째 단계인 환지구로 단계이며, 이 단계의 주역은 단연 해상실크로드이다.

이렇게 해상실크로드에 의한 문명교류의 통로가 '신대륙'에까지 이어졌다고 보는 근거는, 우선 신대륙에 이르는 해로의 개척이다. 주지하다시피, 1492년 콜럼버스(C. Columbus)가 카리브해에 도착한 이래 마

젤란(F. Magellan) 일행이 1519~22년에 스페인→남미 남단→필리핀
→인도양→아프리카 남단→스페인으로 이어지는 세계일주 항해를
단행함으로써 '신대륙'으로의 바닷길이 트이게 되었다. 그다음 근거는,
신·구대륙 간의 문물교류다. 16세기부터 스페인과 뽀르뚜갈이 필리핀
의 마닐라를 중간 기착지로 하여 중국의 비단이나 도자기 등을 중남미
에 수출하고, 중남미의 백은(白銀)을 아시아와 유럽에 수출하는 등 신·
구대륙 간에 '태평양 비단길' '백은의 길'을 통한 이른바 '대범선(大帆
船)무역'이 시작되었다. 이러한 무역에 의해 고구마·감자·옥수수·땅
콩(낙화생)·담배·해바라기 등 신대륙 특유의 농작물이 아시아와 유
럽 각지에 유입되었다. 사적에 의하면 원대 말엽부터 청대에 이르기까
지의 시기에 중국에 유입된 남·북미주의 농작물은 호박〔南瓜〕·고구마
〔番薯〕·옥수수〔玉米〕·담배〔烟草〕·땅콩〔小粒型花生·大粒型花生〕·고추〔辣
椒〕·토마토〔蕃茄〕·해바라기〔向日葵〕·강낭콩〔菜豆〕·파인애플〔菠蘿〕·파
파야〔番木瓜〕·육지면(陸地棉) 등 14종이나 된다.[2]

　이상의 제반 사실을 감안할 때, 비록 해로의 단선적인 연장이기는 하
지만 15세기를 기해 확실히 문명교류의 한 통로인 해사로는 구대륙에
서 '신대륙'으로 어어졌던 것이다. 따라서 실크로드의 개념은 종래의 구
대륙 한계를 벗어나 지구 전체를 아우르는 환지구적 통로로 확대되어
야 마땅할 것이다.

2. 해상실크로드의 통설과 그 극복

　해상실크로드란 문명교류 통로인 실크로드 3대 간선의 하나로서 자
고로 광활한 해상에서 동서교류가 진행된 환지구적 바닷길이다. 이 길

은 태평양과 대서양, 인도양, 아라비아해, 지중해 등 세계를 동서로 이어주는 드넓은 해역을 망라하고 있다. 포괄범위나 길이로는 실크로드 3대 간선 중 가장 넓고 길다.

기원전 10세기부터 부분적으로 알려진 이 길은 고대 문명교류의 여명기인 기원을 전후한 시기에 구간별로 작동하기 시작했다. 그러다가 중세에 이르러 이른바 '대항해시대'의 개막을 계기로 하나의 범세계적 문명교류의 통로로 자리매김되었다. 이 길을 따라 신·구대륙 간에 교역이 진행됨으로써 유럽의 근대화가 가속화되었으며, 세계의 '일체화'란 개념이 싹트기 시작했다. 중세 신·구대륙 간에 오간 교역품의 주종에서 연유된 소위 '도자기의 길' '향료의 길' '백은의 길'이란 이 바닷길에 대한 한시적(限時的) 별칭이다.

이 범지구적 교류통로인 해상실크로드는 경유 해안마다 촘촘한 해로망(海路網, 海上網路, marine network)이 구축되면서 그 기능이 점차 증대되었다. 이 바닷길은 다른 두 문명교류 통로인 오아시스로나 초원로에 비해 전개나 이용 면에서 일련의 특성을 지니고 있다. 그 특성은, 첫째로 신·구대륙을 두루 포괄하는 명실상부한 범지구성(汎地球性)을 띠고, 둘째는 자연환경의 제약을 크게 받지 않고 조선술과 항해술의 발달, 그리고 교역의 증진에 따라 부단히 변모하는 가변성을 지니며, 셋째로 미래까지도 줄곧 존속하면서 교류의 중요한 통로로서의 기능을 지속적으로 수행하는 항구성을 구비하고 있다.[3]

앞에서 언급한 바와 같이 해상실크로드는 엄연하게 신·구대륙을 아우르는 환지구적 교류통로임에도 불구하고, 작금 전래의 통설에 의해 실체가 제대로 드러나지 않고 있다. 그 대표적인 통설은 여러 나라의 실크로드 관련 지도에서 보다시피, 해상실크로드의 서단을 로마로, 동단을 중국 동남해안으로 설정함으로써 해상실크로드의 포괄범위를 구대류(유라시아)에 한정하여 이를 하나의 지역성 해로로 축소시키거나 격하하는 것이다. 그런가 하면, 그 항정을 더 줄여 "동남아시아에서 인도양을 지나 홍해에 이르는 해상 루트"[4]라고 정의하는 경향도 있다.

이러한 통설과 더불어 해상실크로드에 관한 몇가지 오견(誤見)을 지적하지 않을 수 없다. 우선, 해상실크로드를 실크로드 3대 간선의 하나로 보지 않고, 보통 '해로'(sea routes, maritime routes)나, 혹은 육로의 '보조'[5] 내지 '연장'[6]으로 간주하는 견해다. 제2차 세계대전 전까지만 해도 대체로 중국 동남해안에서 인도양과 아라비아해, 홍해를 거쳐 지중해에 이르는 해로를 '남해로'라고 지칭하면서 이 해로를 통한 교류나 교역을 거론하기는 하였지만, 중요한 문명교류 통로의 하나인 해상실크로드라는 개념에는 포함시키지 않았으나, 지금은 사정이 다르다. 그리고 해상실크로드가 육로(오아시스 육로나 초원로)와 교류나 교역의 네트워크를 이루고 있는 것은 당연하지만, 그렇다고 결코 육로의 보조수단이나 그 연장은 아니다. 오히려 그 특성에서 보다시피 해상실크로드는 육로에 비해 규모가 크고 전망도 무한하다. 이러한 점에서 '보조'나 '연장'으로 보는 것은 어불성설이다.

다음으로, 해상실크로드의 시말론(始末論)이다. 중국 해상실크로드 연구[7]의 이론적 정초자(定礎者)인 천옌(陳炎)은 1991년에 발표한 글「해상실크로드와 중외 문화교류를 논함(論海上絲綢之路與中外文化交流)」[8]에서 동서 문명을 교류하고 소통시킨 바닷길 개념에서가 아니라, 중국 비단의 일방적 '외전(外傳)'(즉 수출)의 길이 바로 해상실크로드라는 관점에서 이 길의 발전과정을 당대(唐代) 이전의 형성기와 당·송대의 발전기, 원·명·청대의 극성기의 세 시기로 구분하고 있다. 그러면서 그는 기원전 1112년 주무왕(周武王)이 기자(箕子)를 조선에 봉해 "그(조선) 백성들에게 잠종을 심어 천 짜는 것을 가르쳐주라(敎其民田蠶織作)"[9]라고 한 것을 원인(援引)함으로써 이때가 마치 해상실크로드 형성기의 시발점이 되는 것으로 기술하고 있다. 그리고 (논리적 근거는 빈약하지만) 청대까지를 그 극성기로 간주하고는 그 이후 시기에 관해서는 언급이 없다. 문면대로라면 해상실크로드는 여기까지로 약 3천년간의 운명을 마친다. 그렇다면 해상실크로드는 오늘과는 무관한 한낱 '역사의 기억'으로만 남는 유물에 불과하다.

천옌의 시말론과 맥을 같이하는 중국 '기점론(起點論)'이 대두되고 있다. 대표적인 것이 취안저우(泉州)를 해상실크로드의 '동방 기점(東方起點)'[10]으로 보거나, 명주(明州)를 그 '출발점'으로 보는 등의 견해다. 물론 기원을 전후해 중국 비단이 로마제국에 서전된 사실에 근거해 '실크로드'란 조어(造語)가 생겨났고, 그것이 오늘날까지 문명교류의 통로를 상징하는 하나의 아칭(雅稱)으로 관용(慣用)되고 있다. 그렇다고 중국 비단의 실크로드를 통한 로마 '외전'이 바로 문명교류 통로로서의 실크로드의 기점이나 시발은 결코 아니다. 왜냐하면 그러한 통로는 그보다 훨씬 이전(BC 10세기경)에 이미 있어왔기 때문이다.

그리고 비단의 거래를 기준으로 해상실크로드의 시말을 논하는 것은 견강부회적인 억설(臆說)에 불과하다. 사실 기원전 5세기경 서양에 비단이 '세레스'(seres)라는 말을 통해 알려진 이래 기원을 전후한 로마제국 시대에 중국 비단이 월지나 흉노의 중계로 로마에 대대적으로 유입되어 금과 맞먹는 귀중품으로, 사치품으로 큰 인기를 끌었다. 그러다가 6세기 중엽에 양잠법이 비잔틴에 전해지면서, 중국 비단에 대한 서방의 수요는 점차 감소하였다. 물론 그 이후 당·송대나 원·명·청대에 중국 비단이 소수 상층들의 기호품으로서 바닷길을 통해 인근 한국이나 일본, 그리고 멀리 서구에 '외전'되기는 하였지만, 해상교역의 주종은 결코 아니었다. 특히 중세에 이르러 남해로가 '도자기의 길' '향료의 길'로 일컬어질 정도로 도자기나 향료가 그 주종을 이루었으며, 근현대에 들어와서도 비단이 교역품 중에서 차지하는 비중은 극히 미미하다.

이러한 점을 감안해 중국 학계 일각에서 이와 같은 편협한 기점론을 외면하는 추이가 있어 주목된다. 둥이안(董貽安)은 해사로가 고대 각국 국민들이 바다를 통해 물질문명과 정신문명을 교류한 '평화적인 교역 통로이며 문명대화의 길'이라고 바르게 인식하면서 명주는 동아시아 해사로의 '주요한 항구'일 뿐이라고 지적한다.[11]

3. 해상실크로드의 한반도 연장

해사로에 관한 또 하나의 통설은 한반도를 비롯한 이른바 '주변지역'에 대한 배타설(排他說)이다. 보다시피 해사로의 동단을 중국 동남해안으로 설정한 통설에 의해 한반도는 일본[12]과 함께 해사로에서 제외되어 왔다.[13] 사실 이것은 중국 비단의 '외전'을 기준으로 해사로를 설정하는 중국 학계의 견해[14]와도 모순될 뿐만 아니라, 일찍부터 이 바닷길을 통해 서역인들과 한반도 간에 해상교역과 인적 왕래가 있었다는 사실(史實)과도 상충된다.

최근 한국 학계는 한반도와 서역 간에 진행되었던 교류와 소통을 입증하는 각종 문헌기록과 유물들을 근거로 실크로드 3대 간선의 한반도 연장 문제를 다각도로 연구해오고 있다. 해사로의 경우, 연구는 중국 동남해안까지 와서 멎었다고 하는 해로를 한반도로 잇는 한·중 간의 해로 문제와 남해로(동남아에서 지중해까지)를 통한 한반도와 연안지역의 교류상을 밝히는 데 집중하고 있다.

한·중 간의 해로 문제에 관해서는 최근 양국 학계에서 괄목할 만한

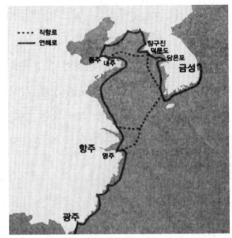

고대 한중해로

연구성과가 집적되어 양국의 해안을 연결하는 연안우회로와 횡단직항
로가 구체적으로 밝혀지고 있어, 해사로의 한반도 연장 문제는 대체로
이론의 여지가 없게 되었다. 그리하여 이 글에서는 더이상의 논급을 관
련 전적(典籍)과 논저의 제시로 대체키로 한다.[15]

　이러한 특징을 지닌 여명기 한중해로의 추정에 전거로 제시되고 있
는 대표적 유사(類似) 유물로는 지석묘(支石墓, dolmen, 石棚墓)를 들 수
있다. 신석기시대부터 범세계적인 문화권을 이루고 있는 거석문화(巨
石文化, megalithic culture) 가운데서 지석묘는 한반도를 중심으로 한 동
북아에 밀집되어 이른바 '동북아 돌멘권'을 형성하고 있다. 이 돌멘권에
속하는 한반도 전역과 중국의 저장(浙江) 지역[16]에서 발견된 지석묘들
은 조성연대(한반도 1800~3900년 전, 저장 2500~3000년 전)[17]나 조형
의 상사성 면에서 해로를 통한 교류물일 개연성이 높다. 흥미로운 것은
저장 지역의 지석묘가 한반도 남부의 지석묘와는 출토된 생활기구나
생산도구, 무기류에서 일치한다는 점이다. 이러한 상사성은 해로를 통
한 교류를 시사해준다.

지석묘와 더불어 여명기에 해로를 통해 전파된 교류물로 동아시아 3국이 공히 도작(稻作)을 거론하고 있다. 주지하다시피, 2차대전 후 아시아벼인 오리자 사티바(Oryza sativa)는 원산지가 인도의 동북부 아삼(Assam)이고 남중국 윈난(雲南)지대를 두루 아우른다는 이른바 '아삼-윈난지대설'이 유력해지면서 한반도와 일본의 도작이 7천~8천년 전에 중국에서 해로를 거쳐 전래되었다는 도래설이 지금까지의 통설이었다. 그런데 1998년과 2001년 한국 청원군 옥산면 소로리(小魯里) 구석기 유적의 약 1만 3천~1만 7천년 전(미국 GX방사성연구소는 1만 3010~1만 4820년 전) 토탄층(土炭層)에서 모두 59톨의 볍씨가 발견됨으로써 이 통설은 도전을 받고 있다. 어디가 기원지든 간에 남방 습열성기후대의 특산물인 벼가 해로를 통해 중국과 한반도 간에 교류되었다는 사실만을 부정하기 어려울 것이다.

　고대 해사로의 한반도 연장 사실은 한·중 간의 연해우회로나 횡단직항로에 의해 입증될 뿐만 아니라, 동남아에서 지중해에 이르는 남방 해로(해사로의 한 구간)를 통한 연안지역과의 교류에서도 그 단서를 찾아볼 수 있다. 이를 실증하는 여러가지 유물이 한반도에서 속속 발견되고 있다. 그 가운데서 대표적인 유물 몇가지만을 들어보기로 하자.

　우선, 선사시대의 유물로는 남방 거석문화에 속하는 지석묘가 있다. 주지하다시피, 이 거석문화는 고대 남방의 이른바 '양석문화'(陽石文化, Heliolithic Culture)의 대표적 문화다.[18] 한반도 전역에는 약 4천기의 지석묘가 분포되어 있는데, 그중 약 2천기가 남해안 지역인 전라남도에 군집(群集)되어 있다. 그리하여 2000년 유네스코는 몇군데의 지석묘군을 세계문화유산 제977호로 등재했으며, 한국을 '지석묘의 나라'라고 하는 것이다. 지석묘와 더불어 한반도 남쪽 영산강(榮山江) 유역에 집중되어 있는 옹관(甕棺)도 그 기원은 남방 해양문화에서 찾을 수 있다. 동남아를 비롯해 해양성 강우(降雨)가 많은 지역에서 조상의 시신이 물로 인해 쉽사리 부식되는 것을 방지하려는 조상숭배의식에서 일찍이 선사시대부터 목관을 대신해 출현한 하나의 토기 관제(棺制)다.

앞서도 얘기했듯이 고대 한반도와 남방 해양문화의 관련성에서 특별히 주목을 끄는 것은 도작의 기원과 전파 문제다. 1998년과 2001년 두 차례에 걸쳐 충천북도 청원군 옥산면 소로리 구석기 유적의 약 1만 3천년 전(미국 Geochon Lab와 서울대학교 AMS 연구실 측정결과는 1만 2300~1만 4620bp) 토탄층에서 모두 59톨이 볍씨를 발견했다. 볍씨에 관한 과학적인 공동연구를 통해 얻은 결과가 권위있는 여러 국제학술모임에서 발표되어 큰 반향을 불러일으켰다.[19] 지금까지는 7천~8천년 전 인도나 동남아시아, 중국 남방에서 벼가 시원했다는 것이 통설이며, 가장 오래된 볍씨로 알려진 것은 양쯔강 유역의 위찬옌(玉蟾巖)에서 출토된 약 1만년 전의 볏겨와 쌀겨다. 하지만 '소로리카'(Sororica, 소로리볍씨의 잠칭暫稱)는 이보다 꽤 앞서고 있는 것이다. 참고로 부언할 것은 최근 소로리와 인접한 만수리에서 54만~56만년 전(베이징원인은 30만~60만년 전) 전기구석기시대에 속하는 석기 3점이 발견되어 소로리카의 신빙성을 한층 더해주고 있다는 점이다.

다음으로, 역사시대에 들어오면 한반도와 남방 해로 연안지역의 교류 흔적이 하나둘씩 나타나고 있다. 몇가지 예만을 들어보기로 하자.

우선, 흥미로운 것은 한국어와 남인도 타밀어[20]의 상관성이다. 1백여년 전에 이 문제가 미국 선교사 호머 헐버트(Homer B. Hulbert)에 의해 제기되었으나, 그동안 무시되어오다가 최근 관심이 일고 있다. 우리 연구소(한국문명교류연구소)에서는 남인도 현지를 탐사하고, 지금 '타밀문화연구반'을 조직해 타밀어를 공부하고 있으며, 캐나다에서는 '한국타밀연구회'(Korean Society of Tamil Studies)가 운영되고 있다. 초보적인 연구결과에 의하더라도 두 언어는 발음과 뜻이 거의 같은 유사 단어가 5 백여개 있고, 어순도 거의 일치하며, 표음문자로서 모음이 발달하고 자음과 모음의 결합형식도 상당히 비슷하다는 것을 발견하게 된다. 이러한 현상이 두 지역 간의 교류에 의한 것임을 뒷받침해주는 몇가지 실례를 들면 다음과 같다.

먼저, 동남아산 유리구슬이다. 6세기 전반에 축조된 공주의 백제 무령왕릉(武寧王陵)에서는 전형적인 동남아 및 인도의 소다-석회 유리(성분에서 칼슘이 적고 알루미늄이 많음)와 2세기 이후 동남아, 특히 타일랜드(타이)에서 유행한 금박구슬과 소재나 형태에서 친연관계가 있는 금박구슬(gold-foil glass bead)이 발견되었다. 또한 2세기경의 유적인 전남 해남군 군곡리(郡谷里) 패총과 경남 창원시(昌原市) 삼동동(三東洞) 옹관묘, 무령왕릉에서는 인도에 기원을 두고 있는 무티살라 구슬(Mutisalah Beads, 일명 Indian Red Glass)이 적잖게 출토되었는데, 이러한 구슬은 2세기경 동남아 지역에서 유행하였다.[21] 이러한 사실은 2세기를 전후해 한반도와 인도 및 동남아 사이에 해상실크로드를 통한 문물교류가 있었음을 실증한다.

다음으로, 해로를 통한 불교의 유입(불교남래설)이다. 가야국의 건국자 수로왕과 왕비 허황옥의 불행(佛行)과 행적은 비록 전설적 요소가 있기는 하지만, 그것을 통해 불교의 남래를 가늠할 수 있다. 왕비 허황옥은 인도 아유타국(阿踰陀國)의 공주로서 석탑(婆娑石塔)을 배에 싣고 서기 48년에 가야국의 남안 별포(別浦, 현 主浦)에 도착해 수로왕과 결혼하고, 왕자 7명을 낳았는데, 모두 지리산에 입산시켜 7불이 되었다.[22] 그리고 김해 수로왕릉의 정문에 새겨진 인도 아유타 풍의 쌍어문(雙魚紋)이나 태양 문장, 김해 불모산(佛母山) 장유사(長遊寺)에 있는 장유화상(허황옥의 오빠)의 불행에 관한 기록이 있다. 가야 불교에 관한 이러한 설화나 유

이드리씨의 '세계지도' 속의 신라

적·유물을 감안할 때, 해로를 통한 한국 불교의 전래는 통설로 되고 있는 육로 북래보다 2백~3백년 앞선 것으로 된다.[23]

끝으로, 해로를 통한 신라와 아랍·이슬람세계 간의 교류이다. 중세 아랍 문헌에 나타난 신라 관련 기술은 비록 단편적이기는 하지만 신라의 자연환경이나 인문지리 등 다방면에 걸친 내용을 포함하고 있다. 신라에 관한 최초의 기록을 남긴 아랍 지리학자 이븐 쿠르다지바(Ibn Khurdādhibah)는 명저『제 도로(諸道路) 및 제 왕국지(諸王國志)』(845)에서 당시 중국 동남해안에 있던 4대 국제무역항을 차례로 언급한 다음, 신라로부터 비단·검(劍)·키민카우(미상)·사향(麝香)·침향(沈香)·마안(馬鞍)·초피(貂皮)·도기(陶器)·범포(帆布)·육계(肉桂)·쿨란잔(미상) 등 11종의 물품을 수입해 간다고 기술하고 있다.[24] 이 책을 비롯해 신라에 관한 여러가지 문헌기록이 있는데, 그 내용을 종합하면, 첫째로 일찍이 아랍제국(우마이야Umayya조)이나 이슬람제국(압바스Abbās조) 시기

124

부터 아라비아반도나 이라크 및 기타 아랍·이슬람지역에서 무슬림들이나 외방인들이 바닷길로 중국의 동쪽에 위치한 신라에 도착했고, 둘째로 그들은 신라에 잠시 다녀왔을 뿐만 아니라 장기간 정착했으며, 셋째로 그들이 신라에 진출하고 정착하게 된 것은 이곳의 공기가 맑고 물이 좋으며 땅이 비옥하고 금을 비롯한 자원이 풍부한 것 등 여러가지 이점이 있기 때문이었다.

이상에서 고찰한 바와 같이 한반도는 해상실크로드의 여명기부터 한·중 간의 해로를 통해 중국과 교류하고 내왕했을 뿐만 아니라, 전개기 초반부터는 동남아나 서역과도 마찬가지로 교류하고 내왕함으로써 해상실크로드의 동단(東段) 주역으로서의 사명과 기능을 나름대로 수행해왔다. 따라서 중국 동남해안까지의 이른바 해상실크로드 동단설 (東端說)은 응당 시정되어야 할 것이다.

6
북방 유라시아유목문명의 대동맥, 초원실크로드

본 학술대회는 김관용 지사의 직접적인 발기와 선도하에 대한민국 경상북도가 야심차게 추진해온 5개년 '코리아 실크로드 프로젝트'의 성과를 결산하는 마지막 학술대회이다. 본인은 이 뜻깊은 학술대회의 기조발표를 맡게 된 데 대해 무한한 영광으로 생각하는 바이다.

이 발표문에서는 초원과 초원대를 자연배경으로 한 초원실크로드의 출현과 북방 유라시아 유목민족들의 종횡무진한 활동에 의해 이 길이 무한대로 전개되어온 과정을 살펴보고, 지금까지 소외되어온 유목문명이 어떻게 이 길을 통해 교류되어왔는가를 추적해본다.

1. 초원실크로드의 출현

초원(steppe)이란 일반적으로 연 강수량이 250~270mm로 큰 나무는 자랄 수 없으나 풀이 무성하게 자라는 곳을 말한다. 초원은 목초의 생성지로서 목축업의 적지(適地)다. 약 7천~1만년 전 신생대 제4기 충적세

(沖積世, 신석기시대)에 형성된 지리대(地理帶)를 보면, 대체로 초원은 중위도 지대에 자리하고 있다. 고고학적 연구결과에 의하면, 인류의 최초 화석은 아프리카의 초원을 비롯한 여러 초원지대에서 발견되는데, 이것은 인류의 최초 활동무대가 초원지대였음을 시사해준다.

지질학적으로 보아 북방 유라시아는 충적세에 들어와 지각 변동으로 인해 남북으로 4개의 기후대가 형성되었다. 가장 북쪽으로 북극해에 면한 것이 동토대(툰드라tundra)이고, 그다음이 침엽수림대(타이가 taiga), 그다음이 초원대(스텝steppe)이며, 가장 남쪽에 있는 것이 사막대(데저트desert)다. 초원대는 대체로 북위 40~50도 사이에 위치하며, 실크로드의 한 간선인 초원실크로드(약칭 '초원로'steppe road)가 이 지대를 동서로 횡단하고 있다.

초원실크로드는 유라시아대륙의 북방 초원대를 동서로 횡단하는 동서교류의 한 통로다. 실크로드의 3대 간선 중 가장 오래된 길인 초원로는 기능적으로 다음 두가지 특징을 지니고 있다. 첫째, 일망무제한 초원지대에 펼쳐진 길로서 이용이 자유자재로 편리하다는 데 있다. 일반적으로, 이 길은 지형이나 기후(건조기 제외)의 제약을 별로 받지 않고 수시로 이용할 수 있으며, 길의 너비나 길이도 특별한 제한 없이 자유롭게 활용할 수 있다. 둘째, 유목기마민족들의 전용(專用)이다. 이 길은 일찍이 유목기마민족인 스키타이(Scythai)에 의해 개척된 이래 흉노(匈奴)와 몽골 등 북방 유목기마민족의 교역과 이동 및 정복활동에 주로 이용되었다. 초원은 말을 타고 이동하면서 유목생활을 하는 민족들만이 적응할 수 있는 지형적 특성을 지니고 있기 때문이다. 따라서 교통수단도 기마 유목에 적합한 단단하고 경량화된 마구류가 주종을 이룬다.

'역사의 아버지' 헤로도토스(Herodotos, BC 484~25)의 저서 『역사』의 기술(제4권의 13장과 16~36장)에 의하면 초원로는 기원전 7세기 전반에 스

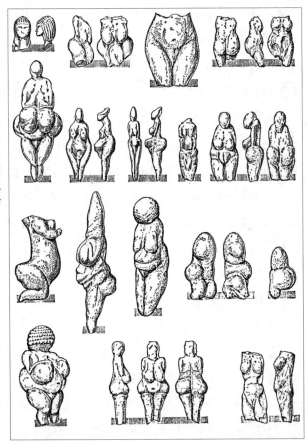

단독 비너스상과
각종 비너스상

키타이들이 흑해(黑海)로부터 우랄산맥을 넘어 알타이(Altai) 지방에
이르러 동방교역을 할 때부터 알려지기 시작하였다. 『역사』의 기술과
함께 그간 북방 유라시아의 초원지대에서 속속 발굴된 일련의 유물들
에 의해, 초기 스키타이를 비롯한 고대 유목기마민족들이 개척·이용한
초원로의 윤곽이 대체로 드러난다.

　그 주로(主路)를 추적해보면, 북유럽의 발트해(Baltic Sea)에서 출발해
아랄해(Aral Sea) 연안을 지나서 동진, 까자흐스딴과 알타이산맥 이남

의 중가리아 분지에 도착한 후 더 나아가 몽골 고비 사막의 북변 오르콘(Orkhon)강 연안으로 접어든다. 여기서 남하해 중국의 화베이(華北) 지방에 이른 후 다시 동남향으로 중국의 둥베이(東北) 지방을 거쳐 한반도까지 이어진다. 고대부터 초원로의 주변에는 주로 유목문명(nomadic civilization)이 발생·번영하였으며, 이 길을 따라 동서로 널리 전파되었다.

초원로를 통해 최초로 동서에 전파된 문물로는 비너스(Venus)상이 있다. 지금으로부터 약 1만여년 전에 제작된 것으로 추정되는 이 비너스상은 지금까지 서유럽의 피레네산맥 북쪽 기슭에서 시베리아의 바이깔호 부근에 이르기까지 광활한 초원지역에서 수백점이 발견되었다. 거의 20군데나 되는 출토지를 연결해놓으면 서부 유럽에서 출발해 다량 발굴된 중부 및 동부 유럽과 우끄라이나를 지나 동진해 동시베리아에 이르는 이른바 '비너스의 길'이 형성된다.

기원전 1000년대의 청동기시대에 접어들면 초원로의 동쪽 끝에서는 몽골 인종이 주도하는 카라수크문화(Karasuk culture, BC 1200~700)가 흥기한다. 러시아의 미누신스끄주에 있는 카라수크강 유역에서 발아한 이 문화는 동쪽으로 바이깔호 부근에서부터 서쪽으로 알타이산맥과 까자흐스딴에 이르기까지의 광활한 초원지대에서 번영하였다. 초원의 유목경제를 바탕으로 한 이 문화는 청동제 칼·창·도끼 등 유사 유물에서 보듯이 중국 은상문화(殷商文化)의 영향을 받은 흔적이 역력하다. 이것은 이 문화가 초원로를 통해 은상이 할거하던 중국의 화베이 지방과 연관되어 있었음을 시사해준다.

2. 초원실크로드의 전개

기원전 8세기경 유라시아 북방 초원지대에 출현한 강력한 유목기마민족인 스키타이의 동서교역을 비롯해 4세기 후반 흉노의 유럽 진출, 6세기 중엽 돌궐(突厥)의 서천(西遷), 13세기 몽골의 서정(西征), 16세기 러시아의 동진(東進) 등 일련의 북방 유목기마민족들의 동서남북을 누비는 활동에 의해 초원실크로드는 본격적으로 가동되면서 명실상부한 문명교류의 통로 역할을 수행하였다.

기원전 8세기경에 남러시아 일원에서 흥기한 스키타이는 초원로의 서단(西端)을 통해 흑해 연안의 그리스 식민도시들과 활발한 교역을 진행하였으며, 그 동단(東端)을 따라 동방무역로를 개척하였다. 헤로도토스의 명저『역사』의 기술에 의하면, 스키타이의 동방무역로는 아랄해로부터 볼가강을 지나 북상해 우랄산맥을 넘은 다음 동진해 알타이산맥 부근에까지 이른다. 이 길의 연변에서는 스키타이문화 특유의 동물문양이나 금은세공 등 유물이 다량 출토되었다. 특히 알타이산맥 북방의 파지리크(Pazyryk) 고분 유적에서는 스키타이문화 유물과 함께 중국 진대(秦代) 유물이 다수 반출(伴出)되었다. 이것은 당시(BC 8~3세기) 초원로를 통해 스키타이문화가 동쪽으로 전해져 몽골고원을 지나 중국 화베이 지방의 쑤이위안(綏遠) 일대까지 영향을 미쳤음을 실증해주고 있다.

기원전 4세기 말에 몽골고원에서 흥기한 흉노는 몽골의 노인울라 (Noin Ula) 고분 유적에서 볼 수 있듯이, 스키타이문화를 비롯한 북방 유목기마민족 문화와 한(漢) 문화를 흡수·융합한 이른바 '호한문화(胡漢文化)'라고 일컬어지는 특유의 유목기마문화를 창출하였고, 초원로를 따라 서천하면서 이 호한문화를 서구에까지 유포시켰다. 기원전 3세기

파지리크의 우꼬끄 고분군

후반부터 카스피해 동남부에 자리한 파르티아(Parthia, 안식安息) 왕국과
비단 무역을 하는 등 서역과의 교류를 활발히 전개해오던 흉노는 기원
후 후한(後漢)에 쫓겨 서천을 거듭하다가 마침내 4세기 후반에는 초원
로의 서단을 따라 유럽에까지 진출하였다. 훈족(Huns, 흉노)의 이 서천
으로 인해 흑해 연안에 살고 있던 게르만의 일족인 서고트(Visigoth)족
은 로마제국으로 밀려들어갔다. 이것이 게르만민족 대이동의 서막이었
으며, 이로 인해 서양사에서 중세의 막이 오르게 되었다. 뿐만 아니라,
기원전 3세기 후반에는 중국 쑤이위안 지방에 진출하고, 기원전 2세기
후반에는 동호(東胡, 현 중국 둥베이 지방)까지 정복하는 등 흉노의 동진 과
정을 통해 그들의 유목기마문화가 고조선과 한반도, 그리고 일본까지
영향을 미쳤던 것이다.

　흉노에 이어 초원로를 누비며 동서교류의 주역을 담당한 민족은 돌
궐족이다. 기원전 4세기경부터 몽골 초원의 각처에 산재한 유목민의

일족인 돌궐이 기원후 552년에 유연(柔然) 등 여러 부족들을 정복·통합해 강대한 국가를 건립하였다. 돌궐은 초원로를 따라 동편으로는 중국 화베이 지방의 북주(北周)나 북제(北齊)와 견마무역(絹馬貿易)을 진행하는 한편, 서편으로는 알타이산맥을 넘어 중앙아시아의 에프탈(Ephtalite)을 격파하고 소그디아나(Sogdiana)까지 정복하였다. 6세기 말 소그디아나 일원에 건국된 서돌궐은 동로마제국과 수차례에 걸쳐 사절을 교환하고 교역도 활발히 진행함으로써 초원로는 명실공히 동서교류의 한 간선 역할을 수행하였다. 657년에 서돌궐이 당에 의해 멸망된 후 중앙아시아를 중심으로 한 초원로의 중간 지점은 일시적으로 당의 수중에 들어가게 되었다. 그러나 얼마 지나지 않아 8세기 초엽부터 아랍·이슬람군이 이 지역에 진출해 당 세력을 축출함으로써 중앙아시아의 이슬람화가 촉진되고, 초원로의 중간 지대는 아랍·이슬람 세력의 활동무대가 되었다. 이러한 국면은 13세기 몽골제국이 서정(西征)을 단행할 때까지 지속되었다.

13세기 초에서 중엽까지 아시아 전역은 물론, 유럽과 러시아까지 석권한 대몽골제국 시대는 문자 그대로 초원로의 전성기였다. 몽골인들은 세차례의 서정(1219~60)을 계기로 서방의 광활한 정복지에 오고타이(Ogotai)·차카타이(Chaghatai)·킵차크(Kipchak)·일(Il) 칸 등 4개의 칸(汗)국을, 동방의 중국 본토에는 원(元)조를 세움으로써 유라시아를 석권한 미증유의 세계적 대제국을 건설하였다. 유목기마민족인 몽골인들의 대규모 서정은 주로 초원로를 따라 진행되었는데, 그 주로(主路)는 몽골의 수도 카라코룸(Karakorum, 화림和林)으로부터 서쪽으로 알타이산맥을 넘어 발하슈(Balkhash)호 북안을 돌아 카스피해 북부에 있는 킵차크 칸국의 수도 사라이(Sarai)까지 이르며, 사라이를 중계지로 하여 다시 서쪽으로 끼예프·안티오키아·베네찌아·콘스탄티노플 등 러시아와 유럽의 여러 도시로 이어지는 길이다.

　몽골제국의 멸망과 더불어 얼마간 부진 상태에 빠졌던 초원로는 16
세기 후반에 이르러 러시아의 시베리아 진출로 인해 다시 활기를 띠게
되었다. 1581년 러시아는 예르마끄(T. Yermak, ?~1584)를 대장으로 한
탐험대를 동방에 파견하였다. 무력을 동반한 탐험대는 오비강을 넘어
이르띠시강 유역에 있는 시비르칸국을 공략하고, 이 땅을 이반 4세 황
제에게 선물로 기증하였다. 이것이 계기가 되어, 그후 우랄산맥 동쪽의
광활한 초원지대를 일괄해 '시베리아'라고 지칭하였다. 1587년에 러시
아인들은 시베리아의 초원로를 따라 시비르 부근에 또볼스끄시(市)를
건설하고, 계속 동진해 1638년에는 태평양 연안에까지 도달하였다. 그
들은 이에 머물지 않고 여기에서 다시 남하해 러시아와 중국 청(淸)나
라의 국경지대인 헤이룽강(黑龍江) 일대까지 세를 확장하였다.

　이 우랄산맥 동쪽으로부터 남러시아의 광활한 초원지대를 지나 헤이

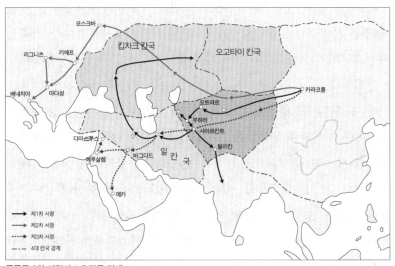

몽골군 3차 서정과 4대 칸국 경계

룽강 일대까지 이어지는 길을 '시베리아 초원로'라고 한다. 이 초원로는 비록 16세기 말엽에 러시아의 시베리아 진출로 인해 뒤늦게 알려졌지만, 사실은 오래전에 이미 개통되어 있었음을 알 수 있다. 러시아 극동 지방인 아르쎄니예프(블라지보스또끄 북방 280km) 지역에 자리했던 해동성국(海東盛國) 발해의 노보고르데예프까성 밖 취락에서 8세기의 소그드 은화가 발견되었는데, 앞면에는 왕관 부조와 함께 좌우에 '알 마흐디'란 아랍어 글자와 '부하라의 군주 짜르'란 소그드어 문자가 새겨져 있다. 당시 소그드인들은 지불수단인 은화로 이 지역에서 많이 생산되는 양질의 모피를 수입해 갔다. 학계에서는 이 모피의 교역로를 '시베리아 초원로'의 한 지선(支線)인 '모피의 길'이라고 명명한다.

3. 초원실크로드를 통한 유목문명의 교류

유목기마민족들은 초원실크로드 연변에서 고유의 유목문명을 창출해 주변 문명권들과 부단히 교류를 진행하였다. 유목문명이란, 가축을 사양하면서 수초(水草)를 찾아 가재(家財)와 함께 주거지나 활동지를 부단히 이동하는 유목민들이 창조한 문명을 말한다. 유목문명의 창조자인 유목민은 크게 초원지대 유목민과 사막지대 유목민으로 대별된다. 이 두 지대의 유목민들은 가축을 방목하면서 이동한다는 공통점을 가지고 있지만, 구체적으로 방목하는 가축의 종류라든가 이동 양태는 상이하다. 그 가운데서 어느 가축보다도 기동력이 높은 말이나 마구를 이용해 유목하는 사람들의 혈연적·사회문화적 공동체를 유목기마민족이라고 한다. 유목기마민족은 높은 기동성과 신속성으로 인해 타 문명권과의 접촉이나 교류가 가장 활발하다. 따라서 문명교류의 한 통로로서의 초원실크로드 연구는 이러한 유목기마민족이 창조한 유목문명을 주요 연구대상으로 삼는다.

문명교류는 본질적으로 이질 문명권 간의 교류다. 앞에서 살펴본 바와 같이 북방 유라시아의 여러 유목기마민족들은 자신들이 개척한 문명교류의 한 통로인 초원실크로드를 통해 다른 이질 문명권들(농경문명권, 도시문명권, 기독교문명권, 이슬람문명권, 불교문명권 등)과 소통하고 교류하고 있다. 이것이 문명사의 엄연한 사실임에도 불구하고, 영국의 문명사학자 토인비(Arnold Toynbee, 1889~1975)를 비롯한 거의 모든 역사학자들이나 문명사가들은 아이러니하게도 유목문명을 아예 문명권에서 제외시키고 있다.

5천년 전에 신석기문화 단계를 갓 벗어난 에게해 지역의 문화는 이른바 '에게문명'으로 치켜세우면서도, 그보다 3천년 후에 찬란한 금속문화(청동기와 철기 문화)를 꽃피운 북방 유목기마민족들의 문화는 '미개'와 '야만'이란 딱지를 붙여 서구나 중화(中華)의 '중심문화'에서 멀리 떨어진 이른바 '주변문화'로 치부하고 홀대해왔다. 이와 더불어 유목기마민족들이 창조한 여러 개별 문화들을 '키메르문화'니 '스키타이문화'니 '흉노문화'니 '돌궐문화'니 '몽골문화'니 하는 등 개별적인 고립문화로 간주할 뿐, 그 개체들이 문명적 공통요소에 바탕해 하나의 문명이나 문명권을 형성하고 있음을 간과하거나 무시하였다. 그리하여 유목문명 교류에 관한 연구는 애당초 도외시될 수밖에 없었다.

문명과 문명권 일반에 관한 잣대로 유목기마민족들이 창조한 제반 문화요소들을 세밀하게 분석해보면, 그들 역시 다른 문명권 민족들과 다를 바 없이 자기 고유의 문명을 창조해 인류문명의 공영에 응분의 기여를 하였다. 특히 그들이 창조한 유목문명은 문명 구성요소에서의 독특성(상이성)과 문명의 시대성 및 지역성이 보장되고, 오랫동안 생명력이 유지됨으로써 분명히 문명권 형성의 기본요건들은 두루 갖추고 있다.

그러나 유목민들이 처한 자연지리적·사회문화적 환경으로 인해 그들이 창조한 유목문명에서는 다른 문명들과 구별되는 일련의 특이성을 발견하게 된다. 그 특이성은 첫째로, 순수성이 결여된 혼성문명이라는 것이다. 유목문명은 숙명적으로 주변의 농경문화나 도시문화의 영향을 많이 받음으로써 이질적인 문명요소들과 혼재하지 않을 수 없다. 흉노가 중국 한(漢)문화를 받아들여 이른바 '호한문화'를 창출한 것은 그 대표적 일례다. 이러한 혼성은 유목문명의 순수성을 희석시킴은 물론, 때로는 그 멸적(滅跡)을 촉진하는 요인으로 작동하기도 한다.

이와 더불어 유목문명은 항시 불완정성(不完整性)을 면치 못한다. 유목민들은 자연조건이나 생활환경의 변화에 민감해 늘 유동적이기 때문에 일정한 권역을 확보하지 못하며 통일적이고 집중적인 국가권력이나 사회조직을 갖추기가 어렵다. 남러시아 일원에서 수백년 동안 위력적인 존재로 활동하던 스키타이는 시종 분산 할거적인 부족연맹체에만 머문 나머지, 끝내 통일국가는 이루지 못하였다. 흉노는 이례적으로 유목민족국가를 건립하기는 하였으나 오래 유지하지는 못하였다.

또한 유목민들은 생존을 위해서는 주변 농민이나 도시민들로부터 생활필수품이나 무기를 얻어야 하는 의존성에서 벗어날 수가 없었다. 문명이 발달함에 따라 이러한 의존성은 더욱 심화된다. 그밖에 부단한 유동으로 인해 유목민들은 한결같이 문자를 갖지 못하는 등 문명의 후진성을 보이기도 하였다.

이와 같이 북방 유라시아 유목기마민족들은 나름대로 문명을 창조하고 문명권을 형성하였지만, 이러한 문명의 혼성과 불완정성, 의존성 때문에 그들이 창조한 문명은 궁극적으로 순수한 유목문명으로 완결될 수는 없었다. 따라서 그들이 이루어놓은 문명권은 완결된 문명권이라기보다는 준(準)문명권으로 보아야 할 것이다. 분명한 것은 준문명권도 문명권이란 사실이다.

바로 이러한 '준문명권'이란 성격으로 인해 유목기마민족들이 진행한 문명교류는 다음과 같은 몇가지 특징을 지니게 되었다. 그 특징은 우선, 교류 내용에서의 한계성이다. 유목기마민족들에 의해 진행된 교류는 대체로 몇가지 축산물이나 농산품의 문물교류에 한정되었으며, 정신교류 면에서는 동물 의장(意匠)의 전파가 주종을 이룬다. 그리고 교류 과정은 점진적이고 장기적이며 평화적이기보다는, 기원 전후 흉노와 중국 한(漢) 간의 교류가 시종 약탈과 관스(關市, 즉 교역), 수공(受貢)의 방법으로 진행된 사실에서 보다시피, 돌발적이고 단편적이며 강압적인 경우가 자주 발생함으로써 지속성이 결여되어 있다.

다음으로 그 특징은, 강한 융화성(融化性)이다. 역대의 유목기마민족들은 강력한 군사력이나 기동력으로 일시 농경지나 도시를 공략해 경략(經略)에 의한 문화적 접촉과 교류를 실현하기는 하지만, 쉽사리 피경략지의 문화에 융화 내지는 동화(同化), 함몰되어버린다. 르네 그루쎄(René Grousset)는 명저 『유라시아 유목제국사』(1998)에서 중국과 페르시아에 대한 유목민들의 정복을 실례로 들면서, "중국과 페르시아의 문화는 비록 정복되었지만, 도리어 저 거칠고 야만적인 승리자들을 압도하고 도취시키고 잠에 빠뜨려 소멸시켜버렸다. 정복된 지 50년만 지나도 마치 아무 일도 없었던 것처럼 전과 같은 생활이 계속되는 경우가 많았다."고 지적하고 있다. 이러한 융화성은 유목문명의 상대적 후진성이나 불완정성에 기인한다.

끝으로 그 특징은, 중개 역할이다. 기동성이 높은 북방 유목기마민족들은 광활한 초원지대와 사막지대를 종횡무진 누비면서 교역을 비롯한 동서남북 교류에서 중개자 역할을 수행한다. 스키타이들이 동방무역로를 이용해 페르시아나 그리스에서 수입한 공예품이나 장신구들을 동방에 수출하고, 대신 알타이 지방의 황금이나 중국의 직물류를 서방에 운반하는 중계무역 활동은 그 대표적 일례다.

7
쿠르간과 초원실크로드의 복원

1. 쿠르간

역사의 진실한 증언자는 유적·유물이다. 초원실크로드의 역사를 진실하게 증언하는 대표적인 유적·유물은 쿠르간(Kurgan)과 그 속에서 드러난 유물이다. 초원의 주인공이 스키타이처럼 문자기록을 남기지 못한 경우는 더더욱 그러하다. 그리하여 스키타이에 의해 개척된 북방 유라시아 초원실크로드의 자초지종을 구명하는 데서 쿠르간 탐구는 절대적 비중을 차지하고 있다. 사실상 이 길의 전개는 쿠르간의 분포와 불가분의 관계에 있으며, 따라서 이 길은 쿠르간의 연결로라고 해도 과언이 아니다.

일반적으로 쿠르간이라고 하면, 지하에 시신을 매장한 뒤 흙을 높이 쌓아올려(봉토封土) 작은 언덕처럼 만든 고대 유라시아 초원지대의 봉분(封墳)을 말한다. '쿠르간'이란 '봉분'이나 '구릉'을 뜻하는 튀르크계 언어에서 파생된 말이라고 한다. 이 말이 언제 어디서부터 사용되었는지는 미상이나, 20세기 이전의 고고학 관련 서적에서 씌어온 점으로 미루어 그 사용은 상당히 오래전으로 거슬러 올라간다.

지금까지의 고고학 발굴에 의하면, 러시아의 청동기시대인 기원전 4000~3000년의 카스피해-흑해 연안의 드레브네얌(Drevneyam)문화와 깝까스(Kavkaz, 영어로 코카서스Caucasus) 지역의 마이꼬프(Maykov, 영어로 Maikop)문화에서 쿠르간이 처음으로 발견된다. 이 고분은 출현 후 기원전 3000~2000년대에 이르면 소아시아의 발칸반도와 중부 유럽의 여러 지역에 동시다발적으로 널리 퍼진다. 계속해 동유럽 지역에 확산되어서는 기원전 1500~1200년대에는 전차와 각종 검류 등으로 대표되는 고도의 기마술과 청동술을 보유한 이른바 '쿠르간문화'(Kurgan culture)가 나타난다. 이러한 문화에 훈육되어 기원전 8세기 역사무대에 등장한 스키타이들은 흑해 북방의 초원지대를 지배하면서 쿠르간문화를 고도로 발전시켰다. 그들의 시베리아 동진에 수반한 아파나시에보문화를 비롯한 안드로노보문화 등에서 쿠르간이 조영(造營)되기 시작했으며, 스키프-사브로마트시대에 이르러서는 알타이 지방의 파지리크 고분, 뚜바의 아르잔(Arzhan) 고분, 미누신스끄의 까라-쿠르간, 우준-오바 고분, 쌀비끄(Salbick) 고분 등 대형 쿠르간이 축조되었다. 스키타이의 초기와 중기시대에는 쿠르간이 주로 미누신스끄를 경계로 그 서쪽에 집중되었으나, 말기에 해당하는 흉노의 흥기 시대에는 그 동쪽에서 나타나는데 까자흐스딴의 이시끄(Issyk) 고분이나 몽골의 노인울라(Noin Ula) 고분, 중국 신장의 아라까우(阿拉溝) 고분이 그것이다. 이와 같은 쿠르간문화의 동점은 중국 동북부와 한반도에까지 그 영향을 미쳐 지안(集安)의 고구려 장군총(將軍冢)이나 경주의 신라 천마총(天馬冢, 적석목곽분積石木槨墳) 같은 대형 쿠르간의 출현을 결과하였다.

스키타이를 비롯한 여러 북방 초원민족들에 의한 쿠르간문화의 출현은 우연이 아니라 유구한 역사·사회적 배경 속에서 이루어진 것이다.

지역마다 쿠르간문화가 성행한 역사적 시기는 조금씩 다르지만, 총체적으로 보면 청동기시대로 거슬러 올라간다. 유목사회의 구조적 변화에 따라 청동기시대에 이르면 사회적 부와 노동력의 집중 현상이 나타나며, 이러한 사회적 구조 속에서만 막대한 부와 노동력이 필요한 쿠르간이란 분묘가 축조 가능한 것이다. 특히 대형 쿠르간의 경우는 상당히 체계화되고 통제화된 사회구조를 전제 조건으로 한다. 스키타이의 4대 집단 가운데서 왕족 스키타이가 지배하던 지역에서 체르똠리끄 쿠르간과 쏠로하 쿠르간 같은 대형 쿠르간이 축조된 이유는 바로 이러한 사회구조 때문이었을 것이다.

일반적으로 쿠르간은 봉토를 한 무덤임에는 틀림없으나, 봉토를 했다고 해서 모두가 쿠르간은 아니다. 쿠르간의 규정 관행에 따르면, 높이는 외견상 봉토가 보일 정도인 1m 이상이고, 면적은 지름이 3~4m 이상이어야 한다. 봉토의 재료는 현장 지질구조에 따라 다른데, 흙이 위주이지만 괴석 같은 석재를 섞는 경우도 있다. 필자가 서방의 우끄라이나로부터 동방의 한반도까지 60여기의 쿠르간을 현장 조사했는데, 그 외관상 형태나 구조는 실로 다양하다. 보편적인 원추형(圓錐形, 원뿔형) 말고도 원형, 돔형이 있는가 하면, 특이하게는 제형(梯形, 사다리꼴형), 각추형(角錐形, 각뿔형)도 있으며, 구조 면에서는 호석(護石)이나 보호벽, 해자(垓字) 같은 부대시설을 갖추고 있는 것도 있다. 이러한 부대시설의 설치 이유에 관해서는 시대마다, 문화마다 서로 다르게 해석하고 있다. 예컨대 우랄산맥 근처의 초기 철기시대 문화인 사르가트(Sargat)문화의 경우 쿠르간 봉분의 주위에 깊이 약 1m 정도로 판 해자는 유계(幽界)를 건너는 경계 또는 성스러운 영역의 의미로 해석한다. 그런가 하면, 알타이의 파지리크 쿠르간에서 적석(積石) 밑에 호석을 세우는 것은 쿠르간이 죽은 자의 거소(居所)라는 의미에서 생전에 살고 있던 천막(유르트)

각종 형태의 쿠르간

(위) 러시아 짤스끼의 각추형 쿠르간   (가운데) 까자흐스딴의 외주를 두른 케넷켈 쿠르간

(아래) 신라 천마총 반원형 쿠르간

142

을 모방해 호석을 천막 주위의 고임돌로 삼은 데서 유래되었다고 한다.

쿠르간은 지리적으로 깝까스산맥 북방 꾸반강 유역에서 드네쁘르강 하류와 끄림반도 부근의 흑해 북안까지의 일원에 집중적으로 분포되어 있다. 형태나 내용 유물에서 보면, 전자에 속하는 마이꼬프와 껠레르메스, 꼬스뜨롬스까야 쿠르간 등은 초기 스키타이 시대의 것들로 페르시아의 영향이 짙게 나타난다. 이에 비해 후자에 속하는 알렉산드로뽈과 똘스따야 모길라, 체르똠리끄, 쏠로하, 께르치 부근의 꿀오바 쿠르간 등은 후기 스키타이 시대의 것들로 그리스의 영향이 더 강해 보인다. 후자에서 출토된 유물은 전자에 비해 더욱 정밀하고 세련되었는데, 그것은 선진 그리스의 제작기법을 본받았거나 그리스 현지에서 주문 제작했기 때문이란 것이 중론이다.

우리가 스키타이의 발상지인 중유럽 드네쁘르강 유역의 우끄라이나를 시발점으로 하여 동쪽으로 러시아와 중앙아시아를 거쳐 스키타이의 초원문화 영향을 받은 몽골과 고대 한민족이 활동하던 극동 시베리아까지의 광활한 북방 유라시아 지역을 직접 현장 답사한 것은 원초적 유라시아 초원실크로드의 전개과정을 추적 확인하기 위해서였다. 그런데 그 추적의 대상은 외형적 가시권(可視圈) 내에 있는 지상 봉토이지만, 실제로 확인할 수 있는 인증숏은 봉토에 묻혀 있는 유물이다. 비록 '무언(無言)'이지만, 유물이야말로 쿠르간이란 묘제의 전파로(초원로) 실태를 극명하게 입증해준다. 다행히 쿠르간 속에는 시대성을 반영한 풍부한 유물이 내장되어 있다.

스키타이를 비롯한 여러 종족들이 쿠르간 속에 남겨놓은 유물들은 크게 네가지 부류로 나눌 수 있다. 이 네가지는 쿠르간문화의 특색이라고도 할 수 있다. 첫째로, 화려한 황금장식품이다. 왕족 스키타이들의 쿠르간은 더 말할 나위가 없고, 웬만한 중형 쿠르간에서도 휘황찬란한 금관이나 금목걸이, 금반지, 금팔찌, 금화살집과 더불어 각양각색의 장식품들이 때로는 단독으로, 때로는 무더기로 나왔다. 둘째로, 각종 무기류다. 여기에는 양면에 날이 있는 직선형의 아키나케스 검, 첨단부가 양익(兩翼, 2개의 날개) 또는 3익으로 된 벼이삭 모양의 화살촉, 전투용 도끼 등이 포함된다. 셋째로, 각종 마구류다. 기마술의 발달에 따라 고삐, 자개와 두세개의 구멍이 있는 재갈멈치, 등자(鐙子), 안장과 안장받침, 채찍 등 마구가 포함된다. 넷째로, 미술에서의 동물양식이다. 미술작품이나 일상용품에서 가장 많이 사용된 장식기법은 동물양식이다. 금은 장신구나 무기, 생활용기 등에는 사슴, 호랑이, 사자, 표범, 양, 염소, 돼지, 말, 각종 조류와 같이 초원에 서식하는 동물들이 묘사되어 있으며, 동물투쟁도가 적잖게 있고, 사자와 독수리가 한 몸을 이루고 있는 전설 속의 그리핀(griffin)도 선을 보이고 있다.

쿠르간과 그에 수반된 문화는 일찍이 유럽의 우끄라이나 일원에서 발생한 후 스키타이를 비롯한 여러 북방 유목기마민족들에 의해 러시아와 중앙아시아, 몽골을 걸쳐 극동 시베리아까지 전파되어 영향을 미쳤다. 한국의 경우, 중국 동북부 지안 지방의 장군총을 비롯해 두드러진 봉토를 한 고분들이나, 경주 일원의 신라 천마총이나 금관총(金冠冢)을 비롯한 수십기의 고총(高冢) 고분들은 북방 초원로 일대의 쿠르간과 외형이나 내장 유물에서 상사성이나 상관성이 인정되어 '적석목곽분(積石木槨墳)'이라고 이름한다. 옛 한국 땅이던 발해의 솔빈부(率賓府, 시베리아 연해주)에서도 남(南)시베리아 유목민문화의 영향을 받은 유물들이 출토되고 있다. 이러한 제반 사실(史實)에 근거해 이 책에서는 다싱안링(大興安嶺)에서 고구려와 신라, 발해를 횡단하는 초원로를 북방 유라시아 초원실크로드의 동시베리아 구간으로 자리매김하였다.

2. 초원실크로드의 복원

유목문명의 대동맥으로서의 초원실크로드는 인류문명의 교류통로인 실크로드 3대 간선 가운데서 역사가 가장 오래된 길이다. 인류문명 교류의 최초 유물로 알려진 비너스상(Statue of Venus)이 지금으로부터 2만~2만 5천년 전 후기구석기시대에 바로 북방 유라시아 초원지대를 가로지른 이 길 위에 동·서 간의 첫 교류 흔적을 남겨놓았다. 그것이 초원실크로드를 통한 동·서 문명교류의 효시다. 그때부터 초원실크로드는 문명교류 통로로서의 기능을 수행하기 시작하였으며, 이에 따라 노선을 비롯한 길 자체에 관한 연구와 더불어 이 길을 통한 교류와 역사 전개에 관한 연구가 주목을 끌었다.

그동안 길 자체에 관한 연구는 주로 비너스와 채도, 청동기 같은 물질문명의 교류 동선(動線)이나, 스키타이와 흉노, 돌궐 같은 유목민족들의 민족적 이동로나, 몽골군의 서정 같은 전로(戰路)를 조명하는 데 초점을 맞춰왔다. 물론 그 과정에서 초원실크로드의 실체가 어느정도 밝혀지고, 노선도 윤곽이 드러났다. 그러나 이 시·공간적으로 다양한 동선이나 이동로, 전로를 고립적으로, 단절적으로, 그리고 현장이 아닌 책상머리에서 줄자를 대고 긋다보니, 각인각설(各人各說)로 정확한 그림을 그려낼 수가 없었다. 작금 유행되고 있는 '초원실크로드' 지도들은 거개가 확실한 증거나 현장 검증 없이 어림잡아 만들어낸 것으로 짐작된다. 초원실크로드가 유목문명의 대동맥으로 부상하고 있는 이 시점에서 이러한 현황을 더이상 수수방관할 수 없다. 극복할 수 있는 길은 근본으로 되돌아가 원초적 길을 복원하는 것이다.

필자는 이러한 인식에서 출발해 이 길이 원초적 개척자인 스키타이를 비롯한 초기 유목기마민족들의 활동에 관한 실증적 증거로 남아 있는 쿠르간의 연결로에 착안하였다. 그것은 쿠르간이야말로 초원 유목민들의 가장 보편적인 묘제였을 뿐만 아니라, 그 내장물(內藏物)은 그들의 생활상과 활동상을 가장 신빙성 있게 증언해줌으로써 쿠르간의 연결로가 바로 다름 아닌 초원실크로드의 복원된 원래의 모습일 것이라는 확신에서였다. 실제로 북방 유라시아 초원지대에 산재한 여러가지 형태와 내용의 쿠르간들을 현장 탐사하면서 우리의 착안이나 확신이 빗나가지 않았다는 것을 실감하였다. 물론 쿠르간 말고도 다른 역사적 유적·유물이나 기록에 근거해 이 길의 복원에 다가설 수도 있겠지만, 길의 개척자들이 그 길 위에 직접 남겨놓은 유적·유물은 그 어느 유적·유물보다도 증빙성(證憑性)이 높지 않을 수 없다.

일찍이 북방 유라시아 초원지대에서 활동한 유목민족들이 각이한 형태의 쿠르간을 묘제로 채택하고 운영하면서 쿠르간문화를 꽃피웠지만, 따지고 보면 그 원류는 혈통적으로나 문화적으로 친연관계에 있는 스키타이로 거슬러 올라간다. 아랄해 부근에서 흥기해 한때 남러시아 일원을 석권했던 사르마트(Sarmat)족과 스키타이는 언어를 공유한 친족관계에 있으며, 흔히들 중앙아시아 유목민의 시조로 알고 있는 사카족은 스키타이의 그리스어 별칭(別稱)이다. 이와 더불어 현존 쿠르간의 실태가 보여주다시피, 스키타이는 명실공히 찬란한 황금문화와 동물의 장을 비롯한 유목민족 문화의 창시자로서 유목문명의 전파와 교류, 그리고 그 교류통로인 초원실크로드의 개척과 전개에 불멸의 업적을 남겨놓았다. 바로 이 때문에 우리는 스키타이의 쿠르간 추적에 초점을 맞춰 초원실크로드의 복원을 시도한 끝에 마침내 미흡하지만 소기의 복원에 한걸음 다가설 수가 있었던 것이다.

따라서 우리의 초원실크로드의 복원 작업은 한마디로 스키타이를 비롯한 북방 유라시아 유목민족들이 조영한 고분 쿠르간들을 동서로 관통하는 한 선으로 엮어놓는 일이다. 엮는 방법은 쿠르간의 거점지들을 서로 연결하는 것이다. 쿠르간의 거점지란, 마치 부족사회의 집성촌(集姓村)처럼 쿠르간이 집중적으로 몰려 있는 곳을 말한다. 대체로 이러한 거점지는 유목문화의 개화지로서 교통의 요로(要路)이기도 하다. 그런데 이러한 거점지 연결로는 지정학적 수요나 여건에 따라 단선일 수도 있고, 복선일 수도 있지만, 일반적으로 단·복선 복합형이 많다. 이럴 경우 주로(主路, 대체로 북위 40~50도 사이)와 지로(支路, 갓길)로 구분된다. 예컨대, 초원실크로드의 동단(東段)인 다싱안링에서 극동 시베리아에 이르는 길(거란도契丹道)을 주로라고 한다면, 그 영향하에 삼국시대 고구려나 신라로 뻗어간 길은 이 주로의 지로라고 설정할 수 있을 것이다. 초원실크로드의 주로로부터 뻗어나간 숱한 크고 작은 지로를 통해 초원 유목문명이 교류되었다. 이렇게 초원실크로드의 복원 작업에서 '주로와 지로'의 개념을 도입한 것은 실크로드 본연의 '간선과 지선'에 의한 망상(網狀, 그물망) 개념에 부합한다.

이러한 인식에 바탕해 현장을 탐사한 쿠르간과 스키타이의 유적을 따라 북방 유라시아 초원실크로드 주로의 구체적 노정(서→동)을 다음과 같이 설정해본다.

(우끄라이나) 야뜨라네(Ятрань) 마을 농장과 부근의 26기 쿠르간→또보스따 모길라(Товоста Могила) 쿠르간(황금 가슴장식과 금관 출토)→체르똠리끄(Чертомлык) 쿠르간(금관 출토)→쏠로하(Solokha) 쿠르간(황금빗 출토)→(러시아) 씸페로뽈의 옛 스키타이 거주지(Scythai Neo Polis)→께르치(인근에 1200여기)의 베시 오바(Besh Oba) 소재 13기 쿠르간, 알뚠(Золтон, 황금) 쿠르간, 멜렉 체스멘스끼 쿠르간(시내), 각추형 짤스끼 쿠르간(왕릉), 꿀오바(Kul'oba) 쿠르간→마이꼬프 인근의

약 1천기 쿠르간(그중 5기 탐사)→볼고그라드의 마마이(Mamay) 쿠르간
(대형 어머니 동상)→볼샤야 이반노프까(Bol'shaya Ivannovka) 마을 사르
마트(Sarmat) 쿠르간 80여기→첼랴빈스끄(Chelyabinsk)의 끼치기노
(Kichigino) 쿠르간→쿠르간시(Kurgan City)의 쿠르간 2기→(까자흐
스딴) 꼭셰따우(Kokshetau) 고분군과 선사시대부터 존재한 스키타이
마을→아랄해 북방의 위가라끄(Uygarak) 고분군→잠불(Dzhambul,
Talas) 계곡의 제찌또베(Jetytobe) 고분군→이시끄 사카 고분군→제찌
수(Jetísu, 쎄미레치예Semirech'e, 칠하七河) 고분군→(러시아 알타이) 파지리
크 고분군(우꼬끄 쿠르간)→(몽골 알타이) 바얀올기-호브드 지역 쿠
르간→노인울라 고분군(흉노 쿠르간)→할흐골(Халхгол＝Халхын нол)
고구려 유적→(몽골-중국 관문) 주언가다부(珠恩嘎達布)→다싱안링
→발해의 거란도→발해 상경(上京) 유적→쑤이펀허(綏汾河)→발해
솔빈부(率賓府, 소그드 은화 발견지 노보고르데예프까, 발해 거란도)

　이상은 한정된 지역에 대한 필자의 현장 탐사와 현지 연구자들의 증
언, 그리고 빈약한 문헌기록과 필자의 천식(淺識)에 근거해 나름대로
북방 유라시아 초원실크로드의 노선을 추적하고 엮은 것이다. 미흡함
은 보완하여 문자 그대로 이 길의 복원에 천착할 것이다.

8
희세의 풍운아 콜럼버스

1. 콜럼버스의 첫 대서양 횡단 항해

콜럼버스의 첫 대서양 횡단 항해와 그를 통한 아메리카의 '발견'은 실제적으로 이 싼쌀바도르섬 상륙으로부터 시작된다. 그러나 그 구상과 준비는 오래전부터 축적되어왔다. 필자는 이 글에 앞서 필자의 역방 순서에 따라 콜럼버스의 2차와 3차, 4차 항해과정을 현장에서 확인한 글을 쓴 바 있으니 남은 것은 1차인데, 그 현장이 바로 여기 싼쌀바도르섬이다. 어제 섬을 일주하면서, 그리고 새벽녘 바닷가 벤치에서 눈앞에 펼쳐진 대서양의 망망대해를 유심히 바라보면서 콜럼버스를 멀게는 그의 한평생에, 가깝게는 그의 네차례 항해, 특히 이곳을 기점으로 한 첫 항해에 초점을 맞춰 나름대로 조명해봤다.

이딸리아 제노바의 평범한 직조공 집안에서 태어난 콜럼버스는 유년 시기는 아버지 가업을 이어 직조공으로 일하다가 바다에 흥미를 느끼고는 선원생활을 하기도 했다. 그러는 사이 그는 정규교육을 받지 못한 대신 독학에 힘썼다. 그것을 자랑하듯, 고등교육을 받지도 못한 그가 국왕에게 보낸 편지에서는 자신이 성경과 더불어 천체학과 자연과학, 역사, 지리, 신학 등에 정통하다고 자만한다. 그러다가 1476년 우연히 전투 중 파선사고를 당해 가까스로 헤엄쳐 뽀르뚜갈 해안에 상륙한다. 이때부터 당시 유럽의 해상 팽창의 전위였던 뽀르뚜갈에서 약 10년간 원양 항해에 관해 배우고 익히면서 미래에 대서양을 통해 인도까지 항해할 원대한 '인도사업'의 꿈을 키우고 준비에 착수한다. 그 일환으로 아이슬란드까지 항해하고, 항해 왕자 엔히끄가 개척한 서아프리카 해안 루트를 따라 남하하는 항해를 경험했으며, 설탕 교역에도 종사한다.

이즈음에 콜럼버스는 뽀르뚜갈의 해외 식민사업을 주도하고 왕실과 교분이 있는 가문의 펠리빠 모니스(Felipa Moniz)와 결혼한다. 이를 계기로 해양사업과 관련된 많은 정보를 입수할 수 있었을 뿐만 아니라, 자신의 신분상승에도 발판을 마련하게 되었다. 펠리빠는 1480년 장남 디에고(Diego)를 낳고 5년 뒤에 사망했다. 이러한 상황에서 콜럼버스는 뽀르뚜갈 국왕 주앙 2세에게 아시아로의 항해에 관한 '인도사업' 계획을 제안했다. 그러나 왕의 위임을 받은 특별위원회는 아시아까지의 항해 거리가 짧고, 금이 많이 산출된다는 지팡구의 존재가 의심스럽다는 이유로 콜럼버스의 계획을 기각했다. 이에 실망한 콜럼버스는 1485년 중반에 5살이 된 아들 디에고를 데리고 리스본을 떠나 바닷길로 스페인의 빨로스항에 도착한다.

스페인에 와서 처음에는 항해지도와 책 판매업으로 생계를 유지하면서, 자신의 '인도사업' 꿈을 실현하려고 각방으로 노력한다. 그는 지인의 소개로 꼬르도바에서 당시 스페인의 공동국왕인 페르난도 왕과 이사벨 여왕을 알현해 자신의 사업계획을 상주(上奏)한다. 그후 체류 7년간 두번이나 두 왕에게 사업계획을 제출하지만, 왕명에 의해 조직된 자문위원회와 딸라베라 위원회는 실현 불가능한 계획이라고 일축한다.

그러나 두 왕은 당시 뽀르뚜갈과 해양패권을 둘러싸고 경쟁이 벌어지고 있는 상황을 감안해 콜럼버스를 완전히 버리지 않고 그에게 일정한 미련을 갖고 있었다. 실의에 빠진 콜럼버스는 프랑스로 갈 목적으로 꼬르도바를 향한다. 콜럼버스의 '사업'은 비용은 얼마 안 들지만, 일단 성공하기만 하면 엄청난 이익을 챙길 수 있다는 회계담당관의 제의에 설득된 이사벨 여왕은 수비병을 급파해 막 인근의 삐노스(Pinos) 다리를 건너려던 콜럼버스를 불러 세워 데려오게 한다. 여왕의 은총으로 꺼져가던 희망의 불씨가 되살아나게 된 순간이다. 재정이 고갈난 상태에서 여왕은 보석을 전당잡혀서라도 후원하려고 애썼다고 한다.

이에 왕과 콜럼버스 양측은 1492년 4월 17일 싼따페(Santa Fe)에서 사업계획을 공식 문서화한 이른바 '싼따페 각서'를 기안하고, 같은 달 30일에는 이 각서를 보완한 '그라나다 각서'를 정식 채택했다. 각서는 쌍방 간의 일종의 계약이기도 하다. 각서는 콜럼버스가 해야 할 일이 대양에서 '섬들과 본토'를 찾는 것이라고 규정하고, 그 대신 그에게는 다음과 같은 특권들을 부여하였다. 즉 그는 발견한 땅에서 일어나는 모든 문제에 대한 재판권을 행사할 수 있는 '대양제독'에 봉해지고, 발견한 땅의 총독(Gobernador)과 부왕(Virrey)직도 부여받는다. 또한 콜럼버스는 발견한 지역에서 국왕이 획득하는 금과 보석 및 기타 산물의 10분의 1을 차지할 권리를 갖는다. 교역을 위한 선박 출항 비용은 국왕이 제공하되 콜럼버스는 그 8분의 1까지 투자할 수 있으며, 그 비율만큼의 수익을 추가로 누리게 된다.

이러한 각서에 의해 콜럼버스는 평생 그토록 바라던 신분상승으로 귀족의 지위를 얻고 자신을 '돈'(don, 영어의 Sir)이라 부를 수 있게 되었다. 그러나 이 각서에 따르면, 그는 발견한 땅의 소유자는 아니며, 소유자는 국왕이다. 이 각서에서 주목되는 것은 사람이나 땅에 대한 정복과 지배나 종교 전도에 관한 언급은 없으며, 아시아란 말도 등장하지 않는다는 점이다. 그것은 아마 원래의 의도는 정복이나 종교 전도가 아니라 교역에 있었으며, 아시아에 가려는 것이 아니라 신대륙의 발견에 있었기 때문이라는 해석이 가능하다.

이제 콜럼버스는 국왕의 직접적인 후원하에 대서양 항해 준비에 박차를 가한다. 국왕은 콜럼버스에게 인도에 가서 칸을 만나면 제시할 신임장과 심지어 아랍어 통역까지 마련해주었다. 그리고 기본사업비로 2백만 마라베디(maravédi, 스페인의 옛 구리동전)가 책정되었는데, 그중 114만 마라베디는 국왕이 출자하고, 나머지는 빨로스시가 부담했다. 콜럼버스 자신도 한 노예상인으로부터 50만 마라베디란 거액을 차입해 일대 모험일 법한 항해사업에 투자한다. 선박과 선원을 구하는 등 본격적인 항해 준비는 빨로스항에서 진행되었다. 당시 모든 항구는 대귀족들이 장악하고 있었으나, 빨로스항만은 국왕이 절반을 소유하고 있어, 그 후원하에 준비하는 것이 유리했으며, 또한 이곳은 어업 중심지로서 유능한 선원들을 구할 수 있었다. 준비의 일환으로 시민 설득 작업에 나섰다. 콜럼버스는 빨로스시의 싼호르헤(San Jorge) 성당에 가서 시민들과의 회합을 가졌다. 회합에서 시의 서기가 콜럼버스의 항해를 후원한다는 왕의 선언문을 대독하고, 시 당국이 항해에 협조한다고 약속했다. 다른 이웃 도시 모게르(Moguer)에서도 유사한 회합이 있었다. 그리고 모게르에서 싼따끌라라(Santa Clara)호(일명 니냐Niña호)와 삔따(Pinta)호 두 척의 카라벨선과 후일 선단의 기함으로 쓰인 나오선 싼따마리아(Santa María)호를 구했다. 여기서 특기할 것은 선주들이 선장이 되어 항해에 직접 동참했다는 점이다.

선박은 구했지만 선원을 구하는 일은 의외로 난관이 가로막았다. 지구가 평평하기 때문에 먼바다로 나가면 폭포 아래로 떨어져 죽는다는 속설을 믿고 있는 선원들은 원양 항해에 겁을 먹고 응하지 않았다. 지구구형설이 나온 지 1천년이 넘었지만, 그때까지도 이렇게 평면설(平面說)이 사람들이 먼바다로 진출하는 데 발목을 잡고 있었다. 선원 모집이 여의치 않자 '울면서 겨자 먹기'로 죄수들, 특히 사형수들을 선원으로 모집했다는 일설도 있다. 물론 설득의 방법도 동원되었다. 선원 모집을 책임진 마르띤 알론소 삔손(Martin Alonso Pinzón)은 선원들을 모집하면서 이런 말을 했다고 한다. 즉 "친구들, 가난 속에서 헤매지 말고 우리와 함께 여행이나 떠나세. 신의 도움으로 땅을 발견할 걸세. 소문에 의하면 지붕이 금으로 덮인 곳이 있다네. 그러면 우리는 모두 부자가 되어 돌아올 걸세."

매우 유혹적인 선동이다. '지붕이 금으로 덮인 곳'이란 말은 마르꼬 뽈로가 『동방견문록』에서 한 말이다. '지붕이 금으로 덮인 곳', 어디일까? 마르꼬 뽈로나 이 말의 연구자들은 그곳이 중국의 동쪽에 있는 '지팡구'라고 하면서, 이 '지팡구'가 일본에 비정된다는 가설을 내놓고 있다. 그렇지만, 역대로 일본이 '지붕을 금으로 덮을' 정도로 금이 흔한 적은 없었다. 오히려 중세 아랍 문헌에 보면, 금으로 개나 원숭이의 목걸이나 쇠사슬을 만들고 금제 식기를 쓰는 나라는 신라라고 기술하고 있다. 한때 일본 학계는 아랍 문헌의 이러한 기술은 신라에 관한 것이 아니라 일본에 관한 것이라는 억지 주장을 하였다. 필자는 그 유설(謬說)에 대해 학문적 통박을 가한 바 있다. 콜럼버스의 『항해일지』(*Libro de la Primera Navigación*)를 보면, 여러군데에서 유사한 기술이 나온다. 황금이 많이 생산된다고 하는 '지팡구'의 실체에 관해서는 아직 명확한 결론이 없다. 앞으로 심층적인 연구가 요망된다.

그동안 끈질긴 연구에 의해 3척으로 무어진 선단의 규모와 구성원들의 일부가 밝혀졌다. 배의 크기는 기함인 싼따마리아호가 약 1백 또넬라다(1tonelada=1.42m³)에 무게 1백 톤이고, 삔따호와 니냐호는 각각 75또넬라다와 60또넬라다에 무게가 50톤과 40톤쯤 된다. 싼따마리아호의 제원은 길이 16~25m에 폭 6.5~8.5m로, 테니스 코트만 하다. 선원 구성을 보면, 기함에는 콜럼버스와 선장을 비롯해 항해사 8명, 선원 11명, 보조원 10명, 사환 1명, 아랍어 등 몇개 언어의 통역사 1명, 그밖에 의사 등 3명, 총 88명이 승선했다. 삔따호와 니냐호는 선장을 포함해 각각 18명이 승선했다. 이렇게 선단의 총 승선인원은 120여명이었다. 선원들의 봉급은 당시의 일반적 수준으로, 선장과 도선사는 월 2천 마라베디, 일반 선원은 1천 마라베디였다. 선원들의 봉급 총액은 25만 마라베디로, 전체 사업비 2백만 마라베디의 약 8분의 1에 달했다. 출발 시의 후원 사업비는 2백만 마라베디지만, 실제 항해 시에는 더 많은 비용이 소요되었을 것이다. 그러한 보충비용은 현지 조달로 충당되었을 것이다.

만반의 준비를 갖춘 콜럼버스 선단은 드디어 1492년 8월 3일 숱한 시민들의 열렬한 환송 속에 스페인의 서남해안에 자리한 빨로스항에서 대서양을 향해 닻을 올린다. 환송자들은 장도에서의 무사귀환을 기원하면서도 '암흑의 바다'로 떠나는 그들의 앞날이 걱정스럽기도 했다. 이것이 콜럼버스가 이끈 선단의 12년(1492~1504)에 걸친 4차례 대서양 횡단 항해 중 장장 224일(1492. 8. 3~1493. 3. 15)이 걸린 첫 항해다. 이 제1차 항해에 관해서는 다행히 콜럼버스가 직접 써놓은 『항해일지』가 있어 날짜별로 항해 상황을 소상히 알 수 있다. 이 일지의 원본은 소실되어 전해지지 않고 있으나, 데 라스 까사스(de Las Casas) 신부의 필사본이 남아 있다. 콜럼버스는 나머지 세차례에 관한 기록은 남기지 않았다.

기록에 의하면, 선단은 우선 8월 12일 아프리카 서북 해상의 까나리아제도 고메라섬에 있는 싼쎄바스띠안항에 입항한다. 첫 기착지인 여기서 선박에 대한 최종 점검을 마치고 9월 6일 떠난다. 이튿날부터는 모든 도서가 시야에서 사라지고 사위는 망망대해뿐이다. 콜럼버스는 잠을 설쳐가면서 하루의 대부분의 시간을 갑판 위에서 망원경을 들고 주위를 살피며 보낸다. 파도와 날아가는 새, 헤엄치는 물고기, 해초를 비롯한 부유물들을 일일이 관찰하고는 일지에 상세히 기록한다. 9월 14일 선단이 까나리아제도에서 2백 리그(league, 1리그=약 3마일) 떨어진 해상에서 선원들은 나침반이 바로 북극성을 가리키지 않고 편향되어 있기 때문에 이러다가는 항진 방향을 잃을 수 있다는 우려에서 소동을 피우기 시작한다. 이에 콜럼버스는 임기응변으로 북극성은 하늘에서 자주 위치를 옮기기 때문에 그렇게 된다고 해명하면서 선원들을 설득하려고 한다. 그러나 일부 선원들은 여전히 불안해하고 불만에 싸여 폭동의 기미까지 드러낸다. 그렇지만 콜럼버스는 의연하게 그들을 향해 "만일 그대들이 여왕이 준 임무를 포기하고 스페인으로 돌아간다면 그대들은 최악의 형벌을 받게 될 것이다"라고 준엄하게 엄포를 놓으면서 소요자들을 진정시킨다.

10월 4일은 가장 많이 항해한 날로, 항해거리가 무려 321km를 초과했다. 육지에 점점 가까워진다는 징조가 하나씩 나타나기 시작한다. 새들이 무리 지어 서남쪽으로 날아가고 있지 않은가! 일찍이 뽀르뚜갈 항해가들은 새들이 날아가는 방향으로 가기만 하면 육지가 나타난다는 경험을 쌓았다. 콜럼버스는 그들의 경험을 거울로 삼아 정서(正西) 쪽이 아니라 서남향 쪽으로 조타기를 틀었다. 며칠 지나 10월 10일이면 그들이 대양에서 보낸 서른번째 되는 날이다. 그러나 안타깝게도 아무것도 나타나지 않는다. 초조해진 선원들은 갑판에 모여 그들의 제독에게 곧바로 귀항해야 한다는 최후통첩을 보낸다. 이제 더이상 다독거리거나 경고한다고 해서 들을 리 만무하다는 것을 깨달은 콜럼버스는 선원들과 담판을 열고 3일만 더 따라오라고 하면서 3일 내에 육지를 발견하

콜럼버스의 첫 항해 상륙 지점(바하마 쌀바도르)

지 못하면 모험을 버리고 스페인으로 돌아간다는 약속을 한다. 3일이라는 그의 약속은 공허한 것이 아니라, 주변에서 일어나는 현상에 대한 냉철한 판단과 믿음에 따른 결론이다. 해저에서 진흙이 건져 올려지고, 하늘에선 해안을 멀리 떠나지 않는 육지 새를 비롯해 많은 새떼가 날아다니며, 물 위에는 나뭇가지와 나뭇조각, 화초가 떠다니고, 낙조 때의 구름 색깔이 근해의 구름 색깔을 나타내는 등 모든 현상이 이제 육지가 얼마 멀지 않았음을 시사한다.

10월 11일(목요일) 야밤, 콜럼버스는 3척의 배가 한데 모여 항진하되, 해안에 부딪치지 않도록 닻을 내릴 것을 명한다. 모든 사람들이 갑판에 나와 무언가를 학수고대(鶴首苦待)한다. 때는 자정 2시간 전쯤, 갑판에 서 있던 콜럼버스는 저 멀리에서 반짝이는 불빛을 발견한다. 그는 곁에 있는 국왕의 시종 뻬드로 구띠에레스더러 보라고 하고, 뻬드로는 또 선단의 회계감사관(황금과 보석, 향료 등 기록관)인 로드리꼬 싼체스 데

쎄고비아더러 보라고 한다. 세 사람 모두는 분명히 그 불빛을 봤다. 자정이 지나서 "육지! 육지!" 하는 목멘 소리가 앞에서 항진하던 삔따호에서 연거푸 터져나온다. 콜럼버스는 일지에서 이 감격스러운 순간의 광경을 이렇게 구체적으로 기술하고 있다.

계속 서남쪽으로 침로를 잡고 전진했는데, 바다가 거칠어지더니, 이번 항해 중 덮쳐든 것을 다 합쳐도 모자랄 정도로 파도가 수없이 뱃전을 덮쳤다. 바다 제비가 보이고, 푸른 애기부들(연못가나 습지에서 사는 여러해살이풀)이 배 옆으로 지나갔다. 카라벨선 삔따호의 승무원들이 사탕수수 줄기와 막대기를 발견하고, 또 철기로 세공한 것으로 보이는 작은 막대기와 사탕수수 줄기 조각, 육지에서 자라는 식물과 작은 판자를 주워 올렸다. 카라벨선 니냐호의 선원들도 가까운 곳에 육지가 있다는 것을 암시해주는 다른 증거들과 조개삿갓 같은 것들이 붙어 있는 작은 막대기를 발견했다. 이러한 증거들이 보이자, 모두들 안도의 한숨을 내쉬며 생기를 되찾았다. (…) 카라벨선 삔따호가 속도가 빨라 제독이 탄 배에 앞서 달리고 있기 때문에 이 배의 선원들이 육지를 발견하고 제독으로부터 지시를 받았던 신호를 보냈다. 이 육지를 최초로 발견한 사람은 로드리고 데 뜨리아나란 선원이다.

원래 빨로스를 떠나기 전 두 국왕은 맨 먼저 대륙을 발견하는 자에게는 연금으로 1만 마라베디와 비단으로 만든 양복저고리를 하사하기로 약속했다. 그런데 맨 처음 육지를 발견한 로드리고가 아니라 처음 불빛을 발견한 콜럼버스를 첫 육지 발견자로 간주하고 그에게 연금을 하사했다. 단, 비단 저고리 문제는 더이상 언급이 없어 유야무야되고 말았다.

날이 밝자 사람들은 모든 의혹과 위구심을 털어버렸다. 선상에서 북쪽으로 2리그 지점에 자그마한 섬이 보이는데, 삼림이 울창하고 여러

관개수로가 땅을 적시고 있다. 마냥 드넓은 바다 속의 오아시스로 보인다. 이것이 선단이 바다에서 70여일간 표류하다가 발견한 첫번째 섬이다. 콜럼버스는 하나님께 감사하다는 뜻으로 이 섬을 싼쌀바도르, 즉 '구세주의 섬'이라고 명명하고, 아시아의 인도군도 주민들에 대한 유럽인들의 호칭을 본받아 이 섬 주민을 '인디오'라고 불렀다. 콜럼버스가 주민들에게 어디에 황금이 나는가고 물었더니, 그들은 남방을 가리키며 거기에는 부유한 국왕이 살고 있는데, 그는 금제 식기를 사용한다고 한다. 그래서 콜럼버스는 남방행을 결정하고, 7명의 인디오를 배로 데리고 와서 통역으로 키우기 위해 스페인어를 배우도록 했다.

10월 14일, 선단은 싼쌀바도르를 떠나 선상의 인디오들이 가리키는 대로 서남 방향으로 전진한다. 바하마제도의 수많은 작은 섬들을 지났는데, 그 경관이야말로 이루 다 형용할 수 없으리만큼 빼어나다. 10월 28일, 선단은 꾸바섬의 북쪽 해안에 이르러 여러 섬들을 발견했다. 콜럼버스는 발견한 섬들에 이름을 붙일 때 순서를 지켰다고 한다. 첫번째 섬에는 싼쌀바도르(구세주), 두번째 섬에는 싼따마리아 데 라 꼰셉시온(수태의 성모)이란 이름을 붙여 하느님의 은총에 대한 감사를 표시했다. 세번째 섬은 국왕의 이름에서 따온 페르난도, 네번째 섬은 여왕의 이름에서 따온 이사벨로 이름짓고, 다섯번째 섬에는 후안 왕자의 이름을 붙였다. 그는 일지에서 "아무도 이 섬처럼 아름다운 곳은 보지 못했을 것"이라고 말하면서, "이 섬은 훌륭한 항만이나 깊은 강들로 가득 차 있다"고 회고한다.

꾸바로 가는 도중에 카누를 타고 가는 인디오를 만나 꾸바에 관한 정보를 수집한다. 인디오의 말에 의하면, 꾸바에는 금광과 진주 산지가 있으며, 대칸의 배들이 이곳에 오고, 이곳에서 대칸이 사는 본토로 가려면 열흘만 항해하면 된다고 한다. 그래서 콜럼버스는 칸의 궁정으로 갈 수

있는 수로를 찾아 나섰다. 그는 이 지역이 대륙의 일부라고 믿고, 그가
발붙이고 있는 곳이 아시아 극동지역인 중국 해안의 자이톤(Zayton, 현
취안저우泉州)과 킨사이(Quinsay, 현 항저우杭州) 근처라고 판단한다. 그는
이것을 확인하기 위해 통역을 포함한 두명의 특사와 두명의 현지 인디
오들을 내륙에 보내 6일간 탐사하도록 한다. 그러나 별 소득이 없었다.
그러는 사이에 그는 이곳에서 멀리 떨어진 곳에 외눈박이 견두인(犬頭
人, 개 대가리에 사람 몸을 가진 식인종 괴물)이 있다는 말을 주민들로부터 들
었다. 이처럼 콜럼버스의 대아시아관은 황금이 넘쳐나고 화려한 궁정
이 있는 개명과 견두인 같은 야만이 혼재하는 이중구조관이었다. 여기
서 선원들은 꾸바 인디오로부터 흡연을 배웠다.

　선단은 꾸바의 북쪽 해안에서 서항(西航)했지만 주민들의 밀집지역
은 발견하지 못했다. 그래서 뱃머리를 동쪽으로 돌려서 항진하는데, 11
월 21일 갑자기 큰 바람이 일어났다. 바람 속에서 마르띤 알론소 삔손이
이끄는 삔따호가 사라져버렸다. 콜럼버스가 시종 신임하던 삔손의 이
탈은 실로 뜻밖의 일이었다. 깊은 고민 속에 기함과 니냐호는 계속 동진
해 12월 6일 꾸바의 동변에 있는 큰 섬 이스빠뇰라(지금의 아이티섬)의 서
단에 자리한 성니꼴라스만에 도착했다. 이튿날 북쪽 해안 방면으로 이
동해 성꼬마스항에 얼마간 정박했다. 이어 이스빠뇰라섬 해안을 따라
동항하다가 12월 24일 밤 기함이 그만 해안에서 좌초해 파손되었다. 기
함에 탔던 선원들은 할 수 없이 니냐호에 합승해 항진을 계속했다. 그리
곤 파선 재료를 보태 나비다드(Navidad, 스페인어로 '크리스마스'란 뜻)항에
요새를 구축했다. 포수와 선원 39명을 요새 수위병으로 남겨놓고 1493
년 1월 4일 귀항길에 올랐다. 헤어지기 전에 그들은 모여서 롬바드 포를
쏘는 모의전투를 하며 무력을 과시했다.

　이제 5개월 남짓한 긴 시간의 대장정을 마무리할 때가 다가왔다. 콜

럼버스는 떠날 때 두 국왕 앞에서 다진 서약과 '그라나다 각서' 등에서 밝힌 의무와 욕망이 나름대로의 실효를 거두었다고 판단했다. 게다가 장기간의 간고한 항해로 인해 선박이 수명을 다해가고, 선원들의 노독은 한계점에 다다라 더이상의 항해가 불가능하고 위험한 지경에 이르렀다. 여기까지만으로도 개선(凱旋)이라고 자위한 콜럼버스는 드디어 귀항을 작심한다. 귀항 선원들은 니냐호를 타고 나비다드 요새와 작별한다. 그런데 1월 6일 선단이 이스빠뇰라섬 동단에 이르렀을 때, 실종 한달 반 만에 삔따호가 홀연히 나타나 쫓아오고 있었다. 선장은 폭풍우로 인해 이탈할 수밖에 없었다고 변명하지만, 인디오 통역은 전말을 실토한다. 그에 따르면 선장은 꾸바 모처에 금광이 있다는 소문을 듣고 황금욕에 사로잡혀 선단을 이탈했던 것이다. 콜럼버스는 안전한 귀항과 선단 내 화합을 위해 분노를 삼키고 처벌하지는 않았다.

귀항길도 결코 쉽지는 않았다. 식량으로 장만한 고구마는 요긴하게 쓰이기는 했지만 부족했다. 그래서 돌고래와 상어를 잡아먹기도 했다. 그런데 식량 부족보다 더 어려운 문제는 항로를 제대로 잡지 못해 허둥지둥한 점이다. 처음에는 스페인 방향으로 항진했으나, 역풍을 만나 숱한 고생을 하다가 북쪽으로 방향을 틀자 다행히 순풍을 만나 순항했다. 대서양 전체의 풍향 체제를 파악하지 못한데다가, 편동풍 체제는 알고 있지만 편서풍 체제는 문외한이었다. 항로에 관해서는 두 배의 도선사끼리도 의견이 엇갈려 혼란이 일어났다. 그러자 선원들도 공포에 떨기 시작했다. 콜럼버스는 신의 가호 속에 이러한 혼란을 막고 선원들의 사기를 북돋아주기 위해 밀랍초를 바치는 등 종교적 봉헌을 약속하는 제비뽑기까지 했다. 항해 중에 숱한 폭풍우를 만나 구사일생으로 겨우 살아나기도 하고, 어느 한 섬에 도착했을 때는 뽀르뚜갈의 독점권을 위반했다는 이유로 주민들에게 생포당할 뻔하기도 했다.

선단의 삔따호와 니냐호는 변화무상한 겨울 광풍에 첫 한달 동안은 거의 표류 상태에 있었다. 설상가상으로 2월 12일 심야에는 폭풍을 만나 두 배는 서로 갈라지게 되었다. 콜럼버스가 승선한 니냐호는 2월 15일 뽀르뚜갈령 성마리아섬을 거쳐 3월 4일 새벽에 리스본에 도착했다. 여기서 열흘간 머문 후 3월 15일 수많은 사람들의 열렬한 영접 속에 떠났던 빨로스항에 마침내 귀항했다. 이어 삔따호도 이 항에 모습을 드러냈다. 이로써 장장 224일 동안의 멀고도 긴 제1차 대서양 횡단 항해는 성공리에 막을 내렸다.

콜럼버스는 스페인에서 처음 방문했던 후안 뻬레스 신부와 함께 라라비다 수도원에서 약 2주일을 보내고 쎄비야에 가 얼마 동안 머물렀다. 그러다가 두 왕의 부름을 받고 4월 중순 바르셀로나에 가서 두 왕을 진현했다. 두 왕은 5~6주간 궁정에서 그를 극진하게 대접하면서 새로 발견한 땅의 식민 계획을 검토하도록 했다.

2. 콜럼버스에 대한 평가

사실 저간에 희세의 풍운아 콜럼버스란 한 역사적 인물에 관해 그토록 많은 조명과 연구가 거듭되어왔지만, 역설적으로 갈수록 난맥상만 더해지고 있는 성싶다. 지고의 위인에서 최악의 악당으로 그 평가의 진폭이 천양지차다. 따지고 보면 원인 진단부터가 각인각설이고 애매모호하다보니 그럴 수밖에 없다. 비견이지만, 그 원인은 크게 두가지로 보인다. 하나는, 콜럼버스가 자의로 속세와 내세의 경계를 허물고 허무하게 뒤섞어놓은 데 따른 편단(偏斷)과 불가지신비성(不可知神秘性)의 폐단이다. 항해과정에서 일어나는 태풍이나 파도 같은 자연이변의 발생이나 그 극복 요인을 무조건 전능한 '초인간적 힘'으로 강변하는 것이 그 대표적 일례다. 그럴 경우 인간은 그러한 신비스러운 '힘' 앞에 무능한 존재, 순종만이 강요되는 존재로 전락할 수밖에 없다. 개화와 전도(傳道)라는 미명하에 얼마나 많은 전통문화가 무시당하고 말살되었는가.

다른 하나의 원인은, 탐욕을 추구하는 데서 오는 정(正)과 반(反)의 도치와 왜곡으로 인한 반정(反正)의 무시다. 식민화의 탐욕을 합리화하기 위해 불의를 정의로 둔갑시키고, 억압을 자유로 치장하며, 약탈을 축재(蓄財)로 미화하는 등 정과 반, 옳음과 그름을 완전히 뒤바꿔놓음으로써 사실이 호도되고 헝클어진 실타래로 얽힐 수밖에 없으며, 각인각설이 나오게 마련이다. 콜럼버스의 인물평가에서 뒤치락엎치락하는 것이 그 대표적 실례다. 물론 이러한 주관적 요인 말고도 평가대상이 사실(史實)이니만치, 사료의 불비 같은 객관적 요인도 작용하겠지만, 그것은 어디까지나 부차적 요인일 것이다.

콜럼버스, 콜럼버스 하고 동서 어디서나 회자인구(膾炙人口)이지만, 우리가 그에 관해 얼마나 제대로 알고 있는가? 우리는 그의 기본 이력 몇가지밖에 알고 있지 못한 형편이다. 구구한 논란 속에 제대로 알고 있다고 장담할 수 있는 내용은 매우 제한적이다. 논쟁과 탐구는 아직 진행형이다.

우선, 콜럼버스의 출신부터가 문제다. 그가 어느 나라 사람인가에 관해서 설왕설래 여러 설이 있다. 콜럼버스는 3차 항해(1498. 5. 30)를 시작하기 두달여 전인 2월 22일 만아들 디에고를 상속자로 인정하는 유서를 썼는데, 여기에 본인은 "제노바에서 태어났지만, 이곳 까스띠야에서 스페인 왕과 여왕에게 봉사한다"라고 써놓았다. 그런데 이 유서가 원본이 아니라 사본이라서, 그가 이딸리아 출신이라는 결정적 증거로 인정받지 못한다. 그래서 그의 출신국에 관해서 영국, 프랑스, 스페인, 까딸

루냐, 뽀르뚜갈, 그리스, 꼬르시까, 심지어 스칸디나비아라는 등 추측이 무성했다. 그러다가 1892년 제노바에서 롤리스(Cesare de Lolis)가 그에 관한 사료집을 출간하면서 그가 이딸리아 제노바 출신이라는 것을 문헌으로 밝힌 이래 지금까지는 그것으로 일단 낙착이 된 상태다.

그의 출신과 관련해 유대인이라는 설도 한때 유행되었다. 제시된 근거는, 그의 항해가 동족인 유대인이 살 땅을 찾기 위함이고, 그가 구약성서 중 예루살렘과 관련된 사항에 정통하며, 많은 유대인 지식인들과 교우(交友)했다는 등이다. 그러나 그가 십자군원정을 주장하고, 가톨릭 교회의 팽창을 옹호했다는 사실이 밝혀지면서 유대인설은 부정되었다. 그밖에 그가 이딸리아어로 글을 쓴 적이 없다든가 하는 이유로 그의 이딸리아 출신설을 부정하는 이견(異見)도 있었으나, 부적절한 편견으로 판명되었다.

다음으로, 콜럼버스의 이름은 하나로 굳어진 것이 없고 각국각색이다. 각 언어권에서는 나름대로 번안해 서로 달리 쓰고 있다. 고향 제노바에서는 끄리스또포로 꼴롬보(Cristoforo Colombo), 스페인에서는 끄리스또발 꼴론(Cristóbal Colón), 뽀르뚜갈에서는 끄리스또방 꼴롬보(Cristóvão Colombo), 프랑스에서는 끄리스또프 꼴롱(Christophe Colomb), 많이 쓰이는 영어로는 크리스토퍼 콜럼버스(Christopher Columbus)로 각각 다르게 쓰고 있다. 이름 중의 크리스토퍼는 예수를 업고 강을 건너간 성인으로, 교통과 운송, 항해의 수호성인 역할을 한다. 콜럼버스는 자신이 바다 건너 이교도들에게 기독교를 전파하는 것이 운명이라 믿고, 이 성인의 이름을 따왔다고 한다.

그다음으로, 콜럼버스의 생년월일도 확실치 않다. 그의 출생 당시는 생일을 기념하는 관행이 없었기 때문에 그의 생년월일에 관해 명확한 기억이나 기록이 없다. 일반적으로 그는 1451년 여름이나 초가을에 출생한 것으로 알려지고 있으며, 출생일은 크리스토퍼 성인의 이름을 따서 쓴 사실에서 유추해, 이 성인의 날인 7월 25일로 보고 있으나 이 역시 추측일 뿐, 확실한 것은 아니다. 당시는 사망 후 모여서 미사를 드려야 하기 때문에 생일보다 기일을 더 중시했다. 왕이나 귀족, 부호 등 소수 상층들만 생일을 기억하거나 기념했다.

이와 더불어 콜럼버스의 유해가 어디에 있는가도 수수께끼를 양산했다. 통념으로는 그가 1506년 5월 20일 쓸쓸하게 사망해 스페인 바야돌리드의 한 성당에 묻혔으나 7년 후 아들 디에고의 미망인의 요청에 따라 시신이 스페인 쎄비야 인근의 쌘따마리아 데 라스 꾸에바스 성당으로 이장되었다. 그러다가 20여년이 지난 1537년 이 미망인의 재요청과 국왕의 허락에 따라 카리브해 도미니까의 쌘또도밍고로 이장되었다. 그런데 이장은 여기서 멈추지 않는다. 1795년에 체결된 바젤조약에 따라 쌘또도밍고가 스페인의 손에서 프랑스에 식민지로 넘어가게 되자 그 이듬해 시신을 성당 제단에서 꺼내 꾸바의 아바나로 다시 이장했다는 것이다. 그러다가 한세기가 지나서 미국-스페인 전쟁의 결과로 꾸바가 독립하자 거의 4백년 만인 1899년 유해는 돌고 돌다가 다시 쎄비야로 귀환한다. 쎄비야의 까떼드랄 히랄다 성당 1층에는 4명의 무사가 화려하게 장식된 관을 메고 성당에 들어서는 대형 조형물(1902년 건조)이 설치되어 있다.

그런데 근 4세기 동안이나 줄곧 사실로 믿어오던 이 통념을 일순간에 날려 보내는 돌연사가 발생했다. 1877년 쌘또도밍고의 한 성당에서 일하던 사람이 납으로 만들어진 상자 하나를 발견한다. 안에는 13개의 큰 뼈과 28개의 작은 뼈가 들어 있고, 겉에는 '저명한 위인 끄리스또발 꼴론'이란 글자가 쓰여 있다. 도미니까는 이것이 콜럼버스의 진짜 유골이라고 주장하면서 1992년에는 거대한 기념관을 지어 유해를 그곳에 안

치했다. 이때부터 유골의 진가(眞假)를 가리는 시비가 일어나기 시작한다. 이 문제를 풀기 위해 2003년 미국을 포함한 각국의 전문가들로 구성된 검증단이 쎄비야 성당에 안치된 유해에 대한 DNA 검사를 실시했다. 결과 유해의 손상이 심해 아무것도 식별할 수 없다는 실망스러운 결론이 내려졌다. 이로써 콜럼버스의 유해 시비는 오리무중에 빠졌다. 새로운 '발견'이 없는 한 어쩌면 시비는 영원히 계속될 것이다.

끝으로, 콜럼버스의 모습 문제다. 도대체 어떻게 생겼는지? 수없이 떠돌아다니는 초상화는 모두가 생전에 그려진 것이 아니라, 사후에 화가들이 그린 상상화라서 참 모습이라고 말할 수는 없다. 1892~93년 미국 시카고에서 열린 '콜럼버스 세계박람회'(World Columbian Exposition)에서는 행사의 하나로 그때까지 나온 그의 초상화를 모두 수집했는데, 무려 71가지에 달했다고 한다. 그려진 모습은 제각각이다. 연대로 보아, 19세기 말에 발견된, 화가 로렌쪼 로또(Lorenzo Lotto)가 그린 초상화가 가장 이른 것이기는 하다. 그렇지만 화가 알레호 페르난데스(Alejo Fernández)가 1531~36년 사이에 쎄비야의 무역관(Casa de Contratación) 교회의 제단화 「항해인들의 마리아」에 그려넣은 초상화가 이에 못지않게 이른데다가, 실제 모습에 가까운 것으로 평판이 나 있다.

초상화 말고도 그의 외모와 성격을 전해주는 몇편의 기록이 있어 주목된다. 일례로 콜럼버스 친구의 아들인 데 라스 까사스 신부는 저서 『콜럼버스의 항해록』에서 콜럼버스에 대해 이렇게 묘사하고 있다.

그는 보통사람들보다 키가 크다. 그의 얼굴은 길고 위엄이 있으며, 매부리코에 푸른 눈을 가졌다. 안색은 희지만 붉은 부분들이 있었다. 머리카락과 수염은 젊었을 때에는 밝은 빛이었지만 힘든 일과 고통을 겪으며 곧 하얗게 되었다. 그는 잘생겼고 활기찼다. 말도 잘하고 유려했으며, 대화할 때 말이 잘 통했다. 그는 위엄 있고 신중했으며, 낯선 이들에게 상냥했고, 가족과 친족들에게 친절하고 예의발랐다. 그의 다정한 매너와 다른 사람에 대한 감성은 만나는 사람들이 모두 그를 좋아하게 만들었다. (주경철 『크리스토퍼 콜럼버스, 종말론적 신비주의자』, 서울대학교출판문화원 2013, 37~38면 참고)

이 묘사대로라면 콜럼버스는 외모와 성격에서 거의 나무랄 데가 없는, 완벽에 가까운 인물이다. 그러나 그의 내면세계와 희세의 풍운아로서 저지른 일련의 행태에 관한 한, 결코 그러한 평가에 곧이곧대로 수긍할 수 없을 것이다. 지고의 위인에서 최악의 악당이라는 극과 극의 평가와 더불어 자업자득인 그의 초라한 말로가 그러한 전거를 제공해주고 있으며, 다른 시각에서의 재고를 유발하고 있다.

콜럼버스에 대한 시각은 시대에 따라, 사람에 따라 달라져왔다. 19세기 사람들은 대체로 그를 영웅시했다. 정체 상태에서 허덕이는 유럽세계를 탈출해 새로운 세계를 지향한 진취적인 사람, 진부한 전통과 억압적 권위에 반기를 들고 새로운 아이디어를 수용한 사람, 당대 학자들의 수준을 뛰어넘어 르네쌍스의 과학정신을 계승한 지성, 한마디로, 선진과 진보의 상징과 아이콘으로 평가했다. 이러한 평가는 그에 대한 기념활동으로 이어졌다. 미국 뉴욕 태머니홀(Tammany Hall)은 콜럼버스의 미대륙 '발견' 3백주년인 1792년에 처음으로 기념활동을 전개했다. 그러다가 '발견' 4백주년이 되는 1892년에는 시카고에서 '콜럼버스 세계박람회'를 열어 기념활동을 세계적 규모로 확대했다. 그후 미국의 대다수 주에서도 이를 본받아 거리시위 같은 기념활동을 펼쳤다. 캐나다의 일부 주들과 이딸리아, 그리고 적잖은 라틴아메리카 나라들이 해마다 기념활동을 거르지 않고 있다.

이러한 기념활동을 절정으로 이끈 것은 1982년 11월 제37차 유엔총회에서 스페인과 이딸리아, 도미니까 등 34개 나라가 연명으로 '콜럼버스의 미국 '발견' 5백주년 경축'에 관한 결의초안을 제출했다. 초안은 어처구니없게도 콜럼버스에 의한 아메리카대륙의 '발견'은 후세에 대해 다음과 같은 기여를 해왔다고 찬사를 늘어놓고 있다. 그 기여란, ① 역사상 처음으로 지구가 구형이라는 것을 증명한 것, ② 인류를 새로운 시대로 진입하게 함으로써 과학기술과 경제, 사회 방면에서 거대한 진보를 이룬 것, ③ 신·구세계 간에 접촉이 시작되어 지구상의 각이한 문명 사회와 민족들이 '유엔헌장'이 강조하는 보편적 이상을 실현하고 상호 이해를 증진시킨 것, ④ 신·구 두 세계로 하여금 인간, 문화, 경제, 사회, 동식물 품종 등 제 분야에서 호혜적이며 유익한 교류를 진행하게 한 것, ⑤ 신·구대륙이 만남으로써 새로운 종족, 즉 유럽인과 인디오의 혼혈인이 산생하게 되었으며, 워싱턴이나 제퍼슨 같은 위대한 인물이 배출된 것 등이라고 한다. 그러나 많은 나라 대표들이 반대의견을 표명했다. 서방 진영의 아일랜드 대표를 비롯해 많은 나라, 특히 참혹한 서구 식민통치를 받아본 나라 대표들은 한결같이 부결표를 던졌다. 결국 초안은 유산되고 말았다.

이를 계기로 라틴아메리카 국민들은 이른바 기념활동을 견결히 반대하고 나섰다. 1987년 10월 7~12일 꼴롬비아 수도 보고따에서 거행된 '라틴아메리카 농민 및 토착민 조직회의', 1990년 8월 과떼말라 끼또 회의 등 일련의 국제회의에서 성명이나 결의를 채택해 기념활동을 반대해왔다. 특히 1991년 7월 22일~8월 2일에 19개 원주민조직들이 유엔 제네바 사무처 만국궁(萬國宮)에서 원주민문제사업회의를 개최해 유명한 '1991 유엔 원주민문제 제네바회의 결의문'을 채택했다. 결의문은 서방국가 특히 스페인이 획책하는 기념활동은 아메리카 원주민의 존엄에 대한 모욕이라고 통척(痛斥)하고 있다.

이러한 분위기 속에서 콜럼버스가 처음 아메리카대륙에 도착한 10월 12일(싼쌀바도르 상륙일)에 대한 기념 개념도 각양각색이다. 미국에서는 일반적으로 '콜럼버스데이'라고 하지만, 지역에 따라 사우스다코타주는 이날을 '아메리카 원주민의 날'(Native Americans' Day)이라고 하는가 하면, 하와이주는 폴리네시아인이 하와이를 처음 발견한 날이란 뜻으로 '발견자의 날'(Discovers' Day)라고 한다. 이에 비해 베네수엘라와 꼴롬비아, 아르헨띠나, 멕시코, 칠레 등의 나라들은 유럽인과 아메리카인이 처음 만난 것을 기념하는 의미에서 '인종의 날'(Dia de la Raza)이라고 부른다.

이와 같이 콜럼버스에 대한 인물평가는 계기마다 숱하게 시도되었지만, 평가자의 시각과 관점에 따라 각인각설로 이러저러한 편단을 극복하지 못한 채, 아직껏 유사 정설로의 접근마저도 난망(難望) 상태다. 그렇다고 희세의 풍운아의 위상이나 공과에 대한 평가를 언제까지나 미룰 수는 없는 터, 실사구시한 연구를 통해 불편부당한 단안(斷案)을 내놓아야 할 것이다. 필자는 이러한 뜻에서 차제에 비견이나마 그 얼거리를 간략하게 개진해보려고 한다. 요체는 편단이 아닌, 긍정과 부정을 아우르는 균형 잡힌 정평(正評)이다. 여기서의 긍정과 부정을 가늠하는 잣대는 역사와 시대의 흐름에 순행하는가 역행하는가이며, 여기서의 균형은 몇 대 몇이라는 단순한 계량적 대비가 아니라, 여러 면을 종합적으로 고려하는 포괄성을 뜻한다.

콜럼버스는 중세라는 특정 시대의 피조물이다. 그런 만큼 개인의 삶이나 활동은 시대상에서 자유로울 수가 없었다. 시대의 변화와 흐름에 수동적으로 순응만 하는가 아니면 능동적으로 대처하는가에 따라 평가에서의 긍정과 부정이 가늠된다. 그는 기독교의 정신문화가 풍미하고 있던 중세 유럽에서 신비적인 기독교 지리관을 능동적으로 탈피해 그의 숙원인 대서양 횡단 항해를 실현하려고 시도했다. 그 과정은 보수적인 전통지리관에서 새로운 르네쌍스식 지리관으로 전환하려는 몸부림이었다. 당시의 지리는 한마디로 기독교적 세계관의 반영으로, 하나님의 뜻이 구현된 터전이고, 성경상의 사건들이 일어난 현장이다. 이것을 가시화한 것이 이른바 '마파문디'(Mappa Mundi)라고 하는 중세의 TO형 지도(TO map, 일명 바퀴형 지도wheel map)다. 방위는 위가 동쪽이고 아래가 서쪽, 오른쪽이 남쪽, 왼쪽이 북쪽이다. 중앙에는 지구의 배꼽이며 기도교세계의 중심이라고 하는 예루살렘이 자리하고 있다. 지중해가 T자 모양으로 인간이 거주하는 아시아와 아프리카, 유럽의 3대륙을 갈라놓는다. 그리고 낙원은 동쪽인 윗부분의 어디엔가 있다.

보다시피, 이런 지도는 종교적 정신 함양에는 의미가 있을지 몰라도, 항해에서의 실용성은 있을 수가 없다. 그러나 한편, 당시에도 지형과 거리, 항구, 섬, 조류, 바람 등을 정확하게 기록한 르네쌍스식 지도, 이른바 뽀르똘라노해도(Portolano chart)라는 것이 있었다. 콜럼버스는 항해 시에는 이 두가지 지도를 지참하고 이용했다고 한다. 실제로 마파문디가 항해에 얼마나 유용했는지는 미상이다.

콜럼버스는 항해를 준비하면서 시중에 떠도는 정보뿐만 아니라, 새롭게 발전하는 과학지식도 적극 받아들였다. 그는 의사이자 사업가이며 동시에 지도학과 수학에도 조예가 깊은 당대 피렌쩨의 대표적 지식인 중의 한명인 빠올로 또스까넬리(Paolo Toscanelli)로부터 서쪽으로 5천 마일 가면 킨사이(Quinsay, 중국 항저우)에 도착하며, 그 전에 지팡구를 만나게 된다는 것과 아시아와 유럽 사이의 거리는 짧다는 것을 알아냈다. 그밖에 콜럼버스는 중세 유럽의 지리학에 완전히 혁신적인 방법론을 제시한 프톨레마이오스의 『지리학 입문』(1406년경 라틴어로 번역)을 1차 항해에서 돌아온 후 구입해 연구한 것으로 알려지고 있다. 이러한 선진 지리학을 수용하고 활용하는 과정을 통해 서반구에 대척지(對蹠地)가 존재하고, 열대 바다의 항해도 가능하며 그 너머에 아담의 자손들이 사는 대륙이 있다는 것 등 지구관의 변화를 가져왔다.

다음으로, 중세 해양항로를 개척한 콜럼버스의 탁월한 능력과 역사적 기여에 대해 응분의 높은 평가를 해야 할 것이다. 물론 중세 해양항로의 개척자로 콜럼버스를 내세우는 것은 부적절한 유럽중심주의 발상이다. 왜냐하면, 그보다 근 90년 전에 중국 명나라의 정화(鄭和)가 콜럼버스의 선단보다 훨씬 큰 규모의 대선단을 이끌고 7차례나 '하서양(下西洋)'했기 때문이다. 단, 정화는 비록 규모나 거리에서는 비할 바 못되지만, 선행자들이 이미 개척해놓은 해로를 따라 항해했던 것이다. 그렇지만 콜럼버스는 대서양 횡단이라는 전대미문의 험준한 새 항로를 개척했다는 데 각별한 의미가 부여된다. 그는 1차의 『항해일지』를 비롯해 관련 서한 등을 통해 구체적 항로라든가 지명(주로 도서 지명), 거리 등을 밝혀놓고 있다. 특히 그가 개척한 유럽과 아메리카 간의 대서양항로는 해상실크로드의 환지구로 서단(西段)으로, 해상실크로드의 전개에 중요한 기여를 했다.

대서양 횡단 항해가 결과한 지리관의 변화라든가, 항해사에 대한 기여는 콜럼버스의 탁월한 탐험가로서의 기질과 갈라놓고 생각할 수 없다. 그의 이러한 기질은 탐험의 성공을 위한 지식 습득을 중시하고, 선단을 이끌고 험난한 항해를 하는 과정에서 발휘한 리더십에서 여실히 나타나고 있다. 그는 제노바의 빈천한 직조공 가문에서 태어나 어린 시절부터 직조공과 선원 등 여러가지 직업에 종사하다보니 정규교육을 거의 받지 못했다. 그는 초등학교 정도의 학력만을 지녔고, 중등이나 고등 교육과정은 제대로 이수하지 못했다. 콜럼버스 자신이 "나는 모든 것을 경험을 통해 배웠다"고 토로한 바 있다. 그러나 그가 꿈꾸는 항해 위업을 달성하고 입신양명(立身揚名)으로 신분 상승을 실현하려면 해양지식을 습득하는 것은 물론이고 정신적 자질도 갖춰야 하는데, 그러자면 학습과 연구가 필수라는 것을 일찍이 깨닫고 놀라울 정도로 많은 서적을 꼼꼼히 독파했다. 그 결과 그는 국왕에게 보낸 편지에서 자신은 성경과 천체학, 자연과학, 역사, 지리, 신학 등에 정통하다고 서슴없이 토로한다. 성실한 독학에다가 '영적 이해력'이 없이는 도달할 수 없는 경지다.

콜럼버스는 평생 1만 5천권의 장서를 가지고 있었는데, 그중 2천권만 현재 쎄비야 대성당의 '콜럼버스 장서'로 남아 있고 나머지는 소실되었다. 그의 독서 목록에는 심지어 이슬람 경전『꾸란』을 비롯해 여러권의 아랍어 서적까지 포함되어 있다. 그는 책을 읽으면서 반드시 상세한 주를 달아놓는다. 그가 정독한 대표적 서적으로는 삐에르 다이의『이마고 문디』('세계의 형상'이란 의미, 주 898개), 삐꼴로미니의『히스토리아』(1권에만 주 861개), 마르꼬 뽈로의『동방견문록』(주 366개), 쁠리니우스의『박물지』(주 24개), 플루타르코스의『전기(傳記)』(주 437개) 등이 있다. 그는 이렇게 많은 책을 읽으면서 '인도사업'을 비롯한 해양활동에 관한 탐험가로서의 사고체계를 형성하고 전망을 설계했던 것이다.

탐험가로서의 콜럼버스의 탁월한 기질과 지혜는 네차례의 대서양 횡단 항해 과정에서 잘 드러났다.『콜럼버스의 항해록』이 보여주다시피, 그는 선단의 제독으로 하루에 최소한의 잠을 자면서 늘 갑판에 나와 앉아 항행을 지켜보며 지휘에 임했다. 그리고 발생하는 상황에 따라 임기응변의 조치를 능수능란하게 취했다. 파손된 선박은 제때에 수리하고, 수리에 자신이 없을 경우는 기함이라도 대담하게 포기하며, 경험과 천문지식에 의해 폭풍이나 격랑의 징조를 예단해 사전에 안전조치를 취하거나 방비책을 강구함으로써 항해와 생명의 안전을 보장했다. 또한 날아다니는 새떼나 노을 빛깔, 흘러가는 부유물이나 해초를 보고 육지로의 접근을 판단하곤 한다. 선단 내에서 일어나는 반란이나 불만을 적절한 강·온책으로 대처하는 지략도 보였다.

콜럼버스는 황금 획득과 신대륙 발견, 식민지 개척, 기독교 전파, 궁극적으로는 인도 도착이라는 야심찬 주관적 과녁을 내걸고 자신이 나름대로 능동적으로 터득한 지리지식에 의거해 탐험가로서의 기질을 발휘하면서 대서양의 해로를 개척했다. 물론 그는 내건 과녁 가운데서 어느 것 하나도 뜻대로 맞힌 것이 없이 흐지부지해버렸을 뿐, 오히려 중세사에 지울 수 없는 깊은 상흔만 남겨놓고 말았다. 그리하여 그의 삶과 활동을 놓고 일각에서는 혹평을 서슴지 않고 있다. 그것은 다음과 같은 사실에 근거하고 있다.

첫째로, 그는 아메리카 식민화의 길을 터놓았다. 미국원주민민족해방운동의 지도자 블루스(Bluce)는 콜럼버스의 '공적'을 전면 부인하면서 다음과 같이 절규하고 있다.

콜럼버스가 신대륙을 발견했다고 말하는 것은 우리 아메리카 원주민에 대한 최대의 모욕이다. 콜럼버스가 아메리카에 왔을 때, 우리의 선조들은 이 땅에서 이미 천만년을 살아왔다. 그러하건대 어떻게 그가 이 대륙을 발견했다고 말할 수 있는가? 그는 후에 온 방문객에 불과하다. 그런데 이 방문객이 되레 주인 행세를 하면서 백인 강도 무리들을 불러들여 우리의 동포들을 살육하고, 우리의 토지를 약탈하며, 우리의 문화를 소멸함으로써 우리는 자신의 땅에서 멸종 위기에 처한 희유(稀有)의 민족이 되고 말았다. 그러므로 콜럼버스가 상징하는 것은 무슨 대발견이니 대항해니 대탐험이니 하는 따위가 아니라, 한편의 대침략과 대고역, 대도살의 피눈물의 역사다. 그런데 유감스럽게도 지난날의 역사는 이러한 백인종 강도들에 의해 자의로 풀이되고, 그들에 의해 시비가 전도되었다. 사람들은 아무런 성찰도 없이 맹목적으로 콜럼버스의 신대륙 발견 같은 감언이설을 함부로 내뱉고 있다.

이와 같이 블루스는 콜럼버스의 소위 신대륙 '발견'이란 허상을 폭로하면서, 그가 '불러들인' 서구 식민주의자들이 자행한 잔인무도한 식민통치 행태를 신랄하게 규탄하며, 오도된 역사 해석에 대한 준엄한 성찰을 촉구하고 있다.

콜럼버스는 제2차 항해 중이던 1493년 카리브해의 도미니까 북부해안에 첫 식민도시 이사벨라를 건설한 후 두 국왕의 공식 위임을 받아 자신뿐만 아니라, 동생까지도 '발견' 지역의 식민총독으로 행세하면서 행정은 물론, 교역이나 노예 매매, 황금 채굴 같은 이권을 독점했다. 그가 터놓은 바닷길을 타고 스페인을 비롯한 서구 식민정복자들은 라틴아메리카 땅에 침입해 무력으로 잉까나 마야, 아스떽 제국을 강점하고 잔혹한 식민통치를 실시했다. 정치적 탄압과 군사독재, 경제적 수탈, 문화적파괴, 종교적 강요, 9천만 인디오의 학살 등 이루 헤아릴 수 없는 식민통치의 만행을 저질렀다. 2백여년간의 이러한 만행이나 악폐를 '은혜'나 '자선'으로 미화하는 것은 역사에 대한 용서 못할 범죄행위다.

둘째로, 콜럼버스로 인해 아메리카 역사의 발전궤도가 뒤틀어졌다. 전술한 바와 같이, 그로 인해 아메리카 식민화의 길이 트이게 되어 아메리카인들이 숱한 고난을 겪게 되었다는 사실에 대해서는 이해가 가고 감히 부정 못할 것이다. 그러나 그로 인해 아메리카 역사의 발전궤도가 상도(常道)에서 어긋났다고 하면, 무슨 뜻인지 선뜻 짐작이 가지 않을 수 있다. 솔직히 말해 필자도 아메리카 현장에 몸을 담그기 전에 이러한 '괴현상'을 짐작은 했지만, 이 정도로 심각할 줄은 미처 예상 못했다. 아이러니한 것은 아메리카 현장에서마저도 아직은 그 '뒤틀림'이 마냥 '정상'으로 당연시되고 있다는 사실이다.

　과문인지는 몰라도 필자가 들른 대소 박물관 모두는 좁게는 일국의 역사, 넓게는 범아메리카대륙의 역사발전 과정을 크게는 콜럼버스의 도래를 기준으로 전후 2단계로 시대구분을 하고 있다. 어떤 곳에서는 아예 '콜럼버스 이전의 역사유물박물관'이란 문패를 공공연히 달아놓고 있다. 2층짜리 박물관인 경우, 들어가보면 대체로 1층은 고대부터 콜럼버스가 도래하기 이전 시기까지의 이른바 석기시대의 유물이 전시되어 있지만, 2층에서는 이 '1층시대 유물'과는 완전히 다른, 계승관계가 전혀 없는 식민지 개척이나 기독교 전도 관련 성당, 성화와 같은 식민시대의 유물(간혹 독립운동 관련 유물 몇점)이 선을 보이고 있다. 일견해 역사의 인위적 단절임을 갈파하게 된다.

　인류 출현→구석기→신석기→고전기→문명기(BC 1만 5천년~15세기 말)라는 역사발전의 정상궤도를 따라 발전해오던 아메리카대륙은 콜럼버스가 열어놓은 바닷길로 물밀듯이 들이닥친 서구 식민세력에 의해 갑작스레 그 궤도의 막힘을 당하게 되었다. 15세기 서구 식민세력이 등장할 때만 해도 석기문화와 도자기문화 및 황금문화(황금 등)를 비롯해 발달한 고전 전통문명을 향유하고 있던 아메리카 사회는 결코 서구를 포함한 기타 지역으로부터 '구제'를 받아야 할 정도로 뒤떨어진 사회는 아니었다. 서구 식민주의자들은 공연히 자신들의 침략과 식민화를 미화하고 은폐하며 합리화하기 위해 이른바 아메리카나 인디오의 '후진성'을 운운했다. 그들은 '후진성'이란 연막을 쳐놓고 아메리카 역사발전의 궤도를 자의로 뒤틀어놓고는 그것을 바로 편답시고 각종 식민화 정책을 강행함으로써 아메리카의 역사 왜곡은 물론, 후진과 낙후, 원주민 멸족 위기까지 초래했던 것이다.

평화로이 살아가던 인디오들을 모진 고역과 탄압, 역질(疫疾) 등으로 마구 학살하고는 '인구공동(人口空洞)'을 메운다는 구실하에 서구 백인들과 아프리카 흑인들을 다량으로 끌어들여 어느새 원주민 인디오 세상을 백인이나 혼혈인 세상으로 변색시켰다. 1500년대 세계 인구가 약 4억일 때, 인디오는 무려 그 5분의 1에 해당하는 8천만명이나 되었다. 그러다가 식민화의 광풍이 불어닥치던 1600년대에 이르러서는 인디오 인구가 그 10분의 1밖에 안 되는 8백만명(일설은 5백만명)으로 급감했다. 그들 대부분은 문명세계에서 쫓겨나 산간오지에서 명줄을 간신히 이어갔다. 작금 라틴아메리카 16개국의 통계에 의하면, 백인과 그 혼혈이 전체 인구의 82%를 차지하며, 원주민 인디오는 겨우 14%를 점하고 있다. 그래서 오늘의 라틴아메리카는 인디오들의 대륙이라기보다 유럽 백인들의 영역이라고 해도 무방할 지경이다. 그리하여 오늘은 사정이 좀 다르지만, 적어도 20세기 이전의 라틴아메리카 나라들은 비록 명목상 독립국가였지만, 백인-혼혈의 지배하에 서구의 종주국에 예속되어 있는 '분조(分朝)'에 불과했으며, 진정한 이 땅의 주인인 원주민 인디오가 권력을 행사하는 나라들은 아니었다. 그 결과 가난과 불평등, 부패라는 이른바 라틴아메리카 3대 병폐는 오늘날까지도 극복되지 못한 채, 악순환이 계속되고 있다.

셋째로, 콜럼버스는 빗나간 광신론적 종말론자다. 여기서 '빗나간'이란 말은, 지리적 발견 같은 속세의 현실적 과제를 저승에서나 통할 법한 허황된 비현실적 종말론의 과녁으로 잘못 잡았다는 뜻이다. 이를테면, 현실은 현실대로 '종말'되지 않았고, 또 '종말'될 수도 없다는 메시지다. 콜럼버스의 종말론을 비롯한 신관(神觀)은 그의 평생에 걸친 신학 연구를 집대성한 『예언서』(*Libro de las profecías*)에 잘 드러나 있다. 이 책에서 그는 자신의 종말론적 환상에 대한 예언들을 국왕에게 알리면서 국왕의 후원을 요청한다. 그는 자신의 지리적 발견을 인류에 대한 신의 구제로 포장하면서 새로 발견된 땅의 주민을 비롯한 모든 인류를 기독교로 개종하고, 십자군으로 기독교의 적을 격퇴해야 한다고 주장한다.

그는 자신의 독서능력을 신이 그에게 부여한 '영적 이해력'으로 해석하면서, 동서남북의 방위가 완전히 다르고 지구의 중심에 예루살렘이 위치한다는 등 기독교적 종교관이 반영된 평면지도 '마파문디'를 금과옥조처럼 항해 시에 들고 다녔다. 과연 이런 지도를 항해에 실제로 사용했는지부터가 의문이거니와 단언컨대 만일 그랬다면 제대로 된 항해가 이루어지기는 만무했을 것이다. 그는 프란체스꼬 엄수파의 신자로서 자신을 신에게 선택된 사자(使者, messenger)로, 신의 도구로 인식하면서, 신이 자신에게 '새 하늘과 새 땅'을 보여준 이상, 자신이 그곳에 가서 전도와 식민화를 수행하는 것은 신에 의해 예정된 운명이라고 확신하고 있었다. 따라서 그가 '인도사업'을 구상하고, 항해를 통해 '신대륙'을 '발견'하게 된 것은 신에 의해 이미 예정된 일이며, 신으로부터의 은총이다. 그는 '인도사업'이 단순한 세속적 사업이 아니라, 예언의 실현 사업이라고 믿었다.

콜럼버스가 『예언서』에서 고백하고자 한 최종적인 '세계의 비밀'은 다름 아닌 종말이다. 여기서의 요체는 앞으로 역사가 언제 종말을 고할 것인가 하는 문제다. 사실 지난 시기 심심찮게 종교계에서 이러저러한 '종말론'이 튀어나와 세인의 마음을 흉흉케 했던 해프닝을 역사는 기억하고 있다. 하지만 종말론자들이 그렇게도 밑도 끝도 없이 호들갑을 떨며 예고했던 '종말'은 한번도 일어난 적 없이, 세상 사람들은 여전히 제멋대로 살아가고 있는 것이 아닌가. 콜럼버스를 포함한 종말론자들은 역사의 지속시간에 관한 나름대로의 아리송한 계산법에 의해 '종말시간'을 산출한다. 일부에서는 성경에 등장하는 예언자들의 기록으로 연대를 계산한 다음, 이를 더 추산해 종말의 시간을 어림셈한다. 일찍이 아우구스띠누스가 그러했고, 뉴턴도 그런 식이었다. 『예언서』에 따르면, 세계의 창조부터 예수의 강림까지 5343년 318일이 지나갔으며, 여기에 천문학과 성경 및 역사기록의 일치성을 감안해 1501년을 더하면, 지금까지 인류는 종말이 오기를 총 6845년 동안 기다렸다. 그런데 이 세상의 최종 수명은 7천년이므로, 이제 임종까지 남은 시간은 155년에 불과하다. 정확하게는 서력 1656년이 종말의 해라는 것이다. 콜럼버스는 국왕에게 이제 종말까지는 155년밖에 남아 있지 않다고 아뢴다.

콜럼버스의 종말론이 추구하는 주요 타깃의 하나는 이슬람세력이 언제 몰락하며, 그들의 말세는 언제인가 하는 것이다. 13세기 말까지 약 2백년 동안 지속된 8차례의 십자군전쟁은 결말 없이 기독교세력과 이슬람세력 간의 갈등만 격화시켰다. 이런 상황에서 기독교 측이 '종말론'으로 이슬람의 몰락을 재량하는 것은 어찌 보면 있을 수 있는 일이다. 문제는 그 역시 허상일 수밖에 없다는 사실이다. 콜럼버스는 '무함마드의 법'(이슬람)은 693년 이상 버티지 못할 것이고, '무함마드의 법' 다음에는 아무것도 오지 않고 오직 적(敵)그리스도만이 올 것이며, 종당에 이슬람세력은 타타르나 기독교도들에 의해 멸망하게 될 것이라고 예언한다. 친연(親緣) 종교인 이슬람교에 대한 이런 배타적 종말론은 이미 그 허망함이 드러난 지 오래다.

콜럼버스는 항해를 통한 '인도계획'의 수행과정에서 일확천금의 세속적 욕망을 '인류 구원'이라는 성업(聖業)으로 교묘하게 포장한다. 그는 "금을 소유한 자는 이 세상에서 그가 원하는 일을 다 할 수 있을 뿐 아니라, 영혼을 낙원에 보낼 수도 있다"고 세속적인 일과 성스러운 일을 하나로 보고 있다. 자신의 부의 축적과 입신양명을 위한 금 획득이라는 세속적 일과 '영혼을 낙원으로 보내는 인류 구원'을 위한 금 획득이라는 성스러운 일은 결국 일맥상통으로 불가분의 관계에 있다는 것이다. 이것은 세속과 꼭 마찬가지로 영혼도 물질의 개입이 있어야 낙원으로 가고 구제를 받을 수 있다는 자가당착적 사이비 교리인 것이다.

9
실크로드와 경주

실크로드의 동단, 경주

대한민국 경상북도는 지난 5년간(2013~18) 실크로드 사상 처음으로 동에서 서로 횡단하는 이른바 '코리아 실크로드 프로젝트'를 담차게 수행하였다. 그 첫해인 2013년 3월 21일부터 8월 30일 사이에 '코리아 실크로드 탐험대'는 경주를 출발해 거점 국가 8개 나라를 지나 목적지 이스탄불에 도착하였다. 연 인원 1백명이 참가한 탐험대는 1차와 2차로 나누어 총 60일간 2만 947km의 고산준령과 황막한 사막을 답파하는 개가를 올렸다. 도착 이튿날, '이스탄불-경주세계문화엑스포 2013' 개막식에서 터키공화국 에르도안(R. T. Erdogan) 대통령은 탐험대원들을 향해 손을 치켜들고 그들의 장거를 높이 치하하면서 "이스탄불이 자랑스러운 실크로드의 서단이라면, 경주는 자랑스러운 동단"이라고 엄숙히 선포하였다. 그러면서 두 고도의 역사적 유대를 거듭 강조하였다.

'경주가 실크로드의 동단'이란 에르도안 대통령의 언급은 잊혀졌던 경주의 역사적 위상에 대한 뒤늦은 복원의 인증숏일 뿐, 그에 대한 새로운 발견은 결코 아니다. 왜냐하면 그 위상은 일찍부터 실크로드라는 인류문명의 교류통로상에 오롯이 각인되어 있었기 때문이다. 다만 우리가 한때 어이없게도 그것을 망각했을 뿐이다. 그래서 당면한 과제는 그 망각을 상쇄할 수 있도록 경주의 역사와 문화, 특히 실크로드상에서의 위상을 제대로 복원하고 기리는 일이다.

신라왕국의 천년 고도, 경주

오늘날의 경주 땅이 역사문헌에 알려진 것은 한반도의 남부지역에 출현한 삼한시대(BC 2세기~AD 4세기)다. 이때 이 땅은 삼한의 일국인 진한(辰韓)을 구성하고 있던 12개 소국 중 하나인 사로국(斯盧國)이었다. 기원전 57년 박혁거세(朴赫居世)가 이곳에 서라벌(徐羅伐)국을 세웠으며, 그후 서라벌국은 4세기 초에 신라로 개명하였다. 실크로드, 특히 북방 초원로상의 많은 나라들과 마찬가지로 신라에도 시조 박혁거세를 둘러싼 탄생설화가 전승되어오고 있다. 박혁거세는 '나정(蘿井)'이라는 우물 근처의 찬란한 빛을 발하는 알에서 탄생했다고 한다. 이를테면 난생(卵生)설화다. 실제로 최근 전해오는 탄생지에서 지름 20m, 한 변이 각각 8m의 8각형 건물터와 지름 2m가량의 타원형 우물(샘)이 발굴되었다. 박혁거세는 기원전 57년에 13세의 나이로 6개 부족을 통합해 나라를 세우고 60년 동안 통치하였다고 한다.

4세기 후반, 신라는 강력한 왕권을 바탕으로 급속히 강성해지면서 주변의 소국들을 차례로 병합하였다. 6세기 후반에 이르러서는 강한 군사력으로 한강 주변 지역을 차지하고 인접한 강국 고구려를 공격하는 등 삼국통일의 기반을 다져나갔다. 드디어 제30대 문무왕이 660년 백제,

668년 고구려를 멸망시키고 삼국통일의 위업을 이루었다. 통일 후 신라는 강력한 국가체제를 세우고 전성기를 맞아 오늘날까지 계승되어오는 한반도 민족문화의 근간과 본류를 형성하였으며, 귀중한 민족문화유산을 숱하게 남겨놓았다.

그러다가 왕족과 귀족 간의 갈등이 심해지면서 나라가 혼란에 빠지고 국력이 쇠잔해졌다. 급기야 935년 고려에 합병되고야 말았다. 이해부터 신라의 왕도 명을 계림에서 경주로 고쳐 부르기 시작하였다. 이렇게 신라는 전후의 삼국시대와 통일시대를 합쳐 모두 56대 왕의 치하에서 근 1천년(992년)이란 장수를 누렸다. 세계사에서 이렇게 한 왕도로 천년의 장수를 누린 나라는 몇 안 된다. 그래서 한국 사람들은 경주를 '신라왕국의 천년 고도'라고 자랑스레 부르는 것이다.

경주는 애초부터 바둑판같은 계획도시로서 그 규모는 동서남북 길이가 각각 30km에 이르며, 왕궁과 관아를 비롯해 주택 17여만호가 들어서 있었다. 경주는 한반도의 동남부를 세로로 흐르는 낙동강 동쪽 일대에서 육지와 동해 바다를 오가는 교통의 요충지였다. 고려시대에는 한때 동경(東京)으로 불리다가 경주로 이름이 다시 복원되기도 하였다. 조선시대에는 일시 경주부로 개칭되었다가 오늘날의 대한민국 시대에 이르러서는 통합 경주시로 승격하여 천년 고도의 유구하고 찬란한 면모를 그대로 유지하고 있다.

신라 사회의 이모저모

신라는 왕족과 귀족, 평민, 노비 등 사회 계층이 구분된 신분사회로서 혈통의 높낮음에 따라 귀족의 신분을 6등급으로 나누는 이른바 '골품

제'를 실시하였다. 신라 사람들은 이 골품제의 품계에 따라 집의 규모나 집기, 옷의 색깔, 장신구까지도 엄격하게 구분하여 사용하였다. 위반 시에는 법으로 다스리기까지 하였다.

종교는 인도로부터 불교를 받아들였으나, 나라를 다스리는 이념은 중국의 유교를 선택하였다. 불교는 신라 사람들의 마음을 하나로 모으고 왕권을 강화하는 데 크게 이바지하였으며, 유학이 발달하면서 왕권이 더욱 강화되고 문화 전반이 발전하였다. 특히 불교는 많은 대덕고승들을 배출하고, 귀중한 불교 유산들을 남겨놓았다. 17년 동안 지어진 황룡사는 왕사(王寺)로서 9층 목탑의 높이는 무려 80m나 되었다. 몽골의 침입으로 모두 불타고 지금은 주춧돌만 남아 있지만, 옛터에서는 불상과 생활 자기, 장신구, 사리함, 청동제 무기 장식 등이 출토되었다.

불국사와 석굴암은 유네스코 세계문화유산에 등재된 세계적인 불교 문화 유산이다. 토함산 기슭에 자리잡은 불국사는 원래 80채의 건물을 거느린 대형 사찰이었다. 지금 남아 있는 여러가지 유물에서 불교의 나라를 만들고 싶어했던 신라 사람들의 절절한 염원을 읽을 수가 있다. 석조 계단인 청운교와 백운교는 계단 아래의 속세와 계단 위의 부처님 세계를 이어주는 상징적 의미를 지니고 있다고 한다. 같은 토함산 기슭에 있는 신비로운 인공 동굴인 석굴암은 세계에서 보기 드문 석조건축 기술을 보여주고 있다. 동굴 안에 인자한 미소를 띠고 앉아 있는 본존 불상과 그 주위를 장식한 정교한 불상들은 불교미술의 백미를 이룬다.

경주가 천년 고도로 생명과 활력을 유지할 수 있었던 것은 화랑도(花郎道)란 호국 청소년 조직의 운영과 떼어놓고 생각할 수 없다. 화랑도는 전체 지도자인 국선(國仙)과 그 밑에 여러 무리를 이끄는 다수의 화랑, 그리고 화랑이 거느리는 수천명의 낭도(郎徒)들로 구성되었다. 화랑과 낭도들은 유능한 스승을 찾아가 공부하고, 노래와 춤, 무예를 배우고 익혔다. 화랑들이 그토록 나라의 힘이 되고 기둥이 된 것은 다음과 같은 다섯가지 이념과 계율, 즉 '세속오계(世俗五戒)'를 철저히 지키고 실천하였기 때문이다. ① 나라를 위할 때는 충성을 다하고, ② 부모님께는 효도를 다하며, ③ 친구를 사귈 때는 믿음을 주고, ④ 싸움에 나가서는 후퇴함이 없이 용감하며, ⑤ 분명한 이유 없이는 생명체를 죽이지 말라가 바로 그 5계다.

신라는 자연의 원리를 이용해 천문학과 석조술, 건축술, 제지술, 금은 세공술 등 다양한 과학기술을 발전시켰다. 현재 동양에 남아 있는 가장 오래된 천문관측대인 첨성대(瞻星臺)는 곡선과 직선이 어우러진 아름다운 건축물로서 기단부와 원통부, 정상부의 세 부분으로 구성되어 있다. 원통부는 27단인데 맨 윗부분의 네모난 1단까지 합하면 모두 28단이 된다. 28은 기본 별자리를 뜻하는 숫자이며, 창문을 기준으로 위와 아래에 있는 12단은 1년 12달과 24절기를 뜻한다. 첨성대를 쌓은 돌은 모두 362개인데, 이것은 음력으로 1년의 날수를 나타낸다고 한다.

통일신라시대에 만들어진 한국 최대의 종인 에밀레종은 무게가 19톤이나 되는 거대한 종이지만 맑고 고운 소리가 고르고 길게 울려 퍼지는 것이 특색이다. 종을 최대한 바닥 가까이에 매달고 밑에 항아리를 묻거나 움푹하게 파놓아 종소리가 오래 머물거나 되울려 퍼지도록 하였다.

그런가 하면, 신라인들은 신비롭게도 여름에 얼음을 보관할 수 있는 석빙고(石氷庫)란 냉장고를 만들어 쓰기도 하였다. 이들은 석빙고를 커다란 무덤 모양으로 만들면서, 천장은 바람이 잘 통하고 일정한 온도가 유지될 수 있도록 둥글게 만들고, 입구는 바람이 들어오는 방향으로 내고 바닥은 물이 흘러나갈 수 있도록 경사지게 하는 등 무더위에도 냉장이 유지될 수 있도록 설계하였다. 이토록 신라 사람들은 자연환경을 인간의 생활에 유리하게 활용하는 슬기를 발휘하였다.

이렇게 슬기로운 사람들이 사는 신라에 관해 13세기의 아랍 지리학자 알 까즈위니(Abu Yehaya al-Qazwini)는 10세기에 인도와 중국을 직접 여행한 한 선현의 신라 관련 기록을 이렇게 인용하고 있다. 즉 "신라는 중국의 맨 끝에 있는 절호의 나라다. 그곳은 공기가 순수하고 물이 맑고 토질이 비옥해서 불구자를 볼 수 없다. 만약 그들의 집에 물을 뿌리면 용연향(龍涎香)의 향기가 물씬 풍긴다고 한다. (…) 다른 곳에서 질병이 걸린 사람이 그곳에 오면 곧 완치된다." 조금은 과장된 표현이기는 하나 이상향적 묘사임에는 틀림이 없다.

삼국통일을 이룬 신라는 지척에 있는 울산을 국제무역항으로 삼아 가까이에 있는 당나라나 일본은 물론, 멀리 동남아시아나 아랍·이슬람 세계와도 활발한 교역을 진행하였다. 중세 아랍의 문헌기록에 의하면 아랍 나라들은 신라로부터 검, 도기, 육계, 범포, 사향 등 11가지 물품을 수입하였으며, 신라는 서역에서 수입한 일부 물품들을 일본에 재수출하는 중계무역에까지 종사하였다.

경주의 다양한 유적·유물

경주에는 150여기의 고분군을 중심으로 사방 20km에 걸쳐 무열왕릉, 황룡사, 불국사, 석굴암, 첨성대, 안압지(雁鴨池), 석빙고, 김유신묘(金庾信墓), 오릉(五陵), 괘릉(掛陵), 포석정(鮑石亭) 등 이루 헤아릴 수 없이 많은 유적들이 밀집해 있다. 경주 국립공원 내외에 분포되어 있는 사적은 국보 14점과 보물 22점, 기타 127점 등을 포함해 도합 163점에 달한다.

이러한 유적·유물들은 국립 경주박물관에서 만나볼 수 있다. 박물관

경주 출토 인면유리구슬

에서는 10만여점의 소장품 가운데서 3천여점의 유물들을 전시하고 있다. 고고관에는 경주와 인근 지역에서 수집된 각종 출토 유물들이 전시되어 있으며, 미술관에서는 불상, 조각, 장신구 같은 유물들이 선을 보이고, 안압지관에서는 귀족들의 화려한 생활용품을 관람객들이 만날 수 있다. 서역관에서는 신라와 서역 간에 진행되었던 교류상을 증언하는 여러가지 유물들이 관람객의 눈길을 끈다. 이 서역관에는 괘릉과 흥덕왕릉을 지키는 심목고비(深目高鼻)의 서역 무인석상과 용강동 무덤에서 출토된 이색적인 28점의 토용(土俑)이 전시되어 있다. 그밖에 야외 전시관에는 각종 석조 유물이 위용을 자랑하고 있다.

그밖에 경주에서는 일본의 한 저명한 고고미술학자가 신라를 가리켜 '로마문화의 왕국'이라고 할 정도로 고대 그리스·로마문화와 관련된 유물들이 많이 발굴되었다. 그 대표적인 유물들로는 후기 로만글라스에 속하는 80여점의 유리, 길이 36cm의 장식보검(일명 鷄林路短劍), 인면유리 구슬(일명 미소짓는 상감옥 목걸이), 각배(角杯) 등이 있다.

신라 유물의 백미는 황금 유물이다. 기원을 전후한 시기 황금의 성산지(盛産地) 알타이를 중심으로 동서에 황금문화대가 길게 형성되었다. 이 문화대의 동단에서 신라는 황금문화대의 전성기를 구가하였다. 그 징표가 바로 최고의 금세공기술을 상징하는 금관의 제작이다. 세계적으로 이 1천여년간의 황금시대에 제작되어 지금까지 남아 있는 금관은 모두 10기밖에 안 되는데, 그중 6기가 바로 신라 출토품이다. 신라의 전신 가야에서 만든 1기까지 합치면 모두 7기로서 절대 다수가 신라에서 만들어진 셈이다. 그래서 세인은 입을 모아 신라를 '금관의 나라'라고 칭송하는 것이다. 사실 역사에서 황금문화를 꽃피운 나라는 손꼽을 정도다.

신라가 '황금의 나라'라는 사실은 중세 아랍의 문헌기록에서도 찾아볼 수 있다. 중세 아랍의 위대한 지리학자인 이드리씨(Ibn al-Idrīsī, 1099~1166)는 명저 『천애횡단갈망자(天涯橫斷渴望者)의 산책』(*Nuzhatu'l Mushtāq fī Ikhtirāqi'l Afāq*, 1154)에 게재한 세계지도(한반도 지도가 최초로 게재된 서방 세계지도)의 발문에서 신라에 관해 다음과 같은 유명한 말을 남겨놓았다. 즉 "그곳(신라)을 방문한 여행자는 누구나 정착해 다시 돌아오고 싶어하지 않는다. 그 이유는 그곳이 매우 풍족하고 이로운 것이 많은 데 있다. 그 가운데서도 금은 너무나 흔해 심지어 그곳 주민들은 개의 쇠사슬이나 원숭이 목테도 금으로 만든다." 서양에서 신라의 다금상(多金像)을 언급할 때 회자인구되는 말이다.

실크로드의 메카, 경주

신라왕국의 1천년 고도 경주는 오늘날도 여전히 그 유구하고 찬란한 역사와 문화의 드높은 기상을 꿋꿋이 이어가고 있다. 특히 실크로드의 동단에서 소통과 교류라는 인류문명의 보편가치를 재창조하는 데서 수범을 보여주고 있다. 2013년 '코리아 실크로드 프로젝트'란 실크로드 사상 초유의 탐험프로젝트를 발족시켜 실크로드 육로와 해로에 대한 대규모 횡단 탐험을 단행하고, 세계실크로드학회를 창립해 실크로드의 학문적 정립을 추진하고 있으며, 2년에 한번씩 실크로드 요지에서 '실크로드문화엑스포'를 개최해 실크로드문화를 널리 선양하며, 소재 2개 대학에 각각 실크로드연구원과 실크로드아카데미를 개설해 실크로드 연구의 심화와 전문 연구인재의 양성에 진력하는 등 21세기 실크로드의 세계사적 부흥을 위한 활동을 선도하며 각방으로 지원을 아끼지 않고 있다. 이 모든 발상의 진원지는 바로 실크로드 동단의 메카로 자부하는 경주다.

주지하다시피, 지금까지 구태의연한 실크로드의 국한론(局限論)에 의해 '변두리 문명'으로 비하된 한반도는 실크로드에서 소외되어왔다. 그러나 이제 경주의 문명교류사적 위상이 확립됨으로써 한반도의 '소외론'은 불식되고, 실크로드의 '한반도 연장론'은 당당한 역사적 증거를 확보하게 되었다. 앞으로도 경주는 지난날과 마찬가지로 실크로드의 동단 메카답게 실크로드의 무궁한 번영을 위해 응분의 기여를 다할 것이다.

실크로드의 규범서,『실크로드 사전』

서론

 사전은 관련 학문의 개념과 범주, 연혁 등 기본내용을 규정하는 규범
서이며 지침서다. 주지하다시피, 실크로드학 관련 사전은 근간에 일본
(前嶋信次·加藤九祚 共編『シルクロード事典』, 芙蓉書房出版 1993)과 중국(周偉洲·
丁景泰 主編『絲綢之路大辭典』, 陝西人民出版社 2006)에 이어 한국(정수일 편『실
크로드 사전』, 창비 2013)에서 출간된 3권이 전부다. 그 가운데서 외국어(영
어)로 역출된 사전은 한국 사전이 유일하다. 규모에서 표제어와 색인이
한국 사전은 1900개와 8천여개이며 일본 사전은 192개와 3815개다. 아
이러니하게도 서양에서는 실크로드 사전류가 아직 출간된 선례가 없는
것으로 알고 있다.

---

* 이 글은 2019년 10월 중국 둔황에서 개최된 실크로드국제학술대회의 요청으로 필자가
 작성하여 발표하기로 한 논문이지만, 필자가 사정에 의해 학술대회에 참가하지 못하게
 됨에 따라 한국문명교류연구소 연구원 정진한 박사가 작성되어 있던 원고에 약간의 가
 필을 하여 대신 발표한 것으로, 이 책에 함께 실으며 전후 사정을 밝혀둔다.

한·중·일 3국이 출간한 '실크로드 사전'

　오늘 이 글에서는 저의 은사이시며, 한국문명교류연구소장이신 정수일 교수께서 저술한 『실크로드 사전』(한국어와 영어 역본)에 관해 주로 서지학적 시각에서 3가지 측면을 여러분께 간략하게나마 소개하려고 한다. 저는 제자로서 은사의 노작을 소개할 수 있는 이러한 기회를 갖게 된 데 대해 무한한 영광으로 생각한다.

1. '술이작'의 창의적 노작

'술이작(述而作)'은 선인의 학설이나 이론을 서술해 밝힐 뿐만 아니라, 새로운 것을 만들어내야 한다는 뜻의 복합어다. '술이작'은 학문 연구에서 선생이 일관되게 견지하고 있는 학구적 이념이며 정신이다.

선생은 실크로드에 관한 동서고금의 숱한 서적들을 섭렵하고 사전의 원천이 되는 기본적인 이론적·실천적 저작들을 저술한 후에 이러한 저작들에서 1900여개의 표제어를 골라 사전을 엮었다. 그러한 이론적 저술에는『씰크로드학』(2001)과『고대문명교류사』(2001)『문명교류사 연구』(2002)가, 실천적 저술에는 실크로드 3대 간선 탐험기와 세계 3대 여행기의 역주 등이 포함된다. 특히 이 모든 저술의 근간이 되는 초유의『씰크로드학』(옥중 집필, 811면) 집필에는 사료 28권, 개설서 83권, 전문서 212권, 여행탐험기 59권, 보조서 35권 등 총 417권의 선행 저서들을 참고로 하였지만, 저본으로 삼을 만한 사전류가 아직 없는 실정에서 표제어는 물론, 내용 전반에 걸쳐 일부분만 선학들의 서술('述')을 참고하였을 뿐, 대부분은 선생의 창의적인 연구의 결과물('作')인 것이다.

이러한 창의성을 보다 심도있게 이해하기 위해 선생이 정립을 시도한『씰크로드학』의 구성 내용을 살펴보면, 서장 실크로드학의 정립, 제1장 실크로드의 전개사, 제2장 실크로드를 통한 교류의 역사적 배경, 제3장 실크로드를 통한 물질문명의 교류, 제4장 실크로드를 통한 정신문명의 교류, 제5장 실크로드를 통한 인적 교류, 제6장 실크로드를 통한 교류의 문헌적 전거, 제7장 실크로드를 통한 교류의 유물적 전거로 장이 크게 나눠져 있다. 보다시피, 근 20년 전에 실크로드학의 학문적 정립을 위해 선생이 제시한 구상은 실크로드 연구사에서 가히 미증유의 선도적 시도라고 말할 수 있다. 당시 한국의 중앙일간지『동아일보』는 이 책을 세계의 "21세기의 신고전 50선" 중 하나로 뽑았다.

표제어의 해설에서는 우선, 위의 『씰크로드학』이 제시한 분류법에 따라 표제어의 성격을 간명하게 규명한다. 예컨대, 표제어 '암포라'에 대해 '지중해 연안에서 제작된 운반 및 저장용 항아리'란 내용(성격) 규정을 명시한다. 그리고 표제어가 실크로드나 문명교류의 기본개념이나 중요한 사항과 관련이 있는 경우에는 학문적 초야(草野)란 사정을 감안해 절제된 '사전문형(事典文型)'의 딱딱한 격식을 벗어나, 학습서나 참고서를 방불케 할 정도로 비교적 상세한 서술식 해설을 가하고 있다. 이러한 기술방식도 여타 사전류의 기술방식과 구별되는 창의성의 발현이라고 할 수 있을 것이다.

『실크로드 사전』의 창의적 편찬과 더불어 언급하지 않을 수 없는 것은 선생이 각각 한글과 영어로 편집한 『실크로드 도록: 육로편』(2014)과 『실크로드 도록: 해로편』(2014), 『실크로드 도록: 초원로편』(2019)의 출간이다. 실크로드 3대 간선의 도록을 종합적으로 편집 출간한 것은 실크로드 연구사상 초유의 장거다.

선생은 사전의 '후기'에서 "이 사전은 장장 15년이란 긴 세월이 걸린 우여곡절의 난산품(難産品)이다"라고 술회하였다. 사실 상상하기 힘든 어려운 환경과 여건 속에서도 선생은 초지일관 학구적 신념을 굽히지 않고 매진해 마침내 이 창의적 노작을 후학들에게 선물하게 되었다.

2. 실크로드의 생생한 현장 기록

학문 연구에서 현장성을 강조하는 것은 내용의 정확도를 확보하고, 현장을 통한 이해력을 제고하기 위해서다. 그리하여 사전 편찬을 포함해 모든 학문 연구에서 현장조사를 주요한 연구방법의 하나로 도입하게 되는 것이다. 현장 검증을 통과한 학문이라야 믿음이 가는 참 학문이다. '백문불여일견(百聞不如一見)'은 이러한 뜻의 함축어다.

선생은 사전에서 실크로드학의 연구방법으로, ① 총체론적 연구방법, ② 비교론적 연구방법, ③ 실증적 연구방법, ④ 통시적 연구방법의 네가지를 제시하고 있다. 그 가운데서 세번째인 실증적 연구방법이란 현장조사(field work)에 의한 연구방법으로서 문명교류의 현장에 대한 직접적 관찰을 통해 교류의 사실 여부와 과정을 고증·확인하는 방법을 말한다. 현장조사에 의한 실증적 연구방법은 일반적으로 인문과학이나 사회과학에서 다 같이 적용되는 방법이지만, 실크로드학에서는 더욱 절실한 연구방법으로 요청된다.

그것은 실크로드학의 연구대상이 공간적으로 광활한 지역에 산재하거나 점재(點在)해 있고, 시간적으로 변화무상하기 때문에 현장 확인이 필수적이며, 또한 오로지 실문실물(實文實物, 실제적인 기록이나 유물)의 비교·대조에 의해서만 교류가 입증된다는 사실과 관련된다. 뿐만 아니라, 교류에 관한 기록이 매우 적고 늘 이물(異物)의 이동인 만큼 기록이 부정확하거나 애매한 점이 많다는 사실은 현장으로의 접근을 불가피하게 한다. 여기서 중요한 것은 계획적 조사와 집중적 조사, 그리고 연대적 조사를 실시하는 것이다. 문명의 전파는 보통 연속적으로 이루어지기 때문에 단절적인 토막 조사로는 그 실상을 제대로 파악할 수 없다.

실크로드는 사막이나 풀밭, 바닷물에 묻혀버린 죽은 길이 아니라, 살아 숨쉬는 길이며, 인류역사의 어제를 오늘로 이어주는 길이다. 현장성이 없이는 이 약동하는 길을 제대로 알아낼 수가 없다. 선생의 이러한 신조는 사전 편찬에 고스란히 반영되어 있다. 선생은 83세의 고령에 이르기까지 평생 28년간 세계 5대양 6대주를 종횡으로 일주하는 소망을 이루어냈다. 지금까지의 관행으론 '세계일주'라고 하면 지구의 동·서 반구를 동서(혹은 서동)로 한바퀴 횡단하는 개념이었다면, 선생은 이 개념을 뛰어넘어 지구를 동서로만 한바퀴 횡단하는 것이 아니라, 남북(혹은 북남)으로까지 한바퀴 종단하는 개념으로 확대하고, 몸소 실천으로 옮겼다. 그 과정을 생동하게 기록한 15권의 탐험노트 메모를 참고해 『해상실크로드 사전』(2014) 『실크로드 문명기행』(2006) 『초원실크로드를 가다』(2010) 『문명의 보고 라틴아메리카를 가다』(2016) 『문명의 요람 아프리카를 가다』(2018) 등 탐험기와 더불어 전술한 실크로드 3대 간선의 도록 6권(한글과 영어) 등 실크로드 관련 탐험기와 도록들을 연이어 출간하였다.

사전의 갈피마다에서 느낄 수 있는 바와 같이 선생은 수많은 실크로드 현장을 직접 발품을 팔아 찾아다니면서 현장을 확인하고 몰랐던 것을 찾아내며, 잘못 알고 있었던 것을 바로잡으려 하였다. 크게는 실크로드의 개념 이해에서, 이 길이 단순히 중국 비단의 일방적인 교역루트가 아니라, 동서 문명 간의 교류통로라는 사실을 처처에서 실증함으로써 올바른 실크로드의 개념 정립에 천착하였다. 라틴아메리카와 아프리카 관련 내용(표제어)에서는 서방 식민주의자들에 의해 자행된 수많은 왜곡과 그들의 무지를 현장 유물로 바로잡으려 부심했다.

사전에서도 밝혔지만 선생은 실제 답사와 여행기 역주를 통해 정화(鄭和)와 엔히끄, 콜럼버스, 다 가마, 마젤란 등 중세 항해개척자들과 혜초와 마르꼬 뽈로, 이븐 바투타, 오도릭 등 4대 여행가들이 답파한 길을 확인하고 복원하는 데 많은 공을 들였다. 일례로 콜럼버스의 4차례 대서양 횡단 항해의 첫 상륙지인 대서양상의 고도 싼쌀바도르섬의 롱베이 해안을 찾아가 상륙지점을 확인하고, 카리브해 싼또도밍고의 제2차 상륙지점과, 자메이카의 제4차 상륙지점을 각각 현장에서 확인하였다.

이러한 현지답사와 확인을 통해 '희세의 풍운아, 콜럼버스'의 삶을 종합적으로 바르게 조명할 수가 있었다.

선생은 이러한 현장의 생생한 기록들을 숱한 사진으로 남겨놓았다. 이 사전(350장)을 비롯해 3권의 도록에 실린 총 2600여장의 다양한 사진은 어림잡아 98%가 선생이 직접 촬영한 것으로서, 그 피사체가 바로 다름 아닌 실크로드의 현장인 것이다. 이러한 피사체는 책상머리에서 짜낸 시들먹한 사료와는 달리 신빙성이 확보된 생동한 역사의 기록이자 증언이다.

3. 실크로드의 환구론 사전

『실크로드 사전』의 저자 정수일 교수는 이 역작에서 실크로드 개념의 확대 과정을 4단계로 나눠 설명하면서, 인류문명의 교류통로인 실크로드의 범위를 유라시아 구대륙에만 한정시키는 구태의연한 '국한론(局限論)'의 한계를 설파하고, 실크로드의 범지구적인 환구론(環球論, globalism)을 주장하였으며, 이러한 논리에 입각해 이 사전을 집필하였다. 실크로드 환구론은 실크로드의 국한론 사전이나 논저에서는 찾아볼 수 없는 미증유의 독창적인 실크로드 개념이다.

실크로드의 환구론에 대한 인식은 실크로드 개념의 확대 과정에서 도출된 실크로드의 기본개념의 하나다. 실크로드 개념의 확대란, 끊임없이 확장·정비되어온 실크로드가 포괄하는 시·공간적 범위와 그 기능에 대한 인식의 부단한 심화를 의미한다. 실크로드 자체는 인류의 문명사와 더불어 장기간 기능해온 객관적 실체이지만, 지적 한계로 인해 인간이 처음부터 그 실재를 그대로 파악하고 인지해온 것은 아니다. 그간 학문적 탐구와 고증에 의해 실크로드의 시·공간적 범위와 그 기능에 대한 인지도는 점진적으로 폭과 깊이를 더해왔다. 이른바 실크로드 개념의 확대다.

지난 140여년 동안 중국 비단 유물의 발견지와 교역루트의 확대를 따라 실크로드의 개념은 중국 중원지대에서 인도 서북해안까지의 중국-인도로 단계(첫 단계)를 거쳐 중국에서 지중해 동안까지의 중국-시리아로 단계(제2단계)로 확대되었다. 여기까지는 주로 유라시아 중앙부의 여러 사막에 점재한 오아시스들을 연결한 육로로서, 일명 '오아시스로'라고 한다. 그러다가 2차대전 후 북방 초원로와 남방 해로가 합쳐져 동서를 관통하는 실크로드 3대 간선이란 새로운 개념으로 확대되었다(제3단계). 여기에 남북을 종단하는 5대 지선까지 합쳐지면, 앞 두 단계의 단선적(單線的)인 개념에서 벗어나 그물처럼 얽히고설킨 복선적(複線的)이며 망상적(網狀的)인 개념으로 크게 확대된 것이다. 그러나 실크로드 개념이 이렇게 확대되어도 아직은 구대륙에만 국한된 국부적 실크로드이며, 이것이 바로 지금까지의 통념이다. 동서양 학계는 아직껏 이 낡은 통념에 안주하고 있으며, 구대륙 밖의 문명교류 통로는 아예 무시당하고 있다.

그러나 늦어도 15세기 말엽부터는 해로에 의한 문명교류의 통로가 구대륙에서 '신대륙'까지 뻗어가 명실상부한 범지구적 바닷길로 자리매김되었다. 이것이 실크로드 개념 확대의 4번째 단계인 환지구로 단계다. 선생은 일찍부터 이 4단계 확대론을 주창(主唱)하면서 진부한 통념에 도전해왔다. 도전의 핵심인 해로가 '신대륙'에까지 이어졌다고 보는 근거는 크게 두가지다.

하나는 '신대륙'에 이르는 해로가 개척되었다는 사실이다. 주지하다시피, 1492년 콜럼버스가 카리브해에 도착한 데 이어 마젤란 선단이

1519~22년에 스페인→(대서양) 남미 남단→(태평양) 필리핀→(인도양) 아프리카 남단→(대서양) 스페인으로 이어지는 세계일주 항해를 단행함으로써 '신대륙'으로의 바닷길이 트이게 되었다. 다른 하나의 근거는 신·구대륙 간의 문물교류다. 16세기부터 스페인과 뽀르뚜갈이 필리핀의 마닐라를 중간 기착지로 하여 중국의 비단이나 도자기를 중남미에 수출하고, 중남미의 백은(당시 뻬루가 세계 백은 양의 60% 생산)을 아시아와 유럽에 수출하는 등 신·구대륙 간에는 이른바 '태평양 비단길' '백은의 길'이 트임으로써 '대범선(大帆船)무역'이 시작되었다. 이러한 무역에 의해 고구마·감자·옥수수·담배·고추 등 '신대륙' 특유의 농작물이 아시아와 유럽 각지에 유입되었다. 당시 세계에 알려진 농산물 28종 중 무려 그 절반이 라틴아메리카에 원산지를 두고 있었으며, 그것이 이 무역로를 통해 세계 각지에 퍼졌다. 선생은 아르헨띠나의 한 박물관에서 구대륙에 수출되던 '신대륙'의 농작물 유물을 눈으로 확인함으로써 신·구대륙간의 교류를 더욱 확신하게 되었다고 한다.

선생은 사전에서 라틴아메리카와 아프리카의 주요 문명들과 그 유적·유물들을 소개하고 있다. 연구의 미흡으로 인해 그러한 유적·유물이 상대적으로 적게 논급될 수밖에 없음을 못내 아쉬워하면서, 그것이 '환구론 사전'이라고 자화자찬하는 이 사전이 갖고 있는 가장 크게 미흡한 점이라고 자평한다. 한편, 선생은 이 두 대륙 탐험기에서 서방 식민주주의자들이 저지른 문명파괴 범죄를 신랄하게 단죄하고 있다.

선생의 실크로드 환구론 주장은 사전 말미에 첨부된 환구론적 실크로드 전도(全圖)에서 불 보듯 환하게 나타나고 있다. 여러분의 책상 앞에 걸려 있거나, 여러분이 갖고 있는 지도첩에서의 실크로드 전도는 그 십중팔구가 유라시아 구대륙의 지도상에만 그려져 있을 뿐이다. 유감스럽게도 그것이 바로 대부분의 국제학회가 여전히 고집하고 있는 진부한 실크로드 국한론의 표상이다. 그러나 선생은 환구론에 입각, 편파적인 국한론을 완전히 탈피해 새롭게 실크로드 전도를 그려내 공표하였다. 그리고 이 지도의 전(全)노정을 거의 답파해 현장을 고증 확인하기도 하였다.

결어

실크로드의 학문적 정립은 실크로드학계의 오래된 숙원으로서 연구자들이 각방으로 시도하였지만, 지지부진한 상태를 면치 못해왔다. 아직까지도 실크로드의 정의와 기능, 구성과 범주 같은 기본개념 문제에 대해서도 합의가 이루어지지 않아 논란이 분분하다. 이런 속에서 선생은 기본개념은 물론, 실크로드의 세부 요소에 이르기까지 나름의 해답을 세세히 제시함으로써 실크로드 담론의 장을 선도하고 있다.

선생은 『실크로드 사전』을 규범서로 하여 『씰크로드학』과 실크로드 3대 간선 도록 3권을 펴내고, 국내외의 여러 학술대회의 기조강연이나 주제 발표를 통해 실크로드학의 학문체계, 실크로드의 개념과 그 확대, 실크로드의 연구방법과 전개과정, 실크로드의 한반도 연장 등 학문적 정립을 위한 일련의 기본내용에 관한 탁견을 천명하고 그것을 과학적 저술로 집대성하고 있다. 뿐만 아니라, 수많은 실크로드 관련 유적과 유물을 현장 답사하고 고증·확인함으로써 실크로드학의 학문적 정립에 거보를 내디뎠다고 감히 말할 수 있을 것이다. 누군가는 선생을 가리켜 '실크로드의 아버지'라고 했으며, 『뉴욕타임즈』는 "분단시대의 불우한 천재적 학자"라는 평을 내렸는데, 무리한 과찬만은 아니라고 본다.

선생에게 실크로드학은 문명교류학의 한 분과에 불과하다. 선생은 대학 시절부터 문명교류에 눈을 뜨기 시작했다고 한다. 그후 이러저러한 문명세계를 넘나들면서 문명만이 지니고 있는 특성, 즉 인간 삶의 공통분모라는 점을 실감하였다. 문명교류를 통해 인류의 보편문명(universal civilization)이 창출되고, 그 바탕에서 공생공영하는 인류의 이상사회가 건설될 것이라는 '문명대안론'을 확고한 학문적 신념으로 간직하게 되었다고 한다.

선생은 이러한 원대한 구상의 실현을 위해 일찍이 총 25권의 연구서 집필을 망라한 '연구총람(研究總攬)' 계획을 수립하고 하나하나씩 실천해왔는데, 이 시점까지 그중 80%는 수행하고 20%는 미수 상태다. 실제로 선생은 『신라·서역교류사』(1992) 『고대문명교류사』 『문명교류사 연구』 『문명담론과 문명교류』(2009) 등의 저서들을 통해 문명과 문명교류사 분야에서 의견이 분분한 문명과 문명교류의 개념, 문명과 문화의 관계, 문명담론사(史), 문명권, 문명교류 과정 등에 관해 나름의 학문적 견해를 밝힘으로써 문명교류학의 연구를 활성화하고 학문적 토대를 마련하는 데 괄목할 만한 기여를 하였다. 더불어 '문명충돌론'을 비롯한 문명과 문명교류론에 관한 각종 사론(邪論)에 엄정한 비판의 메스를 들이대기도 하였다. 이러한 것들이 감안되어 『뉴욕타임즈』는 선생을 향해 '문명교류학의 세계적 권위'란 찬사를 보냈다.

끝으로, 선생은 불원간에 '문명교류학 사전'을 저술하기 위해 『실크로드 사전』의 근 2.7배에 달하는 5148개의 표제어를 선정해놓고 있으며, 새로운 인문학 분야인 '문명교류학'의 학문적 정립을 위한 미수(未遂)의 연구서 저술에 오늘도 노익장을 과시하고 있다.

제 2 부

문명교류

1
문명교류의 전개약사

    문명교류란 구성요소를 달리하는 이질 문명 간의 상호 전파와 수용을 말한다. 문명의 교류는 문명이 지니고 있는 근본속성의 하나인 모방성으로 인해 불가피하게 진행되는데, 그 구체적인 과정은 문명의 전파와 수용에 의해 실현된다. 바로 이러한 속성과 과정 때문에 문명교류는 제도적 규제나 물리적 거리 같은 이러저러한 객관적 장애요인을 무릅쓰고 본능적으로 끊임없이 진행된다. 교류 속에서 개개의 문명집단(문명권)은 고유의 자생성과 전파성을 타 문명에 대한 수용성과 결부시키면서 자기의 고유한 문명을 창조하고 살찌워나간다. 이것이 바로 문명발달의 통칙이다.[1]

    이렇게 문명은 태생적으로 교류를 수반하게 되는데, 그 계기는 인류의 이동이다. 지금까지의 고고학적 발굴 결과에 따르면 후기구석기시대(1만 2천~3만 5천년 전)에 들어와서 인류가 장거리 이동을 하기 시작한 것으로 추정된다. 오스트레일리아나 뉴기니에서 호모사피엔스사피엔스에 속하는 자바의 와자크인(Wadjak man)이나 보르네오의 사라왁 니아(Sarawak Niah) 동굴인과 비슷한 인골이 발굴되었는데, 이들은 지금으로부터 약 3만년 전에 험난한 바다를 건너 이주한 것으로 보인다. 또한 수만년 전에 몽골 인종이 베링 육교(陸橋, 베링해협Bering Strait)를 건너 아메리카에 정착하여 인디언의 조상이 되었다는 사실도 밝혀지고 있다. 이들이 어떤 수단을 이용해 그토록 멀고 험한 바다를 건넜는지, 그들이 도착하기 전에는 어떤 인종이 그곳에 살고 있었는지, 서로의 인종적 혼합 과정은 어떠하였는지, 이 모든 것이 아직은 연구의 미흡으로 인해 수수께끼로 남아 있다. 그러나 분명한 것은, 이 이주민들에 의해 후기구석기문화가 이동지에 전파되었으리라는 사실이다. 따라서 이때부터 문명은 인류의 이동에 따라 서로 교류되기 시작하였다고 말할 수 있다. 요컨대 후기구석기시대를 인류문명 교류의 시원으로 간주할 수 있을 것이다.

이렇게 시작한 인류문명의 교류는 여러 발전단계를 거쳐 오늘에까지 이르렀다. 물론 무엇을 기준으로 하여 이러한 발전단계를 구분하는가 하는 데는 이론의 여지가 있다. 그러나 문명교류의 내용이나 전개 양상 및 특징에 따라 그 전과정을 대체로 태동기, 여명기, 전개기, 개화기의 4단계로 나눠 고찰할 수 있다. 이해의 편의상 문명교류사의 이 4단계를 일반 역사시대의 구분법에서 흔히 쓰이는 상고(上古), 고대, 중세, 근현세라는 시대 개념에 대입시켜 고찰할 수 있을 법하다.

상고시대에 해당되는 태동기는 인류문명의 교류가 시작된 후기구석기시대부터 이른바 역사(문명)시대의 전반기(BC 4천년~1천년경)까지의 약 3만년간이란 장구한 기간을 포함한다. 문자 기록이 거의 없는 이 시기의 문명교류는 오로지 고고학적 유물에 의해서만 추적이 가능하다. 그런데 이러한 유물은 대개 석기시대나 청동기시대, 초기 철기시대에 제작된 것으로서 원시적인 문명 수준에 머물러 있다. 이 시기 유라시아 대륙의 교류상을 비교적 명확하게 입증해주는 최초의 유물로는 여인

나체상으로 알려진 비너스(Venus)상이 있다. 19세기 말엽부터 서유럽과 동유럽, 시베리아의 7개 지역 19곳에서 후기구석기시대에 속하는 여러가지 형태의 비너스상이 출토되었다. 지금으로부터 약 2만년 전에 환조(丸彫)기법으로 제작된 이 유물의 출현과 전파는 문명교류의 태동기에 있었던 인류 최초의 교류상을 여실히 보여주고 있다.[2]

그러다가 지금으로부터 약 1만년 전에 충적세(沖積世)가 시작되면서 일어난 인류의 대이동에 의해 유라시아대륙에 몇갈래의 길, 즉 초기 실크로드가 생겨나기 시작했는데, 이 길을 따라 문명교류는 여명기를 맞게 되었다. 기원전 7천년경에 메소포타미아 지방에서 발생한 농경과 목축, 토기와 방직 기술 등 원시문명이 이 길을 통해 주변 여러곳에 전파되었으며, 서아시아와 동아시아에서 각각 기원전 6천년경과 4천년경에 생겨난 채도(彩陶)도 이 길을 따라 동서로 광범위하게 파급되었다. 그밖에 이 지역에서 전개된 거석(巨石)문화나 즐문토기(櫛文土器)문화, 세석기(細石器)문화의 전파상을 통해서도 이 시기에 작동한 문명교류의 여명상을 읽을 수가 있다.

그러나 이 시기의 문명교류는 주로 일방적이고도 단향적(單向的)인 이동으로서 상호성에 의한 호혜(互惠) 교류는 극히 미미한 상태였다. 그나마도 이러한 교류상을 실증할 만한 유물은 앞의 몇가지를 제외하고는 드물다. 이와 같이 상호교류가 아닌 일방적인 이동에 불과한 편파적인 문명교류가 싹튼 태동기는 문명교류사의 상고시대라고 말할 수 있다. 유의할 것은 여기서의 '상고(上古)'는 역사시대의 구분법 일반에서 이해하는 가장 오래된 시대가 아니라, 인간의 이동에서 비롯된 문명교류가 진행되어온 역사과정에서 가장 오래된 시대라는 개념으로 쓰인다는 점이다.

태동기에 이은 여명기(혹은 개척기)는 문자 그대로 문명교류의 양상이 희미하게 밝아오는 시기이다. 이 시기는 역사시대의 후반기(BC 1천년경 시작)로부터 동·서 간에 실크로드의 3대 간선(초원로, 오아시스 육로, 해로)을 통한 초기 문명교류의 모습이 약간씩 드러나고 윤곽이 잡히기 시작한 기원후 4세기까지의 약 1500년간을 아우르고 있다. 이 시기의 문명교류상은 발견되는 고고학적 유물과 더불어 남아 있는 문헌기록에 의해 비교적 뚜렷하게 헤아릴 수 있다. 이 시기는 문명교류의 통로인 실크로드의 개통과 더불어 동서양 간에 문물교류가 가시화되는 기간에 해당된다. 아직은 교류에서의 일방성이나 단향성, 편중성을 크게 탈피하지는 못했지만, 그나마도 상호성이나 호혜성이 나타남으로써 교류의 완결성의 조짐이 보이기 시작한다. 이것은 기원을 전후한 시기 동·서방에 한(漢)제국과 로마제국이란 강대한 통일제국이 대치하고, 북방 유라시아 초원지대가 스키타이와 흉노를 비롯한 유목기마민족들의 활동무대가 되는 등 최초의 이질 문명권이 형성되고 서로의 만남이 불가피하게 된 시대적 상황과 깊은 관련이 있다.

기원전 1000년기에 접어들면서 지중해와 홍해, 아라비아해 사이는 물론, 남인도와 홍해, 바빌론 간에도 해로가 개통되어 해상교역이 시작되었다. 해로에 못지않게 북방 유라시아 초원지대에도 초원로가 동서로 뻗어, 이 길을 타고 중앙아시아의 아나우(Anau)문화와 시베리아의 카라수크(Karasuk)문화를 비롯한 청동기문화가 동서로 퍼져나갔다. 특히 기원전 1000년경에 문명 발달의 불균형에서 오는 갈등과 청동제 고삐(reins)와 자갈(bit) 등 마구의 발견에 따른 기마전술의 출현으로 인해 평화적 유목민들이 전투적 기마민족으로 일약 변신함으로써 북방 초원지대는 활발한 교역장으로 변하였다.

기원전 8세기경부터는 남러시아 일원에서 흥기한 유목기마민족인 스키타이(Scythai)가 초원로를 따라 종횡무진 활동하면서 아조프해(Sea of Azov)로부터 알타이산맥 부근까지 이르는 이른바 '동방무역로'를 개척하였다. 그들에 의해 페르시아나 그리스에서 수입된 공예품이나 장신구들이 동방에 수출되고, 알타이 지방에서 채취되는 황금이나 중국에서 생산되는 직물류가 서방으로 운반됨으로써 사상 처음으로 동·서방 간에 문물이 직접 오가게 되었다.

기원전 4세기경에는 동서 문명의 만남과 융합에 획기적인 전기를 마련한 2대 사건이 발생하였다. 그것은 흉노의 서천(西遷)과 알렉산드로스의 동정(東征)이다. 기원전 3세기 말경 중국 북방에서 흥기하여 사상 첫 유목제국을 건설한 흉노는 약 4백년간 몽골을 중심으로 한 동아시아 북방지대에서 활동하면서 시종 중국의 진(秦)·한(漢)제국과 화전(和戰) 관계를 유지해왔다. 이 과정에서 중국의 농경문화를 수용하기도 하고, 자신의 유목기마문화를 파급시켜 특유의 호한(胡漢)문화를 창출하기도 하였다. 기원후 1세기 후반에는 한의 압박에 밀려 중앙아시아와 남러시아 초원지대를 지나 유럽으로 서천하면서 이러한 호한문화를 광범위한 활동지역에 전파했을 뿐만 아니라, 그리스·로마 고전문화를 비롯한 페르시아문화, 스키타이문화, 헬레니즘문화 등 서역·서구문화를 흡수함으로써 기원을 전후한 약 7~8세기 동안 북방 유라시아대륙의 동서교류를 주도하였다.

한편, 서방에서는 알렉산드로스가 단행한 11년간(BC 334~23)의 동방원정으로부터 그 결과로 탄생한 프톨레미 왕조가 로마에 병합될 때(BC 30)까지의 약 3백년 동안, 서아시아와 중앙아시아 및 지중해 연안의 광활한 지역에 헬레니즘 세계가 펼쳐졌다. 이 새로운 세계는 동서 문화를 융합시킨 새로운 세계적 문화, 즉 헬레니즘문화를 탄생시켰다. 헬레니즘문화는 고전 그리스문화와, 페르시아문화로 이어져온 고대 오리엔트문화의 첫 만남이며, 또한 인도나 중국의 고대 문화와 서방 문화 간의 접촉 계기를 마련한 문화로서 동서 문명교류사에 중요한 한장을 열어놓았다. 이때까지 아시아와 유럽은 그 중간지대에 위치한 페르시아의 매개에 의한 간접관계만을 맺어왔으나, 이제 그 관계는 직접관계로 변모하였다. 그 결과 헬레니즘은 고대 동서 문명의 교류뿐만 아니라, 지역 문화의 창달에도 커다란 영향을 미쳤다. 유럽에서 로마인들은 그리스인들로부터 헬레니즘문화를 이어받아 마침내 라틴문화를 산생시켰고, 서아시아에서 아랍인들은 헬레니즘문화를 수용해 불모지에서 이슬람문화를 창조·발전시킨 후, 다시 그 융합문화를 유럽에 이전시켜 근세 유럽문명의 부흥, 이른바 르네쌍스(the Renaissance)를 촉발시켰다. 인도와 중국을 비롯한 동방 제국은 헬레니즘 세계를 통하여 사상 처음으로 유럽과 직접적으로 접촉하게 됨으로써 전례없는 상호 이해와 교류의 계기를 갖게 되었다.

이러한 역사적 배경 속에서 기원을 전후한 시기에 동·서방 간의 교류는 확연히 그 면모를 드러내고 서로 간의 이해는 증진되었다. 로마는 인도나 중국(한)과 동방원거리무역을 추진하면서 인도의 토산품이나 중국의 비단을 대대적으로 수입하였으며, 이들 국가들은 사신도 교환하였다. 아울러 기원 전후 인도 동남단까지만 지출했던 중국 범선이 3세기경부터는 멀리 홍해 남부까지 항해하여 로마와의 직접적인 해상교역을 진행하기에 이르렀다.

당시 로마와 한나라 간의 교역로는 직접통로가 아니라, 인도나 페르시아를 매개로 한 간접적인 통로였다. 우선, 육로는 중국 장안(長安)으로부터 서진해 오아시스 육로의 남도를 지나 인도 서북부에서 남하해 일단 인도 서해안에 있는 여러 항구로 이어진 후, 거기서 로마를 통하는 해로와 만난다. 이 길은 독일의 지리학자 리히트호펜(F. von Richthofen)이 처음으로 '실크로드'(Seidenstrassen, seiden=비단, strassen=길, 즉 Silk

Road)라고 명명한 길이다. 다음으로, 해로는 오늘날의 남해로에 해당한다. 즉 홍해(혹은 지중해)에서 출항해 아라비아해와 인도양을 거쳐 말라카해협을 지나 북상한 후 부남(扶南, 현 베트남 남부)이나 교지(交趾, 현 베트남 북부)까지 연결되는 해상 루트이다. 그런데 이 길 역시 로마에서 한나라까지 일직선으로 연결된 직항로가 아니라, 인도를 중계거점으로 하여 크게는 그 이서와 이동의 두 구간으로 나뉘어 형성된 길이다. 로마와 중국의 교역은 당초에는 로마 대 인도, 인도 대 한 간의 분할무역으로 출발하였으며, 상당 기간 이것이 유지되어오다가 3세기경부터 비로소 직접교역이 이루어지게 된 것이다.

짧지 않은 여명기를 거쳐 문명교류는 본격적인 전개기에 접어들었다. 문명교류사에서 전개기는 대체로 유럽의 중세와 맞먹는 시기로서 유럽의 찬란했던 고대가 물러가고 암흑의 중세가 닥쳐온 5세기부터 시작해 유럽에서 일어난 산업혁명으로 말미암아 실크로드에 사용되는 교통수단의 개량이 이루어짐으로써 동서교류에 획기적인 전기가 마련된 18세기 중엽까지의 약 1300년간이다. 비록 유럽은 5세기부터 일시적인 침체 상태에 빠져 문명교류에서 거의 제외되었지만, 지구의 동·서방에 강대한 당제국과 이슬람제국이란 이질적 문명세계가 출현함으로써 문명 간의 교류는 전례없이 활성화되었으며, 그 연장선상에서 13세기(1219~60)에 단행된 몽골의 3차에 걸친 서정(西征)은 동·서 세계를 전무후무한 규모로 소통시켰다. 이어 일어난 유럽의 르네쌍스와 대항해시대의 도래, 그리고 유럽에서의 근대 산업혁명의 태동은 동·서 간의 세력관계나 교류관계에 일대 전환을 초래했을 뿐만 아니라, 문명교류가 구대륙에만 한정되었던 전래의 구각에서 벗어나 신·구대륙 전체를 아우르며 범지구적으로 이루어지도록 그 범위를 확대시켰다. 그리하여 문명교류는 그 발전사에서 범지구적인 전환기를 맞게 되었다.

유럽은 중세의 암흑기로 빠져듦으로써 자신의 문명을 후퇴시켰을 뿐만 아니라, 교류 전반을 위축시키는 결과를 자초하였다. 그리하여 유럽은 전개기의 전반에 걸쳐 후진에 허덕이면서 당(唐)제국이나 이슬람제국으로부터 선진문명을 일방적으로 수용하지 않을 수 없었다. 그러다가 14세기부터 자신이 이룩했던 선진 고전문명을 되찾은 데 힘입어 부흥(르네쌍스)을 일으키면서 기독교문명을 근간으로 하는 '유럽세계'란 역사적 실체를 확립하기에 이르렀다. 이를 계기로 유럽에서 산업과 농업이 신속하게 발달하고 교역이 크게 진작됨으로써 당대 세계문명의 행보에는 일대 반전이 일어나기 시작하였다. 여기에 15세기 말부터 전개된 대항해시대와 '지리적 대발견', 그리고 이에 수반된 서세동점(西勢東漸)은 이러한 반전을 극대화하여 마침내 '선진 유럽'이니 '후진 동방'이니 하는 문명, 적어도 물질문명에서의 불균형상을 초래하였다. 그 결과 교류의 중심축도 점차 동에서 서로 경도되어갔다. 거시적으로 보면, 이것은 역사의 후퇴가 아니라, 부침으로 이어지는 역사의 상승적인 순환인 것이다.

7세기 선진(先秦)문명을 계승한 당(唐)제국의 등장은 동서 문명교류에 일대 전환을 가져왔다. 당대의 최고 문명 수준을 확보한 당제국은 진취적인 개방정책을 추구하면서 서역을 비롯한 서방의 문물을 적극 수용하는 한편, 제지법·인쇄술·나침반·화약 등 4대 발명품을 비롯한 중국의 선진문물을 서방에 남김없이 전수하여 서방의 중세적 개화에 크게 기여하였다. 특히 당의 적극적인 서역 경영은 중국과 서역 간의 교류는 물론, 전반적인 동서교류에 적지 않은 영향을 미쳤다. 그 과정에서 오아시스 육로를 비롯한 실크로드의 기능이 강화되고, 그 노정이 최종적으로 확정되었다. 당을 이은 송(宋)은 좀더 적극적인 대외 진출에 나서서 동·서 간의 교류를 가일층 활성화시켰다.

중세 남러시아 첼랴빈스끄 국제시장의 교역 모습을 그린 회화(첼랴빈스끄 남우랄 국립박물관 소장)

　몽골은 중국 전역을 석권한 원나라(1271~1368)라는 강대한 정복제국을 세움과 동시에 3차에 걸친 대규모 서정(西征)을 통해서 아시아와 유럽의 광활한 지역을 아우르는 4대 칸국을 예하에 둠으로써 범세계적 제국 건설의 목적을 달성하였다. 막강한 군사력에 바탕한 몽골제국의 건국자들은 정치적으로 세계대동주의(世界大同主義)를 제창함으로써 정복욕에 불탔고, 경제적으로는 유목국가로서의 숙명인 중상주의(重商主義, mercantilism)를 추구함으로써 상업욕을 충족고자 하였다. 이와 더불어 문화적으로는 개방주의를 표방함으로써 교류와 수용에 적극적이었다. 유라시아를 망라한 세계적인 대제국을 세운 몽골인들의 이와 같은 건국이념 및 그 실천을 위한 세차례의 서정과 4대 칸국의 운영은 중세 동서교류에 미증유의 성세(聲勢)를 몰고왔다. 유라시아의 광대한 지역이 통일적인 세계제국의 판도 내에 들어감으로써 동서교통에 대한 제반 인위적인 장애가 제거되어 소통이 전례없이 원활해졌다. 동·서 간에

전개된 이러한 사통팔달된 교통망을 통해 여러가지 문물과 사람들이 오갔다.[3]

　외래 정복국가인 원제국을 몰아낸 명조(明朝)는 건국 초기에 쇄국적인 해금(海禁)정책을 실시하여 외계와의 접촉을 일시 제한하였다. 그러나 거세게 밀려드는 서세동점의 물결 앞에서 결국은 문호를 점차 개방하지 않을 수 없었다. 그리하여 명말 청초에 이르러서는 선교사들을 비롯한 서양인들이 대거 몰려와 서양의 선진 과학기술을 핵심으로 하는 이른바 '서학(西學)'을 전수하고 기독교문명을 전파하기 시작하였다. 이에 중국은 '중체서용(中體西用)'이란 명분으로 대응에 나섰다. 한편 그들을 통해 유학을 비롯한 중국의 전통문화가 서방에 알려져 중국에 대한 타자적(他者的) 이해가 도모되기 시작하고, 중국 연구의 기틀이 마련되게 되었다. 서학은 중국뿐만 아니라, 한국이나 일본에도 밀려들었다. 한국(조선시대)은 '동도서기(東道西器)'라는 능동적인 대응자세를 취했으며, 일본은 '화혼양재(和魂洋才)'로 '난학(蘭學)'(처음에는 南蠻學)이란 이름의 서학을 받아들여 근대화의 밑거름으로 삼았다.[4]

　중세 문명교류의 전개기에 동서교류의 가교 역할을 한 것은 이슬람문명이다. 전개기의 전반에 중국의 당·송(唐宋) 문명과 쌍벽을 이룬 이슬람문명은 10세기의 황금기를 거쳐 난숙기(爛熟期)에 접어들면서 유럽의 도전에 직면하게 되었다. 유럽인들은 자신들의 전통문명(그리스·로마문명)이 고스란히 응축되어 있는 이슬람문명에서 르네쌍스의 자양분을 찾고 있었다. 급기야 그들은 학문을 비롯한 선진 이슬람문명을 받아들이는 데 주저하지 않았다. 그 과정은 곧 전통 이슬람문명과 신흥 서구문명 간의 주고받음이었으며, 그 역사는 수세기 동안 지속되었다. 한편 15세기 신흥 서구세력이 나타나기 전까지 무슬림들은 뛰어난 상술로 남해로를 비롯한 실크로드의 전반을 장악하고 동서교역을 주도하였다.

그들에 의해 중국이나 인도의 문물이 서방에 전달되어 서방의 중세적 개화가 촉진되었다. 비록 13세기 몽골군의 서정에 의해 통일이슬람제국이 붕괴되었지만, 오스만제국으로 대표되는 신생 이슬람 세력은 여전히 동·서방의 완충지대에서 교류의 가교와 조절 역할을 수행하였다.

그러다가 18세기 중엽에 이르러 서구의 산업혁명으로 인해 1769년 프랑스의 뀌뇨(N. Cugnot)가 사상 처음으로 증기기관을 동력으로 하는 목제 3륜 자동차를 발명한 데 이어 자동차와 기차, 기선, 비행기라는 새로운 교통수단들이 잇따라 만들어짐으로써 지구는 육·해·공의 입체적 교통망으로 뒤덮이게 되었다. 이에 따라 교류의 내용과 방도, 규모는 엄청나게 달라지게 되었으며, 낙타나 말, 범선을 주 교통수단으로 삼던 전래의 전통적 실크로드는 기계동력에 의한 새로운 교통수단에 의해 교류가 전개되는 이른바 '신실크로드'(New Silk Road)로 대체되었다. 이 '신실크로드'의 등장은 곧 문명교류사의 중세와 전개기의 종말을 뜻하며, 이와 더불어 개화기의 시작이기도 하다.

이상에서 고찰한 바와 같이, 문명교류의 전개기 전과정은 교류 양상에 따라 크게 전후 2기로 나누어진다. 전기에는 당·송 문명과 이슬람문명이 교류의 주역을 담당함으로써 그 주류는 동에서 서로 향해 흘렀으나, 후기에는 이 두 문명의 상대적 조락과 더불어 서구문명의 부상으로 인해 교류에서 일대 반전이 일어나면서 서서히 그 축이 동에서 서로 이전하였다. 문명교류사에서 일어난 이러한 역사적 전환 현상은 그 자체가 혼란이나 후퇴라기보다는 오히려 문명교류의 상승작용을 유발함으로써 명실상부한 문명교류의 전개기가 펼쳐지도록 하였다. 그러나 그 전개에는 여러가지 역사적 한계성이 뒤따랐다. 그 한계성은 한마디로 문명 수준의 중세성에서 오는 미흡과 제약이다. 아직 교류의 내용과 수단이 다양하지 못하고, 상호성과 공정성이 결여되어 있으며, 교류의 사회적 기능과 위상이 미약하다. 이러한 한계성은 미구에 펼쳐질 문명교류의 개화기에 이르러 궁극적으로 극복되어갔다.

문명교류의 개화기는 18세기 유럽에서 발생한 산업혁명을 계기로 그 막이 올라 오늘날까지 약 3백년간 이어지고 있으며, 앞으로도 지속될 것이다. 서구 산업혁명은 자본주의란 전혀 새로운 사회체제를 인류에게 '선물'하였을 뿐만 아니라, 문명집단 간의 교류에도 엄청난 변화를 일으켰다. 상품생산의 증대는 부의 축적과 교역의 확대를 결과함으로써 교류는 미증유의 확대양상을 보이고 있다. 그러나 억제되지 않는 자본주의 발전의 필연인 대외 팽창이나 식민지 약탈은 이질 문명 간의 만남을 자극하는 요인으로 작동하기도 하지만, 본질적으로는 문명의 일방적인 강요나 이식, 교류의 편파성을 수반할 수밖에 없으며, 문명 간의 불균형과 갈등을 증폭시킨다. 이것이 개화기의 문명교류가 직면한 난제이며, 그 해결이야말로 개화기 앞에 나선 가장 중요한 과제일 수밖에 없다.

문명교류의 개화는 그 통로인 실크로드의 획기적 변화와 궤를 같이하고 있다. 새로운 기계동력에 의한 교통수단의 발명과 더불어 문명교류에도 새로운 면모가 나타났다. 철도와 비행기, 기선이란 새로운 교통수단이 출현하면서 초원로나 오아시스 육로는 문명교류 통로로서의 태생적 기능을 점차 상실하게 되고, 지구는 지·공·해의 입체적 교통망으로 뒤덮이게 되었으며, 이에 따라 문명교류의 내용과 방법, 문화접변에도 엄청난 변화가 일어나고 있다. 이렇게 개화기의 문명교류는 그 형태와 내용을 발전적으로 달리하는 새로운 통로를 통해 이루어지고 있다. 따라서 이 '새로운' 통로를 전래의 전통적 실크로드에 대비해 '신실크로드'라고 명명함이 가당할 것이다. 오늘날 '철의 실크로드'니 '경제 실크로드'니 하는 조어(造語)들은 바로 이러한 신실크로드 개념의 소산인 것이다. 이 신실크로드는 앞으로 인류문명 교류의 환지구적 통로로 그 기능이 계속 확대될 것이다.

2
동북아시아의 문명유대와 평화

서론

오늘 왜 한·중·일 3국 학자들만이 여기에 모여 동북아지역의 평화와
한반도의 정세를 논의하고 있는가? 어떠한 유대에 바탕한 잠재의식이
우리 3국의 학자들로 하여금 이렇게 한자리에 모여앉게 하고 있는가?
그것은 한마디로, 동북아 역내에서 역사적으로 형성되어온 문명유대에
대한 우리의 공유의식 때문일 것이다.

우리 3국은 장기간의 교류와 소통을 통해 물질문명과 정신문명 분야
에서 여러가지 공통적 문명요소들을 공유하게 됨으로써 여타 문명과
구별되는 독특한 문명권, 즉 동아시아문명권을 일궈놓았다. 이 문명권
의 형성과 발전 과정은 곧 공통적 문명요소들을 기제(機制)로 하여 3국
간에 맺어진 끈끈한 문명유대의 형성과 공고화 과정이다.

그런데 시대의 흐름에 따라, 특히 근·현대에 들어와서 역사적으로 동
북아 3국을 하나의 문명권으로 묶어오던 이러한 문명유대에 금이 가기
시작하였다. 역내외에서 대두된 여러가지 반유대론적(反紐帶論的) 발상

과 주장은 전래의 문명유대를 무력화시키거나 부정하고 있다. 이러한 경향은 필연적으로 역내의 갈등을 격화시키고 정세의 불안을 가중시키고 있다.

역사적으로 형성된 동북아 3국 간의 문명유대를 현실에 걸맞게 복원하고 강화하는 것은 오늘날 역내의 갈등 해소와 정세의 안정화, 나아가 평화의 정착을 가능케 하는 중요한 요인의 하나로 작용할 것이다.

본인은 주로 '문명유대'를 키워드로 하는 인문학적 접근방법으로 본 대회의 주제와 관련된 몇가지 문제에 관해 비견을 개진하려고 한다.

1. 동북아시아문명과 그 유대

'동북아지역 정세와 한반도 평화'란 논제는 정치적 담론의 영역이라는 것이 대저 학계의 타성일진대, 외람되게도 '문명'과 그 '유대'로 이 정치적 논제에 접근하는 의도가 어디에 있고, 그 내용은 무엇이며, 또 그 접근은 가능한 것인지를 밝혀보려고 한다. 일종의 학제적(學際的) 접근이다.

(1) 문명담론은 시대의 화두

20세기 후반에 이르러 냉전시대가 마감되면서 일찍이 냉전시대에는 수면 이하에 가라앉았던 민족문제 등 일련의 새로운 문제가 다발하였다. 이러한 새로운 문제에 대한 해답은 더이상 구태의연한 냉전논리에서 찾아낼 수가 없게 되었다. 급변하는 담론의 지형은 무엇인가 새롭고 창의적인 답안을 절실히 요청한다. 학계에서 그럴싸한 답안으로 찾아낸 것이 '문명충돌론'이나 '문명교류론' 같은 문명담론이다. 급기야 문명담론이 시대의 화두로 부상하게 되었다. 그 역사적 배경은 거시적인 시각과 미시적인 시각에서 찾아보게 된다.

우선 거시적인 역사적 배경은 문명에 의한 새로운 대안과 해법의 모색이다. 인류가 일찍부터 각종 사회문제를 해결하기 위하여 추구해오던 정치적·경제적·군사적·이데올로기적 패러다임이나 방도는 두차례의 세계대전과 냉전의 종식을 계기로 그 효용에 대한 회의론이 제기되었다. 그러면서, 그 대안으로 정신적·물질적 보편가치를 실현할 수 있는 문명으로 관심이 돌려지기 시작하였다. 그리하여 새로운 문명 패러다임으로 기존의 이론이나 패러다임으로는 도저히 해명할 수 없는 복잡다기한 현실의 난제들을 해석하고, 해법을 제시하며, 미래를 예단하려는 학구적 탐색이 여러모로 시도되어 마침내 현대적 문명담론의 장이 열림으로써 이제 문명담론은 거역할 수 없는 이 시대의 열띤 화두로 부상하고 있다.

다음으로 그 미시적인 역사적 배경은 문명의 중요성과 그 의존도의 전례없는 상승이다. 세계는 지금 개방과 교류를 통해 도래된 다문명시대를 살고 있으며, '문명의 홍수' 속에서 과학기술을 비롯한 문명을 떠나서는 한시도 삶을 지탱할 수가 없다. 이제 문명은 국가나 민족, 이데올로기나 계급을 초월해 대량으로 양산되고 소비됨으로써 미증유의 보편적이며 평준화된, 그리고 다양한 문명이 재생산되고 있다. 인간적인 삶의 척도는 얼마만큼이나 문명을 향유하는가에 달려 있다. 그리하여 문명은 어느 특정 집단의 전유물이 아니라, 보편성과 대중성을 띠면서 무한대로 확장·심화되어가고 있다.

이러한 역사적 배경으로 인해 오늘날 문명담론은 그 어느 때보다도 활성화되고, 시대의 화두로까지 부상하고 있지만, 그 역사는 2백여년

전으로 거슬러 올라간다. 18세기 프랑스 계몽주의자들에 의해 문명이
란 개념이 창출된 이래, 문명에 관한 담론은 시대의 흐름에 따라 발전적
으로 심화되어 급기야 미래의 대안론으로까지 확대되고 있다. 문명담
론은 19세기 중반 허버트 스펜서(Herbert Spencer)와 루이스 헨리 모건
(Lewis Henry Morgan), 에드워드 버넷 타일러(Edward Burnett Tylor) 등
에 의한 '문명진화론'으로부터 발단되었다. 이 문명담론은 같은 세기 말
엽에 에드윈 스미스(Edwin Smith)와 윌리엄 제임스 페리(William James
Perry)가 제시한 '문명이동론', 그리고 20세기 전반에 아널드 조지프 토
인비(Arnold Joseph Toynbee, 1889~1975)가 주장한 '문명순환론'으로 이
어진다.

이들 담론은 주로 문명의 산생과 진화, 이동과 순환 같은 정형화된 구
조로서의 문명 자체에 관한 담론에 한정되었다. 따라서 이 시기의 문명
담론은 근대적 문명담론이라고 개괄할 수 있다. 이에 비해 20세기 후반
에 이르러서는 탈냉전시대의 도래와 더불어 이른바 '지구촌시대'가 예
단되면서 에드워드 사이드(Edward Said)의 '오리엔탈리즘'이나, 새뮤얼
필립스 헌팅턴(Samuel Phillips Huntington)의 '문명충돌론', 하랄트 뮐
러(Harald Müller)의 '문명공존론', 그리고 필자가 천착하려는 '문명교
류론'같이, 주로 문명 간의 관계 문제를 중심과제로 삼는 담론이 부상하
는데, 이들 담론을 일단 현대적 문명담론이라고 규범해본다.[1]

(2) 동아시아문명권

동아시아와 그 주역인 동북아시아를 하나의 문명권으로 간주하고,
한·중·일 3국이 공히 그에 속해 있다는 공속인식(共屬認識)은 오늘날의
동북아 정세를 바로 이해하고 풀어나가는 데서뿐만 아니라, 미래의 동

아시아 공영공생(共榮共生)에서도 중요한 의미를 지닌다. 문명권 계보에서 한 문명권에 대한 공속인식을 갖는다는 것은 마치 한 집안의 가계보(家系譜)에서 친연관계를 확인하는 것처럼 구성원 개체뿐만 아니라 소속 집단 전체에도 유익하고 바람직한 일인 것이다.

문명권(文明圈, civilized circle)이란, 문명의 전승이나 전파를 통해 이루어진 공통적인 문명 구성요소를 공유하고 있는 여러 국가나 민족·지역을 망라해 형성된 문명의 역사적 및 지리적 범주를 말한다. 그러나 공통적인 문명 구성요소를 공유한다고 해서 모든 문명들이 곧바로 하나의 문명권을 형성하는 것은 아니다. 한 문명권이 형성되려면 다음과 같은 세가지 요건이 갖춰져야 한다.

첫째, 문명의 구성요소에서 독특성(상이성)이 있어야 한다. 즉 다른 지역 문명과 구별되는 일련의 문명 구성요소들이 공유되어야 한다.

둘째, 문명의 시대성과 지역성이 보장되어야 한다. 즉 문명이 시대적으로 장기간 존속해야 하고, 지역적(공간적)으로 한정된 국가나 민족의 범위를 벗어나서 비교적 넓은 지역에 유포되어야 한다.

셋째, 문명의 생명력이 유지되어야 한다. 즉 문명이 장기간에 걸쳐 지역사회 전반에 그 영향력을 지속적으로 행사해야 한다.

이러한 세가지 요건들을 충족시켜야 명실상부한 문명권이라고 할 수 있다. 그러나 지금까지 주장되어온 여러 문명권의 실태를 살펴보면, 이들 문명권은 이러한 요건들을 무시한 채 일정한 기준 없이 대체로 문명 구성요소의 공통성이나 문명의 역사성·지역성만을 고려해 자의로 구분한 것이었다. 이러한 구분법으로 동양문명과 서양문명의 2분법, 유럽문명과 중근동문명, 한자문명의 3분법, 서유럽문명과 러시아정교·힌두·이슬람·동아시아문명의 5분법 등 다양한 분법이 시도되어왔다. 그러다가 20세기 전반에 들어와서 영국의 문명사가 토인비가 문명의 도전과 응전 원리를 천명하고, 이 원리에 따라 문명은 탄생과 성장·붕괴·해체의 4단계 사이클(cycle, 주기)을 겪는다는 이른바 '문명순환론'을 제시함으로써 문명의 유형화가 일정한 과학성을 띠게 되었다.

토인비에 의하면, 인류역사에 알려진 문명은 모두 30개다. 그 가운데서 정상적인 순환과정, 즉 탄생·성장·붕괴·해체의 4단계를 거친 이른바 '성장(成長)문명'은 21개다. 그밖에 자연재해나 전쟁과 같은 불의의 요인으로 인해 이 과정을 제대로 다 거치지 못하고 일부만 거친 '정체(停滯)문명'은 5개이며, 탄생 요인을 잉태하기는 했으나 태어나지 못한 '유산(流産)문명'은 4개로 보았다, 그런데 이 성장문명 21개 가운데서도 이미 사라진 '사(死)문명'이 14개이며, 아직 살아 있는 생존(生存)문명은 7개(인도, 이슬람, 극동, 비잔틴, 동남유럽, 그리스정교, 서구문명)라고 토인비는 분석하였다.[2] 이러한 초유의 문명 유형화는 대체적으로 사실에 부합하는 것으로서 문명사 연구에 이용되고 있다.

가장 최근의 문명 유형화는 문명학자가 아닌 미국의 안보전략가 새뮤얼 헌팅턴에 의해 천방지축으로 시도되었는데, 그는 주로 종교를 잣대로 해 문명을 자의로 나눴다. 그는 1993년 여름 『국제정세』(*Foreign Affairs*)지에 발표한 글 「문명의 충돌」에서 세계 문명을 ① 기독교, ② 정교, ③ 이슬람교, ④ 유교, ⑤ 불교, ⑥ 힌두, ⑦ 아프리카(비이슬람권), ⑧ 일본 등 8대 문명으로 구분하였다. 그러나 이러한 문명 유형화에 대해 신랄한 비판이 일자, 3년 뒤(1996)에 펴낸 책 『문명의 충돌과 세계질서의 재편』(*The Clash of Civilization and the Remaking of World Order*)에서는 나름대로 수정을 가해 ① 중화, ② 일본, ③ 힌두, ④ 이슬람, ⑤ 정교, ⑥ 서구, ⑦ 라틴아메리카, ⑧ 아프리카 등 8대 문명으로 다시 나눴다.

보다시피, 헌팅턴은 '유교문명'을 이미 역사의 퇴물이 된 '중화(Sinic)문명'으로 개칭하면서 여기에 해외 화교공동체와 베트남 및 한국을 포함시켰다. 그리고 '기독교문명'은 '서구문명'과 '라틴아메리카문명'으로 이분하였다. 그런가 하면 불교는 탄생지 인도에서 소멸되고 중국과 일본 등지에서는 이미 토착문화에 통합되어 '거대문명의 바탕'이 되지 못하기 때문에 문명에서 아예 제외시켰다. 기상천외하게도, 그는 이의(異意)를 무릅쓰고 일본을 하나의 독립된 문명(권)으로 고집하고 있다.

이상에서 보다시피, 5분법에서의 '한자문명', 토인비 7분법에서의 '극동문명', 헌팅턴 8분법에서의 '유교(중화)문명'은 그 표현은 조금씩 다르지만, 모두가 '동아시아문명'을 지칭함은 명백하다. 문제는 동아시아문명이 하나의 문명권, 즉 동아시아문명권을 형성할 수 있는 요인(요건)은 무엇인가 하는 것이다.

그 요인은 우선, 다른 문명권과는 구별되는 독특한(상이한) 문명 구성요소들을 공유하고 있다는 것이다. 이 요인은 문명권 구성의 3대 요인 가운데서 가장 본질적이며 결정적인 요인이다. 왜냐하면, 기타 2대 요인인 문명의 시대성이나 지역성, 그리고 생명력은 문명 구성요소의 독특성과 공유성에 크게 의존하기 때문이다. 공유되고 있는 동아시아문명의 구성요소로는, ① 의사전달 매체로서의 문자인 한자(漢字), ② 사상과 윤리도덕의 바탕인 유가(儒家), ③ 문물의 전장제도(典章制度)인 율령(律令), ④ 종교신앙인 불교,[3] ⑤ 생활문화의 여러 공통요소(관혼상제, 의관, 쌀, 젓가락, 기와 등)들이 있다.

동북아 3국이 이러한 문명요소들을 공유해온 역사적 과정을 살펴보면, 시·공간적으로 상이할 뿐만 아니라, 생몰(生沒)의 운명을 달리하는 경우마저 있다. 한자나 불교, 생활문화에서의 공유성은 대체로 오늘날까지도 줄곧 이어지고 있지만, 한때 공유했던 율령은 더이상 존재가치를 잃고 말았으며, 유가도 그 공유성(특히 일본에서)이 점차 희박해가고 있다. 어찌 보면 이러한 변화는 역사의 필연이라고 말할 수 있다. 중요한 것은, 적어도 이 다섯가지의 문명 구성요소의 공유성에 의해 3국을 위시한 동아시아지역에 특유의 동아시아문명권(일명 한자문명권)이 형성되고 발전해왔다는 사실이다. 역사적으로 이 다섯가지 공유성이 공시적(共時的)으로, 수평적으로 공존하고 기능한 것은 15세기 중국 명대를 전후한 시기로, 이때를 동아시아문명권의 완성기(혹은 전성기)라고 할 수 있다.

다음으로, 동아시아문명권은 다른 문명권들과는 구별되는 이러한 일련의 문명 구성요소들을 공유하고 있을 뿐만 아니라, 2천여년 동안 장기적으로 중국과 한국, 일본, 베트남, 몽골 등 광범위한 지역을 아우른 문명으로, 문명의 시대성이나 지역성이 충분하게 보장되어왔다. 이 5개국의 면적은 1170만km²로, 전(全)아시아 면적(4458만km²)의 약 38%(지구 면적의 9%)를 점하며, 인구는 약 15억으로 아시아 인구의 49%, 세계 인구의 25%에 달한다. 뿐만 아니라, 비록 일부 문명 구성요소들(율령이나 유가)은 시대와 역사의 흐름에 따라 발전적으로 해제되었거나 약화되었지만, 기타 요소들(한자와 불교, 생활문화)은 여전히 역내에서 생명력을 발휘해 사회 전반에 영향력을 행사하고 있다. 이와 같이 동아시아문명권은 부단한 자기변혁 속에 활력을 잃지 않고 건재해 있으며, 인류의 보편문명(universal civilization)이 실현될 때까지 특이성과 시대성, 지역성, 그리고 생명력을 유지해나갈 것이다.

(3) 동북아시아의 문명유대

'동북아시아'의 개념을 이해하기 위해서는, 그에 앞서 '아시아'의 개념부터 파악해야 할 것이다. '아시아'의 어원은 고대 아시리아어에서 '일출(日出)'을 뜻하는 단어 'assu'다. 기원전 1235년경 히타이트(Hittite)

왕이 에게해 동쪽에 있는 '아쑤바'(Assuva, assu에서 유래)란 부족의 영토를 정복한 바 있다. 후일 그리스인들 역시 에게해 동쪽에 있는 '무한대의 대륙'을 '동쪽지역'이란 뜻의 '아쓰바'(Aseva, Asva)로 지칭하였다. 그러다가 근대에 와서 서양인들이 식민지 대상이 된 동방에 대한 지칭으로 이 '아쓰바'를 '아시아'로 와전 재생시켰다. 동양인을 비롯한 세계인들이 이를 답습함으로써 오늘날에는 'Asia'란 관용어로 굳어져버렸다.[4]

근세에 와서 유럽인들이 아시아란 지리적 개념과는 별도로, 주로 정치·문화적 개념에서 '동'(the East)이란 용어를 제시함으로써 '동(동양 혹은 동방)'과 '서(서양 혹은 서방)'란 개념이 정립되기에 이르렀다. 그들은 유럽을 기점으로 동과 서를 구별했는데, 대체로 터키 동쪽에 위치한 아시아 지역을 일괄해 '동'으로 통칭하였다. 즉 터키-흑해-지중해-홍해를 연결하는 남북선을 기준으로 그 동쪽은 '동', 그 서쪽은 '서'로 대별하였다. 또한 유럽, 특히 영국을 기점으로 거리의 원근(遠近)에 따라 동을 다시 '근동'(近東, the Near East)과 '중동'(中東, the Middle East), '원[극]동'(遠[極]東, the Far East)으로 다시 세분하였다. 이와 같이 유럽인들은 순전히 자기중심주의적인 발상에서 출발, 정치적 고려에 따라 인위적으로 동·서를 나눠놓고, 모든 면에서 동·서 간의 관계를 대립관계로 설정하였다.

오늘 우리의 학술회의 논제 속에 나오는 '동북아'(동북아시아)라는 일어(一語)가 언제부터 누구에 의해 어떻게 씌어졌는지는 미상이다. 그러나 지금에 와서 관용되고 있는 지정학적 및 문명사적 개념에서 보면, '동아시아의 북부' 지역을 지칭하는 것으로, 동아시아문명권에 속할 뿐만 아니라, 그 주역이다. 따라서 광의적으로는 동아시아문명권 고유의 3중적 복합개념을 그대로 지니고 있다고 말할 수 있다. 즉 지리적으로 준령과 대사막으로 격리된 아시아의 동북지역에 자리하고, 인종적으로는 몽골인종(몽골로이드)이 거주하고 있으며, 문명적으로는 다분히 고대 중국의 문명에 연원을 둔 나름의 문명을 가꾸어온 복합지역이다.[5]

일부에서는 지리적 방위에 따라 동아시아를 협의의 동아시아와 광의의 동아시아, 둘로 대별한다. 이 경우 협의의 동아시아에는 정동(正東)의 5개국(중국, 한국, 일본, 베트남, 몽골)이 포함되는데, 그 지역적 범위는 대체로 동북아시아 지역과 일치한다. 광의의 동아시아는 이 5개국에 북동의 동시베리아 및 남동의 동남아 일부 나라들을 아우른다. 그러나 일반적으로 동아시아라고 할 때는 협의의 동아시아를 염두에 두고 말한다.[6] 그 위치는 아시아의 동부 지역으로 태평양 서안에 면해 있으며, 북위 4~53도와 동경 73~145도 사이의 동반구와 북반부에 자리하고 있다. 기후는 대부분 지역이 북온대에 속한다.

동아시아문명권에 내재해 있는 이러한 문명 구성요소의 공유성과 상호연관성이 바로 오늘날 동북아 3국을 하나의 지역공동체로 이어주고 묶어주는 문명유대인 것이다. 문명 구성요소의 공유성에 수반된 이러한 문명유대의 역사는 자그마치 2천여년을 헤아린다. 가장 오래된 유대의 사례인 한자의 경우, 한국은 기원전 3세기경에 중국으로부터 수입해 이두문(吏讀文)으로 변형 발전시켜오다가 훈민정음(訓民正音)을 창제(1443)하기에 이른다. 일본은 238년 중국 위나라 조위(曹魏)가 일본 야마따이(邪馬臺)국 여왕 히미꼬(卑彌呼)에게 보낸 국서에서 한자로 일본어를 표기한 것이 한자의 일본 초전(初傳)으로 전해오고 있다. 그러다가 5세기 초 백제의 왕인(王仁) 박사가 1권의 『천자문(千字文)』을 전한 것이 한자의 일본 공식 전파이며, 그것이 점차 훈독(訓讀) 문자로 발전하였다.

한자에 이은 유가의 경우, 한국으로의 유입 경위에 관해서는 아직까지도 정설은 없다. 전국 말엽의 연나라 때(BC 3세기)가 아니면 위만조선

(서한 4군 시대, BC 2세기) 때라는 한국설과 3국−신라통일시대(BC 3세기~7세기 중엽)라는 중국설이 팽팽하게 맞서고 있다. 그렇지만 성리학(性理學)이 성행한 이조시대가 전성기라는 데는 견해를 같이한다. 일본의 유가는 5세기 초 백제의 왕인 박사에 의해 10권의 『논어』가 초전된 후 7세기 중엽부터 발전해 에도(江戶)시대(1603~1867)에 전성기를 누린다. 오늘날까지도 교세를 유지하고 있는 불교는 2세기경에 인도에서 중국으로 전파된 후, 4세기 전반에 고구려에 전해지고, 다시 6세기 전반에 고구려로부터 일본에 초전되어 마침내 동북아 3국을 이어주는 하나의 불교문명 유대가 이루어져 오늘날까지도 그 명맥이 면면히 이어지고 있다.

2. 동북아시아의 반(反)문명유대론

동북아시아의 문명유대는 동아시아문명권이 형성되면서, 한·중·일 3국을 자연스럽게 이어주고 묶어준 소통과 공존의 문명유대다. 역설적으로, 이 문명유대는 동아시아문명권을 지탱하고 발전시킨 기제이며 핵심요인이었다. 그렇지만 그 과정은 이 문명유대를 이탈하거나 역행하는 각종 반(反)문명유대론을 극복하는 과정이었다. 대표적인 몇가지 반문명유대론을 살펴보기로 하자.

(1) 일본의 '탈아론'

근대 일본의 계몽사상가이자 국권론자로 오늘날까지도 일본 최고 단위의 화폐인 1만 엔 지폐에 초상화가 그려져 있는 후꾸자와 유끼찌(福澤諭吉, 1835~1901)는 1882년 임오군란(壬午軍亂) 이후 조선에서 중국 청

1만엔짜리 일본 지폐에 그려져 있는 '탈아론'자 후꾸자와 유끼찌 초상

나라 세력이 강화되자 조선의 급진개혁파를 부추겨 그들 스스로가 조
선의 국내 개혁을 추진해야 한다고 생각하였다. 그리하여 1884년 갑신
정변(甲申政變)이 일어났을 때, 그는 김옥균(金玉均) 등 개혁파를 적극
후원하였다. 그러나 이 정변이 3일천하로 끝나버리자, 1백일도 채 되기
전인 1885년 3월 16일 그는 『지지신보(時事新報)』에 '탈아론'(脫亞論, 다
쯔아론, Leaving Asia Theory) 취지[7]의 사설을 발표하였다.

　후꾸자와는 이 글 모두에서 세계를 풍미하고 있는 서양문명은 마치
토오꾜오인들이 서쪽 나가사끼에서 번져오는 홍역[痲疹]을 막을 수 없
는 것처럼, 동양의 그 어느 나라도 저항할 수 없을진대, 현명한 방법은
그 만연(蔓延)을 도와 사람들로 하여금 일찌감치 그 기풍에 물들게 하
는 것이라고 역설한다. 이어 어느 한 아시아 나라라도 서구세력에 점령
당하기만 하면, 그것은 곧 일본 독립의 위기를 초래할 수 있다고 주장한
다. 특히 후꾸자와는 조선이 중국을 상전으로 맹신하고 사대하며, 일본
보다는 중국과 더 친해지고 있는 데 대한 위기의식과 초조감을 못내 드
러내고 있다. 그러면서 그는 다음과 같은 오만방자하고 비하적인 어조

로 글을 맺는다.

이럴진대 오늘날의 모책(謀策)을 도모함에 있어, 우리나라는 이웃 나라의 개
명을 기다려 더불어 아시아를 흥하게 할 여유가 없다. 차라리 그 대오에서 벗
어나서 서양의 문명국과 진퇴를 함께해야 한다. 중국과 조선을 상대할 때는
이웃 나라라고 해서 특별히 배려할 필요가 없이 서양인이 이들을 대하는 방
식대로 하면 될 것이다. 나쁜 친구를 가까이하는 자는 더불어 악명(惡名)을 면
치 못할 것이다. 우리는 마음속으로부터 아시아 동방의 나쁜 친구를 사절해
야 한다.8

후꾸자와는 이 글을 비롯한 일련의 저술에서 이른바 '문명개화'라는
잣대로 중국이나 조선 같은 선진 이웃들의 문명을 제멋대로 재량하면
서, 전통적 유대로 제휴해오던 이웃 친구들을 '나쁜 친구'로 매도하고,
'탈아'라는 명분으로 그들과의 교우(交友)관계를 사절하기에 이른다.
분명한 것은, 여기서의 '탈아'는 전통적으로 내려오던 동아시아문명권
으로부터의 '이탈'이며, 그것은 곧바로 동북아 문명유대의 단절이다. 그
것은 또한 기존의 아시아적 질서로부터의 이탈이며, 일본을 중심으로
한 새로운 아시아적 질서를 세우려는 일본의 아시아 패권주의를 의미
한다. 사실상 아시아로부터의 이탈, 즉 '탈아'는 서구로의 합류, 즉 '입구
(入歐)'와 일맥상통한다. 오늘날 일본 총리가 아시아의 모든 나라들을
제치고 아시아에서는 유일하게 서방 'G7(주요 7개국) 정상회의' 일원으
로 활약하는 것은 그 대표적 일례다. 이 '탈아론'을 '탈아입구론(다쯔아뉴
우오오론)'이라고 하는 소이연(所以然)이 바로 여기에 있다. 그것이 오늘
날은 '탈아입미론(脫亞入美論)'으로 경도되었다는 것이 중론이다.
차제에 한가지 꼭 짚고 넘어가야 할 문제가 있다. 후꾸자와 유끼찌는

이제 동양 3국은 홍역처럼 밀려오는 서구문명을 막을 수가 없으니, '현명한 방법'은 빨리 받아들이는 것이라고 역설한다. 이것은 일종의 비관주의고 패배주의이며 궤변이다. 사실상 후꾸자와의 역설과는 달리, 동양 3국, 특히 한국은 '서학(西學)'이란 이름하에 서구문명을 수용하는 것에 대한 나름대로의 대응방안을 강구해왔다. 주지하다시피 3국은 공히 근대화를 위해 서학(일본은 란가꾸蘭學)을 수용하는 점에서는 역사의 궤를 같이하였다. 그러나 그들이 처한 역사적 환경이 다르기 때문에 서학에 대한 수용 태도나 서학이 3국의 근대화에 미친 영향은 서로가 사뭇 다르다. 한국은 '동도서기(東道西器)', 즉 조선의 전통적인 제도와 사상을 지키면서 근대 서구의 과학기술을 받아들인다는 것이며, 중국은 '중체서용(中體西用)', 즉 중국 학문을 바탕으로 하여 서구 학문을 받아들인다는 것이다. 이와 더불어 일본도 '화혼양재(和魂洋才)', 즉 일본의 정신 위에 서구의 유용한 것을 가져다 사용한다는 것이다.[9] 용어는 달라도 뜻은 그것이 그것이다.

(2) 헌팅턴의 '일본문명론'과 '문명충돌론'

앞에서 논급한 바와 같이, 문명의 유형화에서 헌팅턴은 일본을 하나의 문명(권)으로 설정하였다. 이것은 문명사에서 전무후무한 이상야릇한 일이다. 후꾸자와 유끼찌를 비롯한 '탈아입구론자'들마저도 감히 공론화하지 못했던 파격적이고 대담한 발상이다. 그들 모두는 아직 성숙도가 미흡한 '일본문명'을 감히 하나의 문명(권)이라고 하는 만용을 부리는 데까지는 이르지 못했다. 그러나 그로부터 한세기가 갓 넘은 20세기 90년대에 와서 미국의 안보전략가 헌팅턴은 마냥 그네들의 미련을 달래주려는 듯, 이른바 독자적 '일본문명론'을 들고나왔다.

헌팅턴의 변을 한마디로 압축하면, 일본문명의 '특수성'이다. 그는 기원후 100~400년에 중국문명의 영향을 받아 출현한 일본문명을 '독자적'인 문명이라고 단정하면서, "가장 중요한 고립국 일본은 일본문명의 유일한 국가이자 핵심국이다. 일본의 특이한 문화를 공유하는 국가는 전혀 없으며, 일본에서 외국으로 이주한 사람들은 그 나라에서 극히 소수에 머물러 있거나, 그 나라의 문화에 동화되었다."라고 일본 역사를 재해석한다.[10] 이러한 견강부회적(牽强附會的)인 변은 제2차 세계대전 후, 특히 1970~80년대에 국세가 급상승하면서 일본 국내에서 회생의 기미를 보이기 시작한 '탈아입구[미]론'과 맥을 같이한다는 점에서 헌팅턴의 '일본문명론'은 결코 새것이 아님을 갈파할 수 있다. 일본이 제아무리 일탈(逸脫)을 위해 몸부림친다 해도 천지개벽이 일어나지 않는한, 일본은 태생적으로 '아시아화(化)'한, 아시아의 일국일 수밖에 없다.

우리가 새삼스레 헌팅턴의 이른바 '일본문명론'을 끄집어내는 것은, 이 주장이야말로 분명하게 동북아의 문명유대에 역행하기 때문이다. 이 주장대로라면, 일본문명은 동아시아문명(권)과는 무관하게 섬에 '고립된' 유일무이한 문명으로, 동북아와 어떠한 문명유대도 맺을 수가 없게 된다. 따라서 동북아의 문명유대가 유지 강화되기 위해서는 '일본문명론'은 '탈아론'과 더불어 지양되어야 할 것이다.

동북아의 문명유대와 관련해 헌팅턴의 '문명충돌론'에서 주목되는 다른 한가지는 '문명 상극(相剋)' 논리다. 그는 문명 간의 차이는 근본적이고, 문명 간의 '상호작용', 즉 교류는 이러한 차이를 심화시키며, "통신이나 무역, 여행의 증가로 문명과 문명의 접촉이 비약적으로 늘어나면서 사람들은 차츰 자신들의 문명적 정체성에 더 큰 중요성을 부여"하는데, 이러한 중요성으로 인해 타 문명과의 갈등이 가중된다고 헌팅턴식 문명충돌론을 펼치고 있다.[11]

이러한 충돌론에 입각해 그는 문화적 차이는 정치나 경제, 이념 차이보다 변화하기 어려운 수화불상용적(水火不相容的)인 상극관계로 서로의 융합은 불가능하며, 충돌이 불가피하다고 역설한다. 이 주장대로라면, 동북아 3국 간에 존재하는 문화적 차이는 기필코 갈등과 충돌을 야기하기 때문에 교류나 융합, 결속이나 유대 같은 연대관계는 상상할 수가 없게 된다. 이것은 문명의 근본속성이나 문명교류에 관한 무지의 소치이거나 왜곡인 것이다. 문화를 포함해 문명[12]은 인류 공동의 창조물이고 향유물이며 소유물로서 상부상조에 의해 공존한다. 따라서 문명의 절대적 독점이나 우열은 있을 수가 없으며, 문명 간의 교류나 융합은 필연이다. 절대적인 독점이나 우열이 없는 문명 간의 교류나 융합은 다름에서 오는 일시적인 갈등이나 모순을 평화적으로, 순기능적으로 극복하면서 점진적으로 실현된다. 문제는 태생적으로 없는 충돌을 인위적으로 있게 하거나 있다고 보는 편견에 있다.

헌팅턴은 서구문명에 대한 이슬람문명과 중화(동아시아)문명의 도전에 특별히 촉각을 세우면서 다음과 같이 기술하고 있다. "서구는 도전의식이 강한 이슬람문명과 중화문명에 대해 늘 긴장감을 느끼며, 이들의 관계는 대체로 적대적이다. (…) 이슬람과 중국은 판이한 문화적 전통을 가지고 있지만, 둘 다 서구에 대한 크나큰 우월의식을 지니고 있다. 이 두 문명의 실력과 자긍심은 서구와의 관계에서 나날이 늘어나고 있으며, 가치관과 이익을 둘러싼 서구와의 충돌 역시 다각화되며 심화되고 있다."[13] 요컨대, 이른바 이슬람의 비관용(非寬容, intolerance)과 중화의 자기주장(自己主張, assertiveness)에 바탕을 둔 이 두 문명의 도전은 기필코 충돌로 이어질 수밖에 없다는 논리다. 그리하여 일본문명권을 포함한 여타 6개 문명권은 합종연횡(合從連衡)해 집단적으로 이 두 문명에 대응해야 한다고 주장한다. 사실, 이것이 국제안보전략가로서의 헌팅턴이 '문명충돌론'에서 추구하는 궁극적인 목표인 것이다.

바로 이러한 목표의 달성을 위해 헌팅턴은 중국과 인접한 일본을 하나의 독립된 문명권으로 부각시키면서 '우월의식'이니 '자긍심'이니 '자기주장'이니 하는 등 얼토당토않은 구실을 붙여 중화(동아)문명을 견제 내지는 압제하려고 하는 것이다. 그의 의도대로 중화문명과 일본문명 간에 불화와 충돌이 발생한다면, 동북아의 문명유대는 치명적인 타격을 입게 될 것이다.

(3) 실크로드 '소외론'

원래 문명교류 통로인 실크로드와 문명유대는 동전의 양면처럼 상부상조적인 불가분의 관계에 있다. 실크로드는 문명유대의 물리적 매체이며, 문명유대는 오로지 실크로드에 의해서만 형성 가능한 것이다. 이러한 함수관계는 동북아의 문명유대와 그것을 지탱한 실크로드의 관계에서 여실히 나타나고 있다. 그런데 중국 실크로드학계는 문명유대로 묶여 있는 동북아의 한국과 일본을 동아시아 실크로드에서 소외(疏外, alienation)시킴으로써 실크로드와 문명유대의 인위적인 괴리를 드러내고 있다.

역사의 이른 시기부터 환지구적 문명교류 통로였던 실크로드는 동북아 3국의 문명유대를 종횡무진 이어주는 통로 역할을 해왔다. 그 무대는 주로 동북아 해역이었다. 드넓은 동북아 해역은 약 1만년 전 간빙기를 맞아 지금의 형태를 갖췄으며, 지금으로부터 7천~8천년 전에 뗏목과 독목주(獨木舟, 통나무배) 같은 원시적 항해수단에 의해 해로가 틔어 해상 진출의 여명기가 밝아왔다. 역내에서 발굴된 돌화살과 고인돌 등 유물이 당시 3국 간의 해상교역을 시사하고 있다.

기원을 전후한 시기에 이르면 동북아 해상활동이 여명기에서 전개기로 넘어가면서 3국 간의 해로는 사통팔달한다. 기원전 219년 진(秦)대의 방사(方士) 서불(徐市, 일명 徐福)은 진시황의 '불사약(不死藥)' 구득명에 따라 대규모 선단¹⁴을 이끌고 산둥반도의 남해안에 위치한 리건만(利根灣)에서 출해동도(出海東渡)하였다. 선단은 연해로를 따라 북상해 발해(渤海)를 도해한 다음 한반도의 서해안을 따라 남하, 제주도를 거쳐 일본에 도착한 것으로 전해지고 있다.

기원후에는 한반도의 서남해안에 자리한 영산강(榮山江) 하구를 중간고리로 해서 중국과 한반도, 일본은 긴 쇠사슬 같은 하나의 '통교회로(通交回路)'로 연결되어 있었다. 『삼국지』「위서(魏書)」는 3국을 잇는 그 연해로의 노정을 다음과 같이 전하고 있다.

(낙랑과 대방)군(郡)→한국(韓國)→(남행→동행) 구야한국(狗邪韓國)→(도해) 쓰시마국(對馬國)→(도해) 이찌다이국(一大國)→(도해) 마쯔로국(末盧國)→이또국(伊都國)→나국(奴國)→후미국(不彌國)→토오바국(投馬國)→야마따이국(邪馬臺國)

여러가지 사실(史實)들은 일찍부터 동북아 3국 간에는 주로 해로를 통한 소통과 교류, 즉 문명유대가 형성되어왔음을 실증해주고 있다. 문명교류사에서 보면, 이 3국 간의 문명을 소통시킨 해로가 바로 다름 아닌 해상실크로드의 동북아 구간인 것이다. 그러나 아이러니하게도 중국을 비롯한 국제 실크로드학계는 여전히 실크로드에 관한 진부한 통설에 사로잡혀 있음으로써 실크로드 연구에 혼동과 문제점을 야기하고 있다.

중국에서 출간된 『실크로드 대사전(絲綢之路大辭典)』은 "실크로드(絲

綢之路, 약칭 絲路)는 고대 중국이 중앙아시아를 지나 남아시아와 서아시아, 유럽 및 북아프리카를 통하는 육상 무역통로"라고 정의한다.[15] 일견해 여기서 세가지 문제가 발견된다. 첫째로 실크로드는 해상 아닌 육상만의 무역통로라는 점, 둘째로 실크로드는 환지구적(環地球的) 길이 아니라, 유라시아 구대륙에만 국한된 길이라는 점, 셋째로 실크로드의 출발점을 중국으로 잡음으로써 그 이동에 자리한 한반도나 일본은 실크로드에서 제외되었다는 점이다.

이 중화중심주의와 국한론(局限論)에 입각한 통설에 의하면, 문명교류의 통로인 실크로드 3대 간선의 출발지나 종착점은 한결같이 중국으로 설정되어 있어 그 동쪽의 한반도나 일본까지는 미치지 못함으로써 이 두 나라는 실크로드에서 소외당했던 것이다. 구체적으로 초원실크로드는 화베이(華北)가, 오아시스로는 시안(西安)이, 해상실크로드는 동남해안(취안저우泉州나 닝보寧波)이 그 종착점이자 출발지라는 것이다. 취안저우해상박물관장인 딩위링(丁毓玲)은 중세 아랍이나 페르시아의 무슬림 상인들이 구축한 무역네트워크의 종착점은 중국이었기 때문에 그들은 더이상 북상해 고려나 일본까지는 내왕하지 않았다고 주장한다.[16] 바로 이러한 종착론과 소외론 때문에 동북아의 한반도와 일본은 실크로드의 문명유대에서 제외되어온 것이다. 그러나 각종 문헌기록과 유물에 의해 실크로드의 망로(網路, 네트워크)는 중국에까지 와서 멎은 것이 아니라, 한반도와 일본에까지 이어졌다는 것이 사실로 입증되었다.

실크로드에 관한 이러한 진부한 통설과 인식은 동북아의 문명유대 같은 역사문제뿐만 아니라, 중국의 '일대일로(一帶一路)'론과 같은 오늘날의 국제적 현실문제에도 영향을 미치고 있어 주목하지 않을 수 없다. 최근 연간 중국은 범지구적 전략구상으로 이른바 '일대일로', 즉 '실크로드 경제대(經濟帶)'와 '21세기 해상실크로드'란 굉도(宏圖)를 공식 선포하고 그 실현에 진력하고 있다. 그 내용을 분석해보면, 실크로드 개념에서 육상과 해상 통로를 종합했다는 점에서는 진일보한 것이지만, 여전히 중화중심주의와 국한론, 그리고 한반도와 일본의 실크로드에서의 소외 등 통설의 여파는 그대로 남아 있다.

(4) 한반도의 '타민족론'

7천만 한민족의 한결같은 숙원은 갈라진 나라를 재통일하는 일이다. 이러한 민족적 숙원의 근원적 당위성은 남북한 겨레가 하나의 민족이라는 데 있다. 그런데 작금 이런 엄연한 사실이 '타민족론' 같은 사이비 민족론에 잠식당하고 있으며, 그 여진으로 인해 통일운동은 원동력을 잃어가고 있다.

'타민족론'자들은 민족을 구성하고 있는 여러가지 객관적 요소들의 공통성(공유성)이 점차 사라지고 있는 반면에 혈연이나 언어, 특히 경제에서의 이질성이 두드러진다는 이유를 들어 남북한이 더는 한 민족이 아니라, 다른 민족이라는 '분족론(分族論)'을 공공연히 주장하면서 동족론과 통일에 의혹과 냉소를 보내고 있다.

몇가지 주장부터 들어보자. "민족이란 문화공동체인데, 이제 남북은 판이한 정치제도와 경제구조로 인해 더이상 문화공동체가 아니다. 문화상의 유사성도 별로 없다. (…) 이제 핏줄로도 같은 민족이라고 정의할 수 없다. 단일민족이란 존재하지 않는다."[17] "같은 민족이라는 것은 군더더기로 보인다. 대한민국 국민이라고 하면 충분하다. 여기에 같은 민족이라고 덧붙여 말할 필요가 전혀 없다."[18]라고 한다. 한마디로, 남북한은 이제 더이상 하나의 민족이 아니라는 '반(反)단일민족론' 주장이다. 그 근거로 민족 구성요소들의 공통성, 특히 경제적 공통성의 상실을 집중적으로 거론하고 있다.

남북한 간의 경제제도나 경제 수준에서의 차이 때문에 민족 구성의 주요한 요인의 하나인 경제적 공통성이 사라졌다고 할 수는 없다. 원래 민족 구성요소로서의 경제적 공통성이란, 경제제도나 경제 수준을 의미하는 것이 아니라, 경제의 기층구조(농업이나 상공업 등)와 경제생활(주로 의식주), 그리고 경제에 영향을 미치는 자연지리적 여건(기후와 부존자원 등)의 3대 요소에서 나타나는 공통성을 말한다. 역사적 경험이 보여주다시피, 봉건제도나 자본주의 제도 등 각이한 경제제도나 경제 수준에 처해오면서도 민족을 구성하는 객관적 요소인 경제적 공통성은 소실되지 않고, 민족 구성요소로서의 원초적 기능을 그대로 유지하게 되는데, 그것은 바로 앞의 3대 요소 때문이다. 작금 남북한 간에 경제적 소통이나 경제제도 및 경제 수준의 상호보완 같은 것은 이루어지지 않고 있다. 그러나 이 3대 요소에 바탕한 경제적 공통성은 비록 수준이나 비율, 표현 등에서는 서로의 차이를 보이고 있지만, 총체적으로는 하나의 복합적 요인으로 여전히 유지되고 있다고 봐야 할 것이다. 따라서 경제제도나 경제 수준의 상차(相差)를 근거로 남북한의 단일민족성을 부정하고 '타민족론'을 주장하는 것은 섣부른 오판이라고 하지 않을 수 없다.

민족을 구성하는 다른 주·객관적 요소들인 혈연이나 언어, 문화, 의식구조 면에서의 남북한 간의 차이와 공통성 문제에 관해서도 경제적 공통성과 같은 실사구시한 문제의식으로 접근한다면 틀림없이 바른 이해를 도모할 수 있을 것이다. 이것은 '타민족론' 같은 반민족론을 극복하는 데서 유력한 이론적 무기가 될 뿐만 아니라, 통일운동의 활력소로도 기능하게 될 것이다. 사실상 전술한 주·객관적 요소들 가운데서 그 어느 것 하나도 '타민족론'의 전거가 될 만한 것은 없다.

한반도는 지정학적으로 동북아 문명유대의 중간고리로, 이 유대를 맺고 이어주며 지켜나가는 데서 시종일관 중요한 가교 역할을 해왔다. 따라서 한반도의 정세는 동북아 문명유대의 작동뿐만 아니라, 나아가 동북아의 전반적 정세에도 일정한 영향을 미쳐왔다. 차제에 한반도의 통일을 제어하는 '타민족론' 문제를 거론하는 것은 민족분열로 인한 한반도의 영구분단과 그로 인한 동북아 정세의 지속적 긴장을 차단하려는 의향에서이다.

3. 동북아의 문명유대와 평화

'유대'와 '평화'는 어원적으로 잘 어울리는 말이다. 서로 간의 유대가 없이는 서로의 평화가 이루어질 수 없다. 유대의 목적은 평화의 신장에 있으며, 평화 속에서만 유대가 형성되고 담보된다. 요컨대 유대와 평화는 상호의존적 함수관계에 있다. 동북아 3국의 관계사가 이러한 함수관계를 웅변적으로 입증해주고 있다.

(1) 문명유대를 통한 평화의 정착

전술한 바와 같이, 역사의 이른 시기부터 동북아 3국 간에는 문자와 제도, 종교 및 일상생활에서 문명적 공통요소를 공유케 하고, 일체감을 함양케 한 문명유대가 형성되어왔다. 역사의 고비에서마다 일시적인 이탈과 갈등, 심지어 전쟁 같은 우여곡절은 있어왔어도, 이 유대가 단절되거나 포기된 적은 없이 줄곧 이어져왔다.

그럼에도 불구하고 오늘날 동북아는 각종 모순과 갈등이 도처에 도

사리고 있어 긴장이 연속되는 불안한 '격랑'의 지역으로, 평화가 그 어느 지역보다도 절실하다. 한반도의 분열, 격화되는 영토분쟁, 치열한 패권경쟁, 가속화되고 있는 군비경쟁, 빈발하는 각종 폭력사태…… 모두가 평화를 그 해결방도로 요청하고 있다. 우리는 그러한 요청에 부응코자, 그 평화적 해결방도를 다각적인 시각에서 이론적·실천적으로 모색하기 위해 이 자리에 모였다. 본인은 '문명유대'라는 역사연원적(歷史淵源的)인 합성어를 키워드로 삼고 인문학적 접근방법으로 동북아의 평화 정착을 시론해본다.

문명유대를 통해 평화를 정착시키고 공고화하는 데서 우선 중요한 것은, 전술한 '탈아론'이나 '문명충돌론' '실크로드소외론' 같은 반문명유대론들에서 철저히 탈피하는 것이다. 그밖에 역사적으로 전승되어온 문명유대의 상호성에 역행하는 대국주의나 중심주의, 배타적 민족주의, 사대주의 등 부당한 주의주장들도 극복해야 할 것이다. 사실 이러한 진부한 담론들은 문명유대의 형성과 강화에 백해무익할 뿐만 아니라, 오늘날 동북아의 평화 진전을 위해 제거되어야 할 걸림돌이 되고 있다.

다음으로 중요한 것은 역내의 평화 정착을 위해 새로운 문명유대를 창의적으로 개척하는 것이다. 변화하는 시대, 진화하는 역사는 그에 상응한 문명의 교류와 유대를 필수로 한다. 동북아 3국은 호혜의 원칙하에 문화교류와 소통을 강화하고 상호간의 분쟁을 평화적으로 해결하며, 그 기제로서 유효한 기구를 설치하고 협약을 맺어야 할 것이다.

끝으로 중요한 것은, 세계 평화에 기여하기 위해 타문명권들과의 문명유대를 부단히 확대 강화하는 것이다. 인류가 지향하는 글로벌시대에는 한 나라나 지역의 정세는 인접국이나 인접지역, 나아가서는 지구 전역에 연동(連動)하는 파문을 일으키게 마련이다. 그리하여 어느 나라 어느 지역을 막론하고 평화 수호는 지구촌 전체의 당연한 의무인 것이다. 막강한 동아문명권은 기타 문명권들과의 문명유대를 유지 강화하면서 응분의 평화 의무를 성심성의껏 수행해야 할 것이다.

(2) 평화학의 정립과 보급

평화에 관한 담론은 일찍부터 있어왔다. 독일 철학자 이마누엘 칸트(Immanuel Kant, 1724~1804)는 1795년에 발표한 논문 「영구평화론」[19]에서 국가 간의 영구평화를 위한 3가지 '확정조항'으로, ① 국가체제는 국민이 전쟁 여부를 결정할 수 있는 공화제여야 하고, ② 전쟁을 영원히 종식시키기 위해서는 '제 민족 간의 평화동맹'을 결성해야 하며, ③ 영구평화에 대한 '세계시민의 권리'를 선언해야 한다고 주장하였다. 시간을 1백여 년 뛰어넘어, 대한제국의 안중근(安重根) 의사는 1910년 3월 사형언도를 받고 감옥에서 집필한 미완의 원고[20] 「동양평화론(東洋平和論)」에서 일본이 한국의 국권을 박탈하고 만주와 청국(淸國)에 대한 야욕을 가졌기 때문에 동양 평화가 깨지게 되었으니, 이제 동양 평화를 실현하는 길은 일본이 한국의 국권을 되돌려주고, 만주와 청국에 대한 침략 야욕을 버리는 것이라고 엄정하게 지적한다. 그러면서 이렇게 한 후에 독립한 한국과 청국, 일본 등 동양 3국이 일심협력해서 서양세력의 침략을 막아내며, 한걸음 더 나아가서는 동양 3국이 서로 화합해 개화 진보하면서 동양 평화와 세계 평화를 위해 진력해야 한다고 평화 수호의 원대한 구상까지 밝혔다.

종래에는 평화를 단순하게 전쟁이나 폭력, 충돌의 반의어(反意語)나 대칭어(對稱語)쯤으로 여기고, 평화운동을 연성적(軟性的)인 비폭력 사회운동으로만 치부해왔다. 그러다가 제2차 세계대전을 계기로 도처에서 반전(反戰) 평화운동이 치열하게 일어나자, 평화의 사회학적 기능에

노르웨이 출신의 '평화학' 창시자 요한 갈퉁

대한 학문적 관심이 점차 높아졌다. 급기야 1948년에 일부 사회과학자들이 유네스코에서 '사회과학자들의 평화 쟁취를 위한 호소문'을 발표한 데 이어, 1950년대에 들어와서 '평화학'(Paxology)이라는 새로운 학문이 개척되기에 이른다. 그 창시자는 노르웨이 출신의 오슬로대학 국제관계학 교수인 요한 갈퉁(Johan Galtung, 1930~)이다. 그는 1955년 오슬로국제평화연구소(PRIO)를 설립하고, 1964년에는 학술지『평화연구지』(*Journal of Peace Reserch*)를 발간하였다. 그후 주저『평화론』(*Theories of Peace*)을 비롯한 160권의 평화 관련 저서에서 평화학의 학문적 정립을 시도하고, 그 보급에 진력해왔다. 그는 세계 곳곳에 온라인(online) 평화대학을 세우고, 1백여개의 분쟁을 중재하기도 하였다.

평화학[21]은 한마디로 과학적 방법으로 인류의 영구평화를 어떻게 실현할 것인가를 연구하는 학문이다. 평화학은 신흥 독립 학문이지만, 기타 학문분야와 다각적으로 연계되어 있는 학제간(學際間)학문이며, 정치·경제·군사·문화의 다층차(多層差)를 아우르는 복합학문이기도 하다. 평화학은 평화교육과 평화운동 등 여러가지 실천과 관련된 비판과학이며, 인류의 궁극적 목표인 영구평화를 달성하고 그 가치를 중시하는 가치지향적 학문이다. 평화학은 주로 인간의 사회관계를 다루는 학문이기 때문에 사회학 계보에 속한다.

평화학의 내용은 평화이론과 평화교육 및 평화건설의 3대 부분으로 구성되어 있다. 이런 내용 가운데 몇가지 흥미있는 새로운 개념들이 도입되어 학계의 이목을 끌고 있다. 우선 폭력을 직접폭력과 구조(構造)폭력, 문화폭력의 세 부류로 구분한다. 직접폭력은 일종의 유형적 폭력으로, 인간에게 육체적 고통을 가하는 전쟁과 폭력충돌, 그리고 언사(言辭)와 심리를 통한 학대 등이 이에 속한다. 구조폭력은 빈곤이나 질병, 억압이나 사회적 멸시 등을 통한 고통과 재난으로, 이것들은 정치권리와 경제이권의 배분상에서 나타나는 불공정 현상이다. 직접폭력이 유형인 데 반해 구조폭력은 무형의 폭력으로, 장기적인 과정을 통해서만 제거될 수 있다. 문화폭력은 종교나 법률, 의식형태, 언어, 예술 등에 존재하는 폭력으로, 학교나 매체를 통해 전파된다. 문화폭력은 왕왕 사회적 증오나 공포, 의혹 등을 유발한다.

다음으로, 평화를 소극적 평화(Negative Peace)와 적극적 평화(Positive Peace)로 구분함으로써 평화의 개념을 크게 확대하였다. 소극적 평화란, 체계화된 집단적 폭력(organized collective violence)이 없는 상태의 평화로, 무력이 아닌 담판이나 조절을 통해 분쟁이 해결되며, 유엔 같은 조직이나 국제적 협약에 의해 집단적 안전이 보장되는 평화다. 적극적 평화란, 체계화된 집단적 폭력이 없을 뿐만 아니라, 사람들 사이에서 협력과 통합, 회복(rehabilitation), 정의가 실현된 상태의 평화로, 기아와 폭력, 인권 침해와 난민, 환경오염 등 인간에게 고통과 불안을 안겨주는 각종 요인이 없어졌을 때 비로소 이러한 적극적인 평화가 실현되는 것이다. 그밖에 충돌과 평화, 비폭력과 화해 등 일련의 문제에서 평화학은 나름대로의 이론과 해결방법을 제시하고 있다.

1970년대부터 여러차례 남북한을 방문한 요한 갈퉁 박사는 한반도 문제를 해결하며 자신의 평화구상을 실현할 여러가지 주장을 내놓고 있다. 2016년 5월 25일 한국 제주도에서 열린 '제11회 평화와 번영을 위한 제주포럼'에서는 한국이 "북한과 관계를 정상화하고 평화적인 관계를 가지며 협력해야 한다"고 조언하면서, "대북 제재가 계속될수록 북한에는 '한'이 더 쌓일 것이다. 핵을 개발한 다른 국가들에게는 제재를 하지 않았는데, 북한에게만 이러한 제재를 가하는 것은 불공평하다"며, "미국은 북한이 붕괴할 것이라고 생각해 제재를 가해왔지만, 이는 불가능할 것으로 보인다. 저는 붕괴론이라는 개념의 붕괴를 희망한다"는 의미심장한 견해를 피력하였다. 그러면서 "우선 남북은 시간을 낭비하지 말고 통일을 위한 관계를 만들어야 한다"며, "일단 관계를 가지게 되면 통일을 위한 기반이 될 만한 단계를 구축할 수 있다"고 통일의 방식과 전망까지 예시하였다.[22]

　2차대전 후 냉전시대에 탄생한 평화학은 평화수호라는 가치지향적 목적 때문에 학계뿐만 아니라, 사회운동계에서도 상당한 관심을 불러일으켰으며, 유네스코를 비롯한 국제평화기구와 조직들의 적극적인 호응과 지지를 받고 있다. 그리하여 오늘날까지 40여개 유럽 나라들의 2백여개 대학과 연구소 내에 평화학 교육 및 연구를 전담하는 학과와 부서가 설치 운영되고 있다. 아직까지는 평화의 가치를 여러 계기에서 직접 체험해본 유럽이 평화학의 중심 역할을 하고 있다. 동북아 3국에서는 평화학이 걸음마를 떼기는 했으나, 아직까지는 미미한 상태다. 동북아의 환경에 부합하는 평화학의 정립을 통한 동북아 영구평화의 정착이 절박하게 요청된다.

3

동북아 해로고 海路考
— 나당해로와 여송해로를 중심으로

서론

길은 문명을 탄생시키는 산파이며 문명을 소통시키는 매체다. 따라서 길의 연구는 문명, 특히 그 교류 연구의 전제가 된다. 수많은 길 가운데서 바닷길(Sea Road)은 해양문명의 산파역뿐만 아니라, 해양문명과 대륙문명의 가교역까지도 아울러 수행한다.

140여년 전(1877) 문명교류 통로로서의 실크로드가 학문적으로 정립되기 시작한 이래, 이 바닷길에 관한 연구도 간단없이 진행되어왔다. 드디어 20세기 후반에 이르러 바닷길은 '해상실크로드'(Marine Silk Road, Sea Silk Road, 혹은 해로)란 개념하에 실크로드 3대 간선의 하나로 자리매김되면서 연구가 활성화되었다. 해상실크로드는 1천여년간의 여명기(BC 8세기~AD 6세기)를 거쳐 전개기(7~15세기)에 접어들면서 구대륙에서 '신대륙'으로 이어지는 환지구적 교류통로로 확대되고 경유 해로의 해안마다 촘촘한 해로망(海路網, marine network, 海上網路)이 구축되면서 그 기능이 전례없이 증강되었다.

이러한 시대적 변화는 나·당(羅唐)과 여·송(麗宋) 간의 해로를 비롯한 동북아 해로의 전개에도 그대로 반영되었다. 그러나 작금 중·일 학계를 비롯한 대부분의 국제 학계는 실크로드 전반에 대한 진부한 통념에 사로잡혀 해상실크로드의 한 구성부분으로서의 동북아 해로에 관한 연구를 외면하고 있다. 물론, 더러는 정견(正見)을 조심스레 피력하고 있지만, 논리가 부실하거나 일관성이 결여되어 있다. 그런가 하면 해상을 통한 한·중 양국 간의 교역과 내왕은 언급하면서도 그 통로가 바로 범지구적 해로의 한 지선이거나 연장선임을 간과하고 있다. 특히 중국 학계의 주류는 해로에 대한 자기중심적인 편단을 전제로 해상실크로드의 한반도 연장을 극구 부정하고 있다. 게다가『삼국사기』나『고려사』를 비롯한 우리의 관련 전적(典籍)은 양국 간의 교역이나 내왕을 실현 가능케 한 물리적 수단으로서의 해로에 관한 기록은 거의 남겨놓지 않고 있다. 이것은 우리가 한·중 간의 해로를 주체적으로 구명하는 데서 극복해야 할 한계점이다.

그 결과 영성적(零星的)인 연구에서 보다시피, 해역이나 역내에서 개척 이용된 항로의 개념이나 갈래 등 기본문제조차도 제대로 정립되지 않아 이론이 분분하다. 이러한 현황을 감안해 이 글에서는 우선 해로의 한반도 연장 문제와 직접적 관련이 있는 중국 학계의 통념과 오해를 적시(摘示)하고 비판한다. 이어 동북아 해역의 형성과정과 역내에서 전개된 해로, 특히 나·당과 여·송 간의 해로를 심층적으로 조명해본다. 이러한 조명을 통해 자고로 해로는 동북아 해역 내의 한반도에까지 연장되었음을 확인할 것이다.

1. 해로의 통념

문명교류 통로로서의 실크로드에 관한 연구가 심화됨에 따라 2차대전 이후 전래의 오아시스 육로 말고도 초원로와 함께 해로가 실크로드 3대 간선의 하나로 부상했다. 지난 반세기 남짓한 동안 해로에 관한 연구가 꾸준히 진행되어 괄목할 만한 연구성과가 축적되었다. 특히 해로만이 갖는 잠재력과 비전 때문에 해로에 관한 관심과 연구가 급증하고 있는 추세다. 그러나 구대륙으로부터 '신대륙'으로의 항로 확대를 비롯해 해로의 동·서단(東西端) 등 일련의 근본문제들이 진부한 통념에 사로잡혀 제대로 밝혀지지 못하고 있다. 더욱이 이러한 통념에 의해 한반도는 해로에서 소외되고 있다. 따라서 해로에 대한 정확한 이해가 선행되어야 해로의 한반도 연장 문제나 해로를 통한 교류상을 제대로 파악할 수가 있다.

(1) 해로의 개념

해로란 문명교류 통로인 실크로드 3대 간선의 하나로서 고대부터 근대에 이르기까지 광활한 해상에서 동서교류와 교역이 진행된 환지구적 바닷길을 말한다. 이 길은 태평양과 대서양, 인도양, 아라비아해, 지중해 등 세계를 동서로 이어주는 드넓은 해역을 망라하고 있다. 포괄범위나 길이로는 실크로드 3대 간선 중 가장 넓고 길다.

일찍이 기원전 10세기경부터 부분적으로 알려진 이 길은 고대 문명교류의 여명기인 기원을 전후한 시기에 구간별로 작동하기 시작한다. 그러다가 중세에 이르러 15세기 초 정화(鄭和)의 7차 '하서양(下西洋)'(서양으로의 항해)을 비롯해 같은 세기 말 항해왕자 엔히끄(Henrique,

Henry the Navigator)의 아프리카 서해안 항로 개척을 이은 다 가마(V. da Gama)의 '인도항로' 개척과 콜럼버스(C. Colombus)의 대서양 횡단, 16세기 초 마젤란(F. Magellan)과 엘까노(S. de Elcano)의 세계일주 등을 아우른 이른바 '대항해시대'의 개막을 계기로 하나의 범세계적 문명교류의 통로로 자리매김된다. 이 길을 따라 신·구대륙 간에 교역이 진행됨으로써 유럽의 근대화가 가속화되었으며, 세계의 '일체화'란 개념이 싹트기 시작한다. 중세 교역품의 주종에서 연유된 소위 '도자기의 길' '향료의 길' '백은의 길'이란 이 바닷길에 대한 상징적 별칭이다.

광범위한 해로망으로 구성된 이 해로는 다른 두 문명교류 통로인 초원로나 오아시스로에 비해 전개나 이용에서 일련의 특성을 지니고 있다. 이 길은 초원로나 오아시스로와는 달리 신·구대륙을 두루 포괄하는 명실상부한 범지구성(汎地球性)과, 자연환경의 제약을 크게 받지 않고 조선술과 항해술의 발달, 교역의 증진에 따라 부단히 변모하는 가변성을 지니고 있다. 또한 근대에 들어 부진을 면치 못하고 있는 초원로나 오아시스로에 반해 이 바닷길은 근대는 물론, 미래에까지도 줄곧 존속하면서 교류와 교역의 중요한 통로로서의 기능을 지속적으로 수행할 항구성을 구비하고 있다. 이것이 바로 해로 특유의 면모이며 문명교류사에서 해로가 차지하는 위상이다.[1]

(2) 해로의 통념

리히트호펜(F. von Richthofen)에 의해 '실크로드' 개념이 창시된 이래, 해상로에 관한 연구가 꾸준히 추진되어왔지만, 여태껏 명칭과 개념에 이르는 기본문제에서까지 이론이 분분하다. 그런데 문제는 이러한 이론(異論)에 대한 학문적 탐구가 아직 제대로 이루어지지 않고 있다는 데 있다. 2차대전 후 일본을 비롯한 국제 학계에서 오아시스 육로만을 실크로드로 간주하던 전래의 견해에서 탈피해 초원로와 더불어 해로까지를 실크로드 3대 간선에 망라한 것은 실크로드사 연구에서 획기적인 진전이다. 그러나 이 해로를 주로 방위적 개념에서 '남해로'(Southern Sea Road)로 명명하면서 그 종착지를 서는 로마로, 동은 중국 동남해안으로 한정하였다. 일례로 실크로드 전반은 물론, 해로에 관한 연구에서도 주도를 한다고 자부하는 일본이 최근 발행한 해로 관련 사전(事典)에서는 이 해로를 "동남아시아에서 인도양을 지나 홍해에 이르는 해상루트"라고 정의하고 있다.[2] 이것은 해로에 대한 통념의 단순 반복에 불과하다.

해로에 대한 명명에서도 동양 학계의 경우 아직까지도 '남해로'란 명칭을 답습하는가 하면, '해상실크로드(海上絲綢之路)'니 '바다의 실크로드(海のシルクロード)'니 하는 각이한 지칭을 혼용하고 있다. '해상실크로드'와 '바다의 실크로드'는 동의어로서 다 같이 실크로드의 3대 간선의 하나인 바닷길의 '실크로드성'을 강조하는 의미에서는 사용해도 무방하다고 사료된다. '초원실크로드'나 '오아시스실크로드'도 이러한 맥락에서는 수용이 가능하다. 그러나 초원과 오아시스란 특정의 지정학적 환경을 감안해 관용(慣用)되고 있는 '초원로'와 '오아시스로'에 대응시켜 실크로드의 바닷길도 '해로'로 명칭을 고정하는 것이 타당할 것이다.

이와 더불어 해로의 한반도 연장은 다분히 중국으로의 해로 연장선상에서 고려되는 문제이기 때문에 해로에 관한 중국 측의 이해를 제대로 통찰하는 것이 무엇보다 중요하다. 중국은 지난 1987년부터 1997년까지의 10년간 유네스코가 기획한 '실크로드의 종합연구: 대화의 길'(Integral Study of the Silk Road: Roads of Dialogue, 약칭 '실크로드 탐사' Silk

Road Expedition) 프로젝트 참가를 계기로 '해상실크로드(海上絲綢之路)'
란 이름하에 해로에 관한 연구를 본격화했다. 지난 20년 동안 적잖은 연
구성과가 집적되었지만, 개념의 모호성이나 자기중심적 연구의 편파
성, 그리고 실증론적 연구방법의 결여 등으로 인해 연구가 아직 본연의
궤도에 진입하지 못한 것으로 판단된다.

중국 해상실크로드의 이론적 정초자(定礎者)라고 하는 베이징대학
의 천옌(陳炎) 교수가 2001년에 발표한 글「해상실크로드를 약론(略論)
함」³에서 이러한 문제점들이 극명하게 드러나고 있다. 그는 동서 문명
을 교류시키고 소통시킨 바닷길 개념에서가 아니라, 중국 비단의 수출
로 인해 만들어진 바닷길이라는 관점에서 그 일방적 '외전(外傳)'(수출)
의 길이 바로 해상실크로드라고 정의한다. 이것은 분명한 어불성설이
다. 왜냐하면 중국 비단이 진품(珍品) 내지 주종으로 바다를 타고 동서
양에 '외전'된 것은 기원을 전후한 짧은 기한 내에 한정된 일이기 때문
이다. 중세에 이르러서는 비단이 아닌 도자기나 향료가 해상교역품의
주종을 이루어오다가 근세에 와서는 주 교역품이 공산품이나 농산물로
대체되었다. 그럼에도 불구하고 우리가 여전히 '실크로드'라는 아칭(雅
稱)을 쓰고 있는 것은 그 상징성 때문이다.

천옌을 비롯한 중국 학계의 해로 연구자들 대부분은 여전히 통념에
집착해 해로를 유라시아 구대륙의 해역에 국한시키고 있으며, 그 동·서
단을 중국 동남해안과 지중해의 로마로 설정하고 있다. 이러한 맥락에
서 이른바 중국 '기점론(起點論)'도 대두되고 있다. 린스민(林士民)은 만
당(晚唐) 이래 도자기의 길이 곧 해상실크로드의 길이라고 하면서 그
출발점을 중국 동남해안의 명주(明州)로 지목한다.⁴ 리광빈(李光斌)은
중국 동남해안의 취안저우(泉州)를 해상실크로드의 '동방 기점(東方起
點)'으로 간주한다.⁵ 물론 해상실크로드를 고대 각국 국민들이 바다를

통해 물질문명과 정신문명을 교류시킨 '평화적인 교역통로이며 문명대화의 길'이라고 바로 인식하면서 명주는 동아시아 해상실크로드의 '주요한 항구'일 뿐이라고 주장[6]하는 둥이안(董貽安) 같은 학자나 주장이 없지는 않지만, 아직 그들의 학문적 논리성은 정곡(正鵠)에 미치지 못하고 있으며, 영향력은 미미하다.

이러한 통념에 안주하고 있는 중국 학계는 중국 영외로의 해로 연장을 극구 부정하고 있다. 딩위링(丁毓玲)은 중세 아랍이나 페르시아의 무슬림 상인들이 구축한 무역네트워크[網路]의 종착점은 중국이었기 때문에 그들은 더이상 북상해 고려나 일본에까지는 내왕하지 않았다고 주장한다.[7] 이를테면, 해상실크로드는 중국 동남해안까지 이어졌을 뿐, 더이상 동쪽으로는 뻗어가지 않았다는 것이다. 이러한 주장은 중국 비단의 '외전'을 기준으로 해상실크로드를 설정하는 중국 학계의 견해와도 모순될 뿐만 아니라, 일찍부터 이 바닷길을 통해 서역인들과 한반도나 일본 간에 해상교역과 인적 왕래가 있었다는 사실(史實)과도 상충된다.

『한서(漢書)』「지리지(地理志)」에는 주무왕(周武王)이 기자(箕子)를 조선에 봉할 때 "그 백성에게 예의와 누에를 길러 천을 짜는 법을 가르쳤다(敎其民以禮義 田蠶織作)"는 기록이 있으며, 진시황이 6국을 병탄하자 제(齊)·연(燕)·조(趙) 등 인근 나라 사람들이 고역을 피해 바다를 건너 조선에 이르렀을 때, 그들은 이미 "누에와 뽕나무로 비단 천을 짜는 것을 알았다(知蠶桑 作縑布)"고 한다. 평양시 낙랑구역 토성 부근의 1천년 전 한나라 묘에서 출토된 다량의 유물 중에는 견(絹, 명주)과 능(綾, 무늬비단), 나(羅, 얇은 비단) 등 견직물이 들어 있다.[8] 이것은 한대 이전에, 멀리는 서주(西周) 때 이미 중국의 견직물뿐만 아니라, 양잠과 견직 기술이 조선에 유입되었음을 시사한다. 이러한 양잠과 견직 기술은 한대에 조선을 통해 일본에 전파되었다. 비단 '외전'의 길이 바로 해상실크로드라는 천옌의 단순논리에 의하더라도 선진(先秦)시대에 이미 한반도로의 해로는 뚫리고 있었다고 봐야 한다. 그렇다면 이 바닷길은 해상실크로드의 '동해기항선(東海起航線)'이며, 견직물이 '외전'된 최초의 한 항로다.[9] 요컨대, 한·중 해상실크로드는 최초의 해로인 셈이다. 중국 학계가 이러한 사실을 갈파한다면 더이상 한반도를 해로에서 제외시킬 명분을 찾을 수가 없을 것이다.

그리고 중세 무슬림 상인들의 해상네트워크가 한반도까지 미치지 못했다는 중국 학계의 주장은 역사적 사실과도 맞지 않는다. 중세 아랍 문헌과 고려 사적은 통일신라시대를 이어 고려시대 초기까지도 서역 무슬림 상인들이 한반도에 집단적으로 대거 밀려와 교역을 했음을 기록으로 남기고 있다.[10] 자고로 한반도로 이어진 해로는 필히 중국의 동남해안을 경유했기 때문에 중국 영외로의 해로 연장을 부정하는 중국 학계의 부당한 주장을 혁파하지 않고서는 해로의 한반도 연장을 정설로 정립할 수가 없다.

2. 동북아 해로

나당해로나 여송해로는 고대 동북아 해로의 계승이며, 당대(當代) 동북아 해로망의 한 구성부분이다. 따라서 동북아 해로의 역사적 고찰이 없이는 나·당이나 여·송 간의 해로 같은 후대의 해로를 제대로 이해할 수가 없다. 사실 지금까지의 문명사 연구는 대륙사관에 치중하고 해양사관을 도외시해왔으며, 해로 연구의 경우에도 이른바 '남해로' 연구가 전면에 부각되면서 동북아 해로 같은 주변부 해로 연구는 뒷전으로 밀려났다. 그 결과 한·중·일을 비롯한 동북아 해로권에 속하는 나라나 지역들 간의 해상교통이나 해상교류에 관한 연구는 부진을 면치 못했다.

(1) 동북아 해로의 형성

자고로 동북아 해역은 중국 동남해안과 화베이(華北) 및 동북해안, 발해만(渤海灣), 타이완 해역, 한반도 해역, 극동시베리아 해역, 일본과 류우뀨우 해역 등 지구 동북반부의 넓은 해역을 망라하고 있다. 대양 권역으로 보면 이 해역은 서부 태평양권에 속하며, 계선이 확연치는 않으나 발해와 황해, 동해 등 여러 해역으로 나눠지기도 한다. 지질학적으로 보면, 오늘날의 동북아 해역은 지금으로부터 약 1만년 전 최후의 빙하기 때만 해도 아시아대륙과 일본열도는 육지로 연결되어 있었다. 그러나 그후 간빙기가 다가오면서 해수면이 서서히 높아지자 대륙과 바다로 분리되고, 급기야 일본은 열도로 변모한다.[11] 따라서 이때가 동북아 해역의 조성 시점이 될 것이며, 이에 따른 원시적인 동북아 해로가 트이기 시작했을 것이다.

근래에 와서는 이 해역이 대륙과 여러 섬들로 에워싸여 있다는 지리적 환경과 고대부터 역내 구성원 사이에 활발한 교류가 진행되어왔다는 등 공유성과 일체성을 감안해 '지중해(地中海)'(대륙 속의 바다)라고 그 좌표를 정하는 견해가 대두되고 있다.[12] 그러나 상당한 부분이 섬들로 에워싸여 있는 이 해역을 통념적인 '지중해'로 간주하기에는 무리가 따른다.

원래 해로는 육로와는 달리 길로서의 흔적을 거의 남겨놓지 않기 때문에 주로 해로를 통한 교류 유물과 기록(역사시대)에 의존해서 그 노선을 추적하게 된다. 물론 수중고고학적 발굴에 의한 수장(水藏) 유물에 따라 가늠할 수도 있지만, 이것은 드문 경우다. 또한 해로는 항해수단으로서 인간이 건조한 선박이 구현한 조선술과 항해술에 의거해 방향과 노선, 기능, 그리고 연해와 심해 항해 등 제반 항해 양상이 결정되기 때문에 해로의 구명은 당대 조선술과 항해술에 대한 연구가 전제된다.

조선술과 항해술을 비롯한 제반 요인에 따라 동북아 해역에서 전개된 해로는 부단한 발달과정을 거쳤다. 그 과정은 크게 여명기와 전개기, 발전기의 3단계로 나눠 고찰할 수 있다. 여명기는 해양 진출이 시작된 7천~8천년 전부터 기원 전후 시기이고, 전개기는 그로부터 18세기 근대적 해로가 개척될 때까지, 그리고 발전기는 그 이후와 오늘, 미래를 아우르는 시기에 해당된다.[13]

(2) 여명기의 해로

여명기의 해로에 관한 기록은 거의 없기 때문에 주로 해역 내의 지역에 남아 있는 신석기시대와 청동기시대의 유사 유물에 의해 그 존재를 추적할 수밖에 없다. 추적 끝에 드러난 여명기 해로의 특징은, 뗏목과 독목주(獨木舟, 통나무배) 같은 간단한 원시적 항해수단이 이용되고, 비지향적(非指向的) 표류에 의한 연해항로가 위주이며, 해로의 주역이 집단이 아니고 개별적이라는 것이다.

여명기의 해로 추정에 전거로 제시되고 있는 유사 유물의 상사성(相似性)은 자생적일 수도 있지만, 교류에 의한 상호 전파의 결과일 수도 있다. 지금까지 학계에서 여명기의 해로와 해로를 통한 교류상을 실증해주는 대표적인 유사 유물로 꼽는 것은 다음과 같은 몇가지가 있다. 이러한 유사 유물의 존재와 그 전파로에 대한 추정으로 여명기의 해로를 헤아려볼 수 있다.

1) 석촉(石鏃, 돌화살). 신석기시대 유물인 석촉 가운데서 삼각형 석촉은 러시아 극동 연해주 지역에서부터 한반도와 일본에 이르기까지 넓은 지역에서 발견된다. 함경북도 청진시의 농포동(農圃洞)과 평안남도 온천군의 궁산(弓山), 일본 죠오몬(繩文)문화시대의 혼슈우(本州)와 큐우슈우(九州)·시꼬꾸(四國) 등 여러 유지(4천~8천년 전)에서 이러한 삼각형 석촉이 다수 출토되었다.[14] 또한 석엽(石葉)석촉도 러시아의 바이깔에서 아무르강[黑龍江]을 거쳐 중국 둥베이(東北) 지방과 사할린, 일본 북부지대에 이르는 여러 유지(5천~8천년 전)에서 발견되었다.[15] 이러한 유사 유물의 존재는 해로를 통한 해상교류의 결과일 것이다.

2) 지석묘(支石墓, 고인돌, 돌멘dolmen). 일명 석붕묘(石棚墓)라고도 하는 지석묘는 거석문화의 하나로서 일종의 묘장 형식이다. 신석기시대부터 범세계적인 문화권을 이루고 있는 거석문화(巨石文化, megalithic culture) 가운데서 지석묘는 한반도를 중심으로 한 동북아에 밀집되어 이른바 '동북아 돌멘권'을 형성하고 있다.[16] 이 돌멘권에 속하는 한반도 전역과 중국의 랴오닝(遼寧)과 저장(浙江)[17] 지역, 일본의 큐우슈우에서 발견된 지석묘들은 조성 연대의 순차나 조형의 상사성을 감안할 때, 해로를 통한 교류물일 개연성이 높다. 지석묘의 조성 연대를 보면, 한반도 북부(2100~3900년 전)→저장(2500~3000여년 전)→랴오닝(2300~3000여년 전)→한반도 남부(1800~2400년 전)→큐우슈우(1700~2400년 전)의 순으로 배열된다.[18]

흥미로운 것은 저장 지역에서 발굴된 지석묘는 구조나 형식, 바닥 시설이나 내용물에서 랴오닝 지역의 지석묘와는 분명하게 다르나, 한반도 남부의 지석묘와는 생활기구나 생산도구 및 무기류에서 일치한다는 점이다. 비록 지금의 시각에서 "한국의 지석묘, 특히 한국 서남부의 지석묘가 저장 지역의 석붕묘와 꼭 직접적인 연계가 있었다고 긍정하기는 어렵지만, 그렇다고 여러가지 공통점을 감안한다면 양자 간의 관계를 부정하기도 어렵다"[19]는 것이 한 중국 고고학자의 견해다. 한·중·일 3국에서 발굴된 지석묘의 구조나 내용물에 나타난 여러가지 상사성이나 공통성으로 미루어 한반도로부터 저장 지역이나 일본으로의 전파는 해로를 통해 이루어질 수밖에 없었을 것이다. 비록 거석문화 일반의 교류에서 제기되는 문제이기는 하지만, 육중한 거석이 뗏목이나 통나무배 같은 데 실려 옮겨졌다고 믿기는 어렵다. 그러나 모본(模本) 역할을 할 수 있는 소형 석조물(지석묘 포함)의 운반이나, 특히 거석문화 창조자들의 도항(渡航)에 의한 전파는 십분 가능했을 것이다.

3) 도작(稻作, 벼농사). 2차대전 후 아시아벼 오리자 사티바(Oryza sativa)의 원산지가 인도의 동북부 아삼(Assam)과 남중국 윈난(雲南)지대를 두루 아우른다는 이른바 '아삼-윈난지대설'이 유력해지면서 한반도와 일본의 도작이 7천~8천년 전에 중국에서 해로를 거쳐 전래되었다는 도래설이 지금까지의 통설이다.[20] 이 통설의 정확성 여부를 떠나서 동북아 3국의 벼농사가 해로를 통한 교류의 결과물이라는 데는 이의가 없다. 그러나 그 전파로에 관해서는 크게 세가지 설이 있는데, 모든 설은 해로에 의한 전파를 전제하고 있다.

① 북로설. 이것은 가장 일찍이 제기된 설로서, 그 계기는 20세기 20년대 스웨덴의 지질학자 안데르손(J. G. Anderson)이 중국 허난성(河南省) 양사오(仰韶)문화 유적에서 도자기 조각에 붙어 있는 벼 껍질 흔적을 발견함으로써 화베이 지방에서는 기원전 3000년경에 이미 벼농사가 있었다고 추정했다. 이에 근거해 많은 학자들은 일본의 벼농사는 화베이에서 둥베이와 한반도를 거쳐 해로로 일본 큐우슈우에 전해졌다고 주장한다. 그러나 1988년 베이징대학 교수 옌원밍(嚴文明)은 이 주장에 수정을 가한다. 즉 출발지는 화베이가 아닌 화난(華南)과 양쯔강 중하

류 지역인데 육로로 장쑤(江蘇)와 산둥(山東)을 거쳐 발해(渤海)와 랴오둥반도, 한반도를 지나 해로로 큐우슈우에 이르렀다는 것이다.[21] 옌원밍의 전파로 수정은 비록 화베이나 둥베이 같은 고위도 지역에서는 벼농사가 가능하다는 북로설의 불합리성을 극복하기는 했으나, 신빙성 있는 고고학적 전거를 제시하지 못했을 뿐만 아니라, 당시 인간들의 도해(渡海) 능력에 관한 해명도 설득력이 없다.

② 중로설. 이것은 벼농사가 양쯔강 하류지역에서 직접 바다를 건너 일본에 전파되었다는 설이다. 이 설은 20세기 50년대 일본의 안도오 히로따로오(安藤廣太郎)가 처음으로 제창한 설로서 후에 제시한 이른바 '강남전입설(江南傳入說)'에서 좀더 구체화되었다. 그는 그 근거로 세가지를 개진했다. 첫째는 양쯔강 연안 일대의 토착민인 묘족(苗族)은 일찍부터 벼농사를 짓고 물고기와 쌀밥을 선호하는 등 일본인과 풍속이 비슷하며, 일본 쌀과 중국 강남(양쯔강 남쪽 지역) 쌀의 형태가 같다. 둘째는 '쌀'의 발음에서 중국 춘추시대의 오(吳)나라에서는 '놘'(nuan, 暖?)이라 부르고, 일본이나 한국, 베트남에서도 쌀 이름에 자음 'n'자가 있다. 셋째는 지리적으로 강남지역은 중국 대륙에서 일본으로 가기에 가장 가까운 곳으로서 해류를 이용해 쉽게 도일(渡日)할 수 있다.[22] 이러한 근거에 의한 안도오 히로따로오의 '강남전입설'은 3국의 여러 학자들로부터 상당한 호응을 얻었다. 중국의 안즈민(安志敏)은 양쯔강 중하류는 벼농사의 발상지일 뿐만 아니라, 발달의 중심지로서 벼농사가 "해로를 통해 한반도나 일본열도에 직접 수입되는 것은 완전히 가능한 일"이라고 못박았으며,[23] 한국의 김정배(金貞培)도 한국 벼의 중국 남방전래설에 동조한다.[24] 일본의 히구찌 타까야스(樋口隆康)는 그 항로가 양쯔강 하류에서 북상해 산둥의 남부와 장쑤의 북부 일대에 이른 후 바다를 건너 큐우슈우 지역으로 이어졌다고 수정을 가하면서 그 시원은 기원전

600년 전후 시기라고 주장한다.[25]

③ 남로설. 일본의 야나기따 쿠니오(柳田國男)가 제기한 일명 '도전설(島傳說)'이라고도 하는 일설로서 도작(稻作)문화가 중국 내지에서 연안도서와 타이완, 류우뀨우, 오끼나와(沖繩)를 거치는 해로를 통해 큐우슈우에 전파되었다는 것이다. 이 설에 의하면 패류(貝類)의 진귀한 보물인 보배〔寶貝〕를 찾다가 우연히 오끼나와(황허 유역이나 남해에서는 보배를 찾지 못함)에 정착한 중원지역의 원주민들에 의해 벼가 일본에 초전(初傳)되었다는 것이다.[26] 그러나 타이완어와 오끼나와어의 '벼' 발음이 완전히 다르며, 유전학적으로 일본의 갱도(粳稻, 메벼)는 동남아 도서(島嶼)에 그 기원을 두고 있는데, 필리핀과 류우뀨우 등 여러 섬들을 거쳐 남큐우슈우에 유입되었다[27]는 일본 학계의 주장에 의해 부정되고 있다.

이상에서 동북아 해로의 여명기에 전개된 역내의 해상교류상을 석촉과 지석묘, 도작의 실례를 들어 고찰했다. 주로 유사 교류유물에 근거해 교류상을 추론했기 때문에 구체적인 항로를 밝힐 수는 없지만, 앞에서 언급한 연해로를 따른 뗏목이나 독목주에 의한 표류 등 여명기의 항행이나 해로가 갖는 특징은 규시(窺視)할 수 있을 것이다.

이러한 유물 말고도 몇가지 기록에 의해 여명기의 연해로, 특히 한반도의 서남해안과 산둥반도 연안을 연결하는 북방연해로의 흔적을 추적해볼 수 있다. 그 시용(始用)은 고조선 전기에 맞먹는 중국 하대(夏代, BC 21~17세기)로 소급할 수 있다. 『시경(詩經)』「상송(商頌)」에는 지금의 허난성 상추(商邱)에 자리하고 있던 상토(相土, 湯王의 11대조)가 해외에 질서정연한 속지(屬地)를 가지고 있었다는 기록이 있다.[28] 여기서의 '해외'란 대체로 고조선 서쪽 일원을 지칭하는 것으로서, 속지를 관리하기 위한 교통로로서 연해로가 이용되었을 것이다. 상대(商代, BC 16~11세기)와 서주(西周, BC 11~8세기) 시기에도 이 연해로를 이용한 흔적이 은

허(殷墟)를 비롯한 유적과 그밖의 고적(古籍) 기록에 나타나고 있다. 동한(東漢)의 왕충(王充)이 쓴 『논형(論衡)』에는 서주 성왕(成王) 때 "왜인(倭人)이 창(暢, 향료의 일종)을 바쳤다"[29]는 기사가 있는데, '왜인', 즉 일본인이 서주까지 온 길은 십중팔구 연안 바닷길이었을 것이다.

고조선 후기에 상응하는 중국의 춘추전국시대와 진대(秦代)에 오면 이 연해로의 이용이 가시화된다. 산둥반도에 자리한 해상강국 제(齊)나라 사람들이 연해로의 존재를 알고 있음은 물론, 그 길을 통해 고조선과 통교하고 있었다. 전국시대의 『산해경(山海經)』에는 조선이 '동해(東海)', 즉 오늘의 황해 수역 내와 '북해(北海)', 즉 오늘의 발해 기슭에 자리하고 있다는 기록[30]이 있어 당시 바다를 통한 고조선과의 내왕을 시사하고 있다. 랴오둥반도 남부와 동남부 일대에서 출토된 전국시대의 구리칼과 구리방울은 두 지역 간의 교류를 말해준다. 제나라 성인 공자가 뗏목을 타고 바다를 건너 현자들이 사는 동이(東夷, 九夷, 즉 고조선)에 가서 살고 싶어했다는 유명한 일화도 공자 시대의 제나라 사람들은 발해와 랴오둥반도를 거쳐 고조선으로 통하는 바닷길을 이미 알고 있었음을 뜻한다.[31]

여명기에 항해가 과연 가능했을까 하는 의문을 풀기 위해서는 당시의 조선술과 항해술을 살펴볼 필요가 있다. 해로의 개척과 전개는 전적으로 조선술과 항해술에 달려 있다. 중국의 경우 여명기의 말엽에 조선술과 항해술이 이미 상당한 수준에 이르렀다는 것이 여러가지 유물과 기록에 의해 입증되고 있다. 원시적인 뗏목이나 통나무배는 기원전 2000년경 청동기의 출현과 더불어 목판의 가공이 가능해지면서 기원전 1000년경에 목판선(木板船)으로 대체된다. 은대의 갑골문에서 '주(舟)'(배)를 표현한 상형문자가 여러가지임을 감안하면 당시 목판선의 형태가 평저(平底, 평평한 바닥)와 방두(方頭, 둥근 선수), 방미(方尾, 둥근 선미), 수미출각(首尾出角, 각진 선수와 선미) 등 다양함을 알 수 있다. 어떤 것은 선수와 선미에 가름대를 놓아 좌석을 만들어놓은 것도 있다. 이 시기 이용된 배의 규모나 형태에 관해서는 기록과 유물을 참고해 어림잡을 수 있다.

전국시대의 장의(張儀)란 사람이 초왕(楚王)에게 보낸 조서에서 진(秦)나라 서쪽에 있는 파촉(巴蜀)에서 조〔粟〕를 실은 큰배〔大船〕가 초나라까지 3천리를 항행했는데, 배는 50명의 병졸과 3개월분 식량을 적재했으며 하루 3백여리씩 항행했다고 한다.32 1974년 광저우(廣州)에서 진대(秦代)의 한 조선소 유적을 발견했는데, 조절 가능한 3개의 평대(平臺)를 갖추고 있다. 평대마다 작은 배를 건조하고, 3개를 합치면 너비 8m, 길이 20m, 적재량 30톤까지의 큰 배를 무을 수 있다.33 진대에는 선거(船渠, 독dock)를 이용해 배를 뭇고 쇠못과 퍼티(putty, 유회油灰)로 선체를 조립했으며, 3중갑판의 누선(樓船)까지 만들어냈다.

조선술이 이 정도까지 발달하자 항해자들은 계절풍과 해류를 이용해 안전하고 신속하게 항행하기 시작했을 뿐만 아니라, 육표(陸標)와 천문지식에 의거해 항해의 방향성을 확보하고 무모한 표류를 면할 수가 있었다. 전국시대에 이미 물시계〔刻漏〕로 시간을 헤아리고, 사남(司南, 숟가락 모양의 지남철)으로 항진의 방향을 정했다.34 또한 제(齊)나라의 천문학자 감덕(甘德)은 『천문점성(天文占星)』 10권(BC 360~50)을 찬술해 도항에 활용했다. 그리고 한 배에 수십명 내지 수백명이 합승하는 집단적 항해도 가능해졌다.

이러한 과정은 연해로가 원해로(遠海路, 深海路)로 확대되는 과정이기도 하다. 연해로는 여명기로부터 개척되었는데, 그에 관해서는 『주서(周書)』가 최초의 기록을 남겨놓고 있다. 이 책에 의하면 기원전 11세기 서주(西周)의 성왕(成王) 때 월(越)나라가 그에게 '주(舟)'를 헌상했다고 한다.[35] 여기서의 '주'가 원시적인 독목주인지, 아니면 일정한 성능을 갖춘 선박인지는 명확치 않으나 왕에게 헌상할 정도라면 십중팔구는 후자였을 것이다. 당시 저장(浙江) 일원에 자리하고 있던 월이 허난 뤄양(洛陽)에 정도한 주나라 왕에게 배를 보내려면 연해를 따라 북상, 장쑤(江蘇) 푸닝(阜寧) 부근에서 화이수이(淮水)로 진입하거나 산둥 샤오칭허커우(小淸河口) 부근에서 지수이(濟水)를 타고 강을 거슬러 올라가 뤄양에 이르렀을 것이다. 저장에서 푸닝 부근까지 가는 해로는 분명 연해로인 것이다. 전한의 무제(武帝)도 원봉(元封) 원년(BC 110) 정월부터 정화(征和) 4년(BC 89) 정월까지 21년간 모두 일곱차례나 연해로를 따른 '순해(巡海)', 즉 해상 순찰을 했다는 기록이 있다. 이것은 당시 연해로의 이용 상황과 그 중요성을 시사한다.[36]

(3) 전개기의 해로

이러한 여명기를 걸친 동북아 해로는 기원을 전후한 시기부터 18세기 중엽 근대적 해로가 개척되기까지 이어진 전개기에 접어든다. 전개기의 하한선을 18세기 중엽으로 잡는 것은 이즈음에 증기기관을 동력으로 하는 기선이 발명됨으로써 해로 자체의 변화는 물론, 이에 수반된 해상교통과 해상교류에서의 획기적인 변혁이 일어났기 때문이다. 이것은 '전통적(고전적) 실크로드'의 '신(현대적)실크로드'로의 전환과 궤를 같이한다.[37] 따라서 동북아 해로는 그 전개기를 여기서 멈추고, '신실크로드'의 번영 속에 발전기를 맞아 오늘에 이르고 있으며, 그 전망은 가위 '무한대'라고 할 수 있다.[38]

여명기를 이은 전개기에는 조선술과 항해술이 진일보함으로써 해상활동이 본격화되고, 이에 따라 해로도 사통팔달(四通八達)한다. 그러면서 해로를 통한 교류유물의 존재와 더불어 해로 관련 문자기록도 많이 남아 있어 이 시기의 해로와 해상활동은 비교적 명확하게 구명할 수가 있다. 전개기의 해로가 지닌 특징은, 범선을 비롯한 각종 선박이 널리 이용되고, 육표도항(陸標導航)과 천문도항(天文導航)의 도입으로 인해 지향적 항행이 가능해졌으며, 원해(遠海, 深海) 해로가 개척되고, 해로 주역이 집단성을 띠게 된 것이다.

이제 수십 톤의 적재량에 지남침 격인 사남(司南)까지 장착한 누선을 가진 뱃사람들에게는 얕고 짧은 연해로가 성에 찰 리 없었다. 바야흐로 깊고 드넓은 원해와 그 너머에 있는 미지의 세상이 궁금했을 것이다. 원해로에 대한 욕망이 생기고 그 항행의 가능성이 생겼을 때, 그들은 과감하게 여명기의 연해로를 떠나 원해로에 도전한다. 그렇다고 연해로를 완전히 포기한 것은 아니고 필요에 따라 연해로와 원해로를 적절하게 병용하거나 연결하기도 한다. 따라서 해로는 다양화되고 그 이용은 전례없이 활성화되었다. 동북아 해로의 전개기에 접어들면서 단행된 원해 항해에는 발해와 황해, 동해에서의 항해가 포함되어 있다.

우선, 발해 항행이다. 발해는 중국 산둥반도의 펑라이터우(蓬萊頭, 옛 등주登州)에서 랴오둥반도의 라오톄산(老鐵山)까지의 해역을 일컫는다.[39] 역내에는 먀오다오군도(廟島群島)에 속하는 난창산다오(南長山島), 베이창산다오(北長山島), 먀오다오(廟島), 다헤이산다오(大黑山島), 퉈지다오(砣磯島), 다친다오(大欽島), 난황청다오(南隍城島), 베이황청다오(北隍城島) 등 섬들이 오밀조밀 줄지어 있다. 가장 넓은 톄산수이다오(鐵山水道, 일명 오호해烏湖海)의 너비가 고작 22.8마일에 불과하니 섬들 사이를 빠져나가는 항로는 좁은 편이다. 이 발해를 가르는 항로는 분명히 원해항로이지만, 그 전후가 산둥반도의 연해로나 랴오둥반도의 연해로와 연결되어 있기 때문에 왕왕 한·중 간의 북방연해로(北方沿海路,

일명 우회로)의 한 구간으로 인식되고 있다.

일찍이 6천~7천년 전에 산둥반도나 랴오둥반도와 이 도서들 사이에 해상교류가 있었다는 것이 고고학적 유물에 의해 증명된다. 전국시대 산둥반도에 자리한 제(齊)나라는 남방의 오(吳)나 월(越)나라와 연해로를 통해 내왕한 것은 물론, 심지어 해전까지 벌인 바가 있다. 진시황은 평생 다섯차례나 산둥반도와 발해만 일대를 해상동순(海上東巡)했다. 전한 무제는 원봉(元封) 2년(BC 109)에 위만조선이 진번(眞番)과 진국(辰國) 등으로부터의 조공로를 차단한다는 구실하에 사신 섭하(涉何)을 보내 고압적 교섭을 시도하다가 사신이 피살되자 조선 정벌에 대군을 투입한다. 좌장군(左將軍) 순체(荀彘) 휘하의 5만은 육로로 요동에 진출하고, 누선장군(樓船將軍) 양복(楊僕)이 이끄는 7천은 산둥반도를 출발해 발해를 건너 조선의 수도 왕검성에 선착한다.[40] 이것은 발해를 항진해 한반도에 이르렀다는 북방연해로 이용의 첫 명문기록이다. 그러나 앞에서 고찰한 바와 같이 선대에 이미 이 발해 연안의 해로(연해로)가 개통되었기 때문에 무제는 안심하고 일거에 이 바닷길에 대군을 투입할 수 있었을 것이다. 이와 같이 발해는 비록 해역은 상대적으로 협소하지만, 동북아 해역에서 원해로의 단초를 연 해역이다. 이후 발해는 연해로와 더불어 원해로에도 자주 활용되어왔다.

이러한 사실은 진대(秦代)의 방사(方士) 서불(徐市, 일명 서복徐福)[41]의 동도(東渡)에서 분명히 나타난다. 진시황은 시황제 28년(BC 219)에 랑야(琅琊) 순행 중 삼신산(三神山, 蓬萊·方丈·瀛州)에 선인(仙人)이 산다는 서복의 청을 듣고 서복과 함께 동남동녀 수천명(일설에는 3천명)을 배로 보내 선약을 구하도록 명한다.[42] 그러나 선약은커녕 서복 일행마저도 황양지객(黃壤之客)으로 영영 돌아오지 못한다. 비록 그러하지만 서복 선단의 동도는 고대 중국 원해 항해의 효시로 평가된다. 당초 서복 일행이 선약을 구하기 위해 택한 행선지는 '가기에 멀지 않은(去人不遠)' 발해(渤海, 勃海)[43]의 한가운데 있는 삼신산이다. 오곡백공(五穀百工)과 연노(連弩)를 실은 서복의 대선단[44]은 산둥반도의 남해안에 위치한 춘추시대 이래의 대항(大港)인 낭야산 기슭의 리건만(利根灣)을 출항한다. 선단은 연해로를 따라 북상해 발해를 도해한 다음 한반도의 서해안을 따라 남하, 제주도에 이른 것으로 추정된다. '발해'로 동도한 이 해로는 수세기 후 한·중 간의 북방연해로로 정착되기에 이른다.[45]

다음으로, 황해 횡단이다. 황해는 동은 한반도, 북과 서는 중국 본토, 남은 양쯔강 하구와 제주도를 맺는 선으로 둘러싸인 해역을 말한다. 이 해역을 가르는 황해횡단로(橫斷路, 일명 직항로)는 한반도 서남해안으로부터 황해를 가로질러 중국 산둥반도 해안으로 직항하는 바닷길이다. 바다를 횡단하는 원해로는 조선술이 발달해 풍랑과 장기 항해를 감당할 수 있는 배가 건조되고 항해기술과 경험이 축적되어야 개척될 수 있다.

이 횡단로의 개척은 고구려의 색로(塞路)에 의한 백제의 북방 진출과 관련이 있다. 『위서(魏書)』 「백제전」에 의하면 백제 개로왕(蓋鹵王) 18년(472)에 왕은 '시랑격로(豺狼隔路)', 즉 고구려의 길 차단으로 인해 여례(餘禮)와 장무(張茂) 두 사람의 사신을 익사를 무릅쓰고 바닷길로 파견한다는 표(表)를 위나라 왕에게 보낸다.[46] 이와 같은 고구려의 색로 사건은 백제 서계(西界)의 소석산(小石山) 북쪽 해중에서 '장사(長蛇)', 즉 고구려의 방해를 받아 백제로 남하하던 북위 사신의 배가 침몰되고, 위나라 사신 안(安) 등이 둥라이(東萊)로부터 해로를 취해 백제 왕 여경(餘慶, 개로왕)에게 새서(璽書, 임금의 옥새가 찍혀 있는 문서)를 전하려고 백제 해변에 이르렀으나 태풍을 만나 표류하다가 귀국했다는 등 이 책의 여타 기사에서도 찾아볼 수 있다. 이때 사신들이 택한 항로는 연해로가 아니라 산둥반도 둥라이에서 황해를 가로질러 백제에 이르는 직항로였을 것이다. 사신이 백제 해변에까지 이르고도 풍랑 때문에 되돌아간 것은 이 직항로에 아직 익숙하지 못한 탓으로서 이용한 지 얼마 되지 않았음을 시사한다.

660년 당 고종이 신라 왕의 요청을 받아들여 백제를 정벌할 때 당장(唐將) 소정방(蘇定方)은 군사를 거느리고 청산(城山)에서 출범해 바다(황해)를 건너 덕물도(德[得]物島, 일명 덕적도德積島)에 이르렀다.[47] 청산은 산둥반도의 동북단 룽청만(榮城灣)에 위치한 곳이고,[48] 덕물도는 경기도 남양도호부(南陽都護府)에 속한 섬(현 인천)으로서 소정방의 수군도 산둥반도 동북단에서 황해를 횡단해 백제로 직항한 것이 틀림없다.

끝으로, 동해(東海) 원해로이다. 동해는 아시아대륙의 동북부, 한반도와 일본열도에 둘러싸여 있는 해역이다. 이 해역에서는 쓰시마(對馬) 난류가 북상하고 리만해류(Liman Current)를 비롯한 북방의 3대 한류가 남하해 항해에 영향을 미친다. 동북아 해역으로서의 동해는 일찍부터 한국과 일본, 러시아(연해주) 등 연안국가들의 활무대로서 교역과 더불어 해로도 개척되었으며, 여기에 중국도 끼어들었다. 그러나 연구의 미흡으로 여명기는 물론, 전개기의 해로 상황도 일본 해역을 제외하고는 별로 밝혀진 바가 없다. 그러나 다행히 해동성국(海東盛國) 발해는 동해를 이용해 일본과 활발한 해상교류를 벌였으며, 따라서 전개기의 동해 해로에 관한 기록과 유물을 남겨놓았다.

(4) 발해의 일본도[49]

발해(698~926)는 해동성국답게 사통팔달한 5대 국제통로를 통해 세계와 소통하고 있었다. 이 5대 국제통로는 상경(上京)에서 부여부(夫餘

府, 현 吉林)를 거쳐 거란으로 가는 거란도(契丹道), 영주(營州, 현 朝陽)를 거쳐 중국 중원으로 이어지는 영주도(營州道), 압록강을 타고 산둥반도로 들어가는 압록도(鴨綠道, 일명 朝貢道), 동경(東京)과 남경(南京)을 거쳐 신라까지 연결되는 신라도(新羅道), 동경에서 동해를 건너 일본으로 가는 일본도(日本道)의 다섯갈래 길이다. 그 가운데서 압록도는 말단(末端)이 북부 황해 연안에서 해로로 이어지며, 일본도[50]는 동북아의 동편 수역인 동해(東海)에서 발해와 일본의 연안 항구들을 연결하는 바닷길로서 많이 이용되었다.

발해와 일본 간에는 내왕과 교류가 빈번했다. 기록에 의하면 발해 존재 229년간에 발해의 일본 출사(出使)는 34회, 일본의 발해 출사는 13회, 총 47회로 거의 5년에 한번꼴로 두 나라의 공식 사신들이 이 바다를 오갔다.[51] 전기에는 주로 군사외교가 목적이었으나 후기에는 경제·문화 교류가 주류를 이루었다. 공식적인 사신 내왕 말고도 민간인들 간의 내왕이나 교역도 성행했다. 동해에 면한 두 나라 간의 이러한 견사(遣使)와 교류는 모두 동해를 가르는 항해에 의해 이루어졌다. 그런데 항해는 바람과 해류 등 자연적 해양환경과 조선술, 항해술 같은 인위적 기술여건에 의해 그 성취가 좌우된다. 동해의 계절풍은 여름(4~9월)에는 약한 남풍 계열의 동남풍이, 겨울(10~3월)에는 강한 북풍 계열의 서북풍이 부는 것이 특징이다. 그리하여 발해의 출사는 대개 겨울철의 서북풍을, 회사(回使)는 여름철의 동남풍을 이용해 성사되었다. 발해의 출사 34회 중 29회가 9월부터 1월 사이에, 12회 회사가 4월부터 8월 사이에 이루어졌다는 사실은 이러한 편계절풍 이용을 입증해준다.[52]

계절풍과 함께 해류도 항해의 무시 못할 변수로 작용한다. 동북아 해역은 전반적으로 쿠로시오(黑潮) 해류에 속한다.[53] 이 해류의 지류인 대한난류는 쓰시마를 가운데 두고 동·서 두 물길을 타고 북동 방향으로 북상한다. 한편, 오호쯔끄해의 남서해역에서 따따르해협을 흐르다가 다시 연해주 연변을 따라 남하해 한반도의 동해안에 이르는 한류인 리만해류는 서쪽에서 북상하는 대한난류와 동해의 중남부 해상에서 만나 원산의 외해와 울릉도 부근에 이른다. 그 일부는 방향을 동쪽으로 틀어 횡단하다가 일본 노또(能登)반도의 외해에서 쓰시마 해류와 합류한다. 바로 이러한 바람과 해류 등 자연환경으로 인해 동해의 항행에는 늘 위험이 수반한다. 낮은 수온에 거센 파도와 휘몰아치는 태풍(풍속 20m/sec) 속을 뚫어야 하는 항진은 난항일 수밖에 없다. 게다가 연해와의 불화(不和) 때문에 지문항법(地文航法)에 의한 안전한 지문항해(地文航海)를 포기하고 천문항법(天文航法)에 의존하는 원해 항해를 택하지 않을 수 없다. 그 결과 해상조난을 면할 수가 없었다.[54]

그러나 발해는 발달된 조선술과 축적된 항해술에 의해 조난을 극소화할 수 있었다. 발해 선박의 구체적 구조에 관한 기록은 전해진 바가 없지만, 규모나 항로, 항해일정 등에 관한 기록은 남아 있어 그 성능을 짐작할 수 있다. 선박에는 대·중·소형의 3종이 있었는데, 승선인원과 배수량은 각각 소형이 20명에 50톤, 중형은 40~70명에 1백 톤, 대형은 1백명에 2백 톤이었다. 그리고 발해선은 능파성(凌波性, 파도를 타고 넘는 기능)이 탁월해서 험하고 높은 파도를 무난히 가르면서 항진할 수 있었다. 또한 선박에는 '천문생(天文生)'이라는 천문항법사가 타고 있어 도항을 안전하게 인도했다. 바로 이 때문에 발해와 일본 간에는 견사를 포함해 거항(去航)이 44회, 내항(來航)이 40회로 총 84회의 왕래가 있었지만, 조난사는 내왕 각각 4회씩으로 총 8회(전기에 6회, 후기에 2회)에 불과했다. 우수한 안전성 때문에 일본인과 중국인들은 해상 내왕에서 발해선을 선호했다.[55]

이러한 고난 속에서 개척 이용된 발해의 일본도는 양국의 동해 연안

항구들을 종횡으로 묶어준 여러갈래의 항로로 구성되었다. 일본도의 항로에 관해서는 몇가지 이설이 있어 아직 정립되지 않은 상태다. 문제는 동해안 연안에 위치하면서 일본도의 출항과 입항 역할을 한 두 나라의 항구들을 밝혀내는 것과 그 항구들을 어떻게 항로로 연결하는가 하는 데 있다. 우선, 항구 문제에 있어서 『속일본기(續日本紀)』『일본후기(日本後紀)』『유취국사(類聚國史)』『삼대실록(三代實錄)』『부상약기(扶桑略記)』『신당서(新唐書)』『원사(元史)』『세종실록(世宗實錄)』『전요지(全遼志)』 등의 서적에 의해 일본 측 항구들은 대체로 명확하게 밝혀지고 있으나,[56] 발해 측 항구들에 관해서는 이론(異論)이 분분하다.[57]

다음으로, 두 나라의 항구들을 연결한 항로 문제인데, 이에 관해서도 몇가지 견해가 엇갈린다. 그 하나가 이른바 '남북항로설'이다. 일부 학자들은 발해의 동경용원부(東京龍原府)의 외항인 용제항(龍濟港)을 '북항(北港)', 남경남해부(南京南海府)의 외항 토호포(吐號浦)를 '남항(南港)'이라고 분류하면서 이 두 남·북항이 공히 일본도의 출발지라고 주장한다. 『일본·발해교섭사』의 공동 저자들인 우에다 타께시(上田雄)와 쑨룽젠(孫榮健)은 776년 발해 사신 사도몽(史都蒙) 일행이 이 '남항'에서 출항해 일본 에찌젠국(越前國)의 카가(加賀)에 표착한 일례가 바로 그러한 전거라고 한다.[58] 그러나 『신당서』「발해전」이 밝히다시피 용제항은 일본도의 주항(主港)이지만, 토호포는 발해의 신라도상에 있는 항구일 뿐, 결코 용제항에 비견되는 항구는 아니다. 게다가 출항지를 비교해보면, 34회의 견사 중 18회가 용제항인 반면에 토호포는 단 한번밖에 없는데다가 조난으로 부득이하게 표착한 기록까지 있어 두 항구를 동일선상에서 대비하는 것은 언필칭 무리다.

다른 한 문제는 일본도의 항로를 지나치게 세분화하는 경향이다. 윤명철(尹明喆)은 저서 『한국해양사』에서 일본도의 항로를 '동해북부 횡단항로'와 '동해북부 사단(斜斷)항로' '동해 종단항로' '연해주항로'의 네갈래로 나누고 있다.[59] 문자 그대로 해석하면 '횡단'은 '가로 자르기'이고 '종단'은 '세로 자르기'이며 '사단'은 '비스듬히 자르기'다. 논리적 관점에서 보면 이것은 어디까지나 상대적 개념이다. 즉 어느 한곳을 고정해놓았을 때 상대방의 방위는 상대적으로 횡단선이나 종단선, 사단선상에 있을 수 있다. 해로의 경우도 마찬가지다. 발해 측의 한 항구와 일본 측의 여러 항구를 잇는 항로는 방위에 따라 횡단항로나 종단항로, 사단항로가 될 수 있다. 이렇게 상대성이 강한 항구들 간의 항로는 상당히 가변적이어서 고정시키기가 어렵다. 문헌에도 이렇게 세분화된 항로 기록은 보이지 않아 그같은 주장은 다분히 주관적 판단의 소치로서 신빙성이 미약하다. 그러다보니 항로 설정에서 이러저러한 모순이 발견된다. 예컨대, '동해북부 횡단항로'를 뽀시예뜨를 비롯한 연해주 남부 항구에서 출발해 동해 북부를 횡단한 다음 일본 동북지방인 데와국(出羽國)에 도착하는 항로라고 규정하는데,[60] 방위상으로 보면 이 길은 분명 횡단항로가 아니라 횡단-사단(혹은 종단) 항로다. 그리고 연해주 지역에서 출발해 사할린이나 홋까이도오 남단에 이르는 항로를 '연해주항로'라고 설정했는데,[61] 사실상 이 길은 동해 북부의 횡단로에 해당된다. 따라서 굳이 따로 '연해주항로'라고 명명할 필요가 없어 보인다.

이처럼 사실성이나 논리성이 결여된 항로 설정에 앞서 항로에 관한 문헌기록을 실사구시하게 꼼꼼히 검토하고 그에 근거해 해로를 설정하는 것이 바람직한 학구적 태도일 것이다. 일본도를 이용한 발해 사신들의 내왕에 관한 도표 자료를 보면, 그 일본 도착지는 명기되어 있으나, 발해 출발지나 귀국지는 전혀 밝혀지지 않고 있다.[62] 이러한 상황에서 세분화된 항로 설정을 운운하는 것은 과학성이 결여된 주관적 추단에 불과한 것이다. 여기서 중요한 것은 발해 출발지가 어디인가 하는 문제다. 몇군데가 지목되지만, 가장 중요한 곳은 동경용원부의 외항이다. 발해의 견사 총 34회 중 18회나 출발지가 겨울철 이곳이었다는 사실이 이를 증명한다. 일부 학자들은 용원부를 연해주 남부의 뽀시예뜨에 비정하는데, 이것은 오견이다. 왜냐하면 뽀시예뜨는 겨울철에 얼어붙는 항구로서 겨울철 출항이 불가능하기 때문이다. 반면에 용원부는 부동(不凍)의 항구로서 겨울 내내 이용이 가능하다. 그리고 발해 사신들이 내왕한 항로를 보면, 전반기에는 출발지와 도착지가 여러갈래의 길과 관련되어 있어 복잡하지만, 후반기에는 적어도 일본 도착지만은 노또(能登)이남과 오끼(隱岐) 이북 지역에 집중되어 있다. 이것은 용원부와 이 지역을 잇는 항로(사단 혹은 종단항로)가 주 항로였음을 말해준다. 이 항로야말로 계절풍이나 해류를 효과적으로 이용할 수 있는 해로였다.

한편, 원인은 미상이나, 한때 일본은 발해 선박의 항로를 혼슈우(本州)로 이어지는 이른바 '쓰꾸시로(筑紫路)'에 한정시키려고 시도한 바가 있다. 773년 노또에 도착한 발해 사신 오수불(烏須弗) 일행(배 2척에 승선원 40명)더러 이 '쓰꾸시로'로 귀향할 것을 강요한다. 그러나 이 항로는 해류나 바람 등의 항해조건이 불리할 뿐만 아니라, 노정이 길고 일본 수도와도 멀리 떨어져 있기 때문에 발해는 그런 강요를 거부했다. 이에 일본도 더이상 강요하지는 않았다. 그후 841년 하복연(賀福延) 사절단만이 단 한차례 이 항로를 타고 야마구찌(山口)현의 나가또(長門)에 도착한 적이 있다.

3. 나당해로

8~9세기에 이르러 통일신라와 당 간에 기존의 남북방연해로와 횡단

로에 새로이 남방사단로(南方斜斷路)가 추가됨으로써 전래의 한중해로
는 정착기에 접어들면서 해로가 가시화된다. 그러나 학계에서는 이 나
·당을 전후한 시기 한·중 간에 개척 이용된 몇갈래의 항로를 둘러싸고
내용에서는 대차(大差)가 없으나, 항로의 구분과 명칭 등 개념에서는
여러가지 논란이 지속되고 있으며, 아직 정립이 이루어지지 않고 있는
형편이다. 각자의 발상에 그치고 논박하거나 정리하는 연구는 별로 보
이지 않는다.

중국 고대 항해사 연구가인 쑨광치(孫光圻)는 1997년에 발표한 한 논
문[63]에서 신라와 당 간의 해상교통로를 ① '북로항선(北路航線): 랴오닝
(遼寧)-신라', ② '중로항선(中路航線): 산둥(山東)-신라', ③ '남로항선
(南路航線): 장쑤(江蘇), 저장(浙江)-신라'의 3대 항로로 나눠 명명했다.
후술하겠지만, 여기서의 '북로항선'은 북방연해로에, '중로항선'은 황해
횡단로에, '남로항선'은 남방(동중국해)사단로에 해당된다. 이 글에서는
산둥 이남의 남방연해로가 제외되어 있다. 그러나 그는 2005년에 저술
한『중국고대항해사(中國古代航海史)』에서는 네갈래의 항로를 제시고
있는데, 앞글에서 주장한 '북로항선'은 '항안항로(港岸航路)'로, '중로항
선'은 '횡도황해항로(橫渡黃海航路)'로, '남로항선'은 남방사단로(명명 없
이 사단로임을 설명)로 개명하고, 여기에 앞글에서는 없던 남방연해로(명명
없이 남방연해로임을 설명)를 추가하고 있다.[64]

린스민(林士民)은 당과 한반도 간의 해상항로를 북방연해로와 횡단
로 및 남방연해로의 세갈래로 구분하면서 남·북로란 개념을 도입한다.
즉 북방연해로는 '북로북선(北路北線)', 횡단로는 '북로남선'이라고 지
칭한다. 중당(中唐) 이후에는 명주(明州)를 중심으로 한 동남해안에서
동해를 거쳐 일본으로 가는 항로를 남로라고 하면서 한반도 남단과 제
주도를 거쳐 가는 길은 '남로북선(南路北線)', 제주도를 거치지 않고 일

본 남부에 도착하는 길은 '남로남선'이라고 부른다.[65] 장진평(張錦鵬)도 저서 『남송교통사(南宋交通史)』에서 남·북로 개념을 도입해 북방연해로를 '북로해항북선(北路海航北線)'으로, 횡단로를 '북로해항남선'으로, 사단로를 '남로항선'으로 분류하고 있다.[66]

한국의 전해종(全海宗)은 송대 이전의 한·중 간 해로에는 두갈래가 있었는데, 하나는 한반도의 서해안에서 출발해 산동반도 북안의 등주(登州)나 내주(萊州)에 이르는 해로이고, 다른 하나는 한반도의 서해안과 양쯔강 하류의 명주(明州)나 양주(揚州)를 이어주는 해로라고 하면서, 이 두 해로에는 각각 우회로와 직항로가 있다고 지적한다.[67] 그가 말하는 북방 우회로는 쑨광치의 북로항선에, 북방 직항로는 중로항선에, 남방 직항로는 남로항선에 해당된다. 김재근(金在瑾)은 방위 개념을 도입해 '북중국항로'와 '남중국항로', 두가지로 대별하면서 구체적으로는 '노철산수도경유항로(老鐵山水道經由航路)'와 '황해횡단로(黃海橫斷路)' '동중국해사단항로(東中國海斜斷航路)'의 세갈래로 나누면서 각 항로의 특징과 이용시기 및 이용주체들을 나름대로 밝히고 있다.[68] 그런가 하면 김영제(金榮濟)는 송대 이전의 한중항로를 'A. 북중국항로(北中國航路): ⓐ 요동연안항로(遼東沿岸航路), ⓑ 황해횡단항로(黃海橫斷航路), B. 남중국항로(南中國航路): ⓐ 북방경유항로(北方經由航路), ⓑ 동중국해사단항로(東中國海斜斷航路)'로 분별하고 있다.[69] 나당해로를 포함해 한중해로에 관한 기타 한·중·일 학자들의 견해는 이와 대동소이하다.

이상에서 살펴본 바와 같이, 나·당을 전후한 시기 한중해로의 갈래에 관한 논란은 실로 각인각색의 형국이다. 그 근본원인은 무엇에 의해 갈래를 나누는가 하는 공통된 준거가 마련되어 있지 않기 때문이라고 판단된다. 개중에는 일정한 준거도 없이 짜맞춤 식으로 임의의 발설을 마다하지 않으니 혼란은 가중될 수밖에 없다. 따라서 이 문제 해결에서 가장 중요한 것은 갈래의 공통준거다. 그것은 길의 특성과 식별을 가장 바르고 뚜렷하게 나타낼 수 있는 항해방위와 항로전개상이라고 사료된다.

우선, 항해방위는 지리적 위치와 관련된 개념으로서 남북 방위를 의미한다. 즉 북방 해로와 남방 해로의 개념이다. 문제는 남북의 한계를 어떻게 설정할 것인가이다. 한·중 학계의 통념으로는 대체로 양쯔강 이남의 해역을 '중국 동남해역'으로 지칭하는데, 이에 따라 이 해역 이북의 항로는 '북방항로', 그 이남의 항로는 '남방항로'로 설정하면 무난할 것이다. 그런데 이 방위 개념은 해역과 직결되는 개념으로서 왕왕 '황해'니 '동중국해'니 하는 해역과 결부시켜 '황해횡단로'니 '동중국사단로'니 하는 경우가 있다.

다음으로, 항로전개상은 해로가 어떻게 뻗어가는가 하는 전개양상으로서, 연해를 따르는 연해로인가, 아니면 바다를 가로지르는 횡단로인가, 바다를 비스듬히 지르는 사단로인가 하는 문제와 관련된 개념이다. 한중해로의 경우 이러한 항로전개상은 조선술이나 항해술에서뿐만 아니라, 시·공간적으로 뚜렷한 차이를 보이고 있다. 따라서 항로전개상은 해로의 갈래에서 중요한 준거의 하나가 될 수밖에 없다.

이러한 두가지 준거에 의존할 때만이 지금까지의 각인각설 상을 극복하고 해로를 논리적으로 정리할 수 있을 것이다. 이러한 두가지 준거에 의해 지금까지의 여러 견해들을 종합해보면, 나·당 전후 시기의 한중해로는 남북방연해로와 북방횡단로 및 남방사단로의 세갈래로 구분할 수 있을 것이다.

(1) 남북방연해로

한국과 중국을 바다로 이어주는 연해로란 한반도 서남해(서해) 연안과 중국 동북해 및 동남해 연안을 따라 전개되는 한·중 간의 바닷길을 말한다. 이 해로는 이용도와 기능 및 이용 주체에 따라 한반도 서남해 연안과 중국 동북해(황해와 발해) 연안을 잇는 북방연해로와 다시 남하해 산둥반도 연안과 동남해 연안을 연결하는 남방연해로 두 구간으로 구분할 수 있다. 앞에서 언급한 바와 같이 이 남북방연해로는 일찍이 동북아 해로의 여명기에 개척되었으며 전개기, 특히 나·당대에는 활발하게 이용되어 그 항로가 고착되기에 이르렀다.

한반도 서남해안과 중국 동북해안을 잇는 북방연해로는 고대 한중 해로의 시원으로서 고조선(중국 先秦) 시대부터 장구한 기간 동안 양국 간의 교류와 내왕에 크게 이바지해왔다. 그러한 역할은 나·당대에도 계속되었다. 당 태종의 3차 고구려 정벌(정관貞觀 18·21·21년)과 고종의 3차 고구려 정벌(영휘永徽 6년과 현경顯慶 3·5년)은 모두가 예외 없이 수륙 양군을 동원했는데, 수군은 전대인 수대와 마찬가지로 내주(萊州, 東萊)에서 랴오둥반도 연안을 따라 평양에 선착한다. 당 태종의 1차 고구려 정벌에 관한 『삼국사기』의 기록을 보면, 태종은 전함 5백척을 내주로부터 바다를 건너 평양으로 향하게 하였다고 한다.[70] 이것은 당대에도 내주가 이 북방연해로의 중요한 기착항이었음을 말해준다.

삼국시대 말엽에 황해횡단로가 개척됨에 따라 나·당대에 와서 이 연해로는 이용 빈도나 기능이 다소 줄어들었지만, 여전히 중요한 역할을 하고 있었다. 나·당대의 이 북방연해로에 관한 사료 중에서 가장 신빙성 있는 것이 가탐(賈耽, 730~805)의 다음과 같은 기록이다.

登州東北海行 過大謝島龜歆島末島烏湖島三百里 北渡烏湖海 至馬石山東之都里鎭二百里 東傍海壖 過青泥浦桃花浦杏花浦石人汪蔂駞灣烏骨江八百里 乃南傍海壖 過烏牧島貝江口椒島 得新羅西北之長口鎭 又過秦王石橋麻田島古寺島得物島千里 至鴨

綠江唐恩浦口 乃東南陸行七百里 至新羅王城[71]

윗글은 나·당 간의 북방연해로를 일목요연하게 정리해주고 있다. 즉 산둥반도의 등주(登州)에서 동북향으로 3백리 항진해 발해상에 점재한 먀오다오군도(廟島群島)의 대사도(大謝島, 현 창산다오長山島), 구흠도(龜歆島, 현 뤄지다오砣磯島), 말도(末島, 현 신다오歆島), 오호도(烏湖島, 현 황청다오隍城島)를 거쳐 북방으로 오호해(烏湖海, 현 라오톄산수이다오老鐵山水道)를 지나 2백리 가면 마석산(馬石山, 현 랴오둥반도 라오톄산老鐵山) 동편의 도리진(都里鎭, 현 뤼순커우구旅順口區)에 이른다. 여기서 다시 동쪽으로 바닷가를 따라 청니포(靑泥浦, 현 다롄시大連市 중심부인 칭니와차오靑泥窪橋 일대), 도화포(桃花浦, 현 다롄시 진저우구金州區 동북 일대인 칭수이허커우淸水河口의 홍수이푸紅水浦), 석인왕(石人汪, 현 스청다오石城島 북부 해협), 탁타만(槖駝灣, 현 루다오鹿島 이북의 다양허커우大洋河口), 오골강(烏骨江, 현 압록강 입해구入海口)을 지나는 8백리 노정을 마친다. 남쪽으로 다시 바닷가를 끼고 오목도(烏牧島, 현 평안북도 신미도身彌島)와 패강(貝江, 현 대동강) 하구의 초도(椒島, 현 황해도 초도)를 지나면 신라 서북부의 장구진(長口鎭, 현 황해도 풍천豐川이나 장연군長淵郡의 장명진長命鎭)이 나타난다. 여기서 다시 천리 길로 진왕석교(秦王石橋, 현 옹진반도 부근의 섬, 돌다리 모양), 마전도(麻田島, 현 개성 서남쪽 해상의 교동도喬桐島), 고사도(古寺島, 현 강화도), 득물도(得物島, 현 덕적도德積島)를 지나면 한강(漢江, 압록강으로 오인) 하구의 당은포(唐恩浦, 현 경기도 남양南陽) 어구에 이른다. 여기서 상륙해 육로로 7백리 가면 드디어 신라의 수도〔慶州〕에 도착한다.[72] 가탐은 등주에서 경주까지 잇는 이 연해로를 '고려도(高麗道)'라고 명명했다.

고대 한중해로의 중추적 역할을 해온 이 북방연해로는 산둥반도에서 계속 남하해 중국 동남해안으로 이어진다. 앞에서 언급한 바와 같이, 이 남방연해로는 일찍이 기원전 11세기 서주시대부터 중국인들이 이용한 기록이 나오며, 춘추전국시대와 진대, 한대, 위진남북조시대를 거쳐 줄곧 이용되어왔다. 한반도의 경우, 고조선이 이 남방연해로를 이용했다는 전거는 아직 발견되지 않았으나, 삼국시대에 오면 이용 사례가 나타난다. 삼국 중에서 이 연해로를 선참으로 이용한 나라는 고구려다. 동진(東晉) 성제(成帝) 2년(336)에 고구려 고국원왕(故國原王)이 남중국에 있는 이 나라에 사신을 보내 방물을 헌상했는데,[73] 당시 고구려와 랴오둥을 지배하고 있던 모용씨(慕容氏)는 적대관계에 있었기 때문에 랴오둥을 통과하는 육로는 이용 불가능했을 것인바, 이 남방연해로를 택했을 것이다. 신라가 중국 남조와 첫 통사(通使)를 한 것은 법흥왕(法興王) 8년(521, 梁武帝 普通 2년)인데, 백제 사신을 수행해 북방연해로를 거쳐 산둥지방에서 다시 남방연해로를 따른 것으로 짐작된다.[74]

통일신라시대에 이르러 당나라가 장안으로 천도함으로써 북방연해로가 많이 이용되기는 했지만, 초주(楚州, 현 장쑤성江蘇省 화이안淮安)를 비롯한 중국 남방 여러곳에 신라인들이 거주하고 활동하는 거점인 신라방(新羅坊)이 생겨나고 사무역(私貿易)을 비롯한 내왕이 빈번해지면서 이 연해로는 활기를 띠게 되었다. 이와 같은 사실은 일본 승 엔닌(圓仁, 慈覺大師)의 『입당구법순례행기(入唐求法巡禮行記)』에서 그 흔적을 찾아볼 수 있다. 이 책의 개성(開成) 4년 5월조의 기술에 의하면, 엔닌은 당시 신라인과 일본인들의 입당 관문이자 장화이(江淮) 유역의 경제적 요지이며 교통중심지인 초주(楚州)에서 해로를 잘 아는 신라인 60여명을 고용해 귀국선을 탄다. 등주를 향해 남방연해로로 북상하던 중 미저우(密州)로부터 목탄을 싣고 가는 신라인들을 만나 그들의 안내로 신라인 촌락인 하이저우(海州) 둥하이현(東海縣) 숙성촌(宿成村)에 기숙한 적이 있다. 이러한 사실은 당시 중국 동남해안 일대에서 신라인들이 보여

272

주고 있던 활동상과 그들에 의한 남방연해로의 이용상을 단적으로 증명해준다. 엔닌은 또한 이 책에서 하이저우로부터 산둥 츠산(赤山)에 이르는 연해로 구간에 있는 중요한 기항지로 다주산(大珠山, 현 자오저우만膠州灣 서남단), 산로(山牢[勞], 현 자오저우만 동쪽 반도의 동남단), 루산(乳山, 현 하이양海陽 동쪽 반도의 서남단) 등지를 꼽고 있다.

(2) 북방횡단로

한중해로의 전개사에서 횡단로(橫斷路)란 한반도의 서남해(서해)안으로부터 황해를 가로질러 중국 산둥반도 연안에 이르는 바닷길을 말한다. 전술한 바와 같이, 이 항로의 개통은 고구려의 색로(塞路)에 의한 백제의 북방 진출과 관련이 있는 것으로서, 그 개통은 5~6세기 중국의 남북조시대로 추정된다. 통일신라시대에 이르러서는 이 항로가 군사적 및 문화·외교적 목적에 널리 이용된다. 당 태종 7년(633)에 신라의 원병 요청을 받은 소정방은 내주(萊州, 즉 東萊, 현 산둥성 예현掖縣)에서 출항해 수많은 함선을 이끌고 동쪽을 향해 순류를 타고 내려와서 덕물도(德[得]物島)에서 금성(金城, 현 公州)으로부터 이곳에 온 태자 법민(法敏)의 영접을 받는다.[75] 이때 당 수군은 등라이로부터 동쪽으로 황해를 가로질러 곧바로 덕물도로 직행한 것이다. 660년 당 고종이 신라 왕의 요청을 받아들여 백제를 정벌할 때(義慈王 20년)도 당장 소정방은 군사를 거느리고 청산(城山)에서 출범해 바다를 횡단, 덕물도에 이르렀던 것이다.[76] 청산은 산둥반도의 동북단 룽청만(榮城灣)에 있는 항구이고,[77] 덕물도는 경기도 남양도호부(南陽都護府)에 속한 한 섬(현 인천)이다. 백제 정벌에 나선 소정방의 수군도 산둥반도 동북단에서 황해를 가로질러 백제로 직항한 것이 틀림없다.

통일신라시대에는 고구려의 구지(舊地)에 발해국이 자리함으로써 신라와 당나라는 육로교통이 불가능해진 것은 물론, 북방연해로도 이용할 수가 없게 되었다. 그리하여 이 횡단로의 이용 빈도가 전례없이 높아졌다. 성덕왕(聖德王) 30년(731) 하정사(賀正使) 김지량(金志良)의 '제산항해(梯山航海)'(험악한 산을 넘고 바다를 건넌다는 뜻으로, 다른 나라에 사신으로 간다는 말)를 비롯해 많은 입당자들이 이 횡단로를 이용한 기록이 남아있다. 그중 대표적인 일례가 일승(日僧) 엔닌의 『입당구법순례행기』 속에 있는 다음과 같은 기록이다.

(唐文宗會昌七年) 九月二日午時從赤浦渡海 出赤山莫王耶國 向正東行 一日一夜至三日平明 向東望見新羅國西面之山 風變正北 側帆向東南行 一日一夜 至四日曉 向東見山嶋 段段而接連 問楫工等 乃云是新羅國西熊州西界 本是百濟國之地[78]

(당 문종 회창 7년, 847년) 9월 2일 오시에 적포에서 도해해 츠산 막왕야국을 빠져 정동행으로 하룻낮 하룻밤을 가 3일 만에야 바다는 평온하고 맑았다. 동쪽으로 신라국 서남부의 산이 바라보이는데, 이때 바람이 일자 동남향으로 하룻낮 하룻밤을 가 4일 밤이 되자 동쪽에서 드문드문, 그러나 잇달아 있는 산과 섬들을 보았다. 사공들에게 물으니 신라국 서웅주 서계인데 본래는 백제 땅이었다고 말했다.

엔닌은 당 문종(文宗) 회창(會昌) 7년(847) 9월 2일 산둥 츠산(赤山)에서 출항해 동남 방향으로 4일간 항행해 본래는 백제 땅이었으나 지금은 신라의 서경(西境)으로 된 웅주(熊州, 현 공주)에 도착했다고 했으니, 이것은 틀림없이 황해를 횡단한 것이다. 『증보문헌비고(增補文獻備考)』에도 다음과 같은 기사가 있다.

古記 古者通中國以水路 自豊川乘船 渡赤海白海黑海數千里 經許多洲嶼 候風潮就
路79

고기(古記)에 따르면 옛날에는 수로로 중국과 통했다. 풍천에서 배를 타고
적해, 백해, 흑해 수천리를 도해하고 많은 도서들을 지나는데, 바람과 조수를
기다려 길을 떠나곤 한다.

고기(古記)란 어느 시대의 기록인지는 미상이나, 고려 이전 시대의
것으로 짐작된다. 황해도 서안에 위치한 풍천(豊川)에는 당나라 사신들
이 내왕할 때 유숙하던 당관(唐館)이 있었는데, 여기서 바람과 조류를
기다렸다가 배를 타고 적해(赤海)와 백해(白海), 흑해(黑海) 등이 있는
수천리 황해를 횡단한 것으로 보인다. 그밖에 나말 해상왕 장보고(張保
皐)가 이 횡단로를 이용해 해상교역 활동을 전개했다는 것은 주지의 사
실이다.

(3) 남방사단로

나·당 간의 사단로(斜斷路)란 한반도의 서남해(서해)안에서 황해를
비스듬히 질러 중국의 장쑤성(江蘇省)이나 저장성(浙江省) 등 동남해 연
안으로 이어지는 바닷길을 말한다. 북방의 연해로나 횡단로보다 더 넓
고 풍랑도 더 사나운 이 사단로는 여타 항로에 비해 뒤늦게 트여 나·당
이후에야 본격적으로 가동되기 시작했다. 그러나 그 시항(試航)은 일찍
부터 있어왔다. 한반도의 서남 일원을 차지했던 마한(馬韓)은 네차례
(278~90 기간)나 진(晉)나라에 사신을 보내 조공했는데, 그들이 다녀온
항로에 관한 기록이 없어 항로를 단정할 수는 없지만, 남방사단로일 개
연성이 높다.

그러나 그 시용(始用)은 백제와 남조의 동진(東晉) 간에 있었던 통교에서 찾아볼 수 있다. 근초고왕(近肖古王) 27년(372)에 열린 백제의 첫 동진 공도(貢道, 조공길)나 동진 호승(胡僧) 마라난타(摩羅難陀)가 백제에 온 내제로(來濟路, 384)는 당시 고구려병 2만의 백제 정벌(369)과 백제병 3만의 평양성 공격(371) 등으로 인해 고구려와 백제 관계가 긴장국면에 처해 있던 상황을 고려할 때, 모두 북방 해로가 아니라 이 남방사단로였던 것으로 추정된다. 백제는 이 길을 통해 송이나 남제(南齊)와의 통사(通使)도 계속했다.

한반도 동남 일각에 자리했던 가야도 이 사단로를 거쳐 중국 남조와 교섭한 것으로 전해지고 있다. 『남제서(南齊書)』에는 가라국(加羅國) 왕 하지(荷知)가 건원(建元) 원년(479) 남제에 견사(遣使)해 방물을 헌상하고 보국장군본국왕(輔國將軍本國王)이란 호를 하사받았다는 기사가 실려 있다.[80] 가라국은 가락국(駕洛國)이고, 그 왕 하지는 곧 금관가라 왕 겸지(鉗知)다. 가라국은 지금의 김해 지방에 소재한 나라로서 고구려(480)나 백제(484)에 앞서 남제와 통사했으며, 백제 사신에 수행한 신라의 견사 경우와는 달리 독자적으로 남제에 견사했다는 점으로 보아 그 항로는 연해로를 취하지 않고 황해를 직접 사단한 것으로 추측된다.

『일본서기(日本書紀)』에 보이는 몇가지 조난 기사에서도 당시 이 남방사단로의 개통 상황을 엿볼 수 있다. 이 책에는 609년 백제 왕이 중국 오나라에 파견한 승려 10명과 속인(俗人) 75명 일행이 내란으로 입국할 수 없게 되어 환국하던 도중 조난당해 큐우슈우(九州) 히고국(肥後國) 아시끼따진(葦北津)에 표착한 사실이 기록되어 있는데,[81] 그들의 귀환로가 남방 해로의 사단로였음은 분명해 보인다. 같은 책에서는 또한 659년에 일본 사신들이 도해하다가 남해의 한 섬에 표착한 후 구사일생으로 탈출해 당나라에 갔다가 2년 후 돌아오는 길에 또다시 표류하다가

탐라도(耽羅島, 현 제주도)에 표착한 이른바 '남해표착기(漂着記)'를 상세히 소개하고 있다.[82] 이들 일본 사신들이 내왕 도중 표착한 곳이 바로 남해의 한 섬이나 탐라도란 점으로 미루어 그들이 이용한 항로가 남방사단로였음이 확실하다.

이러한 몇가지 조난 사례를 감안할 때 사단로가 아직은 조난을 면하기 어려운 험로로서 정상로는 아니었을 것으로 판단된다. 당시 항해자들은 당의 대고구려, 대백제 정벌로 인해 북방 해로가 심히 불안한 상황에서 부득불 모험을 무릅쓰고 미숙한 남해의 험로를 택하지 않을 수 없었을 것이다. 그러나 이러한 과정을 통해 조선기술이 향상되는 한편 항해경험이 축적되고 계절풍을 이용하는[83] 등 항해술도 연마되어 마침내 중당(中唐) 이후에는 이 사단로가 대거 이용되기에 이른다.

중당 이후 신라 고승들의 입당(入唐) 및 귀국은 거개가 이 사단로를 따른 것으로 문헌들은 전해주고 있다. 『삼국사기』와 『삼국유사』 『조선금석총람(朝鮮金石總覽)』 등 사적들의 기록에 의하면 진성여왕(眞聖女王) 6년(892) 봄 원종대사(元宗大師)는 상선을 타고 서행해 수저우(舒州) 퉁청현(桐城縣, 현 안후이성安徽省 퉁청현桐城縣)에 도착, 그곳에 체류하다가 후량(後梁) 정명(貞明) 7년(921) 7월에 강주(康州) 덕안포(德安浦)로 귀국했고, 진성여왕 10년(896) 해주(海州) 진철대사(眞澈大師)는 귀국하는 절사(浙使) 최예희(崔藝熙)와 함께 며칠간의 항해 끝에 인장(鄞江, 명주明州, 현 닝보寧波)에 도착해 구법하다가 효공왕(孝恭王) 15년(911) 나주(羅州)의 회진(會津)으로 환국한다. 봉암사(鳳巖寺)의 정진대사(靜眞大師)도 효공왕 4년(900)에 도당선(渡唐船)을 타고 장화이(江淮) 부근에 도착했다가 후당(後唐) 동광(同光) 2년(924) 7월 전주(全州) 희안현(喜安縣) 포구로 귀국한다. 당말에 입당한 오룡사(五龍寺)의 법경대사(法鏡大師)는 효공왕 12년(908) 7월에 무주(武州)의 회진에, 대경대사(大鏡大師)는 천우(天祐) 6년(909) 7월에 무주 승평(昇平)에 각각 도착한다. 이와 같이 중당 이후 신라 남해안에 위치한 무주와 나주, 전주, 강주는 남방사단로의 종착지 역할을 했다. 후백제 왕 견훤(甄萱)과 중국 남방의 오월(吳越) 사이에도 2~3차의 통사가 있었는데, 그 통로도 이 사단로였을 것이다.[84]

나말 장보고 시대에 이 사단로가 이미 이용되고 있었다는 것이 한국 학계의 중론이다. 김상기(金庠基)는 장보고 선단은 이 사단로를 통해 청해진과 남중국 사이를 왕래했다고 주장한다.[85] 김위현(金渭顯)도 김상기의 주장에 동조하면서 그 이용을 고려시대까지 확대하고 있다. 즉 장보고 시대에 흑산(黑山)-딩하이(定海)항로가 이미 이용되고 있었으며, 고려시대에 와서는 외교사절은 옹진산둥노선(甕津山東路線, 즉 黃海橫斷路線)을, 일반 상객(商客)은 흑산딩하이노선(黑山定海路線, 즉 東中國海斜斷路線)을 각각 이용하다가 문종대(文宗代) 1074년 이후 흑산딩하이노선으로 통일되었다고 한다.[86]

4. 여송해로

신라와 당나라를 각각 계승한 고려와 송나라 간의 해로는 남북방연해로와 황해횡단로 및 남방사단로를 비롯한 전대의 해로를 거의 그대로 물려받았다. 그러나 주·객관적 정세의 변화에 따라 해로의 이용도는 상당히 가변적이었다. 특히 북방민족들의 압박에 의해 북송이 망하고 사회·경제·문화의 중심이 모두 남방으로 이동함에 따라 해로와 해로를 통한 교류가 그에 수반하지 않을 수 없었다. 따라서 남송시대에 이르러서는 남방사단로가 해로의 중핵 역할을 담당했던 것이다. 다행히 이 사단로에 관한 상세한 문헌기록이 남아 있어 그 항정을 비교적 구체적으로 알아낼 수가 있다.

한편, 고려 초기에 대식(大食, 아랍) 상인들이 상역차 이 해로의 동단(東端)인 수도 개경에 집단적으로 대거 몰려왔다는 『고려사』의 기록을 감안할 때, 그들은 십중팔구 이 해로를 이용했을 것이다. 왜냐하면 이 해로의 서단(西端)인 명주나 취안저우(泉州)가 이미 아랍·무슬람 상인들의 교역네트워크[交易網路]에 편입되었기 때문이다. 그들은 그곳을 발판으로 이 교역네트워크를 고려로 확장했을 것이다. 그 확장이 곧 해상실크로드의 한반도 연장이다.

(1) 항로의 남이(南移)

나당해로를 계승한 여송해로는 항로에서는 큰 변화가 없었으나, 정세의 변화에 따라 항로의 이용도나 기능, 이동에서는 부득이한 변화가 일어났다. 당시 정세의 변화는 크게 여·송 대 북방민족의 관계 변화와 여·송 두 나라 간의 관계 변화 두가지에서 나타난다.

나·당이 쇠퇴 일로를 걷고 있던 10세기 무렵 북방에서는 거란이 흥기해 요(遼)나라를 세운다. 960년 5대를 이은 송은 중국을 재통일한 다음 요에 대한 정벌을 단행하지만 역부족으로 번번이 고배를 마신다. 결국 굴욕적인 전연지맹(澶淵之盟, 1004)[87]을 맺고 일시 화해국면에 들어갔지만 요의 위협은 계속된다. 2세기 지나서 여진족이 세운 금(金, 1115)은 서북방의 서하(西夏)를 멸한 기세로 북송에 화살을 돌린다. 드디어 마지막 황제 흠종(欽宗)을 억류함으로써 북송은 패운을 면치 못한다. 한편, 요는 고려에 대한 압박을 지속해 고려로 하여금 요의 연호를 사용하게까지 한다(993). 뒤를 이은 금도 마찬가지로 누차 고려를 침범하면서 망할 때까지 약 한세기 동안이나 고려를 괴롭힌다.

북송 흠종의 동생 고종은 남천(南遷)해 남송을 세우지만(1127), 금의 강요에 의해 화의를 맺는다. 화의에 따라 화이허(淮河)에서 산시(陝西) 다싼관(大散關)까지의 계선을 양국의 국경선으로 정하고 남송은 금에 칭신(稱臣)한다. 그후 두 나라 사이에는 가끔 우연한 충돌이 발생하기는 했지만 기본적으로 평화공존 상태가 유지되어오다가 남송은 몽골에게 망하고 만다(1279). 고려도 몽골의 내침과 간섭에 시달림을 받았지만 국권만은 굳건히 지켜갔다.

여·송 대 북방민족들의 이러한 대결구도는 두 나라 간의 관계, 특히 교통관계에 심각한 영향을 미치지 않을 수 없었다. 10세기 북송이 요에 대한 북벌을 단행할 때와 고려가 거란의 침범을 당할 때 두 나라는 서로가 원병을 요청했으나 모두 거부되었다.[88] 고려가 거란에 칭신할 때는 양국 관계가 완전히 단절되기도 했다. 이러한 정세 변화는 여·송 간에 유지되어오던 해상항로가 점차 북방 해로(연해로와 횡단로)에서 남방 사단로로 남하 이동하는 결과를 초래했다. 남송에 이르러서는 북방 영토의 상실과 더불어 등주(登州)와 내주(萊州), 판교진(板橋鎭, 현 膠州市) 등 북방 항구들의 교통기능이 마비되자 사단항로가 부각된다. 이에 따라 여송항로는 동남해안의 명주(明州)를 비롯한 취안저우(泉州)와 푸저우(福州) 등지로 점차 이동한다.

북송 초기에는 여전히 산둥반도의 등주가 양국 사신의 왕복지란 기록이 다수 남아 있는 점으로 미루어 북방연해로나 횡단로가 주 항로였음을 알 수 있다. 순화(淳化) 4년(993) 2월 북송 사신인 비서승직사관(秘書丞直史館) 진정(陳靖) 일행은 등주의 바자오진(八角鎭) 해구에서 출범해 한반도 서해안 옹진구(瓮〔甕〕津口)에 상륙했으며,[89] 고려는 건국 초기부터 모두 등주를 통해 조공을 바쳤다고 한다.[90] 천성(天聖) 8년(1030) 고려 사신 원영(元穎) 일행 293명이 입공(入貢)하고 환국할 때도 등주까지 호송을 받았으며,[91] 대중상부(大中祥符) 8년(1015) 등주 당국은 바자오진 해구에 전문 관서를 설치해 고려와 여진 사신을 접대하도록 했다.[92] 이렇게 북송 초에는 여전히 등주를 기항지로 하는 여송항로가 이용되었다.

그러다가 경력(慶曆) 연간(1041~48)에 송과 고려의 정치적 관계가 악화되자 양국 간의 공식 내왕은 일단 단절된다. 이를 계기로 송은 요의 해상 내침을 막는다는 이유로 등주나 내주 등지에서의 교역활동과 상인들의 고려와 일본 내왕을 엄금한다. 뒤이어 가우(嘉祐) 연간(1056~63)과 희녕(熙寧) 연간(1068~77)에는 세번의 소위 '편칙(編敕)'을 반포해 상인들이나 여행객들이 바다로부터 등주나 내주에 오는 것을 단속한다. 등주와 내주 이외의 북방 주현(州縣)에 가려면 해당 주현 기관에 등록하고 엄격한 심사를 거쳐 통행증을 발급받아야 하며, 어기면 중죄에 처한다.[93]

이러한 조처 속에서 북송 중기부터 등주는 여·송 간 교통 요항(要港)으로서의 지위를 점차 상실해갔다. 다행히 희녕 4년(1071)에 양국 관계가 가까스로 회복되기는 했지만, 등주는 더이상 옛 지위를 회복 못한 채 그 자리를 미저우(密州)와 명주에 내주고 만다.[94] 당시 "등주로(登州路)에 모래가 쌓여 항행할 수 없다"[95]는 말이 떠돌았지만, 사실은 이러한 조처 때문이었다. 북송 초기 고려와의 해상교통에 이용된 항구들로는 주 항구인 등주 말고도 내주(萊州)가 있었다. 등주의 북부에 위치한 내주는 지리상 요와 가까운 곳이어서 요와는 물론, 고려와의 내왕도 엄격히 통제되었으며, 등주와 쇠락의 운명을 같이했다.

북송 중기에 접어들면서 초기의 등주나 내주를 대체해 등장한 항구는 미저우다. 산둥반도 남안에 자리한 미저우는 원래 남북 연해로상에 있는 물자교역지로서 연해무역의 주요한 항구 중 하나였다. 등주가 폐항(廢港)된 후에도 미저우의 판교진(板橋鎭)은 편리한 교통으로 인해 고려와 거래하는 중요한 항구로 부상했다.[96] 그리하여 원풍(元豐) 7년 (1084) 북송 정부는 이곳에 '고려관(高麗館)'을 개설해 고려 사신을 맞았으며,[97] 원우(元祐) 3년(1088)에는 판교진에 시박사(市舶司)를 두고, 이 진을 자오시현(膠西縣)으로 승격시켰다.[98] 이러한 사실은 북송 중기에 이르러 미저우가 여송해로에서 중요한 역할을 수행했음을 말해준다. 물론 미저우가 북송 초기에도 이용되어왔으나, 중기에 이르러 등주를 대신해 중요한 역할을 했던 것이다. 이러한 점에서 미저우는 북송 초기의 등주에서 북송 후기 및 남송 전기간에 주요한 역할을 수행한 명주로의 여송항로 남하 이동에서 중개(혹은 과도) 역할을 했다고 말할 수 있다. 그간 등주와 명주에 가려 미저우의 역할이 제대로 밝혀지지 않았다.

북송 말의 주욱(朱彧)의 기록에 따르면, 고려의 사행로(使行路)는 남로와 동로의 두갈래가 있었다. 남로는 명주에 도착한 다음 볜허(汴河, 허난성을 흘러 황허로 유입하는 강)를 거슬러 올라가 수도 볜징(汴京, 현 카이펑 開封)에 이르는 길이고, 동로는 미저우에 도착한 뒤 육로로 경동로(京東路)를 거쳐 볜징으로 들어가는 길이다. 그런데 고려 사절들은 짐이 많아서 항상 육로인 동로보다 해로인 남로를 이용했다고 한다.[99] 원풍 6년 (1083) 9월 송 신종(神宗) 황제는 신 풍경(馮景)에게 고려로 가는 국신사 (國信使)가 이용할 수 있는 해로에 대해 조사하라는 명을 내린다. 풍경은 조사를 마치고 11월에 한 복명(復命)에서 등주와 미저우 두곳 모두에서 배로 고려에 갈 수 있는데, 미저우에서 가는 것이 명주에서 가는 것보다 훨씬 가깝고 편하다고 보고한다.[100] 『고려사』에는 고려 문종이 승하에 즈음한 송 조문사절이 미저우를 통해 고려에 왔으며,[101] 송 신종 황제가 승하했을 때도 송에서는 미저우를 통해 이 부음을 고려에 알려왔다고 기록하고 있다.[102] 이상의 몇가지 기록은 북송 중기 여송항로에

서 미저우가 지름길로서 많이 이용되었음을 전하고 있다.[103]

(2) 『선화봉사고려도경』

북송 후기에 이르러서는 여송해로의 남이(南移)가 더욱 두드러지게 나타나며, 그 중국 종착지가 차츰 명주 쪽으로 옮겨간다. 그러다가 북송 말기에 이르러 산둥반도 전체가 금의 치하에 들어감으로써 여·송 간의 북방연해로와 횡단로는 완전히 차단된다. 행정과 경제의 중심이 모두 남방으로 옮겨간 남송 시대에 여·송 간의 해로는 남방사단로에 집중되었으며, 그 서단의 주요 종착지는 명주다. 물론 하이저우(海州)나 취안저우(泉州) 같은 항구들도 직간접적으로 이용되기는 했지만, 북송 후기부터 남송 전기간에 걸쳐 여송해로의 서단에서 중핵 역할을 한 항구는 명주다. 그리하여 이 해로에 관해 가장 구체적으로 명확하게 기록하고 있는 문헌은 선화(宣和) 5년(1123, 고려 仁宗 원년) 2월에 고려 견사를 수행한 서긍(徐兢)의 견문록 『선화봉사고려도경(宣和奉使高麗圖經)』[104]과 『송사(宋史)』「고려전」이다.

서긍은 수도 볜징에서 출발해 고려 수도 개경(開京, 현 개성開城)에 이르기까지의 항로를 이 견문록 권34에서 권39 사이에 해도(海道)1부터 6까지로 분단(分段)해 일지 식으로 상세히 기술하고 있다. 기술 중에서 항로의 일정과 관련된 내용만을 추려보면 다음과 같다. 총 일정을 크게 3구간으로 나눠 고찰할 수 있다.

제1구간: 중국 해역. 1123년 3월 14일 볜징에서 승선 출발→5월 3일 사명(四明, 明州, 현 寧波)에서 출발 준비→16일 사명 출발→19일 출해구인 딩하이현(定海縣, 현 저장성 전하이현鎭海縣) 도착→24일 딩하이현에서 20리에 상거한 후터우산(虎頭山)을 지나 수십리 거리의 자오먼(蛟門, 전하이현 동쪽 동해 바다 가운데 있는 섬산으로 일명 자면산嘉門山)에서 다샤오셰산(大小謝山) 바라보며 쑹바이만(松柏灣) 지나 루푸(蘆浦)에 이르러 정박→25일 시터우바이펑(稀頭白峯) 쪽 자이어먼(窄額門) 스스옌(石師顔, 돌사자 얼굴)을 빠져나와 선자먼(沈家門)에 도착해 정박→26일 상륙해 메이천(梅岑)에 소량(蕭梁)이 세운 푸퉈위안(普陀院) 참배→28일 멀리 펑라이산(蓬萊山, 현 전하이현鎭海縣 다취산大衢山) 바라보며 대해에 들어섬, 반양자오(半洋焦)란 암초를 에돌아 서북풍 타고 항진→29일 바이수이양(白水洋, 맑은 물 바다, 다취산 이북 근해 해역)에 입양, 황허 입해처에 천여리 폭으로 펼쳐진 혼탁하고 얕은 황수이양(黃水洋, 흙물로 인해 흐려 보이는 바다, 화이허淮河 입해 유역)을 지나 먹같이 검푸른 헤이수이양(黑水洋, 황수이양 이동 해역)에 들어섬.

제2구간: 고려해역. 6월 1일 동북쪽에 반퉈체산(半托伽山) 보임→6월 2일 화(華, 中華)와 이(夷, 東夷)의 계선인 자제산(夾界山, 앞에는 두개의 상투 모양의 쌍지산雙髻山이 있고, 뒤는 달리는 말 형상을 한 수십개의 암초, 고려 관할 해역의 분계지) 근처의 오서(五嶼, 嶼는 바다에 있는 섬 위의 작은 산) 경유→3일 담장〔堵〕 모양의 배도(排島, 일명 배타산排垜山)를 지나니 동북쪽에 백산(白山) 보임, 그 동남쪽의 흑산(黑山, 배의 돈숙지頓宿地, 현 대흑산도大黑山島, 여송항로의 중요한 중계지와 보급지, 『속자치통감장편(續資治通鑑長編)』에 의하면 명주에서 흑산까지 항행은 순풍일 경우 8일 걸림)과 흑산에서 멀리 떨어진 월서(月嶼, 앞뒤에 대월서大月嶼와 소월서小月嶼가 상대해 문과 흡사), 벽처럼 서 있는 난산도(闌山島), 산 3개가 연이어 있는 백의도(白衣島), 백의도 동북방의 궤점(跪苫), 궤점 밖의 춘초점(春草苫), 빈랑 모양의 빈랑초(檳榔焦) 등 경과→4일 오시(午時, 오전 11시~오후 1시)에 보살점(菩薩苫) 지나고 신시(申時, 오후 3~5시)에 사람들이 살고 있는 죽도(竹島)에 정박→5일 죽도에서 멀지 않은 사람들이 살고 있는 고점점(苫苫苫) 지남→밀물 타고 운항해

진각(辰刻, 오전7~9시)에 12봉이 성처럼 에워싸인 군산도(群山島)에 도착 정박.

　제3구간: 고려 서남연해. 고려 수도 개경으로 가는 한반도 서남연해 북상로. 6월 7일 군산도 이남에 있는 수십개의 소초(小焦)로 에워싸인 횡서(橫嶼)에서 해주(解舟, 출항)→8일 남쪽으로 전주(全州)의 자운점(紫雲苫)을 바라보며 출발, 오후에 홍주(洪州) 경내의 부용창산(富用倉山, 부용산芙蓉山)을 지나서, 신시(申時)에 자운점 동남 수백리에 있는 홍주산(洪州山), 유각(酉刻, 오후 5~7시)에 산 모양의 삿갓과 비슷한 아자점(鴉子苫, 혹은 알자점軋子苫) 경과, 태풍이 일자 청주(淸州) 경내의 안흥정(安興亭)이란 객관이 있는 마도(馬島, 현 안흥安興 서쪽의 가의도賈誼島 부근)에 정박→9일 사시(巳時, 오전 9~11시)에 수목이 울창한 아홉 봉우리의 구두산(九頭山)을 지나, 사각(巳刻, 오전 9~11시)에 도서와 다를 바 없을 만큼 산이 큰 쌍녀초(雙女焦, 앞뒤에 두개의 산)를, 오각(午刻, 정오)에 산세가 구두산과 비슷한 당인도(唐人島)와 짙푸른 대청서(大靑嶼)를, 미각(未刻, 오후 1~3시)에 불교학자들이 은거하는 화상도(和尙島)를, 미정(未正, 오후 2시)에 작은 바다 가운데의 우심서(牛心嶼, 계심서雞心嶼)를, 미말(未末, 오후 3시 바로 전)에 담장〔堵〕 모양의 섭공서(聶公嶼)를, 신초(申初, 오후 3시 초)에 대청서(大靑嶼)와 비슷하나 산이 작고 주위에 초석(焦石)이 많은 소청서(小靑嶼)를 지나, 신정(申正, 오후 4시)에 경원정(慶源亭)이란 객관이 있는 자연도(紫燕島, 현 인천 서쪽 27리 지점, 광주廣州 지역, 산의 동쪽 서嶼에서 제비가 많이 날아옴)에 도착 정박→10일 미각(未刻, 오후 1~3시)에 무협(巫峽)의 강물 길과 같은 급수문(急水門)을 지나 신시(申時) 이후에 산세가 별로 높지 않고 급수문에 비해 황백색이며 주민도 많은 합굴(蛤窟)에 도착해 정박→11일 유각(酉刻, 오후 5~7시)에 두 산이 상대해 있고 작은 바다의 분류처(分流處)이며 수색(水色)이 메이천(梅岑)처럼 흐린

분수령(分水嶺)을 지나 용골(龍骨)에 이르러 정박→12일 계사(癸巳, 육십갑자의 서른번째) 아침에 밀물을 따라 예성항(禮成港)에 입항, 영접행사를 마친 후 벽란정(碧瀾亭)에 안주→13일 육로로 왕성(王城, 開京)에 입성.[105]

이렇게 서긍 일행은 3월 14일 볜징을 출발해 6월 13일 고려 수도 개경에 도착했으므로 총 여정은 약 90일간이다. 그중 5월 16일 명주에서 출범해 6월 12일 예성항에 도착했으니, 순 항해일정만은 26일간이며, 그중 딩하이(定海)에서 흑산도까지는 9일간의 항정이었다. 귀국 노정은 출정 노정과 대체로 일치했으나 소요시간은 42일간(7월 13일~8월 27일)이었다. 북송 후기부터 남송 전기간에 걸쳐 여·송 간의 주 해로로 기능한 이 남방사단로의 전노정을 정리해보면, 명주에서 출범해 딩하이를 지나 북상으로 양쯔강 하구의 사웨이(沙尾)에서 동북향으로 항진하다가 황해 남부에서 바다를 횡단해 한반도 서남단인 전라남도의 흑산도에 도착한 후 여기로부터 서해안을 따라 북상해 군산, 인천, 강화도를 지나 예성강 하구에 이르러 정박한다.

『송사』「고려전」에 보이는 남방 해로도 이 명주-예성강 해로와 진배없다. 이 「고려전」은 다음과 같이 기록하고 있다.

自明州定海 又便風三日入洋 又五日抵黑山入其境 自黑山過島嶼詰曲礁石間 舟行甚 駛七日至禮成江 江居兩山間 束以石峽 湍激而下所謂急水門 崔爲險惡 又三日抵岸有館曰碧瀾亭 使人由此登陸 崎嶇山谷 四十餘里 乃其國都云[106]

명주 딩하이로부터 순풍을 만나 3일 만에 바다에 들어가고, 다시 5일 만에 흑산에 도달해 입경한다. 흑산으로부터 도서와 초석 사이를 에돌아 지나면 주행은 매우 빨라진다. 7일 후면 예성강에 이르는데, 강은 두 산 사이에 석협으로 묶여 있으며 물살이 세게 흘러내려가 급수문이라고 일컬어지는 가장 위

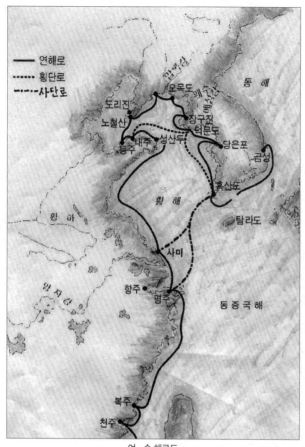

여·송 해로도

험한 곳이다. 다시 3일을 가면 강안에 다다르는데, 여기에는 벽란정이라는 관이 있다. 여기서 상륙해 구불구불한 산곡을 40여 리 가면 비로소 국도가 있다.

위의 두 책의 기술내용을 보면, 이 사단로의 시발지와 종착지가 모두 명주와 예성강(벽란정)이며, 경유지나 그 지세도 대차가 없다. 이것은 이 남방사단해로가 고려와 송을 해상으로 연결해주는 가교 역할을 수행했음을 명증하고 있다. 아울러 이 해로가 중국 동남해안까지 이어진 환지구적 문명교류 통로인 해로(해상실크로드)의 동단(東段) 구간임을 확인시켜주고 있다. 이것은 해로를 포함한 실크로드의 한반도 연장과 관련된 관건적 문제의 하나다.

맺음말

지금까지 '서구문명중심주의'와 '중화주의' 같은 협애하고 배타적인 문명사관에 어이없이 밀려 동북아 해역은 '변방해역'으로, 역내의 사통발달한 해로는 '보조해로'쯤으로 폄하되어 학문적 관심 밖에 있었다. 소외되어온 이 동북아 해역이나 해로 문제에 관한 연구는 실크로드 3대 간선의 하나인 해로의 환지구성을 복원하는 작업이다. 더욱이 동북아 해로의 한 구성부분인 나·당과 여·송 간의 해로, 발해와 일본 간의 해로를 밝히는 것은 지금까지의 진부한 통념을 벗어나 해로의 한반도 연장이란 원상을 되살리는 데서뿐만 아니라, 동북아 해역 내에서 가장 활발했던 한·중 간의 교류상과 역내의 문명발달상을 고구(考究)하는 데서도 자못 중요한 의미를 지닌다.

약 1만년 전 지구 동북반부의 드넓은 해역을 망라해 형성된 동북아 해역에는 일찍부터 바닷길이 트이기 시작해 여명기와 전개기, 발전기를 거쳐 오늘에 이르고 있다. 뗏목 같은 간단한 원시적 항해수단에 의존한 비지향적(非指向的) 연해 표류가 이루어지는 데 그치고 말았던 여명기의 해로는 역내 각지에서 출토된 돌화살이나 고인돌, 벼 같은 유사(공통) 유물, 그리고 중국 하대 이래의 몇가지 문헌에 간간이 나오는 관련 기록에 의해 그 면모를 대충 추적하게 된다. 조선술과 항해술의 발달에 따라 기원을 전후한 시기부터 전개기에 들어간 해로는 각종 선박을 이용한 지향적 원해항로로 확대됨으로써 역내의 발해나 황해, 동해는 교역과 내왕의 활무대가 되었다. 따라서 해로를 통한 교류유물의 존재와 더불어 해로 관련 문자기록도 적잖게 남아 있어 이 시기의 해로와 해상활동을 비교적 명확하게 구명할 수 있다.

우리 민족사의 한 부분이지만, 유달리 오늘날까지도 수난사를 거듭하고 있는 해동성국(海東盛國) 발해의 해로 연구는 수난사가 고스란히 투영된 듯 미흡할 뿐만 아니라, 여러가지 혼선이 빚어지고 있다. 발해를 세계와 소통하게끔 했던 5대 국제통로 가운데서 압록강을 타고 산동반도로 들어가는 압록도나 동경과 남경을 거쳐 신라까지 이어지는 신라도에서도 부분적으로 해로가 이용되었다. 그러나 동북아 해로의 발달에 대한 발해의 기여는 발달된 조선술과 축적된 항해술에 의거해 동경에서 동해를 건너 일본으로 연결되는 일본도(日本道)를 원만하게 운영한 데서 나타나고 있다. 그렇지만 양국의 연결 항구라든가 해로에 관한 연구는 극히 미미하고 혼란스럽기까지 하다. 그 해명은 금후의 연구과제다.

전개기의 나당해로와 여송해로는 동북아해로사에서 빛나는 한장을 기록하고 있다. 여명기 후기부터 개척 이용된 연해로와 횡단로에 새로이 사단로가 추가됨으로써 전래의 한중해로는 정착기에 접어들었으며, 여러갈래의 해로가 가시화되었다. 뿐만 아니라 10세기를 전후한 나·당, 여·송시대에 활발했던 한·중 간의 교역과 내왕은 다분히 이 해로를 통해 이루어진 것이다. 이러한 제반 사실이 밝혀짐에 따라 근래에 와서 이 시기의 해로에 관한 학계, 특히 한·중 학계의 관심이 늘어나 연구가 탄력을 받고 있다. 그러나 항로의 갈래나 명칭 등을 놓고 학자들 사이에는 여전히 각인각색의 논란이 일고 있다. 그 근본원인은 입론(立論)할 수 있는 공통된 준거가 마련되어 있지 않기 때문이라고 판단된다.

　필자는 그 공통준거로 해로의 특성과 식별을 가장 바르고 뚜렷하게 보여줄 수 있는 항해방위와 항로전개상 두가지를 제시한다. 이 준거에 따라 이 시기 한중해로를 남북방연해로와 북방횡단로, 남방사단로의 3 대 항로로 구분짓는다. 남북방연해로는 한반도의 서남해(서해) 연안과 중국 동북해 및 동남해 연안을 따라 남북으로 전개되는 바닷길이며, 북방횡단로는 한반도의 서남해 연안에서 황해를 가로질러 중국의 산둥반도 연안에 이르는 바닷길이다. 이에 비해 남방사단로는 문자 그대로 한반도의 서남해 연안에서 황해를 비스듬히 질러 중국의 장쑤성이나 저장성 등 동남해 연안으로 이어지는 바닷길이다. 이 세갈래의 해로는 조선술과 항해술의 발달, 그리고 국내외 정세의 변화에 따라 시용(始用) 시기나 이용빈도 및 기능이 달라진다.

　이러한 해로에 관해서는 가탐의 『황화사달기(皇華四達記)』(일명 『道里記』)나 서긍의 『선화봉사고려도경』 같은 문헌기록과 더불어 관련 유적·유물도 남아 있어 그 노정이나 일정, 연도 상황을 비교적 구체적으로, 그리고 정확하게 헤아릴 수가 있다. 그러나 시용 시기나 지명의 비정을 비롯한 논란거리도 남아 있으므로 지속적인 탐구가 필요하다. 이 대목에서 아쉬운 것은 우리에게는 그러한 전적(典籍)이 별로 없다는 사실이다. 이것은 주체적으로 해로를 연구하는 데서 넘어서야 할 한계점이다.

4
영산강과 동아시아의 문명교류, 그 이해와 평가

    그동안 몇차례의 국내외 학술심포지엄과 일련의 관련 논저들을 통해 영산강 유역의 고대 사회와 문화에 관한 수수께끼가 하나씩 벗겨지고 있다. 그러나 워낙 문헌기록이 희소한데다가 상대적으로 활발하게 진행되고 있는 발굴유물에 관한 논쟁도 매듭을 짓지 못한 것이 적잖아서 사계의 지속적인 관심을 불러일으키고 있다. 이러한 맥락에서 '영산강의 문명교류와 생활문화사'란 주제하에 이번 국제 학술심포지엄을 개최하게 되었다. 본인은 이 학술적 회합에서 일천한 내용으로 기조강연을 맡게 된 데 대하여 큰 영광으로 생각한다.

    강연제목이 시사하다시피, 내용은 영산강문화의 전파와 수용이라는 외연성(外延性), 이를테면 대외교류상, 그것도 동아시아와의 교류상을 밝혀보려는 데 초점을 맞췄다. 문명교류란 본래 이질적 문명권 간의 교류이지만, 한 문명권 내에서도 문화요소를 달리하는 세분(細分)문화권 간에도 교류가 진행된다.[1] 지정학적으로 중국과 일본을 포함한 동아시아(유교문명권, 혹은 한자문명권)와의 교류가 불가피한 영산강문화의 대동아시아 교류가 바로 이러한 성격의 문명교류에 속한다. 이것은 영산강문화의 공시성(共時性)과 세계성을 재구성해보는 작업으로서 영산강문화를 조명하는 데서 일정한 의미가 있다고 사료된다.

이러한 시각에서 출발해 우선, 영산강문화의 개념과 영산강문화권의 구성요소들, 그리고 그 권역에 대한 학문적 접근을 시도한다. 특히 '도전과 응전'이란 비통설적 잣대로 영산강문화의 발생요인을 구명함으로써 문명의 발생에 관한 이론의 한 전범을 도출해보려고 한다. 다음으로 대중국과 대일본 교류의 구체적 내용을 실례로 지금까지 학계에서 혼미한 논란만을 거듭하고 있는 교류의 시원 문제를 중점적으로 다루려고 한다. 끝으로, 영산강문화의 교류를 가능케 한 물리적 매체로서의 대중국·대일본 해양연결로를 살펴본다. 이로써 환지구적 해상실크로드의 동단(東段)에 자리한 영산강항로의 지로적(支路的) 위상을 자리매김하게 될 것이다.

이 글에서 논급되는 시대는 영산강문화의 교류를 주 내용으로 하기 때문에 이 문화를 잉태하고 키워낸 고대의 한 단대사(斷代史)인 8백년 마한(馬韓)시대에 한정한다.

1. 영산강문화와 그 권역

자고로 전남의 젖줄이자 핏줄이기도 한 영산강은 영산강문화의 모체였다. 전장 115.5km에 유역면적 3371km²를 가진 영산강 유역에서 독특한 영산강문화가 싹트고 꽃펴서 유역민들에게 문화적 혜택을 주었을 뿐만 아니라, 뱃길을 따라 동아시아 제국과 교류됨으로써 우리 민족사의 한장을 찬란하게 수놓았다.

당대의 여타 지역 문화와 구별되는 영산강문화란 넓은 의미에서는 중기구석기시대(4만~12만년 전)부터 신석기시대와 청동기시대를 거쳐 초기 철기시대에 이르기까지 영산강 유역에서 형성된 고대문화를 포괄하나, 좁은 의미에서는 청동기시대의 지석묘와 철기시대의 옹관묘로 상징되는 영산강 유역의 고대 해양성 농경문화를 지칭한다고 정리해본다. 흔히 말하는 영산강문화는 좁은 의미에서의 문화를 염두에 두고 있는 것 같다. 그렇다면 그 시기는 대체로 기원전 2세기 마한의 출현부터 기원후 6세기 초 백제의 마한 영유화(領有化)까지의 약 8백년간의 역사시대를 망라한다. 일부에서처럼 백제의 영유화가 시작된 4세기 중엽까지로 보면 그 시기는 6백년으로 단축될 것이다. 그러나 그후 영유화 과정에도 옹관고분을 비롯한 영산강문화 특유의 재지성(在地性)과 생명력은 줄곧 유지되고 있었기 때문에 8백년간으로 헤아리는 것이 타당하다고 본다.

근래에 진행된 영산강문화의 고고학적 발굴에 의해 시대별 문화 내용이 점차 밝혀지고 있다. 구석기시대 유적·유물로는 순천 죽내리와 외서면 월평에서 중기구석기시대의 석기유물이, 순천 신평리와 보성 덕산리, 곡성 송전리 등지에서 후기구석기시대(1만~4만년 전)의 석기 유물이 각각 출토되었다.[2] 신석기시대(BC 4000~1000)를 반영한 유물로는 신안 흑산도와 여천 송도를 비롯한 여러 도서지역에서 발견된 패총과 함평 장년리 당하산 유적에서 수습된 부석유구(敷石遺構)와 화덕, 빗살무늬토기 등을 들 수 있다.[3]

청동기시대(BC 1000~100)에 접어들면서 영산강문화는 그 윤곽이 비교적 뚜렷하게 드러나기 시작한다. 대표적인 유물로 대형 지석묘(支石墓, 고인돌dolmen)와 적석토광묘(積石土壙墓)가 등장한다. 원래 지석묘는 신석기시대에 출현해 청동기시대까지 이어진 거석문화 유물이다. 그러나 영산강 유역을 포함한 한반도의 지석묘는 그 대부분이 청동기시대

고흥 운대리의 고인돌군

에 조영되었을 뿐만 아니라, '동북아시아 돌멘권'이란 하나의 거석문화 분포권에서 핵심적 위상을 지켜왔다. 한반도 전체에는 무려 4만여기의 지석묘가 있는데, 그 가운데서 1만 9068기가 전남에 집중되어 있다.[4] 그 중 5180기(712군집)가 영산강 유역에 밀집되어 있는데, 가장 밀도가 높은 곳은 나주(152군집 1216기)와 영암군(131군집 1088기)이다. 반출품에는 수량은 많지 않지만 각종 석기류와 토기류, 청동기류, 장신구류 등이 포함되어 있다.[5] 그 가운데서 후대의 문화 계승이나 교류와 관련해 주목되는 것은 홍도(紅陶)와 채문토기(彩文土器), 세형동검(細形銅劍), 곡옥(曲玉), 관옥(管玉) 등 유물이다.

　지석묘와 병존했던 적석토광묘(화순 대곡리, 함평 초포리 유적) 속에서도 다량의 청동기가 수습되었다. 이러한 대형 고분의 출현은 사회가 이미 분화되어 수장층(首長層)이 생겨났다는 사회진보상을 시사해주고 있다. 수혈(竪穴)거주지도 몇군데에서 발견되었다. 이러한 각종 유물들을 통해 수렵이나 채집과 함께 벼농사를 비롯한 농경도 시작되었다는 것

영산강 유역 출토 옹관

을 알 수가 있다. 벼농사와 관련해 특별히 주목되는 것은 1980년 나주 다시면 가흥리 늪지대에서 기원전 1000년경으로 소급되는 벼 화분이 발견되었다는 사실이다.[6] 이것은 이 지역에서 신석기시대 말엽에 이미 벼농사를 짓고 있었다는 것을 실증한다. 후술하겠지만, 이것은 벼의 기원이나 벼의 한반도 유입설과 관련해 대단히 중요한 의미를 지니는 발견이다.

영산강문화의 완숙기라고 할 수 있는 철기시대(BC 100~AD 300)는 도처에 고유의 문화적 성격을 확인해주는 흔적을 남기고 있다. 장흥 지천리 유적과 함평 중랑 유적을 비롯한 여러 유적에서 집단주거지인 취락터가 발견되고, 여러 저습지에서는 각종 토기류와 토제품, 철기, 골각기, 목기 등이 출토되어 당시의 농업 발달상을 전해주고 있다. 묘제에서도 상당한 변화를 보이고 있다. 지석묘가 흔적을 감추고, 대신 광주 신창동 유적 같은 여러 유적에서 보다시피 옹관묘가 모습을 드러내고 있으며, 여러가지 형태의 주구(周溝)를 겸비한 주구토광묘(BC 2~1세기, AD

3~4세기)가 성행한다. 그리고 말엽에는 이 주구토광묘가 점차 옹관고분으로 변모해가는 추이를 보인다. 특기할 것은 이 시대에 해로를 통한 대외교류가 영산강문화를 한층 살찌게 했다는 점이다. 해남 군곡리 패총을 비롯한 남해안 여러 유적에서 중국 고대 화폐인 화천(貨泉)과 오수전(五銖錢), 그리고 흉길을 점치는 데 쓰이는 복골(卜骨) 등 중국 유물이 다수 발견되었다.[7]

영산강문화의 말미를 장식한 약 2백년간의 고분문화시대(AD 4세기 중엽~6세기 초)[8]는 전통 마한문화와 유입 백제문화가 뒤섞인 혼성문화시대다. 전승되어오던 옹관문화가 대형 옹관고분문화로 변모하고, 전래한 백제식 횡혈석실분(橫穴石室墳)이 이러한 대형 옹관분과 병존 내지 혼재하면서 토광묘, 수혈식석곽묘, 횡구식석실분 등 다양한 묘제가 등장하게 된다. 대형 옹관고분은 주로 영산강 유역에 분포되어 있는[9] 독특한 영산강식 무덤으로서 그 발생과 축조 시기에 관해서는 논의가 분분하다. 대형 옹관고분의 발생지가 영산강 유역인 영암군 시종면 일대라는 데는 별 이의가 없다. 그러나 축조 시기에 관해서는 대체로 기원후 3~6세기 사이(약 250년간)로 설정하기는 하지만, 구체적 상·하한을 놓고는 각인각설이다. 3세기에서 5세기 말로, 4세기부터 약 150~200년간으로, 3세기에서 약 1백년간으로, 3세기 후반에서 6세기 전반까지로 보는 등 견해가 엇갈린다.[10]

이 시기 고분문화의 발전상은 규모의 대형화에서뿐만 아니라, 외부의 분구(墳丘) 형태나 내부의 매장주체 시설과 부장품에서도 여실히 나타나고 있다. 분구 형태에는 원형분(圓形墳), 절두원형분(截頭圓形墳), 방대형분(方臺形墳), 전방후원형분(前方後圓形墳), 방형주구묘(方形周溝墓), 원형주구묘(圓形周溝墓), 방대형즙석분(方臺形葺石墳) 등 다양한 형태가 있다. 그리고 옹관고분에서 반출되는 부장품은 대체로 빈약한 편

나주 신촌리 출토 금동관

으로 알려져 있다. 그렇지만 나주 신촌리 9호분 을관(乙棺)처럼 부장품
이 풍부하고 화려한 고분도 더러 있다. 이 고분에서는 금동관(金銅冠),
금동리(金銅履), 환두대도(環頭大刀), 각종 옥류 등 부장품이 무려 1409
점이나 반출되었다. 분구 형태나 부장품에서 주목되는 것은 전방후원
형분이나 유공광구소호(有孔廣口小壺) 같은 유적·유물의 유사품이 일
본에서도 발견된다는 사실이다. 이것은 분명 두 지역 간 교류의 결과이
거나, 아니면 문화의 공유성에서 비롯된 것일 것이다.

　이상에서 영산강문화의 시대별 핵심내용을 개술했다. 여기서 당대의
여타 문화와 구별되는 영산강문화만이 지닌 몇가지 특징을 적출할 수
있다. 그 특징은 첫째로, 해양문화의 성격이 짙다는 것이다. 해양문화는
해양과 관련되어 생성한 문화로서 해양에 대한 인간의 인식과 이용, 그

리고 해양으로 인해 창출된 정신적 및 물질적 문명생활을 두루 아우르는 문화다. 이러한 해양문화는 개척성과 개방성, 외향성, 수용성, 창의성, 진취성과 같은 일련의 정신적 특색을 간직하고 있다. 고대에 있어 이러한 해양문화는 양석문화(陽石文化, Heliolithic Culture)라는 특유의 문화양상에서 구체적으로 나타나고 있다.

일찍이 19세기 말~20세기 초에 영국에서 대두한 '맨체스터학파'(the Manchester School)는 이른바 '양석문화분포설'(Theory of the Migration of Heliolithic Culture)과 '고대문명이동설'(Theory of the Migration of Archaic Civilization)을 제시하면서 양석문화를 남방 해양문화의 대표적 문화로 지목했다. 그들의 주장에 따르면, 기원전 4000년경 이집트에서는 이미 태양과 거석구조물을 숭배하는 양석복합문화가 출현했는데, 이 문화가 주로 남방 해로를 따라 홍해→동아프리카→남아라비아→인도→인도네시아→태평양→남미 순으로 동전(東傳)되었다는 것이다. 따라서 이 지역에 태양과 지석묘를 비롯한 거석구조물을 숭배하는 양석문화가 생성되었으며, 그 전파노정이 이른바 '문화이동남방로'라는 것이다.[11]

영산강문화는 강 유역과 강 하구의 입지조건이나 자연환경으로 인해 섭해성(涉海性)이 강한 문화다. 그리하여 해양문화만이 지니고 있는 몇 가지 문화적 요소들이 분명하게 드러나고 있다. 고온다습한 남방 해양문화에서 비롯된 벼농사가 시종일관 영산강문화의 생존기반이었다. 그리하여 애당초 바다와 깊은 관련이 있는 패총유적이 곳곳에서 발견된다. 이것 말고도 지금까지 논외로 소외당한 양석문화 유물이 있는데, 그것이 바로 지석묘다. 물론, 우리나라 청동기시대의 대표적 유물의 하나인 것만큼 지석묘에 관한 국내외 학계의 연구성과는 괄목할 만하다고 하겠다. 그러나 그것이 고대의 전형적 양석문화로서 영산강문화의 해양문화적 성격을 규제하는 주요한 요인의 하나라는 데까지는 착안하지 못했다. 따라서 거석구조물로서의 지석묘가 지닌 해양문화적 성격에 관한 연구는 거의 전무할 수밖에 없다.

영산강 유역에서 집중적으로 발견되는 옹관도 그 기원이나 기능을 해양문화와 연관시켜 설명할 수 있을 것이다. 대체로 옹관은 동남아시아를 비롯해 해양성 강우(降雨)가 많은 지역에서 조상의 시신이 침수되는 것을 방지하려는 조상숭배의식에서 일찍이 선사시대에 목관을 대신해 출현한 하나의 토기 관제(棺制)다. 옹관 유물에서 발견하다시피, 옹관의 구부(口部, 입구)를 밀폐한다든가, 밑바닥에 배수 구멍을 뚫는다든가 하는 것은 바로 이러한 방수와 배수 때문이었을 것이다. 이렇게 개별적 소형 관제로 시작된 옹관이 후기 영산강문화에 이르러서는 대형 전용고분으로까지 발전한다. 한편, 대부분 옹관이 알 형태를 취한 것도 해양문화의 시조난생설(始祖卵生說)과 무관하지 않다는 견해도 있어 주목된다.[12]

양석문화의 한 축인 태양숭배의 잔영도 영산강문화 유적에서 찾아볼 수 있다. 그 일례가 옹관 어깨에 돌려진 삼각거치문(三角鋸齒文)이다. 우리나라에서는 일부 청동기에 햇살을 표현한 일광문(日光紋)이 나타나는데, 이것은 이 옹관 거치문의 조형(祖型)으로서 재생이나 부활, 광명을 상징하는 태양숭배사상을 반영한 것이다. 옹관의 밑동이나 겉면에 보이는 원형 문양도 이러한 태양숭배사상의 투영으로 해석해봄직하다.[13]

영산강문화의 특징은 다음으로, 문화의 다양성이다. 영산강문화를 규제하는 권역은 비록 크지 않지만, 통시적(수직적) 및 공시적(수평적)으로 다양한 문화요소들을 복합적으로 갈무리하고 있다. 선사시대인 신·구석기시대와 청동기시대의 문화요소에 대해서도 물론 그러했지만, 역사시대에 들어와서도 여타의 주변 문화와 구별되는 독특한 다문화를 이루었다. 지석묘의 다양성은 그 대표적 일례. 영산강 유역에 집중되어 있는 지석묘는 북방식과 남방식으로 대별되어 혼재하지만, 지석의 유무에 따라 3류 6종으로 세분되는 등 다양한 형태를 보여주고 있다.[14]

논란이 많은 고분의 경우, 매장주체 시설에 따라 옹관고분, 횡혈식석실분 등이 있고, 분구의 형태를 기준으로 할 때는 원형, 방대형, 장방형, 장타원형, 전방후원형, 사다리꼴형 등 다양한 형태로 나눠지며, 분구의 재료에 의하면 토분 외에 즙석분(葺石墳) 같은 이색적인 분묘도 있다. 그런가 하면 출토 유물 중에는 전통적인 마한계 말고도 백제계, 가야계, 중국계, 왜계, 심지어 동남아계 유물까지 두루 포함되어 있다.

이러한 문화의 다양성을 낳은 요인은 영산강문화의 주역들의 개방성과 수용성, 진취성이며, 그에 수반되는 농경문화의 발달과 전통문화의 축적이다. 이러한 경제적 기반과 문화적 축적이 없이는 다양한 문화를 수용할 수가 없다.

끝으로, 영산강문화의 또다른 특징으로 창의적 융합성(融合性)을 들 수 있다. 동서고금을 막론하고 순수문명이란 존재할 수 없다. 영산강문화와 같이 해양성문화의 성격을 짙게 띤 경우는 더더욱 그러하다. 그것은 문명은 자생성과 모방성이란 근본속성으로 인해 전파와 수용의 부단한 교류과정을 거치면서 뒤섞이지 않을 수 없기 때문이다. 그 교류과정이란 곧 전파문명과 피전파문명 간의 불가피한 접촉과정이다. 접촉 결과 피전파문명 속에서는 이른바 '접변'(接變, acculturation)이란 문명 요소에서의 변화가 일어나게 된다. 그런데 이러한 접변에는 선진문명의 창조라든가 전통문명(피전파문명)의 풍부화와 같은 창조적이고 긍정적인 결과를 낳는 융합이 있는가 하면, 그에 반해 파괴적이고 부정적인 융화(融化)와 동화(同化) 현상도 있다.[15] 이러한 접변 결과에 의해 문명교류의 성격이 결정된다.

영산강문화의 이러한 융합성을 가장 뚜렷하게 보여주는 사례는 옹관고분의 조성이다. 복암리 3호분에서 보다시피, 영산강문화의 주역들은 전통적인 옹관묘 형식은 유지하면서 백제식 횡혈석실 구조를 창의적으로 수용해 분구를 확장하고 다장화(多葬化)하는 등 융합적 접변을 결과함으로써 드디어 영산강문화 고유의 대형 옹관고분의 조영에 이르게 되었다. 백제계 석실에 전방후원분 형식을 취하고 있는 고성 송학동 1호분은 옹관고분의 융합성에서 또 하나의 전범을 보여주고 있다.[16] 이렇듯 논란이 많은 전방후원분 형식은 결코 일부 학자들이 주장하는 것처럼 일본 고분의 유사형을 그대로 본뜬 것이 아니라, 재지적 성격이 강한 융합적 접변형이라는 것이 분명하다. 바로 이러한 융합적 접변 때문에 3~4세기 한강 유역에 성행한 백제의 적석총이나, 경주 주변에 산재한 신라의 적석목곽분(積石木槨墳), 그리고 가야의 수혈식석관분과는 다른 구조와 형식을 갖춘 영산강문화 특유의 옹관고분이 출현하게 된 것이다.

이상과 같은 문화적 특징을 복합적으로 지닌 영산강문화는 여러가지 문화적 요소들이 유기적으로 결합된 하나의 문화권을 이룸으로써 일체성과 생명력을 유지해왔다. 문화권이란 문화의 전승이나 전파를 통해 이루어진 공통의 문화 구성요소들을 공유한 지역에서 형성된 문화의 역사적·지역적 범주를 말한다. 공통적인 문화 구성요소를 공유한다고 해서 모든 문화가 곧바로 하나의 문화권을 이루는 것은 아니다. 한 문화권이 형성되려면 다음과 같은 세가지 요인(조건)이 구비되어야 한다. ① 문화의 구성요소에서 독특성(상이성)이 있어야 한다. 즉 다른 지역과 구별되는 일련의 문화요소들이 공유되어야 한다. ② 문화의 시대성과 지역성이 보장되어야 한다. 즉 문화가 시대적으로 상당히 장기간 존속해야 하고, 지역적(공간적)으로 비교적 넓은 지역에 유포되어야 한다. ③ 문화의 생명력이 유지되어야 한다. 즉 문화가 장기간에 걸쳐 지역사회 전반에 영향력을 지속적으로 행사해야 한다.

이러한 문화권 형성의 세가지 요인들을 영산강문화권[17] 형성에 대입시켜보면, 별 하자 없이 해당된다는 것을 발견하게 된다. 우선, 앞에서 살펴본 영산강문화의 해양성과 다양성, 융합성의 3대 특징은 주변의 다른 지역 문화와 엄연하게 구별되는 그만의 특유성임은 의문의 여지가 없다. 다음으로 '문명순환론'에 의해 일반적으로 한 문명의 수명(탄생에서 성장과 쇠퇴, 해체에 이르기까지)을 4백~5백년으로 재량하는 데 비하면, 8백년의 영산강문화는 문화권으로서의 시대성이 넉넉히 보장된다고 말할 수 있다. 면적이 광주와 전남 총면적의 27.4%밖에 안 되는 영산강 유역을 핵심으로 한 영산강문화권은 상대적으로 협소하다고 말할 수 있다. 그러나 산맥과 바다로 경계를 이루고, 주로 내질적(內質的) 구조에 의해 문화권이 형성되는 고대의 한계성을 감안하면, 그만한 지역성이면 문화권 형성의 충분요인은 아니더라도 필요요인으로는 간주할 수 있을 것이다. 끝으로 영산강문화는 출현으로부터 백제의 영유화에 의한 조락에 이르기까지 장기간 3대 특징의 발현으로 인해 지석문화와 대형 옹관분문화 같은 희유의 핵심문화를 창조해 영산강 유역을 비롯한 한반도 서남지역에 지속적인 영향력을 행사함으로써 나름의 생명력을 과시했다. 물론, 빈약한 문헌기록과 제한적인 유적·유물 발굴에 의거해 조명하다보니 문화권 형성의 제반 요인에서 미흡한 점이 없지는 않다. 그러나 기본적인 요인들은 갖춰졌다고 판단되어 감히 '영산강문화권'을 운운하게 된다.

사실 '영산강문화'나 '영산강문화권'이란 용어는 졸고에 처음 등장하는 것이 아니라, 선행 연구 몇군데서 이미 언급된 바가 있다. 그러나 과문인지는 몰라도 개념(정의나 특징 등)이나 권역 형성의 제반 요인 등에 관해서는 학문적 정립에 이르지 못한 것으로 보인다. 이와 더불어 영산강 유역 고대사회의 호칭에 관해서도 '마한'이라는 포괄적 명칭, '옹관고분사회'라는 방편적 명칭, '모한(慕韓)'이란 애매모호한 명칭 등 여러 호칭과 더불어 '신미제국(新彌諸國)'이란 호칭도 거론되고 있다. 밝혀진 바와 같이, '신미제국'은 중국『진서(晉書)』에서 초견되는 명칭인데, 3세기 후반 진 무제 때 조공한 마한 내의 한 세력집단을 범칭한 것이다. 그 위치는 이 책이 '산에 의지하고 바다로 둘러 있으며, 유주(幽州, 현 베이징)에서 4천여리'나 되는 곳이라고 기술한 것으로 보아 영산강 유역임이 분명하다. '신미'란 어원에 관해서는 구체적으로 밝혀진 바가 없으나,『일본서기』에 나오는 '침미다례(忱彌多禮)'나 통일신라시대의 '침명현(浸溟縣)'(전남 해남군 현산면 일대)과 상통하는 것으로 알려지고 있다. 호칭과 관련해 강봉룡(姜鳳龍)은 영산강 유역의 고대사회를 '신미제국'이라고 부를 것을 제안한다.[18] 우리의 문헌기록에 나오는 자칭(自稱)이 아니라, 외국의 일서(一書)에만 언급된 타칭(他稱)이라는 점에서 사용에 주저되는 바가 없지는 않으나 후기 마한시대에 영산강 유역을 관장한 지역적 세력집단에 대한 호칭으로서 필요에 따라 써도 무방하다고 본다.

영산강문화의 권역(圈域, 지역적 범위), 즉 문화권은 단순히 영산강 유역이란 지정학적 개념이 아니라, 이 유역에서 생성된 문화의 영역뿐만 아니라, 그 문화의 영향하에 있던 지역까지도 함께 아우르는 좀더 포괄적인 역사문화적 및 지역적 개념이다. 그리하여 그 권역을 오늘날의 지역적 개념으로 환치하면, 장성, 담양, 광주, 화순, 나주, 영암, 목포, 무안, 함평, 진도, 고흥, 강진, 장흥 등 13개 시·군을 포함한 전라남도 서남부 전역에 해당된다.[19]

이렇게 한반도 서남지역의 중추에 자리한 영산강문화권의 권역 내에는 큰 물줄기 세개를 비롯해 크고 작은 약 1300개의 지류가 그물처럼 뻗어 있어 삶과 문화를 키워주고 소통시켜주는 '젖줄과 핏줄'의 역할을 수행했다. 뿐만 아니라, 중국과 일본을 비롯한 고대 동아시아 지역과의 문명교류에서 당당한 주역과 더불어 중간고리 역할도 담당해 전반적인 동아시아의 문명창달에도 불후의 기여를 했다.

이와 같이 영산강 유역에서는 찬란한 영산강문화가 개화해 하나의 역동적인 독특한 문화권을 이루어 동아시아 지역과 소통하고 교류를 진행했다. 그렇다면 어떻게 하여 이 강 유역에서 이러한 문화가 탄생하고 성장하게 되었을까, 그 근본요인은 무엇이었을까라는 질문이 제기된다. 특히 문명생성 요인에 관한 새로운 시각이 대두되고 있는 이 시점에서 영산강문화의 생성 요인을 시론하는 것은 자못 큰 의미가 있다고 사료된다. 문명사에서 하나의 전범(모델)이 적출될 수 있을 것이라는 기대에서이다.

문명생성의 요인에 관한 종래의 통념은 한마디로 자연환경이 유리한 곳에서 문명생성이 가능하다는 객관주의적 시각이었다. 그러나 그 시각은 오늘날 도전에 직면하고 있다. 영국의 문명사가 토인비(A. J. Toynbee)는 이러한 통념과는 반대로 오히려 자연환경이 불리한 것이 문명생성의 요인이라는 역주장을 폈다. 즉 불리한 환경은 인간에 대한 일종의 도전이므로 인간은 이러한 도전에 과감히 응전해 성공적으로 극복할 때만이 문명이 탄생하고 성장하게 된다는 것이다. 이러한 성공적인 응전에서 가장 중요한 것은 인간의 창의력이라고 그는 역설한다. 이것이 문명의 생성에 관한 토인비의 이른바 '도전과 응전의 법칙'이다.[20]

'도전과 응전의 법칙'을 제시하면서 토인비는 고대 4대 문명을 탄생시킨 4대강 유역은 모두가 범람이나 건조, 고온과 같은 악조건 지역이었는데 인간이 고도의 지혜를 발휘하여 그러한 악조건이란 도전에 응전해서 이를 성공적으로 극복하는 과정에서 고대 4대 문명이 비로소 탄생할 수 있었다고 설명한다. 그는 탄생한 문명의 성장도 도전에 대한 응전이 성공해야 가능하며, 이러한 성장에서 더욱더 중요한 것은 단순한 영토 확장이나 경제적·기술적 발전이 아니라 정신적 승화(etherealization)라고 지적한다. 흔히들 강의 범람으로 인해 조성된 강안(江岸)의 '옥토'에서 문명이 발생했다고 여기는데, 이것은 일종의 착각이다. 왜냐하면, 범람 자체가 인간에게 해를 끼치는 자연의 무자비한 도전이며, 인간이 정신적 승화에 의한 창의력과 노력으로 그 도전에 성공적으로 응전할 때만이 강안에 만들어진 퇴적지나 갯벌, 소택지가 옥토로 변해 그곳에서 문명이 움틀 수 있기 때문이다.

영산강과 그 유역에서 발생한 문화가 바로 이러한 문명생성의 원리를 극명하게 실증하고 있다. 지금까지 학계에서는 영산강문화의 생성요인을 주로 전래의 통념에 준해 강 유역의 넓은 평야 같은 '호조건(好條件)'으로 해석했다.[21] 간혹 영산강과 그 유역의 수문환경이나 자연지질환경에 관해서 불리한 점(악조건)을 지적하기는 하지만, 그것이 영산강문화의 생성에 미치는 영향관계에 관해서는 간과하고 있다.

수문환경으로 보아 영산강은 유량 변동이 매우 심한 하천으로서 홍수와 가뭄이 빈발하며,[22] 본류의 크기와 길이에 비해 큰 지류가 많기 때문에 홍수 조절이 어렵다. 그리고 본류나 주요 지류에 기반암이 너무 가까이 다가서 있어 물의 흐름을 가로막는 협곡(일명 '물주머니')이나 '물목'이 많이 생긴다. 이로 인해 홍수만 지면 범람 피해를 입게 되는 범람원(汎濫原, flood plain, 일명 '홍수터' 혹은 '홍함지洪涵地')이 넓게 형성되어 홍수시에 수해를 가중시킨다.[23] 뿐만 아니라, 유역에 화산암류가 분포되어 있기 때문에 구배(句配)가 심하고 투수율(透水率)이 낮으며, 하도(河道)

의 사행곡류(蛇行曲流)도 심해 뱃길이 순탄치 않다.[24]

　자연지질환경에서도 영산강은 인간에게 커다란 도전으로 다가왔다. 자고로 영산강문화의 경제적 기반은 벼농사 위주의 농경이었다. 그러나 그 기반이 구축되기까지의 농경 과정은 엄혹한 자연지질환경을 극복하는 과정이었다. 영산강은 지류가 많고 하구에서의 조수, 그리고 빈발하는 홍수 등으로 인해 유역에 소택지나 저습지가 많이 조성되었는데, 수전은 주로 그러한 땅을 일궈 만든 것이었다. 지하수위가 높고 배수가 불량한 이러한 담수전(湛水田)에서는 미생물의 활동이 왕성하지 못하여 벼의 생육에 필요한 영양분이 충분하게 공급될 수가 없다. 급기야는 뿌리가 썩는 근부현상(根腐現象)이나 잎까지 말라버리는 호마엽고병(胡麻葉枯病)이 생겨 가을에 쭉정이 벼가 많이 나와서 종실(種實)이 부실하게 됨으로써 결국 수확이 줄어든다.[25] 신창동 저습지 유적에서 발견된 두꺼운 벼껍질층에 종실을 이루지 못한 쭉정이가 다량 포함된 것은 바로 담수전에서의 근부현상으로 인한 종실 부실 현상이다.[26] 평시 영산강의 유량은 하천의 생태계가 겨우 유지될 수 있는 정도로 아주 적다. 그리하여 영산강은 국내 주요 하천 가운데서 수질오염이 가장 심한 하천이다.[27] 수질오염은 곧 자연생태계를 파괴하고 용수나 어업 등 인간의 생계에도 해를 입힌다. 또한 영산강은 비교적 큰 하천인데도 조류가 활발하게 드나들기 때문에 비옥한 삼각주 대신 염생습지(鹽生濕地)인 간석지(干潟地)가 넓게 형성되었다. 이러한 염생습지를 농경지로 간척하는 일이나 나문재 같은 염생식물을 구황식물(救荒植物)로 재배하는 것도 모두가 인간의 창의력을 요하는 어려운 일이다.[28] 게다가 영산강 유역은 태풍의 진로에 자리하고 있어 예나 지금이나 태풍이 빈번하게 내습해(특히 7·8월) 큰 피해를 주고 있다.

　영산강 유역의 수문환경과 자연지질환경에서 제기된 자연의 엄혹한 도전상을 단편적인 몇가지 예를 들어 살펴봤다. 영산강문화는 이러한 불리한 자연환경을 슬기롭게 극복하는 과정을 통해 비로소 생성할 수 있었던 것이다.

2. 영산강문화의 대동아시아 교류

그동안 영산강문화권 내에서 중국이나 일본에서 발견된 유물과 유사한 유적·유물들이 속속 출토됨에 따라 그 상호관계가 주목되어 유의미한 연구가 진척되어왔으나, 여러가지 문제에서 논란이 지속되고 있다. 그것을 통관하면, 지석묘나 옹관, 도작(稻作) 같은 유형(類型, type) 면에서의 관계나 공통성에 관해서는 주로 그 시원이나 계통 문제에 논의가 집중되고 있으며, 전방후원묘(한국과 일본)나 토돈석실묘(土墩石室墓, 중국 강남), 석실봉토분(石室封土墳, 한국) 같은 양식(樣式, style) 면에서의 관계나 공통성에 관해서는 그 시원과 교류 문제가 주로 다뤄지고 있다. 요컨대 각 지역의 유적·유물들 간에 존재하는 유형적 공통성이나 양식적 공통성 논의는 결국 교류와 떼어놓고 생각할 수가 없다.

그런데 이러한 유형적 및 양식적 공통성(상사성) 속에서 왕왕 상이점이 발견되어 그것을 어떻게 설명할 것인가 하는 문제가 제기된다. 중요한 것은 그 상이점이 문명의 한 속성인 모방성에서 결과하는 교류의 접변 현상인가, 아니면 문명의 다른 한 속성인 자생성에서 오는 개별성(특수성)의 공유 현상인가 하는 것인데, 대체로 접변에서 원인을 찾으려는 것이 중론이다. 그런데 교류를 통한 접변 과정이 구체적으로 실증되지 않은 조건(전제)하에서 가시적인 상이점만을 놓고 논하다보니 시원과 계통 문제가 오리무중에 빠지기 십상이다. 그 대표적인 일례가 옹관고분에 나타나는 양식적 공통성으로서의 전방후원형 분묘의 시원 문제다. 이 분묘는 옹관분묘의 한 형식으로서 일본과 영산강문화권에 공통으로 존재하지만, 그 구조라든가 부장품에서는 두 지역의 분묘가 서로 차이를 보이고 있어, 이를 어떻게 설명할 것인가 하는 것이 문제로 제기된다.

이러한 문제의식에서 출발할 때만이 영산강문화(권)의 대동아시아 교류관계를 제대로 밝혀낼 수 있을 것이다.

(1) 영산강문화의 대중국 교류

부족공동체로서의 마한은 3세기 후반 진(晉)에 15년간(276~91) 17차례나 사신을 보내 조공한다.[29] 사신 파견지는 진의 수도가 아니라, 랴오시(遼西)에 있는 동이교위부(東夷校尉府)이며, 조공국 수는 3개국에서 29개국에 이르기까지 해마다 다르다. 그 가운데서 영산강 유역의 20개 소국을 거명하면서 관계를 밝힌 것은 태강(太康) 원년(280) 7월의 기록에 나타나고 있다. 『진서(晉書)』에 의하면, 명재상 장화(張華)가 유주도독(幽州都督)으로 좌천된 후 변방정책을 잘 수행함으로써 유주(현 베이징)에서 4천여리나 떨어져 있고, 이때까지 내부(來附)해 오지 않던 '동이마한신미제국(東夷馬韓新彌諸國)' 20여개국이 사신을 파견해 조공했다고 한다.[30] 여기서의 '마한'은 한국 고대사 속 삼한의 하나인 '마한'으로서 한반도 남서부(경기, 충청, 전라) 지역에 대한 '포괄적 명칭'이고, '신미제국'은 영산강 유역에 웅거한 여러 소국을 망라한 세력집단(부족연맹국)을 지칭한다.[31]

흔히들 이 기록을 전거로 영산강문화권과 중국 간의 접촉은 3세기 후반 진대에서 시작된 것으로 알고 있는데, 사실은 영산강 유역에서 출토된 몇가지 중국계 유물이 보여주다시피 기원을 전후한 양한(兩漢)시대부터 두 지역 간에는 이미 경제적 및 문화적 교류가 있어왔으며, 사람들도 오갔다. 당시 한·중 간의 연해로에서 기착지 역할을 해오던 해남반도의 전곡리 패총에서 중국 신대(新代)의 화폐인 화천(貨泉)[32]이 발견되었는데, 이는 기원을 전후한 시기에 두 지역 간에 교역이 진행되고 있었음을 시사한다.[33] 화천과 함께 오수전(五銖錢)이나 복골(卜骨), 새 문양의 이형청동기(고성 동외동 패총과 영광 수동 유적), 인문도기(印文陶器, 동외동 패총과 보성 금평 패총) 등 중국계 청동기와 철기 문물도 다수 발견되었다.[34] 그런가 하면 기원전 3세기 진시황이 파견한 방사(方士) 서복(徐福)이 이끄는 선단이 한·중 간의 연해로를 따라 한반도 서남해안을 거쳐 제주도에 이르렀다고 추단할 수 있는 기록이 『사기』를 비롯한 몇몇 한적(漢籍)에 보인다.

선사시대 영산강문화의 대표적 유물이라고 할 수 있는 지석묘와 동류의 지석묘가 중국에서도 발굴되어 그 상관성이 주목받고 있다. 중국에서는 지석묘가 두 지역에서 집중적으로 발견되는데, 한곳은 둥베이 지방의 랴오둥반도와 지린성 남부지역으로서 랴오둥반도에서는 101기[35]가, 지린성 남부지역에서는 70기[36]가 발굴되었다. 다른 한곳은 양쯔강 남안에 위치한 저장성 일원이다. 당초 원저우(溫州) 인근의 루이안시(瑞安市)에 이어 중부 연해지역에 자리한 타이저우시(臺州市) 산먼현(三門縣)의 만산다오(滿山島)에서도 발견되었다. 저장성 일대에서 발견된 지석묘는 약 50기에 달한다.[37] 저장 지역에서는 지석묘를 '석붕(石棚)' 또는 '석붕묘(石棚墓)'라고 부른다.

둥베이 지방에서 발견된 지석묘는 형태와 구조가 한반도 내외에서 발견된 북방식 지석묘와 '아주 흡사'하다. 그럴 수밖에 없는 것이 이 지역은 한반도를 중심으로 한 '동북아시아 돌멘권'이란 한 문화권[38]에 속해 있기 때문이다. 그러나 저장 지역은 사정이 다르다. 그곳 지석묘(석봉)의 형태와 구조는 영산강 유역을 중심으로 한반도 남부지역에서 발견된 남방식 지석묘와 '매우 흡사'하다. 그 원인에 관해 마오자오시(毛昭晰)는 북방처럼 두 지역이 원래가 '같은 문화권'에 속한 것이었거나, 아니면 두 지역 사이에 '모종의 문화적 교류'가 있어서였을 것이라는 가정을 제기하고 있다. 그렇지만 분명한 것은 두 지역이 결코 하나의 문화권은 아니라는 사실이다. 그렇다면 교류의 결과일 터이지만, 그 과정에 관해서는 미제로 남기고 있다. 문제는 자생한 것인지, 아니면 모방(유입)된 것인지 하는 것이다. 이에 대해 박양진(朴洋震)은 흥미있는 해석을 가하고 있다. 중국 강남지역이나 둥베이 지방, 그리고 한반도, 이 세 곳의 지석묘 출현 연대는 대체로 기원전 1000년대(중국 서주~춘추)로서 비슷한데, 당시 중국 강남지역의 주된 묘제는 토돈묘(土墩墓)와 토광묘(土壙墓)이므로 석재를 활용한 지석묘는 상당히 예외적이라는 것이다. 그리고 이 점을 감안하면, 저장 일원에 분포된 지석묘는 이 지역에서 자생한 것이 아니라 외부와의 접촉과 그 영향으로 출현한 것이라고 주장한다. 그렇지만 출토 유물의 대부분이 강한 지역적 특징을 지니고 있는 점을 고려한다면 조성은 지역 토착민에 의한 것이 '틀림없다'는 견해를 함께 개진한다. 그러나 그 '외연적 연원'에 관한 고찰은 당시의 물질문화나 해상교통 등에 대한 종합적인 연구가 선행되어야 한다는 조심스러운 견해도 밝힌다.[39]

두 지역에서 발견된 석실묘의 상관성 여부를 놓고도 의견이 엇갈린다. 장성군 영천리를 비롯한 영산강 유역에서 발견된 석실봉토분과 저장성 후저우(湖州)를 비롯한 강남지역 특유의 토돈석실묘(土墩石室墓)는 외형상 형태와 부장물이 '매우 흡사'하다는 근거를 들어 두 유물의 상관성을 주장하는 견해(毛昭晰, 임영진)가 있는가 하면, 주로 시기상의 차이, 즉 중국의 것은 서주시대 후기부터 전국시대 사이에, 영산강 유역의 것은 그보다 퍽 뒤늦은 4세기에 조성되었기 때문에 두 석실분 사이에는 아무런 관계도 없다는 견해(이영문, 박양진)가 맞서고 있어 연구는 더 진전을 보지 못하는 상황이다.[40] 그밖에 일찍부터 영산강 유역에서 축조된 옹관묘에 관해서도 '초기의 옹관묘 자체는 중국으로부터의 영향으로 만들어졌다'[41]는 언급 한마디가 있을 뿐, 부가설명이 없어 도시 종잡을 수가 없다.

앞에서 지적했다시피, 영산강문화의 경제적 기반은 농경이며, 그 핵심은 벼농사다. 따라서 벼농사에 대한 생태학적 및 문화사적 접근은 영산강문화의 근본을 이해하는 첩경이 아닐 수 없다. 1980년 영산강 유역의 늪지대에서 발견된 3천여년 전의 벼 화분, 광주 신창동 저습지에서 발견된 다량의 벼농사 관련 유물(BC 1세기, 국립광주박물관 소장)은 이러한 첩경에 접근할 수 있는 단초를 제공한다. 그동안 영산강 유역의 농경문화에 관해 영성적(零星的)으로 언급은 되어왔지만, 심도 있는 학문적 연구는 매우 미급한 상태다. 더욱이 도작(稻作)의 원류 등에 관한 교류사적 시각은 중국으로부터 벼농사가 유입되었다는 전래의 통념에 안주해 맴돌아왔다. 중국 학자 마오자오시(毛昭晰)는 4천~5천년 전이라는 한반도의 벼 재배 시기(경기도 고양 가와지 유적의 볍씨)를 크게 앞지른 중국의 9천년 전이라는 재배 시기(후난성 리현澧縣 바스탕八十塘 유적의 탄화미)를 근거로 '강남항로'에 의한 중국 벼의 한반도 전파설('남로설', 양쯔강 유역→서해→한반도)을 설파한다.[42] 이에 대해 우리 학계는 그러한 전파설을 곧이 곧대로 인정하고 그 전제하에서 '남로설'만이 아닌 '북로설'(양쯔강 유역→화이허淮河 유역→산둥반도나 랴오둥반도→한반도 중서부)도 있다는 식의 대응에만 급급한 형편이다.[43]

이 벼농사의 전파 문제는 영산강문화뿐만 아니라 우리나라, 나아가서는 세계의 농경문화사와 직결된 실로 중차대한 문제이기 때문에 응분의 주목이 요망된다. 주지하다시피, 1970년대 중반까지만 해도 우리나라의 벼농사는 일본으로부터 들어와 고작 기원전 1세기경에 시작된 것으로 알고 있었다.[44] 그러나 1970~80년대에 경기도 여주군 흔암리와 평양시 삼석구 남경, 충남 부여군 송국리 등 여러 유적에서 기원전 1000년경의 탄화미가 연이어 출토됨으로써 벼농사의 시작을 청동기시대로 끌어올렸다. 그러다가 1990년대에 들어와서는 경기도 김포시 가현리와 경기도 고양시 일산 가와지 유적에서 기원전 2000년경의 탄화 볍씨가 발견되면서, 다시 그 상한을 신석기시대 후기로 올려놓았다.

그러다가 도작사(稻作史)에 획을 그을 만한 놀라운 발견이 이 땅에서 일어났다. 1997년과 2001년 두차례에 걸쳐 충북대, 서울시립대, 단국대, 한국지질자원연구원 등 4개 팀이 충북 청원군 옥산면 소로리(小魯里) 오창과학산업단지 구석기 유적에서 지금으로부터 약 1만 3천년 전(미국 Geochon Lab와 서울대 AMS연구실 측정결과는 1만 2300~1만 4620bp)의 토탄층(土炭層)에서 모두 59톨[45]의 볍씨를 발견했다. 볍씨에 관한 과학적인 공동연구를 통해 얻어진 결과가 권위있는 여러 국제학술모임[46]에서 발표되어 큰 반향을 불러일으켰다. 지금까지 가장 오래된 볍씨로 알려진 중국 양쯔강 유역의 위찬옌(玉蟾巖) 유적에서 출토(1993년과 1995년)된 볏겨와 쌀겨(약 1만년 전)보다도 몇천년 앞선 완전한 볍씨다. 그래서 세계에서 가장 오래된 볍씨라고 하는 것이다. 참고로 부언할 것은 최근 소로리와 인접한 청원군 강외면 만수리에서 54만~56만년 전 전기구석기시대에 속하는 석기 3점이 발견되어 소로리볍씨의 신빙성을 한층 더해주고 있다는 사실이다.[47] 이것은 동북아시아에서 가장 오래되었다고 하는 베이징원인(原人, 30만~60만년 전)과 동시대인이 만든 구석기로서 농경과 더불어 한반도의 유구한 역사를 대변해주고 있다.

물론, 구석기시대에 벼농사가 아직 시작되지 않았다는 통념이나, 가와지볍씨와 소로리볍씨 사이의 연대 차가 수천년이나 되지만 그 중간 유물이 아직 발견되지 않았다든가, 재배벼가 아니라 야생벼일 수도 있다는 등 재고해야 할 점들이 있어 학계의 반응은 의외로 조심스럽고 냉대까지 감지된다. 그렇지만 일단 과학적인 연대측정법에 의해 확인된 이상, 소로리볍씨가 갖는 의미를 숙고해야 할 것이다. 넓게는 세계 수십억 인구가 주식으로 삼고 있는 벼의 기원이 구석기시대까지 소급됨으로써 벼농사가 7천~8천년 전 인도나 동남아, 중국 남방에서 시원했다는 종래의 학설에 대한 수정이 요청되며, 좁게는 우리나라 벼의 중국전래설의 종언을 뜻하기도 한다. 요컨대, 벼는 세상에서 가장 먼저 우리나라에서 자생했거나 재배되었을 개연성을 짙게 시사하는 것으로서, 그 자체가 엄청난 충격이고 보람이 아닐 수 없다. 이에 필자는 2005년 졸저에서 소로리볍씨를 지금까지 공인된 '자포니카' '인디카' '자바니카'와 함께 그 조형(祖型)일 수 있는 '소로리카'(Sororica)로 명명한 바가 있다.[48]

(2) 영산강문화의 대일 교류

과문으로는 영산강문화(권)의 대일(왜) 교류와 관련해서 그동안 한국 학계에서 주로 연구된 분야는 영산강문화권 내에 잔존하는 일본계 유적과 유물을 통한 교류관계이다. 이에 비해 일본 내에 잔존하는 영산강문화권을 비롯한 마한계의 유적과 유물을 통한 교류관계 연구는 상대적으로 미흡한 성싶다. 이것은 자칫 교류 연구에서 균형성을 잃고 편향에 빠질 수 있는 소지가 있으므로 시급한 보완이 필요하다.

영산강문화권에서 출토된 대표적인 일본계 유적으로는 전방후원분

(前方後圓墳, 일명 長鼓墳)과 석실봉토분 등 고분이 있으며, 유물로는 직접 유입된 일본제 유물과 일본의 영향을 받아 현지에서 제작된 재지제(在地制) 유물, 두가지로 대별할 수 있다. 전자로는 유공광구호(有孔廣口壺), 개배(蓋杯, 뚜껑접시), 하지끼(土師器) 등 토기류와 마구, 동경, 장식대 같은 금속류가 있으며, 후자로는 분주(墳周)토기, 편병(偏甁) 등 토기류와 분주목기 등이 있다.[49] 이러한 유적·유물을 놓고 학계, 특히 고고학계에서 논란이 분분한데, 그 주 내용의 하나가 바로 교류와 관련된 여러가지 문제점이다. 그리하여 그 논란의 실마리를 푸는 데 일조가 되지 않을까 싶어 몇가지 문제에 대한 교류학적 접근을 시도해본다. 마치 '고고학적 자료는 고고학적인 분석을 통해 고고학적으로 해석되어야 하는 것'[50]처럼, 교류학 재료는 교류학적인 분석을 통해 교류학적으로 해석되는 것이 바람직하다는 일념에서이다.

우선, 교류의 역사적 배경 문제다. 두 지역 간의 본격적인 교류는 일본〔倭〕의 고훈시대(古墳時代)와 그에 상응한 한국의 삼국시대에 진행되었지만, 그 시발은 전 시대인 일본의 야요이시대(彌生時代)와 그에 상응한 한국의 원삼국시대로 거슬러 올라간다.[51] 그러나 3세기 야요이시대까지 왜와 전남지역 간의 교류는 거의 일방적 화살식 교류, 즉 마한의 대표적 유물의 하나인 세형동검을 비롯한 청동기가 일방적으로 왜에 유입되고, 마한에는 왜계 유물이 거의 없는 일변도적 교류였다.[52] 주목되는 것은 출토된 다뉴세문경(多鈕細文鏡)이나 유이세형동모(有耳細形銅矛), 유리관옥 같은 왜계 유물은 한반도 서해안에서 그 유사품이 발견되었다는 사실이다. 그런가 하면 왜인들의 집단적 주거지로 알려진 토갱(土坑)에서 발견된 무문(無文)토기는 한반도 남부지역의 수석리식(水石里式) 무문토기와 '완전히 같아 반입됐거나 충실하게 재현된 것'으로 보인다. 그리고 북부큐우슈우 연해지방에서는 낙랑계 토기와 화천

(貨泉), 오수전(五銖錢) 등 중국 화폐가 발견되는데, 이러한 유물들은 한반도 서해안과 남해안에서도 공히 발견된다. 이것은 한반도 서남해안을 기착지로 하는 '통교회로(通交回路)', 즉 해상교류 통로가 개척 이용되었음을 말한다. 야요이시대 후기에 이르면 일본열도에서 지방정권이 급속히 성장하면서 각자가 대외교섭을 모색하는데, 그 흔적이 한반도에서도 발견된다. 전남 영광군 화평리 수동 유적에서 발견된 북큐우슈우산 소형방제경(小形倣製鏡, 조선대학교 박물관 소장)이 바로 그 일례다.[53]

야요이시대에 이어 고훈시대를 맞은 왜는 엄청난 사회변동을 겪는다. 앞 시대에 형성된 각지의 정권이 연합해 통일정권을 이루며, 이에 따라 정치의 중심이 쓰꾸시(筑紫)정권이 있던 북큐우슈우에서 야마또(大和)정권이 출현한 킨끼(近畿)로 옮겨간다. 이러한 시대변화를 반영하듯, 한반도까지 그 여파를 몰고 온 전방후원분이 일본의 거의 전지역에 나타나면서, 영산강문화권을 비롯한 한반도 내의 각 세력들과 왜의 교류가 본격화한다. 이때(3~6세기) 왜와 교류를 진행한 한반도 내 세력들로는 동남부 일우(一隅)에서 변한(弁韓)과 진한(辰韓)을 계승한 가야와 신라 세력이 있고, 서남부와 중부에 마한과 그를 이은 백제 세력이 있었다. 그런데 마한과의 교류라면 그를 구성하고 있는 여러 지역세력 가운데서 어느 지역세력과의 교류인가의 문제와, 또한 일부 사학계에서 주장하는 것처럼 4세기에 이미 백제에 망한 마한과 교류했다는 것은 어불성설이라는 문제가 해명되어야 할 것이다.

이 문제 해명의 열쇠는 마한의 조락을 어떻게 보는가에 있다. 중국 사적에 의하면 마한은 54개 소국으로 나눠져 있었는데, 그 각각의 위치는 알려지지 않고 있다. 주로 문헌기록에 의존하는 역사학계의 통설에 의하면, 마한의 영역은 경기도·충청도·전라도 등 한반도의 중·서남부 지역이고, 성립 시기는 늦어도 고조선 준왕(準王)의 남천(南遷, BC 2세기)

이전이며, 조락 시기는 4세기 중엽 백제 근초고왕이 마한을 침입한 시기다. 그러나 그동안 꾸준히 유적 발굴을 추진해온 고고학계로서는 영역에 관해선 이의가 없지만, 성립 시기와 조락 시기 문제에서는 사뭇 다른 견해를 보이고 있다. 즉 성립 시기는 마한의 대표적 문화유산인 세형동검이 흥행하던 기원전 3~2세기로, 조락 시기는 마한에 대한 백제의 영유화가 마무리된 6세기 전반으로 달리 잡는다. 이렇게 되면 마한의 수명에 관해서도 역사학계는 약 6백년(BC 2세기~AD 4세기 중엽)으로 추정하고 있으나, 고고학적 연구결과로 보면 그보다 약 2백년이나 더 긴 8백년으로 그 수명이 연장되게 된다. 그 가운데서 후기에 해당하는 약 2백년은 전술한 바와 같이 개성이 더욱 돋보이는 고분문화시대다.

영산강문화는 독특한 대형 옹관분을 비롯한 여러가지 융합문화로 마한시대의 대미를 장식했다. 원래 마한세력은 한반도 중부에서 흥기했으나 백제의 남진에 밀려 점차 남쪽으로 옮겨갔다. 이에 따라 마한의 한강유역권과 아산만권, 금강유역권은 차례로 함락되어 급기야는 서남쪽 영산강권만이 남아 마한의 명맥을 이어갔다. 따라서 영산강문화는 비록 백제나 왜의 영향을 받았지만 마한문화의 계승 발전으로서 결코 별종의 문화는 아니다. 단, 이 시대의 세력집단을 굳이 호칭한다면 전기와 구별한다는 의미에서 『진서』의 기록을 빌려 '신미제국'이라고 해도 무방할 것이다.

마한의 후기 지탱세력으로서의 신미제국(영산강문화권)은 날로 증대되는 백제의 위협 앞에서 자구책으로 왜와의 접근을 택하고 교류를 수용한다. 이를 반영하듯 5세기를 전후해 영산강 유역에 왜의 고분인 전방후원분이 선을 보이기 시작한다. 최초의 전방후원분으로 여겨지는 시종면 태간리의 자라봉 고분이 당시 중심세력부인 반남에서 가까운 곳에 축조되었다는 것은 두 세력 사이에 '문화적 교류를 넘어서 정치적 연대를 추구한 흔적'으로 볼 수 있음직하다.[54] 한편, 고훈(古墳)시대에 들어서면서 국력의 신장과 선진 중국문물의 수용에 급급하던 왜('왜 5왕 시대')는 고구려의 남진정책에 밀려 일시 허둥대는 백제보다는 지리적 으로 중국(남조)으로 통하는 길목에서 남해와 서해를 연결하는 '꼭지점' 에 자리한 신미제국과 유대하는 것이 절실했다. 자라봉 고분에 이어 영 산강 유역의 주변부에서 큐우슈우식 '전기 횡혈식석실분'이 분산적으 로나마 출현하는 것은 이러한 유대와 교류의 반영이다. 이와 같이 신미 제국과 왜의 시대적 요청이 부합함으로써 비로소 양자 간의 교류가 이 뤄지게 된 것이다.

다음으로, 영산강문화(권)의 대일 교류에서 제기되는 몇가지 문제를 교류사적 시각에서 해석해보고자 한다. 이것은 두 지역 간의 교류 문제 를 연구하는 데서 하나의 방법론으로 적용 가능할 것이다.

통시적으로 한반도의 대일 교류는 일방향 유입에서 쌍방향 교류의 과정을 거쳤으며, 영산강문화의 대일 교류도 이 맥락에서 진행되어온 것이다. 이러한 교류의 방향성을 놓고 보면, 일본의 야요이시대는 한반 도에서 일본으로의 일방향 유입이었으나, 고훈시대(한반도의 삼국시 대)에는 영산강 유역의 신미제국을 비롯한 한반도 삼국과 왜 간의 교류 가 이러한 편향에서 탈피해 쌍방향 교류로 전환되었다. 그런데 지역 간 의 교류 문제를 다루는 데서 공통적으로 제기되는 문제이지만, 영산강 문화의 대일 교류에서도 이른바 '어느 쪽에서 어느 쪽으로'라는 시원 문 제(계보 문제, 전파와 수용 문제)가 어김없이 제기된다. 종종 편협한 우 월주의나 선입감에 사로잡혀 실사구시적인 전거도 없이 자아중심적인 시원론을 운운하는 경우가 있다. 교류사에서 시원을 따지는 목적은 이 러한 우월주의나 선입감의 '정당성'을 합리화하기 위한 것이 아니라, 자 생인가 전파(유입)인가 하는 문명교류의 성격을 가늠하고, 전파와 수용과정에서 일어난 접변을 통해 문명의 보편성과 개별성을 이해하며, 나아가 교류과정에서 발휘된 인간의 지혜를 귀감으로 터득하려는 데 있다.

시원(계보) 문제와 더불어 그에 연동된 문물의 자생설과 전래설을 판가름하는 데서 중요한 것은 어떤 객관적 기준에 준해 재량하는가 하는 것이다. 영산강 유역에서 발견된 전방후원분을 비롯한 묘제와 그 부장품 및 양식이나 문양 등을 전형적 용례로 이 문제를 살펴보고자 한다. 객관적 기준에는 다음과 같은 몇가지가 있다.

1) 언제 만들어졌는가 하는 제작연대이다. 밝혀지다시피, 일본 고훈시대의 전형적인 묘제인 전방후원분은 4세기에 축조되기 시작해 6세기까지 이 시대의 전기간에 흥행했으며, 영산강 유역에서는 5∼6세기 기간에 옹관고분의 한 형태(양식)로 주변부에서부터 제작되기 시작했다.[55] 따라서 이러한 시기상의 차이로 미루어 이 고분은 왜에서 영산강 유역으로 전파되었다고 말할 수 있다.

2) 수용과정에서 일어나는 접변 현상이다. 문명은 자생성과 모방성이란 근본속성에 의해 일단 탄생된 후에는 전파와 수용의 과정을 거쳐 부단히 교류된다. 그 과정에서 수용문명은 전파문명(시원문명)의 원형을 그대로 보존하는 경우는 드물고 대체로 재지적 환경이나 조건에 맞게 변형이 일어났다. 이러한 변형을 접변이라고 하는데, 그 접변 현상을 통해 시원은 물론, 그것이 자생인가 아니면 전래인가의 성격도 판단된다. 이러한 접변은 흔히 양식적 변화에서 많이 나타난다. 영산강 유역의 전방후원분이 일본의 그것과 동류에 속한데다가 제작연대가 앞선 것으로 알려져 있기 때문에 그 전래가 논의되지만, 양식 면에서는 여러가지 변형이 엿보인다. 차륜형토제품(車輪型土製品)이나 순형목제품(盾形木製品)은 반출품으로서 공통이지만, 그 제조기법은 영산강 유역의 재지

적 요소가 가미되어 서로 다르다. 차륜형토제품인 경우 겉면 조성에서 일본은 보통 솔에 의존하지만 영산강 것은 두드림이 사용되고 있다.[56] 이러한 접변 현상을 통해 이 유물의 시원과 모방성 내지는 창의성 같은 성격을 구명할 수 있다.

3) 유물의 연속성과 보편성 여부다. 어떤 유물의 형태나 양식 및 제작 기술에서 재지적 전통을 이은 연속성이 있는가, 아니면 단절적인가에 의해, 또는 존재방식에서 보편적인가, 아니면 국소적인가에 따라 그 유물의 시원이나 전래 여부를 감정할 수 있다.[57] 비연속성에 의한 시원이나 전래 현상을 '조산(造山)'이란 특수 분구(墳丘)에서 찾아볼 수 있다. 한반도에는 나주를 중심으로 한 전남 지역에만 조산이란 특수 분구가 30여소에 산재하고 있다. '조산'이란 문자 그대로 인공적으로 만든 산이란 뜻인데, 전남이나 한반도의 전통적인 묘제는 아니고, 임의로 조성한 큰 분구에 대한 범칭이다. 따라서 문화유산으로서의 연속성이나 보편성이 결여된 일시적 전래 유물로 간주할 법하다. 이러한 분구의 조성이나 지칭 연대, 매장실체 같은 것이 구체적으로 밝혀진 바가 없어 그 실체에 관해서는 미상이나, 일본에도 동명동의(同名同意)의 '조산'(쓰꾸리야마)이나 '작산'(作山, 사꾸야마), '축산'(築山, 쓰끼야마)이라는 명칭의 분구가 전해오고 있다.[58] 이렇게 두 나라가 공유하고 있는 조산이 영산강 유역에 집중되어 있지만 그 연속성과 보편성이 결여되어 있다는 사실은 조산문화의 시원이나 교류 문제에서 해결의 단서를 제공해주고 있다.

4) 교류의 전개과정에 대한 해명이다. 즉 문명의 전파와 수용의 전개과정이다. 이러한 전개과정은 당위적인 역사적 배경 속에서 일정한 절차와 규범에 따라 진행되며, 그러한 절차와 규범을 통해 교류문물의 시원이 밝혀지고 교류의 성격과 영향관계가 평가된다.

전파에는 문명 간의 직접적 교류통로나 수단, 매체를 통해 실현되는 직접전파와 제3자를 통한 간접전파가 있다. 직접전파는 좀더 신속하고 원형적인 문명요소의 전파가 가능하나, 이에 비해 간접전파는 좀더 완만하고 변형적인 문명요소의 전파가 이루어진다. 전파에는 또한 간단없이 연속적으로 이어지는 연파(延播)와 연속성 없이 군데군데 점재(點在)하면서 진행되는 점파(點播)가 있다. 연파가 문명의 자연적이고 광폭적인 확산이라면, 점파는 우연적이고 소폭적인 확산이다.

문명 전파의 직·간접성과 더불어 그 파폭(播幅)을 가늠하는 이 연파와 점파 문제는 전파문명(시원문명)의 수용과 그 결과로 일어나는 문명 접변 현상을 고찰하는 데서 중요한 의미를 갖는다. 문명의 수용은 선택적 과정이지만, 불가피하게 접변이라는 문명적 변동이 수반된다. 그 변동은 두 문명의 접변으로 인해 상이한 문명요소가 건설적으로 혼합되어 일어나는 융합과 피차가 아닌 제3의 문명이 형성되는 융화, 그리고 일방적 흡수인 동화에서 나타난다. 문명교류의 기능이나 성격으로 볼 때, 융합은 순기능적 수용이고, 융화나 동화는 역기능적 수용이다.

영산강문화의 대일 교류도 비록 지리적 근접성이나 문화적 유사성으로 인해 이러한 전개과정이 명확치 않거나 또는 간접전파나 점파, 융화나 동화 같은 절차나 결과가 시·공간적인 여건과 문물의 내용에 따라 부분적으로 생략되거나 가시화되지 않았을 수 있지만, 총체적인 과정은 이러한 테두리 안에서 진행되었을 것이다. 따라서 두 지역 간 교류의 시원이나 성격, 결과를 구명할 때는 반드시 이러한 절차와 규범, 과정에 착안해야 할 것이다. 이러한 연구방법은 중국이나 기타 지역과의 교류 연구에서도 필수일 것이다.

5) 교류의 주역에 대한 해명이다. 모든 교류는 사람에 의해 진행되며, 교류문물의 주역은 사람이다. 따라서 인적 교류와 더불어 교류문물의

주역이 밝혀져야 비로소 시원을 포함한 제반 교류 문제가 명확하게 풀릴 수 있다. 교류의 주역이란 교류문물의 창조자나 이용자, 전달자를 뜻한다. 이와 관련해 영산강문화의 대일 교류에서 논란이 무성한 것은 전방후원분과 석실봉토분 등 고분의 피장자(被葬者) 문제다.

고분의 피장자 신분을 밝히는 것은 고분의 원류나 축조배경 내지는 성격을 규정하는 데서 일정한 의미를 지니기 때문에 전방후원분의 피장자 문제를 놓고 그동안 적잖은 논의가 지속되어왔다. 영산강문화권 내의 이 고분에 묻힌 피장자에 관해서는 다음과 같은 여러 설이 있다.

① 일본에 이주했다가 다시 망명해 온 인물이라는 마한계 왜인설. 이 설은 고분이 망명객의 무덤치고는 규모가 너무 크고 망명지가 영산강 유역에 국한되어 있다는 문제점이 있다.

② 토착세력들이 백제의 남하에 대한 자구책으로 왜와 교류하면서 도입했다는 토착세력자설. 대부분의 전방후원분은 단독분 위주로 존재하기 때문에 이런 규모의 고분을 세울 만한 역량을 가진 토착세력의 존재를 입증할 수 없다는 의문점이 있다.

③ 일본에서 파견해 두 지역 간 교역 같은 특수 역할을 하던 인물이라는 파견왜인설. 이러한 파견집단이 있었다면 필히 일정한 지역에 집중적으로 거주했을 터인데, 이에 반해 고분이 외곽 오지에 분산되어 있었다는 모순점이 있다.

④ 영산강 유역에 대한 백제의 장악력이 약화되자 이 지역 토착세력을 견제하기 위해 왜가 파견한 인물이라는 왜계백제인설. 왜계 백제인들이 활동하던 지역에는 소규모 횡혈묘 따위만 있을 뿐, 이러한 고분은 존재하지 않음으로써 그들의 축조 가능성은 없다는 문제점이 있다.[59]

각 설이 내포하고 있는 문제점을 이렇게 분석한 임영진(林永珍)은 문제 해결의 핵심요인은 나주를 제외한 영산강 유역의 외곽지역에 대부분 토착적 기반이 없는 상태에서 단독분 위주로 산재한다는 점이라고 지적하면서 분석을 곁들인 나름의 두가지 가설을 개진한다. 하나는 영산강 유역의 토착 마한세력이 왜와의 교류를 통해 그들의 전방후원분을 채택했을 가능성이다. 그런데 토착세력이 외곽지역에서 그러한 고분을 축조했다면, 그에 선행해 상당한 토착세력이 다른 고분들을 세웠어야 하는데, 그런 세력과 고분은 찾지 못했다. 따라서 이 가능성은 상정하기 어렵다는 것이다.

다른 하나는 왜의 세력자가 영산강 유역에 진출해 축조했을 가능성이다. 이 경우 그러한 세력자들은 영산강유역권에서 고분의 규모에 걸맞은 상당한 역할을 한 자들이거나, 아니면 영산강유역권 토착세력의 영향권에 속한 자들이었을 것이다. 그런데 첫째 경우라면, 그들이 이 지역의 중심지인 나주 반남이나 왜와의 교류가 용이한 지역에 진출했을 것인데, 사실은 그렇지 않고 외곽지대여서, 이 가설은 성립 불가하다. 두번째 경우는 왜의 정세 변화로 인해 왜계 마한세력이 교류를 유지해 오던 같은 뿌리의 토착세력으로부터 승인을 받고 망명해 돌아와서 생활하다가 이런 고분을 축조했을 것이다. 5세기 말은 일본 큐우슈우 아리아께해(有明海) 일대의 쓰꾸시군(筑紫郡) 세력이 큐우슈우 북부지역으로 세력을 확대하고, 6세기 초는 큐우슈우 지역이 키나이의 야마또정권에 통합되던 시기다. 전방후원분의 매장주체 시설인 영산강식 석실이 북큐우슈우식(5세기 말)과 히고식(肥後式, 6세기 초)의 특색을 지니게 된 것은 바로 이 두 시기에 각각 망명객으로 돌아온 왜계 마한세력의 고분 축조에서 영향을 받은 탓일 것이라고 진단한다.[60] 전방후원분의 피장자는 곧 교류의 주역이 될 수 있으며, 그 해명은 교류를 가늠하는 중요한 기준의 하나가 될 수 있기 때문에 이 고분의 피장자 문제에 대한 임영진의 탁견을 이렇게 소개하는 바다.

이상에서 문명교류사에서 항시 중요한 문제로 제기되는 '어디서 어디로'라는 교류의 시원과 '어떻게'라는 교류의 전개과정을 통찰하는 데서 의거해야 할 몇가지 기준(요인)을 영산강문화권과 일본 간의 교류를 실증하는 주요 유적·유물(주로 영산강문화권에 잔류한 왜계 유적·유물)을 용례로 살펴봤다. 물론 경우에 따라서 개개의 기준이 강조될 수는 있지만, 이들 기준은 고립적이 아닌 복합적으로 적용되어야 한다.

이러한 문제와 더불어 문명교류사 연구에서 난제의 하나는 영산강문화권의 대일 교류에서도 제기되고 있지만, 교류와 공유성(共有性) 문제다. 즉 비록 이질 문명에 속하는 유적·유물이지만 간혹 유형이나 양식상에 어떤 공유적 현상(공유성 혹은 상사성)이 나타나는데, 그것이 자생에 의한 것인가, 아니면 교류의 결과인가 하는 문제다. 왕왕 확실한 기준이나 증거가 없이 막연하게 '교류의 결과'로 속단하는 폐단이 있어 이에 대한 바른 이해가 필요하다.

이러한 문제점으로 논란이 되고 있는 영산강문화권 내의 왜계 유적·유물 몇가지를 들어보면, 유적으로는 주구묘(周溝墓),[61] 유물로는 반남 고분 출토 금동신발,[62] 대안리(大安里) 9호분 경관(庚棺) 출토 직호문녹각제도자병(直弧文鹿角製刀子柄),[63] 옹관묘 출토 유공광구소호(有孔廣口小壺),[64] 그리고 제작기법으로는 전방후원분 출토 원통형토기(圓筒形土器)의 도립기법(倒立技法)[65] 등이 있다.

그 가운데서 이 문제와 관련해 전형성을 띠고 있는 원통형토기의 제작기법인 도립기법에 관해 시범적으로 추찰(推察)해보고자 한다. 월계동 1호분과 명화동 고분 등 5~6세기에 조영된 몇몇 고분에서 원통형토기가 출토되었는데, 그 제작기법이 이른바 도립기법으로서 학계의 주목을 끌고 있다. 원통형토기의 계보를 놓고도 자생설과 일본 유입설 및 영향설이 맞서고 있지만,[66] 도립기법[67]에 관한 논란은 공유와 교류 문제에 관한 한 시사하는 바가 커서 논급을 이 기법에 한정한다.

왜는 야요이시대 후기부터 특수 기대형토기(器臺形土器) 제작에 도립기법을 쓰기 시작한 이래 고훈시대의 전기간에 걸쳐 원통형토기 제작에 이 기법을 도입해왔다. 그러나 전승관계가 분명치 않다. 영산강 유역 원통형토기의 원류[祖型]라고 하는 일본 아이찌현(愛知縣)의 오와리계(尾張系) 하니와(埴輪)는 애당초 한반도의 영향을 받은 도질(陶質)토기계 원통형토기라는 점을 감안하면, 계보관계는 애매모호할 수밖에 없다. 게다가 영산강 유역을 비롯한 한반도에서 이런 토기의 출토 예는 아직 많지 않아서 연구가 미흡하다. 그리하여 섣불리 계보관계를 속단하는 것은 무리가 따를 수밖에 없다.

전파나 영향관계가 어떻든 간에 분명한 것은 두 지역이 원통형토기를 제작하기 위해서는 이러한 도립기법을 공히 사용했다는 것이다. 이것이 바로 문명의 공유성이다. 이러한 공유성은 교류에 의해 형성될 수 있지만, 자생적일 수도 있다. 그러한 자생성에 관해 미국의 인류학자 모건(Lewis Henry Morgan)은 그의 이른바 '공통심리설(共通心理說)'에서 "인류는 같은 뿌리에서 출현해 동일한 발전단계에 이르러서는 유사한 수요가 생겨나고, 또 유사한 사회환경에서는 동일한 심리작용을 한다"[68]고 주장한다. 즉 유사한 사회환경에서는 '동일한 심리작용'이 일어나 유사한 문명을 만들어낸다는 것이다. 제작하기 어려운 대형 기형인 원통형토기는 제작과정에서 하중을 많이 받는 부위를 빨리 건조시키려는 공통심리 속에서 상부와 하부를 각각 만든 다음 상하부를 도립시킬 수밖에 없는 유사행동이 일어나게 마련이다. 따라서 이질 문명 간에 나타나는 유사 현상은 일률적으로, 교조적으로 '계보'나 '교류'란 틀에 박제화하지 말고, 이러한 '심리공통설'로 해명을 시도해볼 수도 있다. 그렇다고 계보나 교류 연구를 방기하라는 것은 아니다. 이러한 연구로도 해명이 안 되면 차선으로 이 설도 활용해보라는 뜻이다.

끝으로, 한가지 부언하고자 하는 것은 영산강문화의 대외교류 시야를 넓혀 대중·대일로만 국한시키지 말고 동남아를 비롯한 세계로 지평을 넓혀야 한다는 점이다. 전술한 바와 같이 지석묘나 옹관묘 자체가 남방 해양성문화에 연유된다는 사실 말고도 건축에서의 해미형수혈거주(海美形竪穴居住)와 고상거주(高床居住), 판축기법(板築技法)과 출토 반출품이나 유물 중의 구슬류나 금박(金箔)유리, 연화문(蓮花紋) 등은 동남아의 전통적 문명요소들이다. 해로를 통한 불교의 유입(남래설)도 개연성이 있다.[69] 이 모든 것에 응분의 학문적 관심을 돌려야 할 것이다.

3. 영산강과 동아시아 간의 해상연결로

영산강 하구를 포함한 한반도 서남해안은 황해(서해)와 남해, 동중국해가 만나는 해역이며, 남북 연해항로, 동서 황해횡단항로와 사단(斜斷)항로, 그리고 일본항로가 교차하는 동아시아 해양교통의 로터리이자 중추다. 이곳을 통해 동아시아 3국은 유대를 형성해 통교하고 교류하면서 공생공영해왔다. 이곳을 중간고리로 해서 중국과 한반도, 일본은 긴 쇠사슬 같은 하나의 '통교회로'로 연결되었다. 『삼국지』「위서(魏書)」는 그 연해로의 노정을 다음과 같이 전하고 있다.

(낙랑과 대방)군(郡)→한국(韓國)→(남행→동행) 구야한국(狗邪韓國)→(도해) 쓰시마국(對馬國)→(도해) 이찌다이국(一大國)→(도해) 마쯔로국(末盧國)→이또국(伊都國)→나국(奴國)→후미국(不彌國)→토오바국(投馬國)→야마따이국(邪馬臺國)[70]

자고로 동아시아 해역은 중국 동남해안과 화베이 및 동북해안, 발해만, 타이완 해역, 한반도 해역, 극동시베리아 해역, 일본과 류우뀨우 해역 등 지구 동북반부의 넓은 해역을 망라하고 있다. 대양 권역으로 보면, 이 해역은 서부 태평양권에 속하며, 계선은 확연치 않으나 발해와 황해, 동해 등 여러 해역으로 나눠지기도 한다. 지질학적으로 보면, 오늘날의 동아시아 해역은 지금으로부터 약 1만년 전 최후의 빙하기 때만 해도 아시아대륙과 일본열도가 육지로 연결되어 있었다. 그러나 그후 간빙기가 다가오면서 해수면이 서서히 높아지자 대륙과 바다로 분리되고, 급기야 일본은 열도로 변모했다.[71] 그리하여 이때가 동아시아 해역의 조성 시점이 될 것이며, 이에 따른 원시적인 동아시아 해로가 트이기 시작했을 것이다.

조선술과 항해술을 비롯한 제반 요인에 의해 동아시아 해역에서 전개된 해로는 부단한 발달과정을 거쳤다. 그 과정은 크게 여명기와 전개기, 발전기의 3단계로 나눠 고찰할 수 있다. 여명기는 해양 진출이 시작된 7천~8천년 전부터 기원 전후에 이르는 시기이고, 전개기는 그로부터 18세기 근대적 항로가 개척될 때까지이며, 발전기는 그 이후와 오늘, 미래를 아우르는 시기에 해당된다.

여명기의 해로에 관한 기록이 별로 없기 때문에 주로 해역 내의 지역에 남아 있는 신석기시대와 청동기시대의 유사 유물에 근거해 그 상황을 추적할 수밖에 없다. 그러한 유사 유물로는 석촉(石鏃, 돌화살)과 지석묘, 도작(稻作) 흔적 등이 있다. 이 시기 해로의 특징은 뗏목과 독목주(獨木舟, 통나무배) 같은 간단한 원시적 항해수단이 이용되고, 비지향적(非指向的) 표류에 의한 연해항로 위주이며, 해로의 주역이 집단이 아니고 개별적이라는 것이다. 여명기를 이은 전개기에는 조선술과 항해술

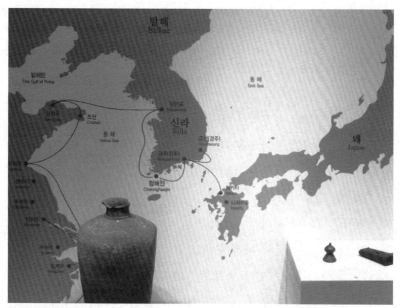

청해진의 해상교통로

이 진일보함으로써 해상활동이 본격화되고, 이에 따라 해로도 크게 확장된다. 그러면서 해로를 통한 교류유물의 존재와 더불어 해로에 관한 문자기록도 적잖게 남아 있어 이 시기의 해로와 해상활동은 비교적 명확하게 구명할 수 있다. 전개기 해로가 지닌 특징은 범선을 비롯한 각종 선박이 널리 이용되고, 육표도항(陸標導航)과 천문도항(天文導航)의 도입으로 말미암아 지향적 항행이 가능해졌으며, 원해(遠海)항로가 개척되고, 해로의 주역이 집단성을 띠게 된 것이다.[72]

영산강과 동아시아 간의 해상연결로는 바로 이 동아시아 해로의 전개기 초엽에 개척 이용된 바닷길로서, 대중국 해로와 대일본 해로가 주축을 이룬다. 초엽의 전기(1~4세기)에 한·중·일 3국 간을 연결하는 해로는 주로 우회로인 연해로였다가, 후기(5~6세기)에는 직항로인 횡단로나 사단로가 첨가된다.

(1) 영산강과 중국 간의 해로

동아시아 해로의 여명기에 이미 동아시아 3국 간, 특히 한·중 간에는 해로가 개척되어 문물이 교류되고 사람들이 오가기 시작했다. 이를 시사하는 몇가지 기록과 유물이 남아 있다. 『시경(詩經)』에는 지금의 허난성 상추(商邱)에 자리하고 있던 하대(夏代, BC 21~17세기)의 왕 상토(相土, 탕왕의 11대조)가 해외에 질서정연한 속지(屬地)를 가지고 있었다는 기록이 있다.[73] 여기서의 '해외'란 고조선 서쪽 일원을 지칭하는 것으로서, 속지를 관리하기 위한 교통로로서 연해로가 이용되었을 것이다. 동한의 왕충(王充)이 쓴 『논형(論衡)』에는 서주(西周, BC 11~8세기)의 성왕(成王) 때 "왜인(倭人)이 창(暢, 향료의 일종)을 바쳤다"[74]는 기사가 있는데, '왜인', 즉 일본인이 서주까지 온 길은 십중팔구 연안해로였을 것이다.

전국시대에 이미 물시계(刻漏)로 시간을 헤아리고, 사남(司南)으로 항진의 방향을 정했다.[75] 또한 제나라의 천문학자 감덕(甘德)의 『천문점성(天文占星)』(10권, BC 360~50)이 찬술되어 도항에 활용되었다. 이러한 과정은 연해로가 원해로로 확대되는 과정이었다. 그 과정에 진나라의 방사 서불(徐市, 일명 徐福)은 '불로초'를 구한답시고 동남동녀 수천명을 태운 대선단을 이끌고 산둥반도 남해안의 리건만(利根灣)을 출발해 발해만과 랴오둥반도 해안을 지나 한반도의 서해안을 따라 남하한다. 드디어 영산강 하구의 서남해안을 에돌아 제주도에 이른다. 이것은 아마한반도 서남해안로의 첫 이용 사례일 것이다.[76]

그러다가 한대에 이르러 한이 위만조선을 멸하고(BC 108) 그 중심지인 대동강 하류에 낙랑군을 설치해 남쪽에 있는 한(韓)이나 왜(倭)와의 교역의 중개 역을 맡게 하면서부터 서해의 교역과 그 항로는 가동을 시작하게 되었다. 한에 이어 랴오둥 지방의 권력자 공손씨(公孫氏)는 3세기 초 낙랑군 남부에 대방군을 별도로 설치해 한에 대한 통제정책을 추구했다. 얼마 안 가 위(魏)는 공손씨를 토멸해 두 군에 대한 관할권을 장악한 다음 한반도 서남해안 지방은 물론, 멀리 일본까지 해로를 통한 교역망을 넓혀나갔다. 그리하여 두 군으로부터 구야한국을 거쳐 일본의 야마따이국까지 해로가 개통되었으며, 해로의 연변에서 화천, 대천(大泉), 오수전, 반량전(半兩錢) 같은 당시의 중국 각조의 화폐[77]와 복골, 토제곡옥, 각골(角骨) 등 중국계 유물이 출토되었다. 이것은 이 해로를 따라 전개된 교역의 성황을 말해주고 있다.

이와 같이 신미제국시대 중국과의 해상연결로는 연해로가 위주였다. 신미제국이 진나라에 수차례 걸쳐 사신을 보내 조공했는데, 그들이 택한 길도 바로 이 연해로였으며, 당시로서는 이 연해로가 신미제국을 포함한 한반도와 중국 간의 정상 해로였다. 그러나 이웃인 백제나 가야가 부득이하게 비정상적으로 연해로 아닌 횡단로나 사단로를 이용한 경우가 있었다. 『위서』에는 백제의 개로왕 18년(472)에 '시랑격로(豺狼隔路)', 즉 고구려의 길 차단으로 인해 두 사신을 '익사를 무릅쓰고 바닷길로 파견한다'는 절절한 기사가 실려 있으며, 위나라 사신이 백제의 서계 해변에까지 이르렀으나 풍랑 때문에 할 수 없이 되돌아갔다는 조난사고도 전하고 있다. 이것은 고구려의 길 차단으로 인해 백제와 위 간에 부득이하게 운영된 직항로(횡단로)가 익숙한 정상로는 아니라는 것을 말해준다.

근초고왕 27년(372)에 열린 백제의 첫 동진(東晉) 공도(貢道, 조공길)나 동진 호승(胡僧) 마라난타(摩羅難陀)의 내제로(來濟路, 384)는 당시 고구려와 백제가 치열한 공방전을 치르고 있던 상황을 고려할 때, 모두 북방 연해로가 아닌 남방사단로였던 것으로 추정된다. 『남제서(南齊書)』에 의하면, 가라국 왕 하지(荷知)는 건원 원년(479)에 백제 사신에 수행한 신라의 견사의 경우와는 달리 독자적으로 남제에 사신을 보내 조공을 바치고 작호를 받았다. 당시 북방에서 고구려가 여전히 길을 가로막고 있는 상황에서 가야의 견사로는 역시 남방사단로뿐이었을 것이다. 이렇게 영산강문화권 시대에 중국과의 해상연결로는 주로가 연해로이고, 부득이한 경우에만 횡단로나 사단로가 차선책으로 택해진 것으로 보인다.[78]

(2) 영산강과 일본 간의 해로

전술한 바와 같이 영산강문화권 내에는 적잖은 왜계 유적·유물이 남아 있어 두 지역 간의 빈번했던 접촉과 교류를 실감하게 한다. 뿐만 아니라, 마한계 도래인들을 비롯해 왜인들의 내왕도 잦았다. 그런데 두 지역은 대한해협이란 바다로 갈라져 있기 때문에 해로로밖에 서로가 연결될 수 없었다. 당시 그 해상연결로는 한반도 남해안이나 동해안, 큐우슈우를 비롯한 일본의 서부와 키나이 지역의 연해를 따라 전개된 연해로와 대한해협을 가로지르는 횡단로로 구성되었다. 이 해상연결로의 노정에 관해서는 전술한 『삼국지』나 『일본서기』 같은 관련 사적의 기록과 이 길 연변에서 출토된 유적·유물의 출토지 위치 등에 근거해 한반도 서남해안으로부터 일본 각지에 이르는 연결해로를 추적해볼 수 있다.

이 해로의 보편적인 항로는 서남해안에서 출발해 동남해안을 거쳐 우현으로 제주도를 바라보면서 쓰시마섬에 이른 후, 큐우슈우의 서북방으로 항진한다. 여기서 많은 도서들이 점재해 있는 고또오(五島)열도를 지나면 길은 남북으로 갈라진다. 북으로는 카라쯔(唐津)에 이르고, 남으로는 대만(大灣)인 아리아께해(有明海)에 닿는다. 마한이나 백제의 많은 도래인들이 이 지대에 정착하면서 고국을 오갔다. 여기서부터 나가사끼(長崎), 쿠마모또(熊本), 사가(佐賀) 등 내륙지역으로 향한다. 쿠마모또현 타마나(玉名)에 있는 후나야마(船山) 고분에서는 전방후원분을 비롯한 영산강문화권 내의 유사 유물들이 다수 발견되어 해로를 통한 두 지역 간의 교류상을 입증해주고 있다.[79] 이 노정을 간추리면 다음과 같다.

한반도 서남해안(영산강문화권)→(동행) 동남해안→쓰시마섬→큐우슈우 서북방→고또오열도→북향으로 카라쯔, 남향으로 아리아께해→(내륙) 나가사끼, 쿠마모또, 사가로 이어지는 해로.

범선시대에 해류와 조류, 바람 같은 해양환경에 잘 적응하고 이를 지혜롭게 이용하는 것은 '항해의 생명'이다. 동아시아 해역을 흐르고 있는 특이(特異) 해류인 쿠로시오(黑潮)[80]의 지류인 대한난류는 쓰시마섬(對馬島)을 가운데 두고 동·서 두 물길을 타고 북동 방향으로 항진한다. 연안 항행에서 해류보다 중요한 것은 조류다. 영산강 유역을 포함한 한반도 서남해안의 조류는 간만의 차가 심하며 매우 복잡하다.[81] 바람, 특히 계절풍은 항해에 직접적 영향을 미친다. 봄과 여름에 걸쳐 부는 남풍 계열의 바람은 중국 남해안과 한반도 및 일본열도의 내왕이나 교류를 가능하게 하며, 남풍 계열에 속하는 바람은 일본열도에서 한반도로의 항행을, 북풍 계열의 바람은 반대로 한반도에서 일본열도의 남부와 서부 해안으로의 내왕이나 교류를 가능케 한다. 이러한 해양환경을 잘 파악하고 그에 적응하면 조난은 피할 수 있고 순항은 보장된다.

맺는 말

이상에서 개진한 주요 논점들을 몇가지로 종합해 정리하면 다음과 같다.

1) 영산강문화란 넓은 의미에서는 중기구석기시대(4만~12만년 전)부터 신석기시대와 청동기시대를 거쳐 초기 철기시대에 이르기까지 영산강 유역에 형성된 고대문화를 포괄하나, 좁은 의미에서는 청동기시대의 지석묘와 철기시대의 옹관묘로 상징되는 영산강 유역의 고대 해양성 농경문화를 지칭한다.

2) 영산강문화의 특징은 해양문화의 성격이 짙고, 다양하며, 창의적 융합성이 강한 문화라는 데 있다. 이러한 특징으로 인해 영산강문화는 수문환경과 자연지질환경에서의 엄혹한 시련을 극복하고 찬란하게 생성함으로써 문명 발생의 요인에 관한 통념을 깨고 도전과 응전에 의한 문명의 생성이란 하나의 전범을 보여주었다.

3) 영산강문화는 문화의 구성요소에서 지석묘나 옹관묘 같은 독특성을 지니고, 8백년이란 시대성과 영산강 유역이란 지역성이 보장되며, 지속적인 생명력을 발휘함으로써 제반 문화요소들이 유기적으로 결합된 하나의 역동적인 문명권을 이루어 교류의 당당한 주역이 되었다.

4) 영산강문화권과 중국(양한과 남북조) 간에는 일찍이 기원전부터 다방면에 걸쳐 교류가 진행되어왔으며, 영산강 유역에서 3천년 전의 벼 화분이 발견되고 마한권 내에서 1만 3천년 전의 '소로리카' 볍씨가 출토됨으로써 벼농사의 중국유입설은 재고되어야 할 것이다.

5) 영산강문화권 내의 대표적인 일본계 유적·유물인 전방후원분 묘제를 용례로 삼아 교류상을 밝히면서 문명교류의 시원(계보) 문제 해결

에서 의거해야 할 기준 몇가지를 적출했는데, 그것은 유적·유물의 제작 시기, 수용과정에서의 접변 현상, 유적·유물의 연속성과 보편성, 교류의 구체적 전개과정, 교류의 주역 등에 대한 고증과 해명이다. 이와 더불어 문명요소들 간의 공유성이 형성된 요인에 관해서는 심리적 공통성에 의한 자생인가 아니면 교류의 결과인가를 구체적으로 분석해야 한다.

  6) 동아시아 해로의 전개기 초엽(기원 전후)에 개척 이용된 영산강문화권과 중국 및 일본의 해상연결로는 연해로가 정상적인 주로였으며, 횡단로나 사단로는 부득이한 경우의 일회성 해로였다.

5
알타이문화대와 한반도

　'경이로운 만남'을 어젠다로 한 '알타이문화 2009 포럼'의 개최를 충심으로 축하합니다. 아울러 알타이문화권 내의 여러 저명한 인사들과 알타이문화를 함께 논하는 이 뜻깊은 자리에서 발제를 맡게 된 데 대해 큰 영광으로 생각합니다.

　주지하다시피 역사의 이른 시기부터 알타이산맥을 중심으로 동서의 넓은 지역에 문화적 공유성에 바탕한 이른바 '알타이문화대(권)'가 형성되어 북방 유라시아 발전에 커다란 영향을 미쳤습니다. 그 과정은 역내 여러 민족과 국가들 간의 역동적인 만남과 교류의 과정이었습니다. 이러한 만남과 교류가 원활했을 때 문화는 꽃피고 나라는 강성했습니다. 이제 우리는 이러한 역사적 경험을 되살려 21세기의 시대적 요청에 부응할 수 있는 문화 창조의 네트워크를 구축함으로써 새로운 번영을 함께 이루어나가야 할 것입니다. 이러한 공통된 목적을 달성하기 위해 우리는 이렇게 한 자리에 모였습니다.

　알타이문화대의 동단(東端)에 자리한 우리 한반도는 일찍부터 역사 문화의 여러 면에서 알타이 지역과 끈끈한 문화유대로 친연성과 상관

'알타이문화 2009 포럼' 참가자 기념촬영

성을 유지해왔습니다. 이러한 친연성과 상관성으로 인해 비록 지리적
으로는 멀리 떨어져 있지만 알타이는 늘 우리 한국인들의 마음속에 가
까이 있었습니다. 그것이 오늘로 이어졌기에 우리는 이렇게 한자리에
모여 어제와 오늘, 미래를 함께 논할 수 있게 되었습니다. 이것은 우리
에게 주어진 행운입니다.

1. 알타이문화대의 형성

알타이문화란 알타이 일원에서 선사시대부터 기원 전후에 이르기까
지의 시기에 알타이족이 창조한 유목기마민족 문화를 핵심으로 하는
고대 문화를 통칭한다. 그런데 이 문화는 유목기마민족 문화라는 강한

유동성으로 말미암아 공간적으로 동서의 광활한 지역에 전파되어 하나의 문화적 권역(圈域), 즉 알타이문화대(권)를 형성하였다. 뿐만 아니라, 시간적으로도 장기간 나름의 문화적 정체성을 유지해오고 있다. 일반적으로 문화대(권)는 공통적인 문화요소의 공유(공유성)와 넓은 지역으로의 확산(지역성), 장기적인 영향력 행사(생명력)의 3대 요건을 구비하였을 때 비로소 형성되는 것이다. 이러한 요건에 대입시켜 볼 때 알타이문화는 명실상부한 하나의 문화대로 인정될 수 있다고 판단된다.

이와 같은 사실은 알타이의 역사·문화 발전의 단계마다에서 구체적으로 나타나고 있다. 고르노(러시아)알타이 지역의 울라링까(Ulalingka) 유적(45만~150만년 전)에서는 1백만년 전의 돌긁개가 발견되었다. 이것은 전기구석기시대부터 이곳에 인류가 살고 있었음을 시사한다. 중기구석기시대나 후기구석기시대에 속하는 많은 유적과 동굴에서는 여러 가지 용도에 쓰인 찍개·돌날·몸돌·뚜르개·찌르개 같은 석기가 나왔고, 사람의 이빨(중기)과 맘모스의 뼈, 여신상과 동물조각상(이상 후기) 등도 발견되어 당시의 사회상을 엿볼 수 있게 한다. 약 8천년 전부터 시작한 신석기시대의 흔적으로는 무덤을 비롯한 매장유물이 다수 출토되는데, 그 가운데는 옷장식·목걸이·낚시·돌창 같은 진일보한 유물이 들어 있다. 기원전 4000년경부터 시작된 청동기시대는 초기와 발전기, 후기로 구분될 정도로 시대상이 급변해 풍부한 유물을 남겨놓았다. 그 가운데서 가장 유명한 것은 바위그림이다. 그밖에 청동제 칼과 도끼·창·자귀·뼈송곳·절구 등 생활용기와 이기(利器), 그리고 각종 토기가 다량 출토되고 있다.

알타이가 선사시대에 남긴 풍부한 문화유산은 기원전 700년경에 시작된 역사시대로 계승된다. 이 시대부터는 광활한 북방 초원지대를 무대로 한 유목기마민족들의 종횡무진한 활동으로 인해 알타이는 새로운 역사 면모를 갖춰나가고 있다.

알타이는 몽골어나 돌궐어의 '알탄'(altan)에서 유래된 '황금'이란 뜻이다. 그만큼 알타이 땅에는 황금(주로 사금)을 비롯한 철·은·아연·주석 등 귀중한 광물자원이 많이 묻혀 있다. 러시아 금의 90%가 고르노알타이에서 공급될 정도로 금이 풍부하다. 그리하여 역사의 여명기부터 이곳에서는 황금문화가 꽃피기 시작했다. 기원전 5세기부터 기원후 6세기까지 약 1천년 동안 황금의 성산지(盛産地) 알타이를 중심으로 동서에 기다랗게 황금문화대가 형성되고 있었다. 알타이문화대의 한 전형이다.

이렇게 형성된 알타이문화대는 여러 나라들과 인접했다는 지정학적 특성과 더불어 다양한 문화적 요소들을 내장하고 있다는 문화적 특성으로 인해 튀르크 지배 시대(5~10세기)와 몽골-중가리아 통치 시대(11~17세기), 러시아 지배 시대(18~19세기), 쏘비에뜨연방 시대(20세기) 등 숱한 역사의 우여곡절을 겪어왔다. 그 과정에서 각양각색의 문화적 요소들이 가미되고 착종(錯綜)되었지만, 유목기마문화라는 문화적 근간과 문화대 역내의 운명공동체적 유대는 끈끈히 유지되어왔다.

2. 알타이문화대의 동단 한반도

알타이 일원을 중심으로 동서의 광활한 지역에 형성된 알타이문화대(권)는 역내에 많은 지역과 나라, 민족을 아우르고 있다. 그 동단에 자리한 한반도와 한민족은 문화대 구성원들과 문화유대를 유지하는 과정에서 필요한 자양분을 흡수해 고유한 전통문화를 가꾸고 살찌워왔다. 이러한 문화유대는 알타이문화와의 친연성이나 상관성에서 뚜렷이 나타나고 있다. 친연성이란 혈통이나 언어와 같은 선천적·원초적 인연을 말하며, 상관성이란 신화나 종교, 관습이나 생활상 같은 후천적·인위적 연관을 말한다.

우선, 친연성 면에서 혈통을 살펴보면 알타이족에 속하는 민족들과의 친연성이 확인되고 있다. 혈액 속의 감마항체를 만드는 유전자를 조사하는 방법으로 혈통을 연구해온 한 일본 학자는 몽골로이드는 다른 인종과는 달리 ab3st라는 감마유전자를 갖고 있으며, 이 유전자는 바이깔을 중심으로 사방에 확산되었는데, 그 비율이 몽골과 만주, 한국, 부랴뜨 등 동시베리아 지역 사람들에게는 높을 뿐만 아니라 이들 서로가 아주 가깝다는 것을 발견했다고 한다. 또한 미국 에머리대 연구소가 발표한 세계 종족별 DNA 분석 자료에 의하면, 바이깔 주변의 부랴뜨인과 야꾸뜨인, 아메리카 인디언, 그리고 한국인이 DNA가 거의 같다고 한다.

언어에서도 친연성이 제기되고 있다. 언어는 민족 구성의 중요한 요인의 하나이기 때문에 민족이나 그 문화의 원류를 구명하기 위해서는 조어(祖語)나 어족(語族) 계통을 따져보게 마련이다. 지금까지의 연구에 의하면, 여러가지 이설(異說)은 있지만, 대체로 18세기 중반부터 제기된 알타이어족설에 의해 한국어는 튀르크어와 몽골어, 만주-퉁구스어와의 친연성이 인정되어 알타이어족에 속한다는 것이 통설로 되어 왔다.

다음으로, 상관성을 살펴보면 여러가지 면에서 그 진상이 발견된다. 모두가 천손강림(天孫降臨)이나 난생(卵生) 설화 같은 시조창조설을 공유하고 있다. 알타이 남서쪽에 살고 있는 까자흐족에게는 나무 밑에서 잉태를 위해 기도하는 한 여인의 간절한 소원을 헤아린 하늘이 새를 보내 나무 위에 앉게 하니 여인이 곧 잉태되어 아기를 낳았고, 그 아기가 커서 위인이 되었다는 내용의 신화가 전해오고 있다. 한국인에게도 이와 유사한 신화가 있다. 고조선의 단군(檀君)과 부여의 해모수(解慕漱)는 천손신화의 주인공이고, 신라의 박혁거세(朴赫居世)와 김알지(金閼智)는 천손신화와 난생신화의 혼합 인물이다. 그러다보니 알타이문화권에서 태어난 위인들은 아이러니하게도 거개가 생부(生父)는 없다.

새를 매개로 하늘을 받드는 신조(神鳥)사상은 한국을 비롯한 알타이문화권 공유의 현상이다. 신라 천마총 금관에서 발견된 금제 새 날개는 신조사상과 관련된 일종의 신앙에서 비롯된 장식이다. 알타이 부근의 우꼬끄(Ukok) 고분에서 미라로 발견된 '얼음공주'의 머리에 사뿐히 앉아 있는 금제 새는 오늘날까지도 우리의 솟대(Totem Pole) 위에 앉아 있는 새를 연상케 한다. 서봉총(瑞鳳冢) 금관의 내모(內帽)인 굴레모자에 있는 세마리 새나, 고구려 고분 벽화에 등장하는 해 속의 세 발 달린 까마귀, 즉 삼족오(三足烏)도 틀림없이 이러한 신조사상에서 결과된 것이다. 이렇게 인간들이 절대자를 향한 소원을 빌 때 새가 땅과 하늘을 연결하는 매개자 역할을 한다고 믿는 신조사상은 한국과 일본을 포함해 알타이문화대 내의 보편적인 영혼관이다.

신조사상과 더불어 신수(神樹)사상도 같은 맥락에서 설명된다. 신라의 금관에서 외관 구조의 골간인 '山'자 형태는 나무를 도안한 것이며, 내관의 속내는 자작나무 껍질로 만들었다. 흔히 자작나무 껍질로 만든 모자를 백화수피모(白樺樹皮帽)라고 하는데, 이러한 모자가 알타이 지역 분묘에서도 발견된다. 이것은 나무, 특히 자작나무가 땅과 하늘, 인간과 신을 연결해주는 통로, 즉 우주수(宇宙樹, Cosmic Tree)라고 믿어왔기 때문이다.

신라 금관의 주요 장식의 하나인 곡옥(曲玉)이 알타이문화와의 상관성을 시사한다는 것은 놀라운 발견이 아닐 수 없다. 이때까지는 신라 특유의 것으로만 알고 있었기 때문에 그 의미에 관해서는 맹수의 발톱 모양이니까 사냥의 상징이라느니, 초승달 모양이므로 월신(月神)사상에서 유래되었다느니 하는 등 이견이 구구했다. 그러나 뜻밖에도 알타이의 파지리크 고분군 5호분의 벽걸이 융단에 수놓아진 기사도(騎士圖)가 그 해답을 주고 있다. 신좌에 앉아 있는 여인으로부터 신적 권위를 하사받는 서아시아 아르메니아 인종에 속하는 한 기사가 탄 말의 가슴과 콧등에 곡옥이 각각 한개씩 달려 있다. 동물의 태아 모양을 하고 있는 곡옥은 원래 생명의 상징으로서 다산(多産)을 의미하며, 고대 그리스에서는 이 모양의 장식을 일년생 풀인 가지(eggplant)라고 부르면서 씨를 잘 퍼뜨리는 열매로 규정하였다. 그리스가 신라보다 시기상 더 이르니 신라의 곡옥 디자인은 그리스로부터 알타이 지방을 관통하는 초원로를 통해 전해졌다고 가정해볼 만하다.

끝으로 특수한 묘제인 적석목곽분(積石木槨墳, 돌무지덧널무덤)에서도 그 상관성이 오롯이 나타나고 있다. 신라 금관이 출토된 무덤들은 예외 없이 4세기에 나타나서 5세기에 대형화되다가 6세기 전반까지 존재한 적석목곽분이다. 이것은 지하에 무덤구덩이를 파고 나무덧널을 넣은 뒤 그 주위와 위를 돌로 덮은 다음 다시 그 바깥을 봉토로 씌우는 무덤 형태다. 이러한 무덤은 청동기시대의 고인돌 돌무지 전통을 이은 것으로 볼 수도 있으나, 당시 북방과의 관계를 감안할 때 북방문화의 유입과 더불어 전형적인 스키타이·알타이식 고총(高塚, 쿠르간)의 영향을 받았을 가능성이 크다고 사료된다.

이상의 몇가지 사실만으로도 우리는 한반도가 친연성과 상관성에 바탕한 문화유대로 알타이문화대와 교류하고 소통해왔음을 확인할 수가 있을 것이다. 어제는 오늘과 내일의 거울이다. 우리는 역사의 거울 앞에서 어제를 성찰하고 오늘을 살펴보며 내일을 설계해야 할 것이다.

3. 몇가지 제언

이번 '알타이문화 2009 포럼'은 알타이문화대의 실존을 새롭게 조명·확인하고 역내의 문화유대를 강화하는 시발점으로서 큰 역사적 의미가 있다고 믿는다. 우리 모두는 초원실크로드를 종횡하는 '알타이문화호' 열차에 동승하고 있다. 리드미컬한 출발 기적이 이미 울렸다. 이 시점에서 우리는 방금 시동한 이 열차가 어떻게 안전하고 쾌적하게 종착역에 닿을 수 있도록 하겠는가를 곰곰이 생각해야 할 것이다. 이를테면 어떻게 우리의 문화유대를 강화해 역내의 공동번영을 이루겠는가를 심사숙고해야 할 것이다. 이를 위해 본인은 다음과 같은 몇가지 제언을 개진하고자 하는 바이다.

첫째, '알타이문화대(권)'란 개념부터 바르게 정립해야 할 것이다. 지금까지 서구문명중심주의 관점에서 알타이문화를 포함한 북방 유목기마민족 문화는 아예 문명권 분류에서 소외되어왔다. 더불어 역내의 학계에서도 관련 연구가 부진했다. 따라서 친연성이나 상관성 같은 문화대 구성의 제반 요인에 관한 문제에서 이견이 분분하고 더러는 오리무중 상태다. 역내·외의 공동연구를 통해 개념부터 바로세워야 할 것이다. 아울러 세계화 추이 속에서 지역화의 한 모습으로서의 문화대(권)의 위상도 새롭게 정립해야 할 것이다. 이것은 포럼을 비롯한 모든 연대 활동의 이론적 기초가 될 것이다.

둘째, 교류를 통해 공통가치를 창출해야 할 것이다. 알타이문화대 성원국들은 모두가 발전도상의 나라들이다. 평등·호혜·유무상통·공동번영의 4대 원칙에 따라 역내의 교류와 소통을 활성화함으로써 사회문화적 및 정치경제적 공통가치를 창출하고 공유해야 할 것이다. 이 과정에서 우리는 다양성과 정체성을 직시하고 보편성과 특수성을 조화시키면서 서로를 인정하고 존중하며 수용하는 문화상대주의와 타자관(他者觀)을 견지하며 자기중심주의나 배타주의, 일방적 융화주의 같은 폐단을 철저히 지양해야 할 것이다.

셋째, 문화연대 활동을 강화해야 할 것이다. 개념의 정립이나 공통가치의 창출은 실질적 문화연대 활동을 통해 실현되어야 할 것이다. 이를 위해 관민(官民) 통섭(通涉)의 연대기구를 구성하고 과학·기술·예술 등 제반 문화 분야에서의 교류와 협력을 적극 추진하며 문화포럼 같은 만남을 제도화해야 할 것이다.

6
한국과 중앙아시아의 오래된 만남

한국과 중앙아시아는 일찍부터 여러 면에서 공통적인 문화요소들을 공유해왔으며, 서로의 만남을 입증하는 여러가지 유물들을 남겨놓았다. 특히 80년 전 고려인들의 중앙아시아 이주 및 정착은 이러한 만남을 더욱 활성화시키는 계기가 되었다.

이 강연에서는 대표적인 역사적 사실들을 들어 한국과 중앙아시아가 공유하고 있는 문화요소들을 살펴보고, 한국 속의 중앙아시아 문화요소들과 중앙아시아 속의 한국 문화요소들을 밝혀보려고 한다. 아직은 연구의 미흡으로 인해 오랜 만남의 역사를 학문적으로 체계화할 수는 없지만, 그 윤곽은 대체로 그려낼 수 있다.

1. 한국과 중앙아시아의 문화적 공유성 유물

문화적 공유성 유물이란, 두 지역 문화유물들이 공유하고 있는 유사성을 말한다. 이러한 공유성은 문화 간에 상관성이 있음을 시사할 뿐만 아니라, 문화 간의 유대와 공생공영이 이루어질 수 있는 밑거름이 된다. 문화적 공유성은 유사한 사회환경에서 일어나는 공통적인 심리작용에 의해 형성된다('심리공통설'). 한국과 중앙아시아 간의 문화적 공유성은 다음과 같은 몇가지에서 나타나고 있다.

(1) 인종. 한민족과 중앙아시아의 대부분을 차지하는 튀르크족은 다같이 우랄-알타이어족에 속하는 인종으로서, 갸름한 얼굴과 나지막한 콧날, 튀어나온 광대뼈, 가느다란 눈 등 유사한 체질인류학적 형질을 공유하고 있다. 뿐만 아니라, 한국어와 튀르크어 간에는 문법구조와 어휘상에서 공통적 요소가 발견되는데, 그 형성에 관해서는 계통적 친근성에 의한 것인가 아니면 접촉에 의한 차용어에 불과한 것인가 하는 논란이 있다.

(2) 황금문화. 기원을 전후한 약 1천년 동안(BC 5세기~AD 6세기) 황금의 산지 알타이산맥을 중심으로 동서에 황금문화대가 형성되었는데, 스키타이 등 유목기마민족들의 교역활동에 의해 황금이 동서로 널리 전파되었다. 한국은 그 동단에서 '금관의 나라'로 전성기를 누렸다. 까자흐스딴에서는 1969년 알마띠 동쪽 50km의 지점에 있는 이시끄(Issyk) 고분에서 기원전 5~4세기 사카문화에 속하는 키 216cm의 청년 유해가 발견되었는데, 4천여장의 황금조각 옷을 입고 있다. 장식품인 나무와 새, 각종 짐쇠 등이 신라 금관이나 황금유물 장식과 유사하다.

(3) 전개형 의상. 앞이 트인 전개형(前開型, kaftan) 의상은 고대 북방아시아 유목기마민족의 의상에서 시원해 중앙아시아와 서아시아 일대에서 유행하다가 한반도를 포함한 범아시아적 의상으로 고착되었다. 전개형 의상의 공통점은 앞트임, 직선재단, 섶의 첨가, 앞면에서의 여밈, 겹쳐 입기 등에서 나타나고 있다.

(4) 농기구. 뚜르끄메니스딴의 마리박물관을 비롯한 중앙아시아의

여러 박물관이 소장하고 있는 쟁기와 낫, 물레와 맷돌 등은 한국의 것과 상사하다.

(5) 악무. 끼르기스스딴 음악에서 한국 농악의 굿거리나 자진모리와 유사한 장단이 발견된다고 누르자보프(Nurjabof)는 저서『파미르의 음악예술』에서 밝히고 있다. 타악기 장구는 인도에서 발생한 후 중앙아시아와 중국을 거쳐 한국에 유입되었으며, 여기서 다시 일본에 전파되었다.

(6) 놀이. 끼르기스스딴 씨름과 한국 씨름 간에는 샅바 잡기와 시작할 때의 어깨 낮추기, 심판이 두 선수의 등 치기, 상대방을 둘러메치기 등 유사성이 있다.

2. 한국 속의 중앙아시아 문화요소

한국에서는 기록유물과 매장유물, 지상유물, 벽화유물 등 다양한 유형의 중앙아시아 문화유물이 발견되었다.

(1) 각종 기록유물

1) 혜초의 여행기『왕오천축국전』속의 중앙아시아 관련 기록. 한국의 첫 세계인이며 신라 고승인 혜초는 726년경 페르시아(현 이란)까지 갔다가 돌아오는 길에 전문(傳聞)한 중앙아시아의 여러 호국(胡國), 즉 안국(安國, 부하라), 조국(曹國, 카부단), 사국(史國, 키쉬), 석라국(石騾國, 미상), 미국(米國, 펜지켄트), 강국(康國, 사마르칸트) 등 6개국에 관해 귀중한 기록을 남기고 있다. 그 내용은, 모두 대식(大食), 즉 아랍의 치하에 있으며, 생산물로는 낙타와 노새, 양, 말, 모직물 등이 있고, 종교로는 현교

(祆敎), 즉 조로아스터교를 믿고 있으며, 강국에만 불교의 절 하나에 승려 한명만 있다고 한다. 근친혼과 여럿이 한 여인을 취하는 공취일처(共娶一妻)의 폐습이 유행한다는 기록도 남기고 있다.

2)「혼일강리역대국도지도(混一疆理歷代國都之圖)」(1402) 속의 중앙아시아지도. 이 지도는 1402년 조선조의 김사형(金士衡)·이무(李茂)·이회(李薈) 등이 제작한 148×164cm의 대형 세계지도로, 지금은 일본 류우꼬꾸(龍谷)대학에 소장되어 있다. 중국 중심의 화이관(華夷觀)에서 벗어나 1백여개의 유럽 지명을 표시하면서 처음으로 약 35개의 아프리카 지명도 기재하고 있는데, 당시로서는 가장 뛰어난 세계지도였다. 미국 컬럼비아대학에서 편찬한『지도학의 역사』(The History of Cartography)란 책의 표제에 사용하고 있다. 지도에는 살마나사(撒麻那思, 사마르칸트)와 불합랄(不哈剌, 부하라) 등 여러개의 중앙아시아 지명이 등장한다.

3) 이수광(李睟光)의 백과사전『지봉유설(芝峯類說)』권2「지리부(地理部)」속의 중앙아시아 관련 기술. 살마아한(撒馬兒罕, 사마르칸트)에 관해서, 중국 간쑤성(甘肅省) 지아위꾸안(嘉峪關)에서 1만리 거리에 있으며, 풍광이 수려하고 땅이 비옥하며 상인들이 많이 모여 있는데, 회회교(回回敎, 이슬람교)를 믿으며 사람들의 예능이 뛰어나다고 기술하고 있다. 갈석(渴石), 즉 철문관(鐵門關, 테르메스)에 관해서는, 사마르칸트의 서남쪽에 위치하며, 성 둘레는 10여리에 달하는데, 산에는 기괴한 나무가 많고 협곡은 가파르며, 성문에는 당나라 시인이 이곳을 지나면서 읊은 시 한수까지 소개되어 있다고 한다.

(2) 심목고비의 서역인상

1) 무인석상. 신라 때 경주의 괘릉(掛陵, 38대 원성왕의 능)과 안강(安康)

의 흥덕왕릉(興德王陵)을 수호하는 무장(석상)은 중앙아시아에서 온 심목고비(深目高鼻, 눈이 들어가고 코가 높음)한 서역인(소그드인?)이다.

2) 토용(土俑, 무덤 속에 묻는 흙으로 빚은 인형). 경주 용강동 돌방무덤(석실분, 8세기 초)에서 출토된 28점의 토용 가운데 몇점은 서역인상 토용이다. 특히 신분을 나타내는 홀(笏)을 든 고위급 토용은 신라의 차원 높은 수용성을 말해준다. 경주 황성동 돌방무덤(7세기)에서 출토된 토용은 소그드인들이 쓰는 고깔형 모자를 쓰고 있다.

3) 고구려 고분벽화 속의 서역인상. 안악(安岳) 3호분의 손잡고 겨루기를 하는 수박도(手搏圖)와 각저총(角抵冢)의 씨름도의 한 주인공은 분명히 심목고비한 서역인이다. 이와 같이 평범한 생활 속에서 두 지역 문화가 이미 융합되었음을 보여주고 있다.

(3) 발해의 소그드 은화

러시아 극동지방인 아르쎄니예프(블라지보스또끄 북방 280km) 지역의 발해성 노보고르데예프까성 밖 취락에서 8세기의 소그드 은화가 발견되었는데, 앞면에는 왕관 부조와 함께 좌우에 '알 마흐디'란 아랍어 글자와 '부하라의 군주 짜르'란 소그드어 문자가 새겨져 있다. 교역수단인 은화의 발견은 두 지역 간에 교역이 진행되었음을 시사한다. 천부적 상술로 동방 교역에 적극 종사하던 소그드인들이 동방의 부국 발해까지 진출했을 가능성은 충분하다.

(4) 각종 천문의기

조선시대 세종대왕은 새 역법인 『칠정산내·외편(七政算內·外篇)』을

(좌)고구려 각저총의 씨름도 원본
(우)고구려 각저총의 씨름도 모사도

만들 때 '외편'은 순태음력인 이슬람력의 원리를 도입하였다. 이 새 역
법의 기원은 이슬람력(히즈라력)의 기원인 622년이다. 그리하여 이 '외
편'을 '조선의 이슬람력'이라고도 부른다. 사마르칸트의 울루그베그 천
문대(1428년 건립)박물관에 소장된 각종 천문의기와 비교해보면, 조선의
천문의기는 중앙아시아 이슬람 천문의기의 영향을 받았음을 명백히 알
수 있다.

3. 중앙아시아 속의 한국 문화요소

한국과 중앙아시아 간의 만남과 교류는 일방적이며 단행적(單行的)
인 것이 아니라, 평행적이며 쌍행적(雙行的)인 것이었다는 점이 여러가
지 역사적 사실과 유물에 의해 실증되고 있다. 근래에 와서 고려인들의

중앙아시아 이주와 정착은 이러한 만남과 교류의 평행성과 쌍행성을 더욱더 두드러지게 나타내고 있다.

(1) 사마르칸트 아프라시압 궁전 벽화 속의 고구려 사절도

1965년 사마르칸트 북부 교외의 아프라시압(Afrāsiyāb) 궁전 벽화에서 7세기 후반의 왕 바르후만(Varxuman)을 진현하는 12명의 외국사절단이 그려진 채색벽화가 발견되었다. 12명 중 뒤의 2명의 정체에 관해 논란이 많았다. 최근 논란 끝에 고구려 사절이라는 데 견해가 모아지고 있다. 그 근거는 역사적 배경으로 볼 때, 멸망의 위기에 처한 고구려가 중국(수나라와 당나라)의 위협에 맞서 서쪽으로 이동한 돌궐계의 사마르칸트 왕국과 제휴할 필요가 있어 사절을 파견했을 것이라는 점이다. 이와 더불어 사절들의 외관이 바로 고구려인들이라는 증거가 제시되고 있다. 즉 발견 당시 인종상으로 검은 머리칼과 갈색 얼굴을 한 몽골인종이며, 복식에서 상투머리에 조우관(鳥羽冠, 고구려인들이 애용하는 새 깃이 달린 모자)을 쓰고, 헐렁한 바지에 뾰족한 신을 신고 있으며, 둥근 깃의 상의를 입고 있다. 두 손은 팔짱을 끼고, 허리에는 고구려 벽화에서 나오는 환두대도(環頭大刀, 고리 모양의 손잡이가 달린 긴 칼)를 차고 있다. 파견 시기는 650년경으로 추측된다. 왕복 길은 적국인 중국을 피해야 하기 때문에 초원실크로드를 택했을 것이다.

(2) 고선지의 탈라스전쟁

나라가 망하자 중국에 망명한 고구려 유민의 후예인 고선지(高仙芝)가 이끄는 7만 당나라 원정군과 석국(石國, 따슈껜뜨)-이슬람 연합군이

탈라스전쟁 발생지인 잠불 강변

751년 7월 탈라스(현 까자흐스딴 잠불) 강변에서 접전하였으나, 당군이 거기서 남쪽으로 27km나 되는 탈라스강 우안 뽀끄로프까 평원(현 끼르기스스딴 경내)까지 밀려가 이 평원에서 쌍방 간에 격전이 벌어졌으며, 불리한 정세에 처한 당군은 완패를 당하였다. 세계 전쟁사에서 보기 드문 이 전쟁을 계기로 중앙아시아에서 당 세력이 물러나고, 중앙아시아가 이슬람화하기 시작했으며, 중국 제지술이 서방에 전해지게 되었다는 데 이 전쟁의 중요한 역사적 의미가 있다. 탈라스전쟁에서 포로가 된 당군 가운데는 제지기술자가 있었는데, 그들에 의해 사마르칸트의 시압(Siab)강 유역에서 3백여개의 제지공장이 가동되어 유명한 '사마르칸트지'가 만들어졌다. 문화의 전승 수단이고 문화발전의 척도이며 유럽 르네쌍스의 기폭제가 된 이 종이는 8세기 아랍을 거쳐 프랑스와 스페인 →이딸리아→영국과 독일→스위스 순으로 전해지다가 17세기 말에 미국에까지 전파되었다.

(3) 벼 농사

지금까지 벼, 특히 아시아벼(인디카와 자포니카)의 시원 문제에 관해 많은 논란이 거듭되어왔다. 통설은 7천~8천년 전 인도 아삼-중국 윈난 지방에서 시원했다는 것이다. 그런데 1998년과 2001년에 한국의 충청북도 청원군 옥산면 소로리 구석기 유적에서 1만 3천~1만 7천년 전의 탄화 볍씨 59톨이 출토되어 세계를 놀라게 하였다. 따라서 한반도의 벼가 아시아벼의 시조가 될 개연성은 높으며, 그 연구는 진행 중에 있다(특히 볍씨의 편년 문제에서 이론異論이 분분하다). 여기서 본 주제와 관련해 중요한 것은, 우리의 조상들이 원래 고온다습한 지방의 작물인 벼를 한랭건조한 작물로 생태적 순화를 이루어냈다는 것이다. 9세기 때는 북위 53도의 한랭한 발해 땅에서 벼재배에 성공했으며, 그로부터 1천여년 뒤인 20세기에 와서는 고려인들이 건조한 중앙아시아 땅에서 재배에 성공했을 뿐만 아니라, 벼를 다수확농작물로 진화시켰다. 이것은 세계 농업사에서의 일대 사변이다.

(4) 고려인들에 의한 한국문화의 중앙아시아 전파

중앙아시아 곳곳의 바자르에서 고려인들에 의해 '까레이스끼 샐러드'라고 불리는 김치를 비롯한 여러가지 한국 전통음식이 출시되고 있으며, 알마띠와 따슈껜뜨를 비롯한 고려인 집중지역에서는 한국어 신문(『고려신문』 등)이 발간되고, 고려인 문화협회와 과학자협회, 경제인협회, 가무단협회 등이 조직되어 활동하고 있다. 여기에 더해 최근에는 한류(韓流)에 의해 한국문화가 널리 알려지고 있다. 요컨대, 80년 전 까자흐스딴을 비롯한 중앙아시아에 이주해 정착한 고려인 동포들은 여러가지 한국 전통문화를 중앙아시아에 전파하는 '문화전도사'의 역할을 해오고 있다. 이것은 우리 민족사의 외연(外延) 확대에 대한 커다란 기여로 역사에 길이 남을 것이다.

이상에서 우리는 한국과 중앙아시아 간의 오래된 역사적 만남 속에서 생겨난 여러가지 문화적 공통성과 교류의 내용을 살펴봤다. 앞으로도 이러한 만남은 계승되어 두 지역 간의 친선과 협력 관계가 더욱 발전되리라고 굳게 믿는다.

7
『지봉유설』속 외국명 고증 문제

서론

조선후기 실학의 선구자인 지봉(芝峯) 이수광(李睟光, 1563~1628)은 우리나라의 첫 백과전서 격인『지봉유설(芝峯類說)』[1]에서 경학뿐만 아니라, 유설(類說)로서의 세계지지(世界地誌)도 다루어 학계의 주목을 받아왔다.[2] 전통적인 '화이관(華夷觀)'으로부터의 탈피를 지향한 지봉의 지리적 세계관은 우리의 세계인식사에서 하나의 전기를 마련했다.

동서고금을 막론하고 세계인식의 지정학적 공간단위는 '국(國)'(나라)이다. 지봉도 예외 없이 '국'을 단위로 한 '외국(外國)' 조항을 설정해 자신의 세계인식을 피력했다. 따라서 국명과 그 위치 비정(比定)을 비롯한 기술내용을 정확하게 판독하는 것은 그의 세계인식을 이해하는 데서 관건이 된다. 그 가운데서도 오늘날의 명칭이나 표기법과는 다른 한자식 외국 명칭을 고증하는 것은 그 출발점이다. 다분히 음사(音寫)나 어의에 의해 붙여진 국명에 대한 고증이 확연치 않으면 내용 파악은 오리무중일 수밖에 없다.

이러한 고증은 단순한 음역(音譯)이 아니라, 해석적 역주에 의해서만이 가능하다. 역주는 시·공을 달리하는 모든 고전을 이해하기 위한 필수작업이다. 역주 없이 고전을 이해한다는 것은 어불성설이다. 역주가바르고 넉넉할수록 그만큼 고전 이해에 다가서게 되는 것이다. 외국의고전이나 우리의 고전 속에 담겨 있는 외국 관련 내용을 이해하는 데는더더욱 그러하다.『지봉유설』을 비롯한 우리의 고전은 대부분이 현대어와는 다른 고한문으로 씌어졌기 때문에 그 이해를 위해서 필히 역주가따라야 한다는 것은 당연지사다.

그런데『지봉유설』의 '외국'조에 대한 기존 역주서나 관련 연구논문, 그리고 그러한 고증에서 증빙(證憑)으로 의거해야 할 사전류를 살펴보면, 역주에 여러가지 문제가 있음을 발견하게 된다. 심한 경우는 역주를위한 이 책의 '정선(精選)'에서 '외국'조가 거의 제외되고 있다. 이것은우리의 고전 속에 투영된 세계인식에 관한 연구나 교육이 도외시된 작금의 풍토와 맥락이 닿아 있다. 이제『지봉유설』을 비롯한 우리의 값진고전도 당당하게 세계성을 부여받아야 하므로 착실한 역주를 붙여 정확한 이해에 천착해야 할 것이다. 이것은 곧 세계에 대한 우리의 응분의지적 기여다.

이러한 문제의식에서 출발해 필자는 백과전서적 고전인『지봉유설』「제국부(諸國部)」 '외국(外國)'조에 거명된 외국의 명칭에 대한 고증을통해 이수광의 세계인식을 살펴보고, 명칭 역주에서 나타난 몇가지 교훈적인 문제점을 밝히고자 한다.

1. 『지봉유설』속 외국명

이수광은 전래의 '화이관'에서 탈피해『지봉유설』권2「제국부」에서 습용(襲用)되어오던 외국 비하조의 '외이(外夷)'란 말 대신 '외국(外國)'이란 표현으로 '외국'조를 설정하고 있다. 이 조항에는 총 87개의 외국 국명과 지명이 망라되어 있는데, 그것을 내용별로 분류하면 다음과 같다.

제1부류: 독립항목으로 다룬 나라들로서 대부분 '국(國)'으로 지칭하며, 모두 43개국에 달한다. 예: 안남국(安南國), 표국(驃國), 영결리국(永結利國).

제2부류: 독립항목 속에서 해당 나라에 관한 설명을 위해 거명된 나라들로서 '국'으로 명기된 것도 있고, 그렇지 않은 것도 있으며, 모두 24개 나라이다. 예: 야차국(夜叉國), 토번(吐蕃), 대서국(大西國).

제3부류: 독립항목으로나 독립항목 속에 언급된 상징성을 띤 중요한 지명으로서 모두 20개다.[3] 예: 천방(天方), 홀로모사(忽魯謨斯), 회계(會稽).

이러한 외국명들은 책의 기술내용이나 다른 관련 전적들을 참조해 고증하고 비정할 수 있다. 그중 절반(43개국)을 차지하는 제1부류는 '국'임을 지목하면서 나라의 개요·위치·지형·역사·기후·풍속·주민·산물·종교 등의 내용을 일률적은 아니지만 두루 포괄하고 있기 때문에 음역(音譯)이나 역주를 통해 비정하는 데 큰 무리가 없으며 정확도도 높다. 이에 비해 제2부류는 독립항목으로 다뤄진 나라에 관한 기술 속에 어떤 연관성이 있어 거명된 나라들로서 대체로 기술이 소략하여 비정하는 데 어려움이 있게 된다. 그래서 '외국'조에 관한 역서나 연구논문들을 보면 이 부류의 나라들에 대한 음역이나 역주는 거의 누락되어 있다. 예컨대 애뢰국(哀牢國), 갈석(渴石), 결골(結骨) 등이다.

이와는 달리 제3부류에 속하는 지명은 '국'이라고 확실하게 밝히지는 않았지만, 해당 국가의 상징지역이나 중심지 내지는 지정학적으로 중요한 지방이기 때문에 독립항목의 경우는 제1부류인 나라와 다를 바 없는 기준으로 내용을 기술하고 있다. 설혹 독립항목 속에 거론되어도 널리 알려진 지방이다. 그래서 이 제3부류에 속하는 지명에 대한 음역이나 비정에는 제1부류와 마찬가지로 별 어려움이 없다. 사실상 이러한 지방은 '국'이나 '국'의 분신인데도 저자의 이해상의 한계로 인해 '국'임을 밝히지 못하는 경우도 있다. 만랄가(滿剌加), 고창(高昌), 거란(契丹) 등이 바로 그러한 예다.

그리고 '외국'조에 거명된 국가들을 일일이 살펴보면, 그 서술 순서가 혼돈스러울 뿐만 아니라, 일부 비정에서는 착오도 드러나고 있다. 비록 이러한 미흡한 점을 노정하고 있지만, 지봉은 당시 팽배하던 화이관에서 벗어나 대부분의 당대 중국 학자들보다도 더 진취적인 지리적 세계관에 입각해 동서양을 망라한 많은 나라들의 인문학적 상황을 거론하며 객관적으로 기술하고 있다. 그리하여 지봉은 우리 역사에서 명실상부하게 세계인식의 장을 개척한 선구자다. 그렇다면 지봉은 어디에서 외국에 관한 미증유의 지식과 정보를 얻을 수 있었을까? '외국'조에 밝혀진 사료원(史料源)과 『지봉집(芝峯集)』[4]을 비롯한 관련 전적의 기록, 그리고 지봉의 사행(使行) 활동과 당시 싹트고 있던 실학의 역사적 배경 등에서 그 해답을 찾을 수 있다. 종합하면 다음과 같은 네가지 원천이다.

첫째는 베이징 사행을 통해 얻은 생생한 정보다. 그는 평생 세번 베이징을 사신행차(使臣行次)로 다녀오는데, 그때마다 외국 사신을 만나 정보를 수집한다. 1차(1589)와 2차(1597) 때는 안남(安南, 베트남)에서 온 사신 풍극관(馮克寬)을 만나 장시간 필담(筆談)으로 두 나라의 역사·정치·문화·사회·풍습 등에 관한 정보와 지식을 교환한다. 3차(1611) 때도 역시 류우뀨우(琉球)에서 온 사신 채견(蔡堅)과 마성기(馬成驥)를 만나 필담으로 지식을 얻는다. 그런데 이때 섬라(暹羅, 타이)에서 온 사신은 한문을 몰라 중국인 통역을 통해 그와 간접적으로 의사를 소통하면서 그 나라의 사정을 채록한다.[5] 지봉의 끈질긴 구지욕(求知欲)을 말해주는 대목이다. 이렇게 직접 현지인들로부터 습득한 지식은 생동할 뿐만 아니라 정확도도 상당히 높다.

둘째로 외국 관련 중국 서적의 기록이다. 지봉이 '외국'조에서 참고한 서적 24종 중 21종은 중국 서적이다. 그 서적들은 관찬(官撰)의 정사(正史)와 민간 사서(史書)인 야사(野史, 雜史)의 2종으로 대별된다. 정사로는『사기(史記)』『한서』『진서』『오대사(五代史)』『송사』등의 정사 속 외국열전(外國列傳)이나 서역전(西域傳)이 있으며, 야사로는『산해경(山海經)』같은 전대의 서적과 함께 명대에 유행된 양종(楊淙)의『사문옥설(事文玉屑)』,[6] 왕기(王圻)의『삼재도회(三才圖會)』,[7] 정효(鄭曉)의『오학편(吾學編)』[8] 등을 들 수 있다. 이수광이 이러한 서적에서 인용한 내용은 대체로 소략할 뿐만 아니라,『산해경』이나『사문옥설』에서 전하는 기담류(奇譚類)가 첨입되어 사실성이 결여되어 있다.[9]

셋째로 외국 관련 한국 서적의 기록이다. 이수광은 일본에 관해 기술하면서『삼국유사』와 신숙주(申叔舟)의『해동제국기(海東諸國記)』, 강항(姜沆)의『적중문견록(賊中聞見錄)』속 관련 내용을 인용하고 있다. 비록 일본 한 나라에 관한 기술에서 인용한 것이지만, 우리의 문헌기록에도 주의를 돌렸다는 것은 유의미한 일이다. 아쉽게도 어느 선행 연구자도 이 점에 유념하는 안목을 보이지 못했다.

넷째로 재화(在華) 서양 선교사들에 의해 전해진 서학(西學)이다. '대항해시대'에 일기 시작한 서세동점의 물결을 타고 줄줄이 중국에 온 서양 선교사들은 서양의 종교나 과학기술뿐만 아니라, 천문지리 지식도

들여와 동양 3국의 근대화에 적잖은 영향을 미쳤다. 이른바 서학의 영향이다. 그 가운데서 지지와 관련해 가장 중요한 것은 근대적 지도 제작을 통한 지리지식의 전파다. 대표적인 일례가 마떼오 리치(Matteo Ricci, 利瑪竇, 1552~1610)가 제작한 「산해여지전도(山海輿地全圖)」(일명 「여지전도 輿地全圖」 혹은 「곤여만국전도坤輿萬國全圖」), 그 증보판인 「양의현람도(兩儀玄覽 圖)」(1603)를 비롯한 10여종의 세계지도다. 이 「산해여지전도」는 마떼오 리치가 자오칭(肇慶, 현 광저우廣州), 난창(南昌), 쑤저우(蘇州), 난징(南京), 베이징(北京), 구이저우(貴州) 등지에서 1584~1608년에 12번이나 수정해 완성한 세계지도이다.[10] 그중 6폭짜리 「곤여만국전도」는 지봉도 밝힌 바와 같이 '만력 계묘년(萬曆癸卯年)'(1603) 이수광이 홍문관 부제학으로 있을 때 베이징에서 돌아온 사신 이광정(李光庭)과 권희(權憘)가 홍문관에 기증했다. 알려진 대로 조선조는 해마다 정기적으로 연행(燕行) 사신 속에 관상감(觀象監)의 학자를 동행시켜 지리지식을 탐지해왔다. 이러한 파견과 더불어 리치가 만든 세계지도가 제작 다음해에 곧바로 유입되었다. 이러한 사실은 조정과 지봉이 얼마나 적극적으로 새로운 학문을 수용했는지를, 즉 그 진취성과 개방성을 여실히 말해주고 있다. 의심의 여지 없이, '외국'조에 들어 있는 서역이나 유럽의 여러 나라들에 관한 새로운 지식은 이러한 서학의 도입에서 비롯되었을 것이다.

물론, 이상과 같은 다양한 사료원의 개발과 지식의 섭취 과정을 통해서 지봉은 당시로서는 파격적인 탈화이관이나 지리적 세계관의 확대에 이를 수가 있었다. 그러나 그가 사료원으로 삼은 중국 정사의 외국 관련 기록은 그런대로 사실성이나 객관성이 인정되지만, 『산해경』이나 『사문옥설』 같은 야사는 중국인들도 인정하다시피 전설이나 기담으로 일관되어 있는 '잡사'다. 정사건 잡사건, 어느 경우를 막론하고 전문 연구자들이나 실제 경험자들에 의해 씌어진 전문 지지서(地誌書)는 아니다.

따라서 그러한 서적들을 전거로 삼을 때는 그만큼의 학문적 성취도와 정확성 여부를 감안해야 한다.

필자가 이 점을 강조하는 것은 의아스럽게도 지봉이 외국명을 포함한 외국 관련 지지를 고증하는 데서 대부분 전문적인 지지서가 아닌 이러한 비전문적 지지서적에만 의존하고 있기 때문이다. 지봉이 「지리부(地理部)」나 「제국부」에서 전거로 삼은 50여종의 문헌 중에는 적어도 중국 송대부터 찬술되어온, 그래서 오늘날까지도 중요한 지지전적으로 평가되고 있는 여러 전문 지지서적들이 한권도 포함되어 있지 않다. 선행 연구자들의 글에서도 그러한 전적에 관한 언급은 전무 상태다.

이 점은 『지봉유설』의 「지리부」나 「제국부」, 내지 이수광의 지리적 세계관과 세계인식을 탐구하는 데서 간과할 수 없는 보완점이라고 판단된다. 사실 중국에서는 일찍부터 내화자(來華者)들의 전문이나 여행자들의 답사기, 특히 직접 경험자들의 기록에 바탕한 전문적인 외국 지지서가 속속 출간되어 외국에 관한 정보와 지식이 알려지면서 세계에 대한 타자인식이 부단히 확대되어왔다. 그동안 이러한 지지서들에 대한 역주서가 발간되고, 연구가 상당히 심화되었다. 그 대표적인 지지서들을 간략하게 소개하면 다음과 같다.

① 송대의 『제번지(諸蕃志)』(상·하 2권, 1225): 송대 조여괄(趙汝适, 1170~1231)이 찬한 해외지리 명저로서 권1 '지국(志國)'은 동으로는 일본, 서로는 북아프리카 모로코에 이르기까지 58개국의 풍토와 물산, 중국으로부터의 항해거리와 소요시간 등을 밝히고 있으며, 권2 '지물(志物)'에서는 각종 향료를 비롯한 진귀한 문물에 관해 기술하고 있다.

② 『영외대답(嶺外代答)』(10권, 1178): 남송 지리학자 주거비(周去非, 1134~89)가 찬술한 종합풍물기로서 지리·풍토·물산·법제·재정, 그리고 외국에 관해 20문(門) 194조항으로 나눠 상술하고 있다. 권2 '외국문

상(外國門上)'과 권3 '외국문하(外國門下)'에서 22개의 외국을 소개하고 있다.

③『도이지략(島夷志略)』(1권, 1349): 원대 왕대연(汪大淵, 1311~?)의 해외견문록으로서 그는 두차례에 걸쳐 직접 상선을 타고 멀리 아프리카 동해안까지 주유하고 이 견문록을 남겨놓았다. 이 책에는 99개 나라나 지역에 관한 내용이 비교적 사실적으로 기록되어 있어 사료적 가치가 높다.

④『서양번국지(西洋番國志)』(1권, 1434): 명대 정화(鄭和)의 일곱번째 '하서양(下西洋)'(서양으로의 항해)에 수행한 공진(鞏珍)의 견문록으로서 20여개의 서양국에 관해 기술하고 있다.

⑤『성차승람(星槎勝覽)』(2권, 1436): 명대 정화의 7차에 걸친 '하서양' 중 네차례나 통역관으로 수행한 비신(費信, 1385~?)이 직접 경유한 44개국의 역사·지리·생활·풍토를 기록한 견문록이다.

⑥『영애승람(瀛涯勝覽)』(1권, 1451): 명대 정화의 7차에 걸친 '하서양' 중 세차례나 수행한 마환(馬歡)이 직접 경유한 20개 나라의 항로·해조(海潮)·지리·국왕·정치·풍토·언어·문자·기후·물산·공예·교역 등을 비교적 상세하게 전하고 있다.

⑦『수역주자록(殊域周咨錄)』(24권, 1574): 명대 엄종간(嚴從簡)이 중화주의적 개념에서 중국을 중심으로 동이(東夷)·남만(南蠻)·서융(西戎)·북적(北狄)의 4부로 나눠 총 39개 나라와 지역의 산천·민족·풍습·물산·여정 등을 상술한 책으로서 관리들의 출사 참고용으로 많이 이용되었다고 한다. 첫 권의 조선에서 시작해 24권의 여직(女直, 女眞)으로 마감한다.『지봉유설』과 가장 가까운 연대에 출간된 지지서다.

⑧『동서양고(東西洋考)』(12권, 1617): 명대 장섭(張燮, 1574~1640)이 당시의 동서양 개념에 따라 서양열국과 동양열국으로 나눠 총 24개국에 관해 기술하고 있다. 이 책에서의 서양은 대체로 동남아 일원을 지칭한

『지봉유설』권2「제국부」'외국'조

다. 뒤에 출간된 책치고는 나라 수가 앞의 책들에 비해 적지만, 인문지리 일반과 더불어 명승고적과 교역 및 항해를 포함한 내용이 상세할 뿐만 아니라 상당히 정확하다.

그밖에도 중국에는 『해록주(海錄注)』(3권, 청대) 같은 여러편의 해외 관련 지지서들이 있다. 『지봉유설』을 비롯한 우리의 지지서들에 나타난 지리적 세계관과 세계인식을 구명하는 데 이러한 전문 지지서들을 유용하게 참고해야 할 것이다.

2. 외국명으로 본 이수광의 세계인식

이수광은 50여편의 고실적(故實的) 문헌을 인용해 전거주의(典據主

義)에 입각하면서 실학의 선구자답게 자신의 세계인식을 지리적 세계
관을 통해 뚜렷하게 피력했다. 전술하다시피 지봉과 동시대인 중국 명
대에는 해금(海禁)을 갠 정화의 7차 '하서양'과 서구 선교사들의 내화를
비롯해 세계와의 접촉이 활발해지면서 세계 지지서들이 유난히 많이
출간되었다. 이러한 전적(典籍)들은 외국명은 물론, 그 내용을 대조 비
교하는 방법으로 지봉의 진취적이고 선구적인 위상을 구명하는 데 신
빙성 높은 전거를 제시해준다. 이것은 지봉이 '외국'을 논함에 있어 이
러한 지지서들과 어떠한 인연을 맺었을 법도 하다는 추론을 가능케 한
다. 그러나 의외로 그가 인용한 문헌에는 이러한 서적들이 아예 들어 있
지 않으며, 이에 관한 단서도 찾기 어렵다. 이 문제는 급기야 연구자들
도 논외로 하고 있으므로 앞으로의 연구과제로 남긴다.

　이 글에서는 지봉의 '외국'조에 등장하는 외국명과 앞에 소개한 (송
대에서 명대에까지 이르는) 중국의 8종의 세계 지지서에서 거명된 외
국명의 대조 비교를 통해 지봉의 세계인식을 조명하고자 한다.[11] 비교
대상의 선정과 관련해 부언할 것은 『지봉유설』과 마찬가지로 이 지지
서들에서도 나라와 지역의 한계가 분명치 않아 엄격히 구분하기가 어
려운 경우가 있다. 그리하여 각각 독립조항으로 거명된 국명과 지명을
선정했다. 여기서 지목된 지명은 국명을 대신할 정도로 상징성과 중요
성을 가지고 있어 비교대상에 포함시킬 만한 가치가 있는 것이다. 그리
하여 이 글에서는 서술의 편의상 독립항목으로 소개된 국명과 지명은
일괄 '외국명'으로 통일했다.

　『지봉유설』의 '외국'조와 여러 지지서들에 거명된 외국명들 간의 대
조 비교를 통해 지봉의 세계인식[他者認識]을 알 수 있는데, 그것은 탈
화이관(脫華夷觀) 및 세계인식의 확대와 진취성에서 확연하게 나타나
고 있다.

우선, 지봉의 세계인식에서 가장 두드러진 특징은 탈화이관이다. 지봉이 활동하던 16~17세기의 중국은 비록 내화한 서양 선교사들을 통한 서양 근대문명의 유입으로 인해 전통적 중화주의에 착근된 화이적 세계관이 도전을 받기 시작했지만 아직은 거의 요지부동 상태였다. 종교와 더불어 서양의 영향을 가장 많이 받았다고 하는 천문지리 분야에서도 사정은 크게 다르지 않았다. 오랫동안 이러한 화이관에 젖어온 조선도 건국 초기부터 탈피를 시도했지만 일조일석에 이루어지는 일은 아니었다. 1402년에 국가적 역사(役事)로 제작된 「혼일강리역대국도지도(混一疆理歷代國都之圖)」는 유럽의 1백여개 지명을 표기한 것과 더불어 처음으로 아프리카(35개 지명)를 세계지도에 앉힌 세계 최초의 지도다. 지도에는 한반도를 크게 키워 한민족의 당당한 자부심을 과시하려는 시도가 엿보인다. 그러나 중국을 거의 지구의 3분의 2 정도로 과장하고 인도를 비롯한 주변 나라들을 왜소화한 것은 화이관의 여진이라고 지적해야 할 것이다.[12] 그러나 중기에 접어든 조선은 이수광 같은 탁월한 선각자가 나타남으로써 화이관이란 고질적 구각을 깨는 신호가 올랐다.

특기할 것은 지봉이 인용한 문헌이나 당대 유행한 지지서 대부분이 화이관을 본연(本然)으로 삼고 있는 압도적인 분위기 속이었지만, 그는 대담하게 그 고루한 분위기를 뚫고 탈화이관에 천착했다는 사실이다. 이수광은 외부 세계에 대한 지칭부터 이만융적(夷蠻戎狄) 같은 화이관에 젖은 용어에서 완전히 벗어나 '외국(外國)'이란 타자화된 객관적 용어를 쓰고 있다. 그가 '외국'조를 기술하면서 사료원으로 삼은 『대명일통지(大明一統志)』(1461)는 세계를 본국과 외이(外夷, 권89~90)로 나누고 중국을 중심으로 동남아시아와 서아시아 일원의 57개국을 외이에 소속시키고 있는데, 그중 20개국은 이수광의 '외국'조에 나오는 나라들과 일치한다. 자주 인용된『삼재도회(三才圖會)』(일명『三才圖說』, 1607)「지리」
권13에서도 중국을 중심에 두고 주변을 8방(方), 즉 동이(東夷), 서이,
남이, 북이, 동남이, 서남이, 동북이, 서북이로 나눠 국가들을 배치하고
있다. 마찬가지로『오학편(吾學編)』(1567)「황명사이고·서(皇明四夷考·
序)」도 제목이 말해주듯 세계 제국을 4방의 이로 나누고 있다.[13]

　화이관은 8종의 지지서적에도 대체로 그대로 반영되고 있는데, 그 표
현은 다르다.『도이지략』은 제목에서부터 화이관이 드러나는 '도이(島
夷)'란 말로 여러 해양제국을 지칭하고,『수역주자록』은 39개국을 동이
(東夷, 1~4권), 남만(南蠻, 5~9권), 서융(西戎, 10~15권), 북적(北狄, 16~24권)
으로 명확히 구분하고 있다. 그런가 하면『제번지』나 정화의 7차 '하서
양' 동행기들인『서양번국지』와『영애승람』은 '제번국명(諸番國名)'이
란 이름으로 각국을 소개하고 있다. 여기서의 '번국(蕃國)'이나 '번국(番
國)'은 '외국'이란 뜻이 있지만, '야만인의 나라'라고도 해석되어 그 함
의가 애매모호하다. 같은 동행기인『성차승람』은 지역성은 고려하지 않
고 '전집(前集)'과 '후집(後集)'으로 이분하고 있다.

　『동서양고』는 중국으로부터의 거리의 원근에 따라 여송(呂宋, 필리핀)
과 문래(文萊, 보르네오) 등 인근 국가 7개를 '동양열국고'에, 동남아시아
15개국을 '서양열국고'에 줄세우고 있으며, 일본과 홍모번(紅毛番, 네덜
란드)을 따로 '외기고(外紀考)'에 망라하고 있다. 유독『영외대답』에서만
'외국(外國)'이란 말을 쓰고 있는데, '외국문상(外國門上)'(卷二)에 동남
아시아 제국을, '외국문하(外國門下)'(卷三)에 대진(大秦)·대식(大食)·파
사(波斯) 등 서아시아 제국을 편입시키고 있다. 그러나 '외국문하' 중에
는 '서남이(西南夷)' '통도외이(通道外夷)' '항해외이(航海外夷)' 등과 같
이 화이관의 잔재가 그대로 남아 있다.

　다음으로,『지봉유설』'외국'조에 거명된 외국명을 통해서 판단할 수

있는 것은 이상의 탈화이관 말고도 지리적 세계관을 통한 세계인식의 확대와 진취성이다. 이 점은 종래 한반도 내에서 일어난 세계인식의 변화과정과 전술한 중국 8대 지지서에 나타난 중국의 세계인식의 비교를 통해서 명확하게 밝혀질 수 있을 것이다.

우리 역사에서 외국명을 거명하면서 세계 지지를 개척한 비조는 한국의 첫 세계인인 혜초일 것이다. 그가 인도와 중앙아시아, 서아시아를 주유하면서 남긴 문명탐험기『왕오천축국전』에는 30여개의 외국명과 더불어 각국의 인문지리가 간략하나마 소개되어 있다. 고려시대에 이르러서는 윤포(尹誧, 1063~1154)가 현장(玄奘)의『대당서역기(大唐西域記)』에 준해「오천축국도(五天竺國圖)」를 찬했으며, 뒤이어 송·원대의 중국으로부터『괄지지(括地志)』『여지지(輿地志)』『여지기승(輿地紀勝)』『방여승람(方輿勝覽)』『대원일통지(大元一統志)』등 지리서와「석각추리도(石刻墜理圖)」같은 지도류가 수입되어 세계에 관한 초보적인 지리지식이 소개되기는 했다. 그렇지만 대저 화이관에 바탕한 중국 위주의 지리지식이었다.[14]

이러한 지식 기반에서 고려 말과 조선조 초기에 중국으로부터 수입된 이택민(李澤民)의「성교광피도(聖敎廣被圖)」와 청준(淸濬)의「혼일강리도(混一疆理圖)」를 저본으로 해 제작된「혼일강리역대국도지도」는 한반도를 일본의 4~5배 크기로 그려 민족의 자존심을 과시하려 했다든가, 아프리카 지역을 처음으로 세계지도에 등장시켰다든가 한 점은 우리의 민족사와 세계 지도사에 남긴 큰 족적이라고 평가해도 무리는 아닐 것이다. 그렇지만 중화와 이적(夷狄)을 뒤섞었다는 '혼일(混一)'이란 용어를 세계지도의 제목으로 삼고 중국을 세계의 중심에 놓고 영토를 크게 과장한 사실 등으로 미루어 아직은 화이관에서 크게 탈피하지는 못했다고 판단된다. 게다가 지도의 저본과 제작과정 및 제작 의미에 관한 간단한 발문(跋文)만을 남겨놓아 지도 이상의 지지학적 역할은 하지 못하고 있다. 그러나 그로부터 2세기 남짓 지난 때에 그 문화유전자를 전승한 이수광은 최초로 백과전서적인 『지봉유설』을 찬해 제목에 '이적'이나 '혼일'이 아닌 '외국'이란 객관적이고 실재적인 명칭을 사용하고 그 이름 아래 근 90개에 달하는 세계 각국을 소개함으로써 화이관을 극복한 것은 물론, 구체적인 기술 없이 몇장의 지도에만 머물러 있던 조선의 세계인식도 진취적으로 크게 확대했다.

이수광의 진취적인 세계인식은 서구의 선진적인 지도와 문물을 받아들이는 데서도 나타나고 있다. 전술한 바와 같이 홍문관 부제학으로 있던 그는 1603년 베이징에 다녀온 사신으로부터 마떼오 리치가 한문으로 제작한 6폭짜리 세계지도 「곤여만국전도」를 받는다. 그는 "그 지도를 보니 매우 정교한바, 특히 서역에 관해 상세하며 중국의 지방과 우리나라 팔도(八道), 일본의 60주(州)에 이르기까지 지리의 원근, 대소가 섬세해 빠진 것이 없다"[15]고 높이 평가하면서 그 지도에 명기된 많은 외국들을 자신의 저서 속에서 소개한다. 그 가운데 유럽에 속하는 나라들로 불랑기국(佛浪機國, 뽀르뚜갈)·남번국(南番國, 네덜란드)·영결리국(永結利國, 영국)·구라파국(歐羅巴國, 大西國) 4국을 거명하고 있다. 유럽 나라들 가운데서 이 4개국만 택한 이유는 아마 고실주의(故實主義)에 충실한 이수광으로서는 동아시아 일대에 일찍 진출해 활동한 이들 나라들에 관해 전문했거나 책에서 읽은 적이 있었기 때문이었을 것이다. 단, 지봉은 구라파가 5대주의 하나라는 사실은 미처 알지 못한 상황에서 불랑기국이나 영결리국을 구라파의 한 나라가 아닌 전체 구라파의 대명사인 양 착각했다. 또한 한문으로 작성된 마떼오 리치의 서문을 보고는 그들의 문자가 조선이 쓰고 있는 한자와 같은 것('書同文')으로 오해하기도 했다.

지봉의 진취성은 이러한 서구 지도를 수용하는 데서만이 아니라 서구의 문물을 소개하는 데서도 나타나고 있다. 그는 '외국'조에서 마떼오 리치가 지은 천주교의 교리를 밝힌 『천주실의(天主實義)』와 이와 관련된 교황과 서양의 습속도 소개하고 있다. 뿐만 아니라, 같은 조에서 '철판으로 안팎을 둘러싼(以鐵片周裏內外)' 영국의 철선과 그 위에 '감히 대항하지 못하는(莫敢相抗)' 대포를 장착한 데 대해 언급하고 있다.[16]

이수광은 불교를 숭상하는 나라들로 섬라(暹羅, 타이), 고리대국(古俚大國, 캘리컷), 석란산(錫蘭山, 스리랑카), 토로번(土魯番, 투루판), 우기대국(于闐大國, 호탄), 화주(火州, 카라호조), 홀로모사(忽魯謨斯, 호르무즈), 역사파한(亦思把罕, 이스파한, 이슬람국인데 오인―필자), 아속(阿速, 아조프) 등을 거론하는데, 유학자임에도 불구하고 이들 나라들을 우호적으로 묘사하고 있다. 예컨대, 고리대국에 관해서는 "풍속을 보면 신의(信義)를 숭상하고 길가는 사람은 길을 비켜주며 길에 떨어진 물건은 주워가지 않는다. (⋯) 상고삼대(上古三代) 시대의 유풍이 있으니 칭찬할 만하다."[17]라고 하며, 아속에 관해서도 "베푸는 것을 즐기고 물산이 넉넉하다. (⋯) 배고픔과 추위에 떠는 사람도 없고, 밤에는 도적이 없다. 가히 낙토(樂土)라 할 만하다."[18]라고 칭송한다. 이것은 종교의 편견을 넘어선 지봉의 개방적이며 수용적인 태도를 말해주고 있다.

위에서 조선시대의 지리적 세계관에서 이수광에 의해 달성된 세계인식의 확대와 진취성에 관해 살펴봤다. 그런데 그의 이러한 확대와 진취성은 그가 인용한 문헌에서도 엿보이지만, 당대를 전후해 중국에서 간행된 8종의 세계 지지서와의 대조 비교에서도 뚜렷하게 나타난다. 이를 실증하기 위해 『지봉유설』 '외국'조와 8종 지지서에 각각 거명된 외국명을 일람표로 대조해보기로 하자. ('○'는 거명 표시)

이 대조 일람표를 통관하면 다음과 같은 특징을 발견하게 된다.

외국명 \ 지지서	芝峯類說 (1614)	諸蕃志 (1225)	嶺外代答 (1178)	島夷志略 (1349)	西洋番國志 (1434)	星槎勝覽 (1436)	瀛涯勝覽 (1451)	殊域周咨錄 (1574)	東西洋考 (1617)	비 정
安南國	○		○					安南		베트남
交趾國	○	○		○					交阯	베트남
老撾國	○									라오스
琉球國	○	流求國				○		琉球		류우뀨우
三佛齊	○	○		○	蘇門答剌國	蘇門答剌國	蘇門答剌國	○	蘇門答剌	수마트라
祖法兒國	○	○			○	佐法兒國	○			주파르
占城	○	○		○	○	○	占城國	○	○	참파
暹羅國	○	○		○	○	○	○	○	暹羅	태국
日本	○	倭國						○	○	일본
對馬島	○									쓰시마섬
毛人島	○									
女國	○	女人國	女人國							
眞臘國	○	○	○	○				眞臘		캄보디아
忽魯謨斯國	○				忽魯謨斯國	忽魯謨斯國	忽魯謨斯國	忽魯謨斯		호르무즈
爪哇	○	闍婆國	闍婆國	○	爪哇國	爪哇國	爪哇國			자바
驃國	○									미얀마
古里大國	○	故臨國	故臨國	古里佛	古里國	古里國	古里國	古里		캘리컷

368

名										음역
滿剌加	○				滿剌加國	滿剌加國	滿剌加國	○	麻六甲	말라카
榜葛剌	○				榜葛剌國	榜葛剌國	榜葛剌國	○		벵골
錫蘭山	○	細蘭國	細蘭國		錫蘭國	錫蘭山國	錫蘭國	錫蘭		스리랑가
溜山	○				溜山國		溜山國			물디브
撒馬兒罕	○							○		샤마르칸트
天方	○	大食國		天堂	○	天方國	天方國	天方國		메카
渴石	○									키쉬
土魯番	○							土魯番		투르판
黑婁	○									모코노르
哈烈	○							○		헤라트
于闐大國	○							干闐		호탄
火州	○							火州		카라호조
高昌	○									고창
魯陳	○									선선
亦思把罕	○									이스파한
阿速	○									아조프
注輦國	○	○								촐라
伍盧地	○	○								
禅雞國	○									

외국명										비고
轉頓氏國	○									숙신
養雲國	○									
延英汗國	○									
一群國	○									
契丹	○									거란
牛蹄突厥	○									
狗國	○									
回回國	○									이슬람국
裸壤國	○									
會稽	○									회계(후이지)
佛浪機國	○							佛即機		뽀르뚜갈
南番利國	○									네덜란드
永結利國	○									영국
吉利吉思	○									키르기스스탄
骨利幹國	○									
歐邏巴國(大西國)	○									유럽
互人國	○									
大秦國	○	○	○							로마제국
외국명 수	54	57	43	99	20	45	20	39	24	

첫째, 계량학적으로 거명된 외국 수에서 중국 측 8종 지지서의 평균 수는 약 43.4개국인 반면에 『지봉유설』은 54개국으로 단연 앞선다. 중국 측 서적에서 가장 많이 차지하는 『도이지략』의 99개국은 독립항목으로 설정되어 소개되고는 있지만, 저자 왕대연이 무역선을 타고 들른 곳으로서 모두가 국가나 국가적 상징성이 있는 곳은 아니다.

둘째, 중국 측은 동남아시아를 비롯해 조공관계가 있는 나라나 지역에 관해 집중 기술한 반면에 지봉은 동서남북 가리지 않고 멀리 유럽까지를 두루 아우르고 있다.

셋째, 거명하는 유럽 국가 수의 격차가 말해주듯이 '대항해시대'의 개막으로 조성된 서세동점의 세계 정세를 올바르게 읽고 그에 대응하는 자세에서 중국은 폐쇄적이고 배타적이나 지봉은 개방적이고 수용적이다.

한마디로, 이 일람표에서 이수광의 진취적이며 개방적인 확대된 세계인식을 읽을 수가 있다. 그는 '외국'조에서 『오학편』 등 인용 문헌에 나오는 많은 나라들을 모두 기록하지 못한다고 아쉬움을 표하고, 중국과 왕래가 없기 때문에 이 책에 기재되지 못하는 나라가 얼마나 많겠는가고 반문하기도 한다. 이것은 그가 더 많은 나라를 알고 있으며, 또한 알고 싶다는 심경을 토한 것이다. 그의 세계를 향한 열림의 고백이다.[19]

외국명을 통한 이수광의 세계인식을 더 구체적으로 알아보기 위해 이러한 여러 서적들의 일람표식 대조 말고도 『지봉유설』에 거명된 외국명들과 이 책의 출간을 전후해 가장 가까운 시기에 상재(上梓)된 『수역주자록』(1574)과 『동서양고』(1617) 두 전적에 나오는 외국명들을 대조 비교하면 더욱 실감이 날 것이다.

우선, 『지봉유설』보다 40년 앞서 출간된 24권의 『수역주자록』을 살펴보면, 이 책은 완전히 중국 전통의 화이관에 입각해 동이(東夷) 3국(朝鮮·日

本·琉球), 남만(南蠻) 17국(安南·占城·眞臘·暹羅·滿刺加·爪哇·三佛齊·渤泥·瑣里·古里·蘇門答刺·錫蘭·蘇祿·麻刺·忽魯謨斯·佛郎機·雲南百夷), 서융(西戎) 17국(吐蕃·拂菻·榜葛刺·默德那·天方國·哈密·土魯番·赤斤蒙古·安定·阿端·曲先·罕東·火州·撒馬兒罕·亦力把力·于闐·哈烈), 북적(北狄) 3국(韃靼·兀良哈·女直) 등 총 39개국('三佛齊'와 '蘇門答刺'은 사실상 같은 국가이므로 1개국으로 계산)을 방위에 따라 4부로 나눠 각각 소속 국가들을 소개하고 있다. 이 39개국 중 조선을 제외한 외국 38개국을 지봉의 '외국'조에 나오는 54개 외국명과 대조해보면, 앞의 일람표에서 보다시피 합치된 나라는 20개국이고 불합치된 나라는 18개국이다. 이러한 비교가 말해주듯, 이수광은 조선이나 중국에서 만연되다시피 한 고질적 화이관에서 벗어났을 뿐만 아니라, 거명한 외국 수도 54:38 비율로 훨씬 더 많다. 이것은 그만큼의 확대된 세계인식의 증좌다.

다음으로, 『지봉유설』이 나온 지 3년밖에 안 되어 나온 『동서양고』(1617) 속의 외국명을 대조해보면 두 지지서의 특색이 엄연하게 드러난다. 『동서양고』는 외국을 '서양열국'(15개)과 '동양열국'(7개), '외기(外紀)'의 세부류로 나누고 있는데, 여기서의 '서양'은 오늘의 동남아시아에 해당하며, '동양'은 오늘의 필리핀 인근을 지칭한다. 그리고 '외기'에 일본과 홍모번(紅毛番, 네덜란드)을 특별히 취급하고 있다. 이렇게 보면 이 책에서의 진정한 서양은 홍모번 한 나라밖에 없는 셈이다. 이것은 당시 유행하고 있던 동서양 개념에 반하는 이례적인 주장이다. 원대에 출현한 동서양 개념에서 동서양은 광저우-칼리만탄(Kalimantan)섬 서안-순다(Sunda)해협을 분계선으로 하여 나눠졌다. 즉 칼리만탄섬과 자바섬 이동 지역과 수역(水域)은 동양이고, 그 이서의 인도양까지를 포함한 지역과 수역을 막연하게나마 서양이라고 불렀다. 그러다가 명대 중기에 이르러 동서양 개념은 동서로 확대되어 그 포괄 범위가 크게 넓어진다. 특히 근세에 와서 서양의 지리 개념이 도입되면서 서양은 인도양 이서의 전역을 망라하게 되었다.[20]

『지봉유설』의 '외국'조에 실린 외국명을 통해 지봉의 탈화이관이나 세계인식의 확대 같은 진취성이나 긍정성을 찾아볼 수 있지만, 그렇다고 해서 그 한계성이나 미흡한 점을 간과해서는 안 될 것이다. 우선, 그 한계성은 국명 비정에서의 착오다. 예컨대, 동남아시아의 소문답랄(蘇門答剌, 현 수마트라)과 소록(蘇祿, 현 필리핀)을 서융에, 서역에 속하는 살마아한(撒馬兒罕, 현 사마르칸트)과 우기(于闐, 현 和田)를 북적에 편입시키는가 하면, 역사파한(亦思把罕, 현 이란 내지의 이스파한)이 서남해 바다 가운데 자리한다든가 하는 등 나라의 지리적 위치 비정에서 착각을 드러낸다. 이러한 오류는 아마도 그가 전거로 삼은 문헌들의 오류에서 비롯된 것으로 짐작된다. 그가 베이징에서 사신들을 직접 만나 채록한 나라들(안남·유구·섬라 등)에 관한 내용에서는 이러한 오류가 발견되지 않고 있다.

그 한계성은 다음으로 '외국'조에 거명된 나라와 지역들의 서술 순서에서 혼선을 빚는데, 이것은 중국 중심의 서술방식에서 벗어나지 못한 데다가 나라의 위치 비정에서 착오를 범한 데서 기인한 부실이라고 판단된다. 안남국(安南國)에서 시작해 대진국(大秦國)으로 끝난 '외국'조의 서술 순서를 오늘의 지역 개념으로 살펴보면, 동남아→일본과 그 부근→동남아→중국 신장→서남아→중국 동북부→회회국(이슬람 지역)→유럽 순이다. 보다시피 큰 맥락에서는 동방에서 서방으로 이어지지만, 구체적으로 보면 순서가 뒤죽박죽이다.

끝으로 그 한계성은 「혼일강리역대국도지도」에서 표출된 지리적 세계관을 계승하지 못한 점이다. 앞에서 지적하다시피 이 지도의 제작이야말로 당시로서는 실로 미증유의 파격지사(破格之事)였다. 동방 일우의 작은 나라에서 해외통교도 별로 없었던 당시의 역사적 배경을 감안하면, 이 지도가 노출한 넘을 수 없는 한계는 충분히 이해할 수 있다. 그러나 백과전서적인 전적에 같은 조대(朝代, 조선조)를 살아온 조상이 이루어놓은 출중한 성과를 계승해 반영하기는커녕 그에 관해 일언반구의 언급도 없다는 것은 이만저만하게 미흡한 점이 아닐 수 없다. 만약 이수광이 「혼일강리역대국도지도」에 투영된 선구적 지리관을 계승 발전시켰더라면, 그는 세계 지지학의 수평선 위에 더욱 높이 우뚝 섰을 것이다.

3. 외국명 고증 실태

일반적으로 고전의 이해를 위해서는 고증에 의한 주해가 필수다. 우리의 고전인 경우 현대인에게 거의 외국어화된 한자, 그것도 왕왕 현대어와는 다른 난해한 고문(古文, 옛 한자)으로 씌어 있기 때문에 역주〔飜譯注釋〕 성격의 주석이 더더욱 필요하다. 그 가운데서도 『지봉유설』의 「제국부」 '외국'조에 실려 있는 외국명 같은 고유명사는 음역과 비정(比定)이라는 이중 고증을 요한다. 이러한 고증이 바르고 넉넉할수록 그만큼 고전 이해에 다가서게 되는 것이다. 그러므로 고전 속의 고유명사 역주는 음역 일면에만 머물러서는 안 되며, 반드시 비정을 병행해야 한다. 그래야 비로소 완정(完整)된 역주를 기할 수 있는 것이다. 이러한 역주 작업은 역자의 적격한 학문적 자질과 학구적 태도가 전제되어야 함은 물론, 역주자의 부득이한 모자람을 보완해줄 보조도구로서의 적절한 사전류가 불가결(不可缺)하다. 주역과 배역이 잘 배합될 때 극이 성공하듯, 역자의 주관적 자질과 보조도구가 상부상조할 때 고전 번역은 비로

『지봉유설』'외국'조 중
'永結利國'(영국)에 관한 기술

소 원만하게 이루어질 수 있는 것이다.

　이러한 문제의식에서 출발해 이 글에서는 『지봉유설』 속의 외국명에 대한 기존 번역과 역주 및 보조도구인 관련 사전의 수록 실태를 살펴보고, 여기서 드러난 문제점을 짚어보고자 한다. 다른 고전들과 마찬가지로 이 책 속의 외국명은 거개가 중국 지지서적에 나오는 그대로를 따랐기 때문에 한국어 발음과는 다른 중국어 발음에 의한 음역(음사)을 모르고서는 이해와 비정이 도시 불가능하다. 예컨대, '滿剌加'에서 한국어 발음은 '만랄가'이지만 중국어 발음은 '만라자'이며, 이 중국어 발음은 '말라카'의 음역이다. 따라서 우리의 사전에서는 이 '滿剌加'가 '말라카'의 음역이라는 것을 밝혀야 한다. 워낙 표의문자인 중국어로 외국어를 표기하기란 어렵기 때문에 '만라자'에서 보다시피 음사에서 원어 발음과의 근사성이 제한적이다. 그래서 우리 고전 속에 있는 중국식 외국명

을 제대로 이해하기란 쉽지 않다. 우리에게 보조도구로서의 한자풀이
사전이 절실한 이유가 바로 여기에 있다.

이 글에서는『지봉유설』속 외국명(총 87개)[21]에 대한 고증 실태를 알
아보기 위해 유일한 역주본인 남만성 역주『지봉유설』(을유문화사 2001,
약칭『역주본』)과『한한대사전(漢韓大辭典)』(단국대학교 동양학연구소 지음, 단
국대학교출판부 2008)을 실태조사 대상으로 삼았다.

『지봉유설』「제국부」'외국'조에 수록된 87개 외국명에 대한『역주
본』과『한한대사전』의 역주 실태를 일람표로 만들어 살펴보면,『역주
본』에서는 다음과 같은 몇가지 특징을 발견하게 된다.

첫째, 87개 국명(주요 지명 포함) 중 비정한 국명은 단 1개뿐(老撾國:
라오스)으로 역주가 거의 도외시되었다.

둘째, 대체로 어려운 한자 국명(22개)에 역주를 다는 대신 한국어 한
자음을 괄호 안에 넣어주어 판독에 일조하였다. 예: 忽魯謨國(홀노모
국), 罽賓(계빈), 會稽(회계) 등.

이『역주본』은 전무후무한 완역본으로서 역자의 노력이 높이 평가된
다. 역자의 노력은, 이수광이 무엇보다 우리 역사에서 실학의 선구자답
게 세계인식의 전기를 마련했음에도 불구하고 '정선(精選)'에서 '외국'
조가 거의 제외되어버린 편향[22]을 감안할 때, 더욱 가상하다. 지금까지
우리가 통시적(수직적) 시각에만 머물고 공시적(수평적) 시각에 소홀
해온 폐단으로 인해 우리 역사·문화의 세계성은 제대로 조명을 받지 못
했다. 그리하여『지봉유설』을 비롯한 일련의 고전에 우리의 차원 높은
세계인식이 온축되어 있음에도 불구하고 그것이 제대로 발굴 연구되지
못해왔으며, 연구업적은 일천하기 짝이 없다.

이러한 학문풍토 속에서 상재된『역주본』이 값지기는 하지만, 생소
한 외국명에 대한 고증이 거의 무시된 점은 지적하지 않을 수 없다. 고

문헌 외국명	한국어 음사	역주본		한한대사전	
		역주	한자음	수록여부	역주
安南國	안남국			○	베트남
交趾國	교지국			○	한대 베트남 東京州
老撾國	노과국	라오스	노과국	○	라오스
哀牢國	애뢰국		애뢰국		
琉球國	유구국				
三佛齊	삼불제				
祖法兒國	조법아국				
占城	점성			○	후한 베트남 동해안
暹羅國	섬라국			○	siam 역음, 태국
日本	일본			○	나라 이름
倭奴	왜노			○	일본 비칭
對馬島	대마도				
毛人國	모인국			○	전설
毛國	모국				
女國	여국			○	전설
夜叉國	야차국			○	전설
流鬼國	유귀국				
眞臘國	진랍국		진랍국	○	캄보디아
忽魯謨國	홀로모국		홀노모국		
爪哇	조왜		조와	○	자바섬
闍婆	사파		도파	○	사파, 인도네시아
驃國	표국		표국	○	미얀마
闍利婆	사리파				
古俚大國	고리대국				
滿剌加	만랄가		만리카	○	滿剌國, 말레이반도
五嶼	오서				
榜葛剌	방갈랄		방갈라	○	인도 벵골만
錫蘭山	석란산			○	스리랑카 음역

溜山	유산		유산		
撒馬兒罕	살마아한		살마아한	○	사마르칸트
罽賓	계빈		계빈	○	카슈미르
天方	천방			○	메카
天堂	천당			○	메카
渴石	갈석				
土魯番	토로번			○	신장 투르판
車師國	차사국			○	한대의 신장
黑婁	흑루				
哈烈	합렬			○	沙哈魯가 세운 나라
于闐大國	우기대국		우전대국	○	葱嶺 북쪽(오인)
火州	화주			○	투르판시 카라호조
車師前國	차사전국				
車師後國	차사후국				
高昌	고창			○	신장 투르판시 남서
吐蕃	토번			○	티베트 지역
畏兀兒	외올아			○	畏吾兒, 위구르
魯陳	노진				
柳城	유성			○	신장 鄯善縣
忽魯謨斯	홀로모사		홀로모사		
獅子國	사자국			○	나라 이름
亦思把罕	역사파한				
阿速	아속		아속		
注輦國	주련국		주련국	○	인도 코르만델 해안
彭亨	팽형			○	暹羅 서쪽 나라
呂宋	여송			○	필리핀 군도
阿魯	아로				
甘巴利	감파리				
伍盧地	오로지				
仲雲界	중운계				

討來思	토래사				
挹婁	읍루			○	한대 이전의 숙신
寇漫汗國	구만한국		구만한국		
神離國	비리국				
肅愼氏國	숙신씨국			○	헤이룽강, 쑹화강 유역
養雲國	양운국				
寇莫汗國	구막한국				
一群國	일군국			○	고대 나라 이름
黑水靺鞨	흑수말갈			○	수당 시 헤이룽강 유역
契丹	거란			○	나라나 동호족 명
鐵甸	철전		철전		
牛蹄突厥	우제돌궐		우제돌궐		
狗國	구국			○	전설
回回國	회회국			○	이슬람 신자 나라
大食國	대식국			○	당대 아라비아 제국
回鶻回紇	회골회흘		회골회흘	○	위구르족 나라
裸壤國	나양국			○	裸國
會稽	회계		회계	○	저장성 산·현 명
鯷岑	제잠				중국에서 우리나라를 달리 이르던 말
佛浪機國	불랑기국			○	뽀르뚜갈·스페인(명대)
南番國	남번국			○	番=蕃, 남쪽 藩屛
永結利國	영결리국				
永利吉思	영리길사				
骨利幹國	골리간국		골리간국	○	바이깔호 북부(?)
結骨	결골			○	堅昆, 땅·부족 명
歐羅巴國	구라파국			○	유럽의 한자음
大西國	대서국				
互人國	호인국			○	전설
大秦國	대진국			○	로마제국
계: 87국		1	22	52	

증을 통한 국명에 대한 비정이 없으면 기술내용을 이해할 수가 없다. 역주자가 책의 출간(2002)에 앞서 발표된 연구논문들만 참고했어도 외국명 고증에 상당한 진전이 있었을 것이다. 예컨대, 노정식(盧禎埴)의 논문(1969)에서는 '외국'조에 거명된 46개의 국명과 지명을 '남해의 세계' '서역의 세계' '구라파의 세계' 3부로 나눠 역주 없이 각각 영어 음역을 제공하고 있다.[23]

다음으로, 외국명 고증과 관련해 『한한대사전』은 다음과 같은 특징을 보여준다.

첫째, 전체 외국명 어휘 87개 중 절반이 좀 넘는 약 60%에 해당하는 52개에만 역주가 주어지고, 유구국(琉球國)·삼불제(三佛齊, 수마트라)·대마도(對馬島)·홀로모사(忽魯謨斯, 호르무즈)·영결리국(永結利國, 영국) 등 모든 지지서에 빠짐없이 등장하는 주요 국명들이 누락됨으로써 외국명 고증에서 상당한 부실성을 드러내고 있다. 방갈랄(榜葛剌)이나 석란산(錫蘭山) 등의 외국명 역주에서는 『지봉유설』의 '외국'조 내용이 인용된 점으로 미루어 사전 편찬 시 이 전적에 접한 것으로 추측되기는 하나, 그럼에도 불구하고 절반에 가까운 외국명, 그것도 중요한 외국명들이 누락된 것은 무엇 때문인지 이해가 가지 않는다. 아마도 그것은 『지봉유설』을 비롯한 우리의 여러 문헌 속에 쓰여 있는 외국명 한자 어휘는 일일이 조사하지 않은 채, 중국 문헌만을 검토 없이 그대로 답습한 데서 기인한다고 추단된다. 우리가 사용하는 사전에 오르는 외국명(다른 사항도 마찬가지지만)은 우선적으로 우리의 문헌 속에서 빠짐없이 선정되어야 할 것이다. 왜냐하면 그 사전은 일차적으로 우리의 독자와 연구자들이 우리의 문헌을 공부하다가 막힌 것을 풀어주는 사전이 되어야 하기 때문이다. 학문적 사대(事大)는 금물이다.

둘째, 선정된 외국명에 대한 역주는 다양한 출처를 제시하면서 비교적 충실하게 제공하고 있다. 그러나 출처에서 중국 문헌에 절대적으로 편중되다보니 출처로 인용된 우리의 문헌은 고작 2편뿐이다. 사실 이 사전에 오른 외국명 어휘 가운데 일부는 우리의 문헌 속에 사용되고 있음에도 불구하고 출처로 우리의 문헌이 인용되지는 않고 있다. 그 원인도 역시 우리의 문헌을 제대로 조사 연구하지 않은 데 있다고 본다. 그 실태는 다음 일람표에서 알아보게 된다.

일람표에서 보다시피, 11개 외국명을 고증하면서 우리의 문헌에도 이들이 분명 나와 있지만 출처로 우리의 문헌을 인용한 것은 단 2개 문헌(『지봉유설』과 『중종실록』) 3개 국명뿐이다. 비록 지리적 세계관을 통해 세계인식을 통찰할 수 있는 지지서적이 중국처럼 다양하지는 않지만,

문헌 외국명	중국문헌	한국문헌	한한대사전 인용 여부
安南國	讀史方輿紀要, 大越史記	高麗史	×
交趾國	漢書, 諸蕃志	高麗史	×
倭(倭奴)	後漢書, 明史	三國史記, 高麗史	×
榜葛剌	瀛涯勝覽	芝峯類說	○
錫蘭山	없음	芝峯類說	○
撒馬兒罕	讀史方輿紀要(撒馬爾罕)	混一疆理歷代國都之圖(撒馬那思)	×
天方	明史, 天方典禮釋要解	混一疆理歷代國都之圖(馬喝)	×
契丹	舊唐書	三國遺事, 高麗史	×
回回國	遼史, 正字通	高麗史	×
大食國	經行紀, 新唐書	往五天竺國傳(大寔國)	×
佛浪機國	續通典, 明史	中宗實錄	○
계: 11개국			

그 수준은 결코 과소평가할 수 없다. 17세기 초반 우주만물을 3435개 항목으로 나눠 상술한 것만 봐도『지봉유설』은 그 내용의 넓이나 깊이에서 중국은 물론 서구의 어느 백과전서와도 자웅을 겨룰 수 있는 수준의 전적이라고 감히 평가할 수 있다.『한한대사전』이 '석란산(錫蘭山)'에 대한 고증 출처로 중국 문헌은 제시함이 없이『지봉유설』하나만을 들고 있는 것은 이에 대한 하나의 증거다.

셋째, 비정에서 일부 오류가 발견된다. 예컨대, '우기대국(于闐大國)'은 타클라마칸 사막 남연(南緣), 쿤룬(崑崙)산맥 북쪽에 있는 현 화전(和田, 역사적으로는 '호탄') 지역인데, 그 위치를 총령(葱嶺, 파미르고원) 이북에 비정한 것은 분명 오류다. 한자 음사에서도 '우기(于闐)'를 '우전'으로, '사파(闍婆)'(자바)를 '도파'로 오기하고 있다.

30년의 노고가 깃든『한한대사전』이야말로 '세계 최대 규모의 한자사전'임을 자부하기에 충분하지만, '옥에 티'도 티이니만치 지적하지 않을 수 없다. 그러면서 거듭 강조하고 싶은 것은 모든 고전 연구에서 인식의 전환이 전제되어야 한다는 점이다. 고전은 후세에 남을 만한 가치가 있는 옛 전적으로서 앎의 샘이고 삶의 거울이다. 우리는 자아인식뿐만 아니라 타자인식(세계인식)까지도 갈무리한, 그래서 명실상부한 세계성을 갖춘 고전들을 남부럽지 않게 갖고 있다. 그럼에도 불구하고 자아인식 탐구에만 매몰된 나머지 타자인식 발견에는 너무나 인색해왔다. 그 결과 외국명 고증 실태에서 보다시피 학문적 사대에서 자유로울 수가 없게 되었다. 사대는 자약(自弱)의 필연이다. 그 극복은 자기충실에서 비롯된다. 우리의 것만이 아닌 우리의 고전부터 체계적으로, 그리고 심층적으로 연구하여 문화유전자로 전승되어온 우리의 세계인식을 제대로 이해함으로써 세계 속의 우리의 좌표를 바로 세워야 할 것이다.

결어

이 글에서는 '외국명의 고증'이라는 어떻게 보면 매우 단순한 주제를 놓고, 계량학적 비교방법에 적잖게 의존해 주로 두가지 문제를 논급하려고 했다. 그 하나는『지봉유설』에 반영된 실학의 선구자 이수광의 세계인식을 통해 지금까지 소외되어온 우리 역사의 공시관(共時觀)을 가늠하는 문제다. 지봉의 탈화이관과 진취적인 세계인식의 확대는 우리의 역사인식을 자아인식에만 국한시킨 종래의 협애한 통시관(通時觀)에서 벗어나 세계에 대한 공시적인 타자인식으로 전화시키는 데서 하나의 이정표가 되었다. 그것은 우리나라에서 지봉에 앞서 그 누구도 그처럼 방대한 백과전서를 찬술해 그 속에 세계 87개국을 일일이 소개하고 서구 문물을 받아들이면서 자신의 세계인식을 확연하게 개진한 사람은 없기 때문이다. 그의 외국명에 대한 고증을 통해서도 이 점을 확인할 수 있다.

다른 하나는 외국명을 포함한 고전의 역주에 관한 성찰 문제다.『지봉유설』의 역주본과『한한대사전』의 관련 외국명 역주에서 제기된 몇가지 문제를 나름대로 분석하고 지적한 것은 작금의 일천한 학문풍토에서는 어느정도 불가피한 소치임을 인정하면서도, 금후의 개진(改進)을 위해서는 냉철하게 논급하지 않을 수 없음을 새삼스레 부언하는 바이다. 그러면서 역주와 보조도구로서의 사전류 편찬에서 제기된 문제점들의 해결과 개진을 위해 다음과 같은 몇가지 연구과제를 제시하고자 한다.

첫째, 고전 이해에서 역주가 점하는 중요성을 깊이 인식해야 한다. 동서고금의 고전은 어차피 번역이란 매체를 통해 '현대화'의 이해에 도달하게 마련이다. 그런데 그러한 번역의 정확도와 질적 수준은 역주, 즉 번역주석이라는 보충수단에 의해 헤아려진다. 원래 '주(注)'는 '물을 대〔灌〕'고, '석(釋)'은 '사물을 분별한다'는 뜻이다. 그렇다면 번역에서의 '주석'은 '물을 대어 막혔던 물길이 트이게 하여' 번역문으로 하여금 '옳고 그름을 가려낼 수 있도록 하는' 잣대 글이라고 규정할 수 있다.『지봉유설』역주본 '외국'조에서 실감하듯, 역주는 번역에서 그만큼 중요하다. 따라서 역주 없는 번역이란 있을 수 없으며, 고전 번역은 으레 고전 역주여야 한다.

둘째, 다양한 역주를 활용해야 한다. 역주에는 저본의 오자를 가려내는 교감주(校勘注), 지명이나 인물 등에 대한 명칭주(名稱注), 전설이나 고사를 풀이하는 전고주(典故注), 역사성이나 시대상을 전하는 사실주(史實注), 어구의 의미을 보완 설명하는 해설주(解說注), 알 수 없음을 밝히는 미상주(未詳注), 흔히 논문 모두에 선행 연구상황을 밝히는 연구상황주(研究狀況注) 등 여러가지 유형이 있다.[24] 고전 번역에서는 내용의 정확 무오(無誤)한 전달을 위해서 이러한 여러가지 역주 형식을 적절하게 취해야 할 것이다.

셋째, 역주에서의 각종 편향을 지양해야 한다. 우선 역주 대상을 알맞게 골라야 한다. 역주의 분량이 소략해도 안 되지만 장황함도 피해야 한다. 역주는 이해하기 쉽게 가급적 간결하고 명확해야 한다. 역자의 주관적 주석인지, 아니면 타자의 주석 인용인지를 분명하게 밝혀야 한다. 인용은 일차 원자료(原資料)의 인용을 원칙으로 하며, 인용의 출처를 정확하게 밝혀야 한다.

넷째, 역주에 필요한 사전류를 마련해야 한다. 역주, 특히 고전 역주는 높은 어학(한문) 실력과 함께 깊은 학문지식을 요하는 작업이다. 이러한 작업은 개인 혹은 몇몇이 감당하기에는 한계가 있을 수밖에 없다.

따라서 보조도구로서의 사전류가 필수다. 이를 위해서는 우리의 지적 수요를 충족시킬 수 있는 종합적 백과사전류와 더불어 부문별 전문사전류를 편찬해야 한다. 지지학에 관한 사전류의 경우, 고전을 비롯한 우리의 문헌 속에 나오는 모든 지지학적 어휘는 빠짐없이 수록되어야 한다. 그러자면 지금까지 소홀해왔던 우리 문헌에 대한 조사 연구를 선행해야 한다. 지지학과 관련한 우리의 문헌 및 고전으로는 혜초(慧超)의 『왕오천축국전(往五天竺國傳)』에서 시작해 각 조대(朝代)의 정사와 「혼일강리역대국도지도」(1402), 신숙주(申叔舟)의 『해동제국기(海東諸國記)』(1471), 이수광의 『지봉유설』(1614), 최한기(崔漢綺)의 『지구전요(地球典要)』(1857),[25] 유길준(俞吉濬)의 『서유견문(西遊見聞)』(1895), 민영환(閔泳煥)의 『해천추범(海天秋帆)』(1896) 등 여러 서적이 있다.

다섯째, 졸문은 『지봉유설』 권2 「제국부」 '외국'조에 거명된 외국명의 고증에만 한한 내용이다. 앞으로 이 고전 속의 외국 명칭뿐만 아니라, 외국에 관한 기술내용을 면밀히 연구함으로써 지리적 세계관에 담겨 있는 이수광의 세계인식을 포괄적으로 파악해야 할 것이다. 이것은 우리 고전에 반영된 선현들의 세계인식을 탐구하는 데서 하나의 전범이 될 것이다.

8
『왕오천축국전』연구의 회고와 전망

서론

지금으로부터 111년 전(1908)에 발견된, 신라 고승 혜초가 남겨놓은 불후의 세계적 기행문『왕오천축국전(往五天竺國傳)』은 우리의 민족사나 세계 문명사에서 차지하는 높은 위상 때문에 저자와 기행문 본문에 관한 연구가 꾸준히 진행되어 괄목할 만한 성과를 거두었으며, 저자를 기리는 사업에서도 보람있는 성과가 있었다.

그러나 원문 복원을 비롯한 미제의 과제가 수두룩하게 남아 있다. 저자의 완벽한 평전도 내놓지 못하고 있다. 작금 국내외적으로 연구가 침체에 빠져 있다. 차제에 심기일전해 학구적 열의를 새롭게 가다듬는 계기가 되었으면 한다.

1. 저자 혜초의 생애 연구

혜초의 생애는 1천여년 동안 미궁 속에 빠져 있다가 지난 세기 초 그의 서역기행문 『왕오천축국전』이 발견된 후 극히 제한된 사료에 근거해 오늘날까지 약력 정도로 그 윤곽이 드러나고 있다.

혜초의 향국(鄕國)은 기행문이 발견된 7년 후인 1915년 처음으로 일본학자 타까꾸스 준지로오(高楠順次郞)에 의해 신라라는 것이 밝혀졌다. 그 전에는 다만 그가 밀교승으로 불공(不空, Amoghavajra, 705~74) 삼장의 제자라는 것만 알려졌을 뿐, 그의 국적은 미지로 남아 있었다. 타까꾸스는 논문 「혜초전고(慧超傳考)」[1]에서 당(唐)대 밀교 최성기의 중요 문헌인 『대종조증사공대판정광지삼장화상표제집(代宗朝贈司空大辨正廣智三藏和尙表制集)』(약칭 『表制集』)[2] 속에 수록되어 있는 사료를 인용하여 혜초는 신라인으로서 유년기에 입당(入唐)해 중국 밀종(密宗)의 시조인 금강지(金剛智, Vajrabodhi, 671~741) 삼장을 사사하고 불경의 한역에 지대한 공헌을 하였다고 고증하였다.[3] 『표제집』에는 대력(大曆) 9년(774) 5월 7일 불공이 입적할 때 남긴 유서가 실려 있는데, 이것에는 혜초가 그의 6대 제자 중 한 사람일 뿐만 아니라, 신라인이라는 것까지 밝혀져 있다.[4]

이밖에 혜초가 신라인이었음을 말해주는 또 하나의 전거가 그의 기행문에 들어 있다. 그는 남천축으로 가는 도중 읊은 사향(思鄕)의 오언시(五言詩)에서 "내 나라는 하늘가 북쪽에 있고(我國天岸北)" "누가 소식 전하러 계림(신라)으로 날아가리(誰爲向林飛)"라고 함으로써 자신이 계림인, 즉 신라인이라는 것을 스스로 밝힌 것이다.

그의 출생년에 관해서는 700년설과 704년설 두가지가 있다. 그런데 그가 719년(신라 성덕왕 18년) 무렵 열여섯살 때 입당했다고 전하니, 그의 출생년은 704년일 가능성이 크다. 유년 시절이 전해지지 않고 있어 그의 입당 동기를 정확히 알 수는 없으나, 그곳에 간 후 인도에서 온 밀교승 금강지를 사사했다는 등의 활동으로 미루어 구법차 중국에 간 것으로 짐작된다. 그의 입당 구법 행각은 우연한 것이 아니라, 당시 성행하던 신라인들의 입당 구법이나 유학의 물결을 타고 이루어졌을 것이다. 신라가 멸망할 때까지 약 4백년 동안에 구법을 위해 수·당에 들어간 승려의 수는 수백명에 달하였다.[5] 신라승들은 당에서 구법한 뒤 대부분 귀국하였으나 일부는 천축으로 갔으며, 일부는 중국에 남아서 불사를 주재하기도 하였다.

이와 같은 구법 열기가 혜초로 하여금 불원천리 당을 찾아가게 한 동기였을 것이다. 입당 경로는 알려지지 않고 있으나, 그는 입당 후 광저우(廣州)에서 천축 밀교승 금강지와 그의 제자인 불공을 만나 금강지를 사사하였다. 금강지는 남천축 출신으로 제자 불공과 함께 실론(현 스리랑카)과 수마트라를 거쳐 719년에 중국 광저우에 도착해 그곳에 얼마간 머물러 있다가 뤄양(洛陽)과 장안(長安)에 가서 밀교를 전도하였다. 혜초는 스승인 금강지를 광저우에서 만나 밀교를 처음 접하게 되었다. 스승의 권유로 광저우를 떠나 천축으로 향하였다. 약 4년 동안 천축과 서역의 여러 지방을 역방하고 개원(開元) 15년(727) 11월 상순에 당시 안서도호부(安西都護府) 소재지인 구자(龜玆, 현 신장위구르자치구 쿠처庫車)를 거쳐 장안에 돌아왔다.[6]

귀당 후 혜초의 행적에 관해서는 그가 건중(建中) 원년(780) 5월 5일에 직접 쓴『대승유가금강성해만수실리천비천발대교왕경(大乘瑜伽金剛性海曼殊室利千臂千鉢大敎王經)』(약칭『大敎王經』)의 서문[7]에 개략적인 내용이 기록되어 있다. 이 기록에 따르면 혜초는 개원 21년(733) 정월 1일 신시(辰時)에 젠푸쓰(薦福寺) 도량에서 금강지 삼장으로부터『대교왕경』을 받은 후 약 8년 동안 그곳에서 금강지를 모신다. 그러다가 개원 28년(740) 4월 15일 황제(현종)가 이 도량에 직접 행차하였을 때 이 경전의 역경(譯經) 건을 상주한다. 5월 5일까지 역경하라는 칙령을 받아 그날 새벽에 향불을 사르고 번역에 착수한다. 금강지가 구연(口演)하고 혜초가 필수(筆受)하는 방법으로 진행하다가 다음 해(741) 중추에 금강지가 입적하자 이 작업은 일시 중단되고 만다. 그후 금강지의 유언에 따라 이 경전의 범어(산스크리트어) 원문은 그가 사망한 다음 해에 천축으로 보내졌다고 한다.

혜초는 스승인 금강지가 타계하자 대력 8년(773) 10월부터 장안 다싱산쓰(大興善寺)에서 금강지의 제자인 불공으로부터 『대교왕경』을 수강하다가 이듬해 5월 7일 불공이 또 입적하자 그의 유언에 따라 6대 제자 중 한명이 되었다. 불공 사후 혜초와 그의 동료들은 황제에게 표문을 올려서 스승의 장례에 대해 황제가 베풀어준 하사와 부조에 감사하고, 또 스승이 세웠던 사원을 존속시켜줄 것을 주청하였다. 혜초가 직접 쓴 이 표문으로 인하여 그가 불공의 6대 제자 중 둘째 제자임이 확인되었다.

혜초는 다싱산쓰 등 밀교 사원에서 관정도량(灌頂道場)을 개최하는 데도 혜랑(慧郎)과 함께 앞장섰다. 대종(代宗) 때는 가뭄이 심하게 들자 대종의 명에 따라 저우즈현(盩厔縣, 현 저우즈현周至縣)에 있는 한대의 명찰 셴유쓰(仙遊寺)를 에워싸고 흐르는 헤이허(黑河)의 위뉘탄(玉女潭)에 가서 기우제를 주관하였는데, 마침 비가 내리자 기우에 효험이 있었음을 경하하는 「하옥녀담기우표(賀玉女潭祈雨表)」라는 표문을 지어 대력 9년(774) 2월 5일 황제(대종)에게 상주하였다.[8] 그러다가 건중 원년 (780) 4월 15일 우타이산(五臺山) 건원보리사(乾元菩提寺)에 들어가 5월 5일까지 20일간 『대교왕경』의 낡은 한역본을 얻어 다시 필수하고 서문을 쓰고 나서 그해 이곳에서 입적하였다.

이렇게 혜초는 어려서 고국인 신라를 떠나 30세 무렵에 인도와 서역 탐방을 마치고 귀당한 후 70여세의 고령으로 세상을 떠날 때까지 40여 년간 당에서 밀교 연구와 전승에 전념하여 밀교의 전통을 확립하는 데 큰 기여를 한 대덕고승이다. 그는 비록 신앙의 선경(仙境)에서 한평생을 보냈지만, 타향만리에서 고국과 겨레에 대한 구수지심(丘首之心)은 시종 변함이 없었다.

2.『왕오천축국전』연구 약사

지금으로부터 약 1300년 전에 신라 고승 혜초는 천축(인도)을 비롯한 서역을 두루 역방하고 불후의 세계적 기행문『왕오천축국전』을 저술하였다. 그러나 그것이 세상에 알려진 것은 불과 111년 전 일이다. 1908년 프랑스의 동양학자 뻴리오(Paul Pelliot)가 중국 둔황(敦煌) 모가오쿠(莫高窟, 첸포둥千佛洞) 창징둥(藏經洞, 17동)에서 서명도 저자명도 결락된 두루마리 필사본 잔간(殘簡)을 발견한 이래, 이 고서가 지니고 있는 진가 때문에 본문과 그 저자에 관한 연구가 지속되어왔다. 그 결과 저자의 약력과 기행문 내용 및 기행 노정 등 기본적인 문제를 구명하는 데서 괄목할 만한 연구성과를 거두었다.

뻴리오는 잔간을 발견하기 4년 전에 혜림(慧琳)의『일체경음의(一切經音義)』(1300여권의 불전 어휘 해석집) 제100권에 사용된 어휘들을 보고 8세기 말경에 중국으로부터 두 여행자가 도축(渡竺)하였다는 단서를 포착하였다. 그렇지만 그 구체적 내용은 알아내지 못하였다.[9] 그러다가 잔간 발견 1년 후인 1909년에 당시 베이징대학당(北京大學堂) 학장이던 석학 뤄전위(羅振玉, 일명 羅叔官, 1866~1940)는 뻴리오가 제시한 사진을 사록(寫錄)하고 '찰기(札記)'를 붙여 「오천축국기(五天竺國記)」라는 이름으로 다른 10종의 석실유서(石室遺書)와 함께 『둔황석실유서』 제2책(총 4책)에 수록하였다.

뤄전위는 여행기의 내용을 면밀히 검토하여 오자를 바로잡고 다른 책과 비교하여 모호한 자구들을 밝혀냈다. 그는 혜림의 『일체경음의』에 수록되어 있는 주석 어휘와 이 결락본의 문면을 비교 검토한 결과 15개 어휘가 서로 합치할 뿐만 아니라, 어휘의 순서도 일치한다는 것을 알아냄으로써 이 사본이 혜초의 『왕오천축국전』이라는 뻴리오의 견해에 동의하였다. 또한 그는, 『일체경음의』에 이 여행기가 상·중·하 세권으로 되어 있는 것과 달리, 그 중권과 하권에 들어 있는 어휘들이 결락본에는 분간(分揀) 없이 한권 속에 들어 있기는 하지만, 어휘 구성이 다른 형태로 해체되거나 합성된 흔적은 발견하지 못하였다. 이로써 이 잔간이 원래 3권으로 되어 있던 원본의 절략본이라고 단정하였다. 이렇게 뤄전위는 여행기 연구의 기초를 닦아놓았다. 후학들은 대체로 뤄전위의 절략본설을 통설로 받아들이고 있다.

뤄전위의 연구가 발표된 2년 후에 일본의 후지따 토요하찌(藤田豐八)가 『혜초왕오천축국전 전석(箋釋)』이란 첫 주석서를 찬술했고, 1926년에 뻴리오와 일본의 하네다 토오루(羽田亨)는 공저 『둔황유서』에 처음으로 실물 크기의 사진 판본을 게재하였다. 이에 기초해 하네다 토오루는 1941년에 『혜초왕오천축국전 이록(迻錄)』이란 최초의 완벽한 교감본을 상재(上梓)하였다.

교감본의 출간에 잇따라 외국어로의 역출(譯出) 작업이 시작되었는데, 1938년 독일의 푹스(W. Fuchs)는 『726년경 서북 인도와 중앙아시아를 통과한 혜초의 순례행기』란 제하에 현대어(독일어)로 된 최초의 번역본을 출간해 서구 학계에 큰 반향을 불러일으켰다. 푹스는 번역문에 기존 여러 판본과 비교·교감한 한문 본문을 첨가하였을 뿐만 아니라, 역문 난외(欄外)에 『대일본불교전서(大日本佛敎全書)』『대정신수장서(大正新修藏書)』『둔황유서』 각 판의 면수까지 표기함으로써 이용과 검출에 편의를 제공하였다. 몇년 후인 1941년에 하네다 토오루가 다시 이 독일어 역문을 참고하고 빠리 국립도서관 소장의 원문과 대조해 『혜초왕오천축국전 이록(迻錄)』을 찬술했는데, 현재로서는 가장 신빙성 있는 교감본으로 인정받고 있다. 그러나 2차대전을 전후해 학계에서의 연구는 일시 저조를 보여오다가, 1984년 한국·중국·일본·미국 등 4개국 학자들이 공동으로 『혜초의 일기: 5개 인도 지역 순례기』[10]를 영어로 펴냈다. 이어 일본 학계는 1986년 4월에 공동연구반을 조직하여 1991년 3월까지 5년간 독회와 판독, 교감과 주석, 현대 일본어로의 번역에 이르기까지 다양한 학문연구를 진행한 결과 드디어 1992년에 동서양 학계가 달성한 기존의 연구성과를 집대성한 『혜초왕오천축국전연구』[11] 일서를 펴냈다. 이 공동연구에는 이 책의 편집자인 쿠와야마 쇼오신(桑山正進)을 비롯한 18명의 일본 학자와 이딸리아 동방학연구소(쿄오또 소재) 소장인 안또니노 포르떼(Antonino Forte) 등 총 19명의 각 분야 학자들이 함께 참가하였다.

이 책에는 여행기의 원문(영인본)과 『일체경음의』의 『혜초(惠超)왕오천축국전』 교감문, 본문의 일역문, 풍부한 주석이 실려 있으며, 부록으로 두편의 논문, 즉 타까다 토끼오(高田時雄)의 「혜초 '왕오천축국전'의 언어와 둔황 사본의 성격(慧超'往五天竺國傳'の言語と敦煌寫本の性格)」과 안또니노 포르떼의 논문 「7~8세기의 중국 승원」(Chinese State Monasteries in the Seventh and Eighth Centuries)이 수록되어 있다. 뿐만 아니라 혜초의 노정도를 비롯한 각종 그림과 지도 22장도 첨부되어 있다. 일본 학계의 이러한 관심과 적극적인 연구활동에 비해 중국 학계에

서의 연구는 너무나 미흡하다. 1994년 장이(張毅)의 소략한 역주본이 하나 나왔을 뿐이다.¹²

혜초의 향국인 한국에서도 뒤늦게나마 선학들의 연구가 간간이 이어 져왔다. 광복 전에는 대체로 혜초의 『왕오천축국전』에 관한 소개글이 주류를 이루었다. 1924년 권덕규(權悳奎)가 『조선유기(朝鮮留記)』(尙文館 1924)에 첫 글을 게재한 후 홍순혁(洪淳赫)이 『한빛』(2권 2호, 1928)에 「세 계적 학계에 대경이를 준 신라승 혜초에 대하여」를 싣고, 문일평(文一 平)이 『호암사화집(湖巖史話集)』(人文社 1939)에 유사 글을 실은 데 이어, 홍순혁이 『조선명인전(中)』(방응모 편, 조선일보사 1939)에 「혜초」란 글을, 최남선(崔南善)이 『신정 삼국유사(新訂三國遺事)』(1943)의 부록 「왕오천 축국전 해제」(19~29면)를, 홍이섭(洪以燮)이 『조광(朝光)』(1943년 4월호)에 「인도에 구법한 신라승의 전기잡초(傳記襍鈔)」란 글을 발표하였다.

광복이 얼마 지나서부터는 고병익(高柄翊) 선생이 종래의 국내외 학 계의 연구성과를 종합한 「혜초 왕오천축국전 연구사략(史略)」¹³과 「혜 초」,¹⁴ 「혜초의 왕오천축국전」 등 여러 논저들을 발표하여 혜초의 여행 기에 관한 개괄적인 소개와 더불어 일련의 탁견도 제시하였다. 그밖에 일부 동양사학자들 속에서 영성적(零星的)인 연구가 진행되어왔다. 그 러다가 다행히 문화관광부가 1999년 2월에 혜초를 '이달의 문화인물' 로 선정한 것을 계기로 기념학술세미나를 열어 4편의 연구논문이 발표 되고 여행기의 우리말 번역본이 새로 출간되었다. 이것을 한데 묶어 가 산불교문화연구원이 『세계정신을 탐험한 위대한 한국인 '혜초'』(1999) 란 제하의 논문집을 발간하였다. 이제 그가 당당한 신라인임이 밝혀진 지 84년 만에 '세계정신을 탐험한 한국의 자랑스러운 첫 세계인'으로 그 의 위상을 자리매김하기에 이르렀다. 이것은 우리 민족사의 큰 경사가 아닐 수 없다.

이와 더불어 그동안 한국학회가 연구의 부진 속에서도 그나마 혜초 연구에 기여한 두가지만을 꼭 짚고 넘어가려고 한다. 첫째로, 그 기여는 신라의 첫 세계인이자 불후의 세계적 여행기 저자로서 혜초가 지닌 응분의 위상을 변함없이 확고하게 강조해온 점이다. 그동안 국내외 일부 학계에서는 혜초의 정체성에 관해 의문을 제기하면서 논쟁을 벌였다. 그 요체는 '황당숭악소림사비(皇唐嵩岳少林寺碑)' 중 소림제자 혜초(惠超)의 기록, 『당동하사자정전(唐東夏師資正傳)』(불법 계보 기술)의 저자 혜초(慧超), 쿠무투라석굴(庫木吐喇石窟)에 기술된 쿠처의 혜초(惠超) 관련 자료 등 6가지 유물 속에서 동명인 '慧超'(혹은 '惠超')가 출현함으로써 신라의 혜초, 『왕오천축국전』의 혜초 말고도 다른 '혜초'가 따로 있었다는 것이다. 이와 같은 주장은 1992년 중국의 저명한 불교학자 원위청(溫玉成)에 의해 처음 제기되었다.[15] 이 충격적인 사실을 한국 박현규(朴現圭) 교수(순천향대 중문과)가 국내의 학술지나 언론매체에 그대로 소개함으로써 한국 학계에 커다란 놀라움을 가져왔다.

이것이 기폭제가 되어 국내 학계, 특히 변인석(卞麟錫) 교수를 비롯한 동양사학계에서 대응논리 개발에 적극 나섬으로써, 혜초 연구는 한 단계 업그레이드되는 계기를 맞게 되었다. 그리하여 이 시기에 대표적인 연구서들[16]이 많이 출간되었다. 연구서들은 한결같이 혜초의 불변의 위상 정립에 초점을 맞춰 그 정체성 확립에 천착하였다. 과문인지는 몰라도 이에 대한 중국 측 대응은 더이상 없는 것으로 알고 있으며, 박현규 교수도 학술발표문 「혜초 인물 자료 검증」의 중문 초록을 "본 논문은 이러한 자료들을 검토한 후『왕오천축국전』의 혜초는 신라 혜초와는 동일인일 가능성이 대단히 높지만, 기타 여러 혜초들과는 동일인이 아닐 가능성이 대단히 크다고 본다"라는 판단으로 마무리한다.

둘째로 유의미한 기여는 노정을 확정하는 데서 시문구(始文句)에 의

한 직접 답사지와 간접 전문지(傳聞地)의 식별법을 제시한 것이다. 본문을 해독할 때 혜초의 들쑥날쑥하고 복잡한 답파 여정을 제대로 그려내는 것도 중요하지만, 좀더 중요한 것은 그가 직접 들른 곳과 들르지 않고 먼발치에서 전문한 곳을 가려내는 것이다. 그것은 그의 기술의 신빙성과 진실성을 가늠하는 잣대가 되기 때문이다. 그리하여 선행 연구자들은 이 점에 착안해 많은 노력을 기울였지만 명백한 해답을 찾지 못하였다. 이에 본인은 기행문을 역주(譯註)하며[17] 여행기 전문을 몇번 세심히 훑어보는 과정에서 상치되는 두가지 시문구 패턴〔文型〕을 발견하였다. 즉 "從(又從, 卽從) (…) 行(入, 隔) (…) 日(月, 程) (…) 至"(어디서부터 어느 방향으로 얼마 동안 가서 어디에 이르렀다)의 패턴 1과 "從(又從) (…) 已(東·西·南·北) (…) 是(卽, 有)"(어디의 어느 방향에 어떤 곳이 있다)의 패턴 2이다. 문맥에서도 확인되다시피, 패턴 1은 직접 답사한 곳이고, 패턴 2는 분명히 들르지 않은 곳이다. 여행기 전문에는 모두 23곳에 패턴 1이 자리하고 있다. 이것은 혜초가 적어도 23곳은 직접 탐방하고 사실적 기록을 남겼다는 증좌다.

3. 기리는 행사와 현장답사

근간에 한국의 학계는 물론, 정부 차원에서도 실크로드의 복원과 운영 및 연구에 선도적 역할을 수행함에 따라 한국의 첫 세계인이자 문명교류의 선구자인 혜초와 그의 인류 공동 문화유산으로서의 여행기에 대한 관심이 전례없이 높아졌다. 물론 아직은 그 관심만큼 이를 기리는 사업이나 현장답사가 이루어지지 못하고 있지만, 그동안 간간이 뜻있는 행사들이 거행되어왔다.

(1) 기리는 행사

1) 문화인물 선정 및 기념 학술세미나. 앞서 얘기했듯이 1999년 문화
관광부는 혜초를 '2월의 문화인물'로 선정하고 기념 학술세미나를 개최
하였다. 가산불교문화연구원은 세미나에서 발표된 4편의 논문을 엮어
『세계정신을 탐험한 위대한 한국인 '혜초'』란 제하의 논문집을 간행하
였다. 논문집에서 처음으로 한국의 첫 세계인으로서의 혜초의 세계정
신 탐구를 구가하였다.

2) 정수일의 역주서 『혜초의 왕오천축국전』 출간. 2004년 4월 20일
도서출판 '학고재'가 주관한 '문명기행' 시리즈 제1호로 본 역주서가 출
간되었다. 역주자는 그간 다른 나라들에서 이루어놓은 주해나 역주를
종합적으로 검토하고 그에 기초하여 가급적 필요한 역주(총 503항)를 넉
넉히 달려고 최선을 다하였다. 소정의 논제에 관한 각국 학자들의 각이
한 견해를 비교 분석하기도 하고 오견(誤見)에 대한 나름의 판단도 서
슴지 않았다.

3) 평택 '혜초기념비' 건립. 2009년 1월 평택시의 발의에 의해 '평택
혜초기념비 건립준비위원회'가 발족되어, 정견 심복사 주지와 본인이
공동준비위원장으로 선출되었다. 2009년 5월 28일 평택항 예술공원에
서 기념비 제막식이 거행되었다. 일말의 불초(不肖)가 사그라지는 순간
이었다! 제막식에는 UN 대표와 실크로드 연도 20여개국 시장들이 참
석하였다. 비문의 전문은 다음과 같다.

혜초는 단장의 향수를 읊은 시편에서 "내 나라는 하늘가 북쪽에 있고(我國
天岸北) (⋯) 누가 소식 전하러 계림(신라)으로 날아가리(誰爲向林飛)"라고 하

평택에 세운 '혜초기념비' 제막식(2009)

여, 자신이 신라인임을 밝힌 바 있다. 704년경 신라에서 태어난 그는 열여섯의 나이에 구도의 푸른 꿈을 안고 당나라로 건너가, 723년에 다시 천축(인도)을 향한 위험천만한 대장정에 나섰다. 장장 4년간에 걸쳐 천축과 서역을 두루 답사하고, 727년에 당나라로 돌아와서 세계적 문명탐험기이며 한국 최고(最古)의 서지로서 불후의 국보급 진서인 『왕오천축국전(往五天竺國傳)』을 찬술하였다. 그후 50여년간 장안의 여러 명찰에 주석하면서 궁중 원찰인 내도량의 지송승(持誦僧)으로서 도화원력(道化願力)이 지고의 경지에 이르렀다. 780년 한 생의 마감을 예감한 듯, 노구를 이끌고 우타이산 건원보리사(乾元菩提寺)로 옮겨 역경본을 적다가 조용히 붓을 놓은 채 입적하였다.

당대 동아시아에서 아시아대륙의 서단까지 해로로 갔다가 육로로 돌아와 현지 견문록을 남긴 것은 일찍이 없었던 장거이다. 혜초는 이역만리 험난한 여정에서도 구수지심(丘首之心)을 내내 간직한 채 고국과 겨레 사랑의 얼, 극기와 창의의 넋, 탐구와 구지(求知)의 슬기를 만방에 과시한 위대한 한국의 첫 세계인이다. 1200여년이 지나, 이제 후손으로서 불초의 응어리를 풀었다는 후련함 속에 온 국민과 평택 시민의 한마음 한뜻을 모아 여기 서해(西海)를 오간 구법고승들의 발자국이 찍혀 있는 평택 땅, 서기(瑞氣) 어린 이곳에 억겁에 빛날 그의 위업을 기리는 기념비를 세워 영원토록 기리고자 하는 바이다.

2009년 5월 28일

4) KBS 역사스페셜 「해동성국의 첫 세계인 혜초」 제작 방영. 한국문명교류연구소와 KBS가 공동으로 2010년 3월 23일부터 4월 2일까지 11일간의 인도 현지 촬영을 마치고 4월 19일 방영하였다. 한국의 첫 세계인이라는 혜초의 위상이 한국인의 뇌리에 확고히 각인되는 계기가 되었다.

5) 『왕오천축국전』 절략본의 중앙박물관 전시. 몇년 동안 한국과 프랑스 정부가 여행기 절략본 원본의 한국 전시 문제와 관련해 줄다리기 협상을 해오던 끝에 드디어 2010년 12월 1개월간 한정의 전시에 합의하였다. 이렇게 절략본이 중앙박물관에서 1300년 만에 한국 독자들과 만났다(한국 독자에게는 최초의 '친견親見'이었다). 그것도 두루마리 길이의 6분의 1만 노출 전시가 허용되었다. 이 전시회를 계기로 본인의 역주본이 '공식 역주본'으로 선정되어 영인되었다.

6) 인도 사르나트에 '혜초기념비' 건립. 경상북도가 추진한 '코리아실크로드 프로젝트'의 일환인 '2014 해양실크로드 글로벌 대장정'의 '인도순례길대'가 2014년 11월 부처의 초전(初傳)설법지인 녹야원(鹿野苑, 사르나트)에 1300년 전 혜초의 이곳 순례를 기리기 위해 '혜초기념비'를 세우고, 인근 국립공업대학교 내에 '혜초도서관'을 개관하면서 기념 강연회도 열었다. 한국문명교류연구소 연구원 차광호 박사가 지도교수로 동행했으며, 귀국 후 대장정 결산대회에서 「해양실크로드 글로벌 대

인도 사르나트(녹야원)에 세운 '혜초기념비'(2014)

장정과 한국인의 해양 정체성」이라는 제하의 논문을 발표하였다.

(2) 현장 탐방

『왕오천축국전』과 같이 고대 외국의 인문지리학이나 풍물에 관한 기술을 핵심으로 하는 고전은 현장 탐방을 통한 사실성 확인이나 비정(比定)이 없이는 현대인들이 제대로 이해할 수가 없다. 본인은 본 여행기를 역주하면서 이 점을 절감하였다. 그러나 여건이 여의치 않아 극히 제한적인 현장 탐방을 할 수밖에 없었다.

1) 4대 탑과 4대 성탑 등 불교성지 탐방. 2007년 8월 18~29일(12일간) 기간에 바이샬리→쿠시나가라→바라나시→사르나트→왕사성→(혜초는 나란다에 들르지 않음)→마하보디→룸비니→기원정사→삼도보계탑 등 4대 탑과 4대 성탑을 비롯한 불교 성지를 두루 탐방하고 불교

성지 개념을 터득하였다.

2) 혜초의 입적지를 찾기 위한 2차의 우타이산 현장 탐방. 혜초의 생애 연구에서 최대의 미스터리는 그의 입적지의 미확인이다. 문헌에는 우타이산 건원보리사(乾元菩提寺)로 전해오고 있으나, 지금은 그곳이 어디인지 확인할 수가 없다. 오랜 침묵을 깨고 둔황 모가오쿠 61호 굴의 「오대선지도」가 한가닥 불빛을 던져주고 있다. 지도에는 '신라승탑(新羅僧塔)'을 비롯한 신라승들의 묘지를 시사하는 지도가 그려져 있다. 1차로 2006년 5월 한달음으로 달려간 데 이어, 단단히 준비를 하고 2차로 2009년 8월에 현장을 다시 찾아가 혜초와 동시대의 사찰인 진거쓰(金閣寺, 787년 창건)와 후일 창건된 대표적 사찰인 칭량쓰(淸凉寺)를 집중 탐방해 건원보리사의 실체를 파봤다. 그러나 결과는 몇가지 상황론적 단서만 포착했을 뿐 정곡은 꿰뚫지 못한 채, 불초(不肖)의 무거운 마음을 안고 이 중국 4대 불교 성지의 하나인 우타이산 성역을 떠나야만 하였다.

4. 전망: 연구과제

이 세계적인 명저가 지니고 있는 진가를 감안할 때, 더욱이 한국의 첫 세계인이 남긴 국보급 진서에 대하여 우리가 가져야 할 응분의 민족사적 관심에 비추어볼 때, 또한 한세기 가까이 소모된 긴 연구기간에 비할 때, 연구성과는 기대치에 미치지 못함으로써 연구의 심화 내지 완결은 여전히 미제의 과제로 남아 있다.

제일 큰 과제는 여행기 원문을 복원하는 일이다. 현존 여행기는 원본을 절략한 필사본이므로 그 원본을 찾아내는 것이 원문 복원의 선결조건이다. 그러나 아직까지 원본의 실존에 관한 어떤 단서도 포착되지 않고 있는 터라서, 이 난제는 쉬이 풀릴 것 같지 않다. 이런 상황에서 현존 잔본의 원문이라도 제대로 반듯하게 복원하는 것이 급선무다. 이를 위해서는 공백으로 남아 있는 160여개의 결락자(缺落字)와 이론이 분분한 약 107개의 자구(字句)를 가급적으로 원상 복원하여 정확한 교감(校勘)과 판독을 기해야 할 것이다.

이와 더불어 한 차원 높은 시각에서 혜초와 그의 여행기가 이룬 민족사적 업적과 세계사적 보편가치를 재조명하고 평가하며 온전한 '혜초 평전'도 찬술해야 할 것이다. 이를 위해서는 일찍이 혜초가 오랫동안 주석하고 밀교를 연찬한 장안(長安)과 우타이산(五臺山) 등지의 여러 고찰에 대한 현지조사를 정밀하게 실시하며, 그가 전수받고 필수한 밀교 경전들에 대한 연구도 심화시켜 혜초의 일생에 걸친 행적을 흠결 없이 완벽하게 추적 재현해야 할 것이다.

끝으로, 이제 우리는 이 '위대한 한국인'을 기리는 일에 좀더 적극적으로 나서야 할 것이다. 이를 위해 편취당한 채 저 멀리 무연고지(無緣故地) 빠리에 유폐되어 있는 이 국보급 진서의 반환운동을 벌이고, 국보뿐만 아니라 유네스코의 세계문화유산 등재도 추진하는 등 그를 기리는 제반의 일에 공사(公私)의 지혜를 모아야 할 것이다.

제3부

부록

1

The Silk Road and Gyeongju

Gyeongju, the eastern end of the Silk Road

Gyeongsangbuk Province of the Republic of Korea had arduously carried out an initiative named "Korea Silk Road Project" which trespassed the Silk road horizontally for five years, from 2013 to 2018. Between the 21st of May 2013 to the 30th of August of its first year the "Korea Silk Road Exploration Team" embarked from Gyeongju and disembarked from Istanbul via eight countries of the core nations. 100 members attended the exploration annually which was divided into two sessions to navigate high mountainous ranges and wild deserts for sixty days, over a distance of 20,947 km. On the next day of their arrival to Istanbul, Recep Tayyip Erdogan, the president of the Turkish Republic, highly praised the great accomplishment of the exploration members, raising his hand towards them, and solemnly declared "As Istanbul is the boastful western end of the Silk Road, Gyeongju is the proud eastern end of it." In doing so, he accentuated the historical connection between the two cities.

President Erdogan's mention of Gyeongju as the eastern end of the Silk Road is not a discovery at all but evidence of the late recovery of Gyeongju's historical status. This is because its status has been completely imprinted on the Silk road, the passages of the human civilizational exchanges — facts that have been forgotten over time. Therefore, the mission we face is the reconstructing and commemoration of Gyeongju's history and culture, especially its status on the Silk Road.

The millennial capital of the Silla Kingdom, Gyeongju

The current landmass of Gyeongju was first introduced in the historical documents during the Samhan Period (BC 3c~AD 4c) by the appearance of the southern Korean Peninsula in written histories. At this time, this territory was occupied under Saroguk (斯盧國) which was one of the twelve minor states consisting of Jinhan (辰韓). Jinhan was one of the three countries of the Samhan (Three Hans). In 57 BC, Bak Hyekgeose (朴赫居世) established the Seorabeol (徐羅伐) dynasty here then renamed it as Silla in the early fourth century AD. The establisher was known in the mythology as someone born from a radiant egg adjacent to a well called 'Najeong (蘿井).' This oviparous mythology is often commonly found on the Silk Road, particularly shared by numerous countries on the northern Steppe Route. In fact, recently we discovered an oval well (spring) of two meters diameter on the known birthplace with an octagonal relic of a building of twenty meters diameter and eight meters on each side. Bak is said to have established a kingdom by integrating six tribes in 57 BC at his thirteen years old, then ruled for sixty years.

In the late fourth century AD, Silla strengthened rapidly, based on strong royal sovereignty and gradually integrated neighbouring small states. By the late sixth century, it established the foundation of the unification of the three kingdoms by occupying regions around the Han River with its strong military power and attacking its strong neighbour kingdom, Goguryeo. Ultimately its thirtieth king, Moonmoo (文武) accomplished a monumental achievement, 'the unification of the three kingdoms' by demolishing Baekje and Goguryeo in 668, then renamed it 'the Unified Silla'. After unification, Silla established a strong national system and reached its peak. By doing so, Silla formed the root and main stream of national culture across the Korean Peninsula that we have inherited now, leaving uncountable precious cultural legacies to the nation.

Next, Silla's national power deteriorated into overall chaos by upsurges among royal clans and nobels. Finally, Goryeo annexed Silla in 935. From this year, the name of Silla's capital was changed from Gyeorim to Gyeongju. In this way, Silla retained its longevity for around one thousand years (992 years), under 56 kings' rule across the periods, before the unified era and after the three Kingdoms. There are few countries that have enjoyed such long longevity of a single capital for a millennium across (human) history. Therefore, Koreans proudly call Gyeongju as 'The millennial ancient capital of the Silla Kingdom.'

Gyeongju is a planned city spatially sectored by grid patterns which extended 30 km distance per each cardinal point of NSEW and more than 170,000 households resided including royal palaces and governmental offices.[1] Gyeongju was a strategical point on the traffic between land and the East Sea (Sea of Japan) at the spot next to the western Nakdong River, running along the southeastern Korean Peninsula from north to south. It was once named as Donggyeong (東京, the eastern capital) during the Goryeo Dynasty and regained its original name, Gyeongju. The Choseon Dynasty appointed it as Gyeongju-Bu, then the current Republic of Korea upgraded it into the integrated Gyeongju city. By this way, Gyeongju has preserved its historic and splendid appearance as a millennial capital.

Diverse sides of Silla's society

Silla was a hierarchical society consisting of social castes including royal clans, nobles, commoners, slaves, and the others. It conducted a social system categorized six classes by blood hierarchies named 'Golpumje (骨品制)'. This system strictly restricted each class's life including the size of the house, sorts of utensils that could be used, colours of clothes, and accessories. If any violation of this system was detected, it was punished by law.

Although the nation embraced Buddhism from India, it selected Chinese Confucianism as its national ideology. Buddhism greatly contributed to

---

1 新羅全盛之時, 京中十七萬八千九百三十六戶, 一千三百六十坊, 五十五里, 三十五金入宅. Il-Yeon, *The Memorabilia of the Three Kingdoms* (*Samguk yusa*), I Wonder (奇異), Jinhan

consolidate the heart of Silla people into one and to fortify royal power. Additional fortification of royal authority and cultural development was accompanied by the development of Confucianism. Particularly, Buddhism produced numerous lofty monks and bequeathed priceless Buddhist heritage. For example, Hwangryongsa was a royal temple which took 93 years to construct. It possessed a nine-storey wooden pagoda that was 82 meters high. Although, only the temple's foundation stones survived the fire ignited by the Mongolian Invasion, we have managed to excavate Buddhist statues, daily ceramics, accessories, reliquaries, bronze ornaments for arms from the old ruins.

UNESCO registered Bulguksa Temple and Seokguram Grotto as part of world heritage, recognising these sites as world-class Buddhist cultural inheritance. Bulguksa located at the foot of Toham Mountain was originally a grand temple with 80 attached buildings. We still can read the enthusiastic wish of Silla people who dreamed of establishing a Buddhist country through a variety of remnant relics. Cheongwoongyo and Bakewoongyo are known as the stone bridges containing a symbolic meaning bridging the worlds between the secular societies under the bridge and the Buddhistic world over the bridge. Seokguram is the mystical artificial stone grotto which is located at the shore of the same mountain, Tohamsan. It presents a rare technology of stone architecture skill that is barely found in the world. The Buddha statue in the grotto with a benevolent smile along with the precisely inscribed Buddhist statues relinquishing Buddha's surroundings comprise the highlight of the Buddhist Art.

The sustainment of the livelihood and vivid image of Gyeongju as a millennial capital was inexplicable without Hwarang-do (花郎道), the code of Silla's youth organization for national defence. Hwarang-do consists of an executive leader Gukseon (國仙), numerous Hwarangs under him who lead many groups, and thousands of Nando (郎徒)s following each Hwarang. Hwarangs and Nangdos visited competent masters to learn songs, dances, and martial arts. Hwarangs greatly contributed to the national power and comprised as the national pillars based on the thorough keep and practice of the five principals and religious precepts, named Sesok-ogye (世俗五戒, Five commandments for secular life). These included: 1. Show allegiance to one's sovereign. (*sa gun i chung*; 사군이충; 事君以忠); 2. Treat one's parents with respect and devotion. (*sa chin i hyo*; 사친이효; 事親以孝)''; 3. Exhibit trust and sincerity amongst friends. (*gyo u i sin*; 교우이신; 交友以信); 4. Never retreat in battle. (*im jeon mu toe*; 임전무퇴; 臨戰無退); 5. Exercise discretion when taking a life. (*sal saeng yu taek*; 살생유택; 殺生有擇)

Silla developed various science techniques by applying a law of nature which covers archaeology, construction, papermaking, gold and silver craft, and others. Cheomseongdae (瞻星臺) is the oldest surviving astronomical observatory in the East[2] where the building appears an ascetic harmony of curves and straight lines. Cheomseongdae consists of three parts as a stylobate, a cylindrical body, and a crest. It has 27 stories in total which became 28 by adding one rectangular story at the top. 28 is the number

---

2 Glenn Storey, ed., *Urbanism in the Preindustrial World: Cross-Cultural Approaches*, University of Alabama Press 2006, p. 201; Renato Dicati, *Stamping Through Astronomy*, Springer Science & Business Media 2013, p. 30; Gabriella Bernardi, *The Unforgotten Sisters: Female Astronomers and Scientists before Caroline Herschel*, Springer 2016, p. 40.

of the basic constellations, 12 stories up and 12 stories down of windows symbolize 12 months and 24 seasonal divisions of a year. 362 stones accumulate for Cheomseongdae that represents the numbers of dates in a lunar calendar.

'Emile Bell' is the biggest bell of Korea which weighs 19 tons and was made during the unified Silla period. It is unique in that it rings a clean, clear, lengthy sound — and even echoes despite its hugeness. The bell sound lasts long and is re-echoed by retro-reflection from the bottom by hanging the bell as close as possible to the ceiling in addition to the dug-up ground and the pot buried under the bell.

Meanwhile, Silla people mysteriously manufactured and used Seokbinggo (石氷庫) which is a refrigerator for storing ice during summer. Seokbinggo is scientifically designed to keep cool during the hot season. Its exterior is shaped like a huge tomb. Its roof was made in a round shape to ventilate and preserve a stable temperature; the entrance faced towards the direction of wind flow, and the bottom inclines to sewage water; and so on. Silla people displayed their wisdom as we can see they utilized the natural environment to fit human life.

The thirteenth-century Arabic geographer al-Qazwīnī (Abū Yaḥyā al-Qazwīnī) commented on the wise residents of Silla by his reference to the text about Silla by a tenth-century ancestor who travelled India and China as. "Silla is said as a splendid country at the end of China. Due to the clean air, pure water, and good soil, no handicap is observed. Once the water was splashed on the earth of their houses, ambergris abundantly emanates... When patients from outside entered into there, they immediately heal."[3] Despite the mild exaggeration of this expression, it is doubtlessly a description of an idealistic place.

Silla, the winner of the unification of the three kingdoms, conducted dynamic trades through Ulsan, the adjacent harbour to Gyeongju as Silla's international trade port, not only with its neighbouring Tang or Japan but also with far Southeast Asian or the Arab-Islamic world. According to a medieval Arabic writing, Arab countries imported eleven items from Silla which includes swords, potteries, cinnamons, sailcloth, musk and other things.[4] Silla carried intermediate trade by reexporting a part of imports from 'the Western Regions' to Japan.

Diverse ruins and relics of Gyeongju

Gyeongju's uncountable ruins are concentrated within 20 kilometres which surround an ancient cemetery of over 150 tombs. The ruins include the tomb of King Mooyeol, Hwangryongsa Temple, Bulguksa Temple, Seokguram Grotto, Cheomseongdae, Anabji (雁鴨池), Seokbinggo, Kimyushinmyo (金庾信墓), Oreung (五陵), Gwaereung (掛陵), Poseokjeong

---

3 حسن ساكن صيرص قرى وأقطار أكرمها شرق إلا أن ركنو أضاربًا أكلقل خير إلا علما أن بيوتسا تفحت منهم حجار تحجح علا ربن ورهو قليق القاتف علللا. قليق البذلا باطوهم. إلا انتعا لتح إلا ناسنا في غيري كثير غيره لقن جث العيلا تلاز علقهلاق نب دمح نب كريكئ إلزيزي: من خدطل. استنطو إلى جرخي لمنع لطيب العبيطل ووفر وخيرات القرتكو بهذ است. وللله العمومق. Al-Qazwīnī, Zakariyā ibn Muḥammad, Āthār al-Bilād wa -Akhbār al-'Ibād, Beirut: Dār al-Ṣādir 1960, p. 50.

4 علغ رضو العليصو لبنج ندرللعيني غلوعلجنا: Ibn Khurdādhibah, 'Ubayd Allāh ibn 'Abd Allāh, al-Masālik wa-al-Mamālik, Bibliotheca Geographorum Arabicorum, Lugduni Batavorum: Brill 1889, p. 71.

(鮑石亭). There are 163 historical heritages around Gyeongju National Park which comprise 14 national treasures, 22 treasures, and the other 127 items.

We can encounter these relics and ruins in the Gyeongju National Museum. The museum exhibits around 3,000 relics among its 100,000 and more collections. The Silla History Gallery displays diverse objects excavated from Gyeongju and the regions adjacent to it. The Silla Art Gallery shows relics of Buddhist statues, sculptures, accessories and others. The Anabji Gallery displays nobles' fancy household items. Various relics are illustriously testifying the Silla-Western Regions exchanges in Seoyeok Section which attract the eyes of the audience. The Western Regions section displays stone warrior statues with deep-set eyes and high noses guarding Gwaereung (which is known to be the tomb of King Wonseong) and the mausoleum of King Heundeok. This compartment also demonstrates 28 items of clay dolls. Besides, diverse stone artefacts boast their splendour in Outdoor Gallery.

Furthermore, Gyeongju has numerous excavated relics relevant to ancient Greco-Roman cultures, so much so that a Japanese art archaeologist stated: "Silla, the kingdom of the Roman culture" due to the numerous excavated Greco-Roman relics. The representative collections are eighty-some pieces of late-Roman-Glasswares, an ornamented formal-dress dagger (named 鷄林路短劍) of 36 centimetres-long, a human face glass bead (also named as smiling inlaid jade necklace), various rhytons, and others.

Golden relics are the highlight of the Silla relics. Around AD, the golden cultural range formed lengthy east and west of the Altai Mountains which was the sacred gold producer. Silla the extreme east of this cultural band enjoyed the heyday of the golden cultural range. Its mark is the manufacture of golden crowns which symbolizes the highest gold craftmanship technology. Only ten pieces of the golden crowns survive worldwide over this millennium and, six of them were the excavated from Silla. Six becomes seven by including one piece from Kaya (formerly Silla). Thus, the absolute majority of the golden crowns were produced from Silla. Therefore, people commonly praise Silla as 'the kingdom of Golden crown'. In fact, a handful of countries are noted for blossoming gold culture across history.

We can discover the fact of Silla as 'the kingdom of gold' in medieval Arabic records. The grand medieval Arab geographer, al-Idrisi (ibn al-Idrīsī, 1099-1166) left famous words in the epilogue of world map (the first western world map contains the Korean Peninsula) in his masterpiece 'Nuzhat al-Mustāq fi Ikhtirāq al-Āfāq' as: "... the travellers who entered Sīlā settled in and haven't departed from there due to the pleasantness of its wealth and heart-warming hospitality. It (Sīlā) has a tremendous amount of gold, its inhabitants even use gold for the chains of dogs and brims of monkeys."[5] These words were cited by westerners when they mention Silla's image of gold abundance.

Mecca of the Silk Road, Gyeongju

Gyeongju, the millennial capital of the Silla Kingdom is still rigidly preserving its extensive and eminent historical and cultural lofty spirit.

---

5 Al-Idrīsī, Muḥammad bin ʿAbd Allāh Muḥammad al-Idrīsī al-Ḥusni. Nuzhat al-Mushtāq fi Ikhtirāq al-Afāq [The book of pleasant stroll into faraway lands]. Cairo: Maktabat al-Thaqāfa al-Dīnīya 1992, p. 92.

No. IASS20190927

Certificate of Academic Achivement

"The Best Article of IASS 2020"

Author : Dr. Su-il Jeong
Korea Institute of Civilizational Exchanges
Article : "The Silk Road and Gyeongju"

This is to certify that the article mentioned above was chosen as the best article presented to the 5th Annual International Academic Conference of IASS(International Association for Silk-Road Studies) held at Moscow State Linguistic University from September 26 to 28, 2019 unanimously by the participants in the conference.

September 27, 2019

Irina Kraeva, Ph.D.
President
International Association for Silk-Road Studies

IASS

제5회 세계실크로드학회 국제학술대회 '최우수논문상' 증서(2019)

Especially, it demonstrates an exemplum of recreating universal value of human civilizations, 'communication and exchanges' at the eastern end of the Silk Road. In 2013, Gyeongju initiated the 'Korea Silk Road Project' which was an unprecedented expedition project across Silk road history. The project's activities had led the way for the worldwide revival of the Silk Road. It has raised omnidirectional support through: conducting a mass traversing exploration of the Silk Road land route and marine route. The World Silk Road Academy has proceed with the academic establishment of the Silk road; enhancing Silk Road culture by hosting the biennale, 'Silk Road Cultural Expo,' on the major spots along the Silk Road, opening Silk Road research centres and Silk Road academies respectively at two universities to exert Silk Road study, and to foster experts. All of these initiatives originate from Gyeongju which can be confidently referred to as the very Mecca of the Silk Road at the eastern end of the route.

As everyone knows, in accordance with the obsolete theory of the confined Silk Road until recently, the Korean Peninsula has been isolated from the Silk road by denouncing it as a 'peripheral civilization.' However, by establishing Gyeongju's historic status in the civilizational exchanges, the 'isolation theory' of the Korean Peninsula was dispelled. Instead, 'theory of the prolong to the Korean Peninsula' secured the fair historical evidence. From now on Gyeongju will devote its proper contribution to the Silk Road's eternal prosperity as the Mecca of the Silk Road at the eastern end as its previous days.

<u>2</u>
論海上絲綢之路的環球性問題
── 以中國所提'21世紀海上絲綢之路'爲例

序言

　　海上絲綢之路(略稱 海絲路)的包括範圍問題, 在海絲路概念定立上, 是根本問題之一, 因爲海絲路是否像通說一樣, 是地域性的海路, 還是包括全球海洋的環球性海路的問題, 就對海絲路的歷史和範圍及機能, 會發生根本不同的認識。所以, 海絲路範圍問題的正確理解, 並實現海絲路本然的觀念和理想, 是一項迫不及待地要解決的理論及實踐課題。

　　這次學術大會主題的"海洋都市的文化交涉學"和"海洋都市的網路性"的學術探索, 也與海絲路的環球性問題直接相關. 如果海絲路只局限於地域性的海路, 海洋都市的文化交涉和網路, 限在某些特定地域。與此相反, 如果帶有環球性, 那種文化交涉和網路, 就帶超國家的跨超地域的全球性, 以致無限的發展。

　　爲了探討海絲路的環球性問題, 我選擇最近中國所提的'21世紀海上絲綢之路'爲分析標本。衆所周知, 最近中國通過最高領導人的一系列公式聲明和談話, 提出'21世紀海上絲綢之路'爲全球性的戰略構想, 並用'一路'的概念, 定規其航程。但, 就海絲路本然的歷史性與現實性, 卽其環球性, 一無所提, 而將航程局

限於非州東岸。這樣的中國'21世紀海上絲綢之路'觀, 是否妥當合理, 值得冷靜
而透徹的學術檢討。

I. 海上絲綢之路的環球性概念

作爲文明交流的海上通道, 海絲路決不是地球上某一特定地域專有的海上通
道, 而包括地球上所有海洋的全球性海上通道, 其航路從未斷絕, 一直以環球性
的水路互相連結。這就是只有海絲路所持的環球性。環球性是海絲路特有的屬
性, 這一屬性就起着規定其內涵與機能, 觀念與範圍的機制作用。

海絲路的環球性, 是由海的一體性與連續性所產生的必然現狀[1]。本來地球
的海是開放自在, 並以海路相連結, 卽從開之時, 海路帶着環球性的屬性, 發揮其
機能。海絲路的環球性, 早已被史實所確證, 特別是15世紀, 隨着'大航海時代'
的開幕, 出現全球性的交流和交易, 使得環球性逐漸地具備其顯然的面貌, 局限
於歐亞舊大陸的交流與交易, 通過大陸之間和大洋之間的環球性遠距離航路, 逐
步地拓展到'新大陸'。這樣的環球性海路, 經過15世紀約1百年的區域間航海過
程, 和16世紀初首次環球性航行的成功, 才能開通。

海絲路的環球性, 是由絲綢之路(簡稱絲路)概念擴大所產生的屬性[2], 130餘年
前, 里希特 霍芬(F. von Richthofen)創始絲綢之路概念以來, 絲綢之路概念 經
中國-印度路階段與中國-敍利亞階段, 2次大戰以後, 再擴大到東西3大幹線(草
原路、沙州路、海路)階段。雖然如此, 絲綢之路仍然局限於歐亞舊大陸, 這就是
迄今爲止一直支配着學術界的通念。據通念, 包括海絲路在內的絲綢之路, 只許

---

1 拙著, 『絲綢之路學』, 創作與批評, 2001, 35~81頁; 拙文, 「海上絲綢之路與韓半島」, '海上絲綢
 之路與世界文明進程' 國際論壇 發表論文, 寧波, 2011。
2 同上。

限於舊大陸的範圍. 因而不用說'新大陸'(美洲). 連韓半島等所謂'周邊地域', 也都被疏外於人類文明交流通道的絲綢之路。但是, 從15世紀開始, 文明交流通道的海路, 才由舊大陸延長至'新大陸', 故將名實相符的環球性海絲路, 開始運轉, 並靠這條海路, 新舊大陸之間發生文物交流, 有無相通。依着這樣的環球性海絲路, 文明交流的通道, 才從舊大陸延至'新大陸', 以此絲綢之路進入概念擴大的第4階段, 即環球路階段. 海絲路的環球性, 是這一階段到來的先決條件。

經過這一條路, 從16世紀起, 以菲律賓馬尼拉爲寄泊港, 中國的絲綢與陶瓷器, 和中南美的白銀與農作物, 進行連綿不斷的交易。經這樣的交易, 馬鈴薯、地瓜、玉米、辣椒、花生、烟草、向日葵等'新大陸'的特產農作物, 流入到毆亞各地。中國也在元末~淸朝之間, 輸入'新大陸'的農作物13種.[3] 這些都可算是對海絲路環球性的不可爭論的有力證據。

II. 中國所提倡的 '21世紀海上絲綢之路' 與環球性問題

最近幾年, 中國以全球性的戰略構想, 針對着毆亞宣布了雄偉的宏圖, 即所謂'絲綢之路的經濟帶'和'21世紀海上絲綢之路'的'一帶一路', 並爲實現快馬加鞭。

習近平主席. 在2013年9月訪問哈薩克斯坦時, 最初提出了'一帶一路'構想的框架。所謂'一帶'是指在由中國出發經中亞與西亞, 至歐洲的絲綢之路(綠洲陸路)沿邊, 構建'經濟帶', 而'一路'是建設也由中國出發經東南亞與印度洋及阿拉

---

3 『中国与海上丝绸之路―聯合国教科文组的海上丝绸之路综合考察 泉州国际学术讨论会論文集』, 福建人民出版社, 1991, 119頁, '国外传入农作物一览表'. 이 표에 의하면 신대륙에서 중국에 수입된 농작물은 南瓜、番薯、玉米、烟草、小粒型花生、大粒型花生、辣椒、蕃茄、向日葵、菜豆、菠萝、番木瓜、陆地棉 등 13종.

伯海, 至東非海岸的海絲路通道。繼之, 習主席承在2013年10月3日印度尼西亞國會演說[4]、翌年9月16日斯里蘭卡訪問時的演說[5]、11月4日中央財經領導小組會議[6]和8日與APEC非成員國首腦的談話等, 一系列的機會, 特別表示對'一路'的關心, 並提出具體的內涵與施行方法。

'一帶一路'的具體內容, 是政策溝通、道路聯通、貿易暢通、貨幣流通、民心相通等, 5項疏通與交流[7]。爲了實現這樣的戰略構想, 中國將以'絲綢之路基金'解囊400億美金, 以'亞洲基礎設施投資銀行(亞投行, AIIB)的初期資金出資500億美金. 也將中國與東盟間的貿易量增至1億美金。由此可見, 這一戰略構想, 雖然借監絲綢之路的名義而研制出, 但只限制於地球一半的東半球, 因而不免說是一種含有脫離環球性的偏頗構想。

中國以絲綢之路, 特別以'21世紀海上絲綢之路'的名目, 針對地球東半球, 提出了這樣的宏偉構想,。與此同時, 也提出了不次於之的, 對拉美爲首的地球西半球的戰略構想, 已把與拉美的關係, 提升到全面的伙伴關係和命運共同體關係。既然如此, 那麼其名目和媒介, 像東半球一樣, 也應該是交流和疏通通道的海絲路, 這是理所當然的. 然而中國在展開這種關係中, 海絲路一字不提, 却替之近來急造的抽象的結交關係。

中國早已通過海絲路, 與美洲大陸通交和交流的事實, 已被許多學說及研究所證實的。1761年法國漢學者德 吉涅(de Guignes)發表中國人最初發現美洲的主張以來, 就此問題進行了300年間的你爭我奪的爭論, 等到1962年鄧拓所提的'慧深東渡扶桑'說, 似乎結於肯定。隨之, 1864年英國漢學者亨利 麥都思(Henry Medhurst), 提出了公元前1千年左右, 殷人航渡美洲的所謂'殷人航渡

4 「習近平: 中國愿同東盟國家共建21世紀'海上絲綢之路'」, 百度百科, 2013. 10. 3。

5 「習近平訪問斯里蘭卡 打造'21世紀海上絲綢之路'。」, 百度百科, 2014. 9. 18。

6 「習近平: 加快推進'絲綢之路經濟帶'和'21世紀海上絲綢之路'建設」, 百度百科, 2014. 11. 7。

7 「'絲綢之路經濟帶'和'21世紀海上絲綢之路'」, 百度百科, 2014. 4. 23。

美洲'說, 對令人驚愕的此說, 進行過激烈的爭論, 結果肯定派占優勢[8]。2003年英國海軍潛水艦軍官加文 孟席斯(Gavin Menzies), 在英國王立地理學會' 發表了'新大陸'發現者不是哥倫布, 而是鄭和船隊的炸彈性宣言[9]。對他提出來的種種證據, 不少學者抱有懷疑並豫以否定, 但是, 一部分學者却加以肯定. 這一系列學說, 暗含着兩個地域之間早已經海絲路, 出現過來往和接觸的蓋然性. 如果沒有海絲路的環球性, 這種來往與接觸是不可實現的。

正因爲海絲路帶有包括美洲的環球性, 兩個地域之間的'伙伴關係'才能令人矚目的速度發展。繼1990年5月楊尙昆主席正式訪問6國、2004年和2005年及2008年胡錦濤主席訪問7國、2013年和2014年習近平主席也歷訪7國. 此外, 1990年代以後, 30多個拉美國家的首腦訪華。2008年8月中國政府 發表了'中國對拉美及加勒比海的政策文件'[10], 再次確證兩個地域之間的伙伴關係. 還於2015年1月 在北京中國與拉美及加勒比海共同體之間 舉行第1次部長級論壇通過了關於兩地域之間關係發展的3大文件[11]。關於交易方面, 習近平主席在2014年7月17日, 在與拉美及加勒比海國家首腦的會談中闡明卽將在10年內, 兩地域之間的貿易總額, 將增長近2013年2倍的5千億美金。在文化交流方面, 也已決定2016年爲'中國-拉美文化交流年', 並在今後5年內 中國將提供6千名的獎學金[12]。

這樣, 我就好像與本講演的主題無關的問題, 卽兩地域之間的長久關係', 翻來複去地冗長陳述, 是爲了探討並道破中國對待海絲路的雙重立場, 以導致海絲路

---

8 主編 龔纓晏 副主編 劉恒武, 『中國"海上絲綢之路"研究百年回顧』, 浙江大學出版社, 2011, 282~285頁; 王介南, 『中外文化交流史』, 山西人民出版社, 2011, 34~37頁。

9 同上. 287~289頁。

10 『中國對拉丁美洲和加勒比政策文件』(全文), 百度百科, 2008. 11. 5.

11 背景資料:「中國-拉美關係發展歷程」, 百度百科, 2015. 1. 10。

12 「習近平在中國-拉美和加勒比國家領導人會晤上的主旨講話」(全文), 百度百科, 2014. 7. 8。

環球性的正確理解。用'21世紀海上絲綢之路'的戰略構想,來提唱全球化,和對西半球付諸實施幷不惡於東半球戰略構想的中國,爲什麽在海絲路的環球性問題上,却採取置之不理的自家撞着性主張呢? 據鄙見,其根本原因,是對海絲路的偏見和中華中心主義的弊端。

首先,對海絲路的偏見和誤解,是由下面的幾種'理論'所産生的.

二元論。把海絲路不看做是絲綢之路的一個構成部分(幹綫),而把它分爲'竝行'的陸上絲綢之路和海上絲綢之路的2大部分. 這是一種明顯的二元論論法[13]。2006年陝西人民出版社出版的『絲綢之路大辭典』,就海絲路作如下的定義,卽"中國古代由沿海城鎮經海路通往今東南亞, 南亞及北非, 歐洲的海上貿易通道"[14]。這樣似乎海絲路區別於絲綢之路的另一條貿易通道. 事實上,海絲路是由絲綢之路槪念擴大而産生的槪念,只不過是絲綢之路的一條幹綫而已。

局限論。據'21世紀新絲綢之路'戰略構想,海絲路局限於歐亞舊大陸的東半球海域,看來這是由於對絲綢之路槪念擴大理解不足而産生的誤解. 槪念擴大第4階段卽環球路階段,是海絲路延至美洲的階段,也就是海絲路的環球性實現的階段。雖然至今爲止,局限論占優勢,但像陳瑞德一樣的幾位學者,却謹慎地提及海絲路的環球性問題。陳瑞德在其著『海上絲綢之路的友好使者—西洋篇』中說,"'海上絲綢之路'還應包括駛向朝鮮, 日本的東海航線,以至橫渡太平洋駛向美洲大陸的太平洋航線"[15]。這樣,陳瑞德主張海絲路不僅包括南海航線和東海航線,而且也應該包括橫渡至美洲大陸的'太平洋航線'。這樣的主張,我們在習近平主席的言辭中也可以發現,他在2014年11月4日召開的'中央財經領導小組'

---

13 「21世紀海上絲綢之路」,百度百科, 2013. 10。

14 周偉洲 丁景泰 主編,『丝绸之路大辞典』,陝西人民出版社, 2006, 719頁: 海上絲路是"中國古代由沿海城鎮經海路通往今東南亞, 南亞及北非, 歐洲的海上貿易通道。因早期主要貿易商品爲中國絲綢, 故學者亦稱爲'海上絲綢之路'"。

15 同上。同頁。

422

第8次會議上, 說"'一帶一路'貫穿歐亞大陸, 東邊連接亞太經濟圈, 西邊進入歐洲經濟圈"[16]. 這裏, 習主席暗示着海絲路('一路') 在延至太平洋經濟圈卽美洲大陸經濟圈的現實。

終結論。 具體的說是海上絲路的終結論。 中國的一部分研究者, 把海絲路定義爲'1840年之前中國通向世界其他地區的海上通道', 他們主張這一年發生的阿片戰爭, "根本改變了中國對外關係的性質, 隨之海絲路的歷史也告終結"[17]. 且提出所謂海絲路的'5階段論', 那就是秦漢時代的開拓期、由魏晉至唐五代的持續發展期、宋元代的未曾有繁榮期、明代的盛衰期、淸代的停滯及逐步衰落期。 如果按照他們的主張, 200年前海絲路早應停止其活動而告'終結'. 但是, 史實却與其主張相反, 海絲路不但未告'終結', 反而欣欣向榮。

其次, 海絲路的環球性被無視的原因, 是視做中國專有物的中華中心主義弊端。 中華中心主義表現在如下幾種'理論'。

貢道論。 照『淸朝文獻通考』(卷293)的記述, 在圍繞中國的海邊地區, 就有裔(夷狄)裔的國家[18]. 自古以來, 中國一直與這些裔國的關係, 看做是'稱臣納貢'的朝貢關係, 並且與他們連結的海上航路, 和來華朝貢的路, 統稱'貢道'[19]。 這樣的'貢道', 只不過是一種單方行的片道而已, 決不是帶有相互性交流和交易的海絲路。

外傳論。 中國海絲路理論的定礎者陳炎, 把從1980年代開始的有關海絲路談論加以整理, 1991年發表了「論海上絲綢之路與中外文化交流」的論文[20]。 陳炎

---

16 習近平, 「加快推進'絲綢之路經濟帶'和'21世紀海上絲綢之路'建設」; "'一帶一路'貫穿歐亞大陸, 東邊連接亞太經濟圈, 西邊進入歐洲經濟圈", 百度百科, 2014. 11. 7。

17 陳高華等, 『海上絲綢之路』, 海洋出版社, 1991, 前言。

18 『淸朝文獻通考』(卷293), 浙江古籍出版社, 2000, 影印本, 考7413。

19 同上。 同頁。

20 同上, 『中国与海上丝绸之路』, 2~5頁. 이 논문은 북경대학 '第1回科学研究成果1等偿'과 영예증서를 획득하고 『北京大学哲学社会科学优秀论文集』 제2집에 수록。

在論文中, 佛是從在相互性基礎上疏通東西文明的海路概念出發, 而是以爲海絲路只因中國絲綢的單方式'外傳'(輸出)而産生的, 這就是他提出的中華中心主義的'外傳論'。陳炎只據中國絲綢'外傳'的盛衰, 分海絲路的發展過程爲3個階段, 卽唐代以前的形成期和宋代的發展期及元、明、淸代的極盛期。另外, 他因爲把海絲路只看做是爲中國絲綢的'外傳'所開闢的海路, 就忽視這一條海路, 不只是光因絲綢而因其他文物(陶瓷器香料等)的交流所發展過來的史實。加之, 陳炎只看到中國絲綢的歐洲'外傳', 而未注意到通過太平洋的'大帆船貿易', 外傳到美洲的史實, 以致他不可能對海絲路的環球性得以開眼。

起着論。這是有關海絲路的出發點與終點的理論。林士民斷定晚唐以來的陶瓷器路就是海絲路, 並指定東海岸的明州爲其出發點[21]。然而李光斌和陳榮芳, 却主張泉州爲海絲路的'東方起點', '始發點'[22]。另外, 丁毓玲認爲中世紀阿拉伯與波斯穆斯林商人, 構築的貿易網路的終點是中國, 所以他們不會北上去高麗或日本[23]。正因爲這樣的終着論和疏外論的緣故, 韓半島一直在海絲路上被疏遠的。可是, 許多文獻記錄與出土遺物, 證明海絲路的網路決沒有停止在中國, 而延長至韓半島。

---

21 林士民,『海上絲綢之路的著名海港－明州』,海洋出版社, 1990, 100~102頁。

22 李光斌,『伊本 白图泰中国纪行考』, 海军出版社, 2009, 44頁:"泉州地处中国东南沿海, 是一座具有悠久歷史的古城, 是海上丝绸之路的东方起点。"陈荣芳,「古港新姿－一千年"海丝之路"再现辉煌」,『泉州港与海上丝绸之路』, 中国航海学会·泉州市人民政府 编, 2002, 1頁:"泉州港是'海丝之路'的始发点, 也是宋元时期驰名世界的东方第一大港。"陈炎的'外傳論'과 林士民의 '明州起源論', 李光斌의 '泉州起源論' 등에 관해서는 앞의 졸고「海上丝绸之路与韩半岛」에서 논급。

23 丁毓玲, 한국의 국립해양문화재연구소와 목포대 도서문화연구소가 공동 주최한 '고대 동아시아 바닷길'이란 제하의 국제학술대회에서 발표한 논문「泉州宋元时期海上交通与伊斯兰网路」, 2009。

III. 海上絲綢之路的環球性形成過程及現場確證

經15世紀約100年間所進行的按區間航海(區間性航海), 到16世紀初才完成首次環球航行, 從此海絲路的環球性開始形成, 已有500年的歷史。 今天我們可以靠現場遺物確證其形成過程. 環球性的形成過程, 始於鄭和的7次'下西洋', 隨之經亨里克的探險, 達 伽馬的'印度航路'開拓, 哥倫布的大西洋橫斷航行, 太平洋'白銀的路'開通等一連串的區間性航行, 直到馬哲倫的環球航行, 最終實現史上首次的海絲路的環球性。

鄭和[24]曾在28年間(1405~1433年), 7次領大船團'下西洋', 卽駛向西洋的航海, 歷訪南海30餘國, 橫穿18萬5千公里。 鄭和船團的通常航路, 是由福建五虎門出港後, 西航經南海與馬六甲海峽, 橫斷印度洋與波斯灣或紅海及非洲東海岸。 鄭和的'下西洋'在海絲路歷史上所公認的主要意義之一, 就是環球性的開端。'下西洋'無論在航海術和航程距離, 或者船舶的規模和船團組織等各方面, 總算是15世紀當時世界最大的遠洋航海。 鄭和的'下西洋'比歐洲的所謂'大航海時代'的航海, 早得多的. 第1次'下西洋'比哥倫布抵達美洲大陸早87年, 比達 伽馬的'印度航路'開拓早93年的未曾有過的先驅性壯擧[25]。

繼鄭和的'下西洋', 葡萄牙航海王子亨里克(Henry Henrique, 1394~1460年)爲了打開通往印度的航路組織的探險隊, 沿着非洲西海岸開拓航路。 在探險過程中, 發現不少島嶼, 掠奪砂金與奴隷等, 並運到本國。 亨里克死後, 也葡萄牙航海家迪亞兹(B. Diaz)領3只船, 1488年到達非洲最南端. 因風暴之後發現此地, 故起名爲'風暴之角'(Cape of Storms), 可是後來改名爲'喜望峰'(Cape of Good Hope)。 亨里克探險隊的非洲西海岸探險的成功, 導致歐洲'大航海時代'

---

24 拙文,「鄭和」,『絲綢之路事典』, 創批, 2013, 676~677頁。
25 同上。

的開幕[26]。

亨里克與迪亞玆的印度航路開拓夢想, 由瓦斯科 達 伽馬(Vasco da Gama, 1469~1524年)所實現的. 1497年7月葡萄牙航海家達 伽馬, 帶領4只帆船, 沿着亨里克與迪亞玆開拓的航路, 在非洲西海岸南航. 他避開赤道的無風地帶, 取道遠離陸地的遠洋航路, 迂廻非洲最南端喜望峰後, 在非洲東海岸北航. 1498年4月抵達肯尼亞馬林迪(Malindi), 在那里遇見阿拉伯航海家伊本 馬知德, 之後, 他的嚮導之下, 當年5月20日出港10個月後, 終於到達印度西海岸的卡利卡特(現 Kozhikode). 這樣, 達 伽馬最初開拓了由歐洲蜿蜒繞過非洲南端, 直航到印度的'印度航路'. 其後, 達 伽馬再兩次(1502~1503年, 1524年)訪問過印度. 他的'印度航路'開拓, 是西方對東方植民地經略的序幕, 是西勢東漸的嚆矢[27]。

另一方面, 在大西洋, 意大利出身的航海家哥倫布(1451~1506年), 於1492年8月3日離開西班牙西南港口帕洛斯港, 同年10月12日抵達巴哈馬群島的聖薩爾瓦多(San Salvador)島. 其後, 他又3次橫斷過大西洋. 哥倫布的大西洋橫斷亚'新大陸'的發現, 不僅為歐洲的大航海時代帶來一大轉機, 而且使海絲路的西端由地中海拓展至大西洋, 以致海絲路的環球性更為擴張而明確[28]。

到此, 概述海絲路的環球性形成過程中, 出現的幾個代表性的區間性航海. 由於這樣的區間性航行,互相連結起來, 方能實現海絲路的環球性. 葡萄牙出身的馬哲倫, 為了尋找東方盛產的香料之路, 1519年9月20日帶265名船員, 乘5只帆船, 由塞維利亞出發. 橫斷大西洋後沿着巴西海岸南航, 1521年春天通過險難的馬哲倫海峽. 船團駛入太平洋後, 西航過關島(Guam), 1521年3月抵達菲律賓

---

26 拙文,「亨里克(Henrique) 探險隊」,『海上絲綢之路事典』, 創批, 2014, 228~229頁。

27 拙文,「瓦斯科 達 伽馬(Vasco da Gama)」, 同上, 139頁; 拙文,「瓦斯科 達 伽馬的印度航路開拓」,『絲綢之路圖錄』(海路篇), 創批, 2014, 227頁。

28 拙文,「瓦斯科 達 伽馬」,『海上絲綢之路事典』, 創批, 2014, 139頁; 拙文,「瓦斯科 達 伽馬的印度航路開拓」,『絲綢之路圖錄』(海路篇), 創批, 2014, 227頁。

宿務(Cebu), 但在與原住民戰爭中, 不僅失去隨員40名, 而且馬哲蘭本人也戰歿。

以後, 只有兩只船, 在埃爾卡諾(S. de Elcano)指揮下, 到了摩鹿加群島(Maluku Island)的蒂多雷(Tidore). 其中一只, 滿載香料駛向太平洋東航中, 被葡萄牙人所劫持. 埃爾卡諾帶領的另一只(維多利亞號), 西航橫斷印度洋經非洲南端的喜望峰, 終於1522年回港到塞維利亞港。這樣, 史上初有的環球性航海得逞. 通過馬哲倫-埃爾卡諾的環球性航海, 雖然美洲與亞洲及歐洲是互不相同的大陸, 但是, 因爲海絲路的環球性, 這些大陸互相連結的事實, 和世界一體性, 才得以確證[29]。

結語

海上絲綢之路, 是全球性的文明交流通道。我就從這樣的基本認識出發, 虛心坦懷地陳述鄙見, 以中國所提出的'21世紀海上絲綢之路'爲例, 探討海上絲綢之路的環球性問題。我發現以概念爲首的一系列的根本問題上, 各持不同的認識. 這不但是中國學術界, 而且依然固執通說的其他國家學術界也大致相同。就像絲綢之路或者文明交流學一樣, 尙未學術上定立的情況下, 浮上來爲人文學的新科門, 在研究這樣的新科門中發生異見及爭論, 是無可奈何的事. 問題是要通過實事求是的硏討, 逐步地克服異見, 共同達成學術上合意定立的崇高目標。

---

29 拙文, 「斐迪南 麥哲倫(Ferdinand Magellan)」, 『絲綢之路 事典』, 創批, 2013, 211~212頁; 拙文, 「麥哲倫-埃爾卡諾(Magellan-Elcano)的環球旅行」, 『絲綢之路圖錄』(海路篇), 創批, 2014, 24~25頁。

3
海上丝绸之路与韩半岛

　　衆所周知, 海上丝绸之路(Maritime Silk Road, 略称海丝路或者MSR), 是文明交流通路的丝绸之路3大干线之一。因为这一路具有巨大潜力和远大前途, 学界的关心日渐增高。这次'海上丝绸之路与世界文明进程'国际論坛的召开, 就是明显的证左。

　　但是, 就海丝路的名称、定义、包括范围、发展过程等, 一连串的基本概念, 仍照着传来的通说, 各持己见, 陈陈相因, 尚未定论。其中, 包括范围问题是理解其他概念的核心. 海丝路的概念是丝绸之路概念扩大的结果, 因此, 首先要略述丝绸之路的概念和其扩大过程, 然后试图探讨有关海丝路通说的几个问题。

　　关于通说问题, 想谈两个问题, 其一, 是把人类文明交流通路之一的海丝路, 只限于歐亚旧大陆的地域性海路的问题, 其二, 是认定中国东南海岸做为海丝路的东端, 而将其以东的韩半岛置之度外的问题。

I. 丝绸之路的概念扩大与海上丝绸之路

丝绸之路, 是对人类文明交流通路的泛称, 这个路本身是与人类文明竝进向前, 发挥固有机能的客观实体, 但人类认知其实体, 却不过自从130年以前而已。在这个期间, 随着学界的深入研究, 逐步地认清包括范围和机能等, 这就是丝绸之路的概念扩大。丝绸之路的概念扩大, 不仅是表现在通路的单线延长, 而且也表现在复线的乃至网状的扩张。

至今, 丝绸之路的概念, 经几个阶段而得到扩大。第一阶段是中国-印度路阶段. 独国地质学者李希特霍芬(Ferdinand von Richthofen)在其着作『中国』(*China*, 5卷, 1877)第1卷后半部, 根据在中国中原-中亚河间地(Transoxiana)-印度西北地区, 发现中国古代丝绸遗物, 把这个路最初命名为'丝绸之路'(Seidenstrassen, Silk Road), 从此, 逐渐形成丝绸之路概念。第2阶段是中国-敍利亚阶段. 1910年独国东洋学者赫曼(A. Hermann), 根据第一阶段中探险家和考古学者, 又在西至地中海东岸的敍利亚帕尔米拉(Palmyra), 发现中国的汉锦遗物, 将这个路延伸至帕尔米拉, 再次阐明其为'丝绸之路'。第一阶段和第2阶段所拓展的丝绸之路, 是主要連结沙漠中点散的綠州, 因此, 别称'綠州路'(Oasis Route)。从丝绸之路的概念扩大上看, 第2阶段仅是第1阶段的单线性延长。

丝绸之路的概念扩大的第3阶段, 是3大干线路阶段. 第2次世界大战以后, 学界在旣行研究成果的基础上, 不仅将丝绸之路的东. 西端, 各自延长至中国东南海岸和罗马, 而且将丝绸之路的包括范围, 也大大地扩张, 卽将贯通毆亚北方草原地带的草原路, 和从地中海至中国东南海岸的南海路, 都包括在内, 以此, 其概念扩大至东西横断欧亚的3大干线。加之, 纵贯南北毆亚的5大支线[1], 这样丝绸

---

1 南北5大支线是：① 由漠北的鄂尔浑河经和林(蒙古)和幽州(北京)至泉州或者广州的马易路,

之路变成名实相符的网状性通路. 从丝绸之路的概念扩大上看, 已脱出丝绸之路的单线性概念, 竟然获致复线性及网状性概念。尽管这样, 丝绸之路还是限于旧大陆(殴亚大陆), 这乃是迄至今天的通说, 似乎多半学界对此安常处顺。

依从前3个阶段所形成的概念, 丝绸之路(包括海丝路)仍然脱不了旧大陆的范围, 以致使'新大陆'被冷落在人类文明的交流圈之外。可是, 迟至15世纪, 靠海路的文明交流通路, 的确已由旧大陆延伸到新大陆, 而出现围绕全球的环地球性的海路. 这就是丝绸之路概念扩大的第4阶段。

这样通过海丝路而将文明交流的通路, 延长至'新大陆', 是有充分根据的。此根据, 首先是连结新大陆的海路已见开拓, 自从1492년哥伦布(C. Colombus)到达加勒比海(Caribbean Sea)以来, 至到1519~22年期间, 麦哲伦(F. Magellan)一行, 完成西班牙→拉美 南端→菲律宾→印度洋→非洲南端→西班牙的世界周航, 终于通往新大陆的海路开通了。其次根据, 是新 旧大陆之间的文物交流. 自从16世纪, 西班牙和葡萄牙经过菲律宾的马尼拉, 将中国的丝绸和陶磁等旧大陆文物运往到中南美, 而将那里的白银输出到亚洲及欧洲, 以致新旧大陆之间, 开始航经'太平洋丝绸之路'和'白银之路'的'大帆船贸易'。通过这样的贸易, 甘蔗、玉、花生豆、烟草、向日葵等'新大陆'特有的农作物, 搬到亚洲和欧洲各地。按史籍记录, 自从元代末叶至清代, 流入中国的拉美农作物, 除上述诸种外, 还有南瓜、番薯小、粒型花生、大粒型花生、辣椒、蕃茄、菜豆、菠萝、番木瓜、陆地棉等14种[2]。

---

② 由準噶尔盆地经拉萨(西藏)至印度恒河入口的啰嘛路, ③ 由东印度佛教诞生地经白沙瓦(巴基斯坦)至中亚的佛陀路, ④ 由米索不达米亚经帖必力思(伊朗)至黑海的米索不达米亚路, ⑤ 由北欧洲的波罗的海经基辅(俄罗斯)和君士坦丁堡(土耳其)至埃及的琥珀路. 以上5大支线的名称, 是笔者暂定起名的. 拙著, 『丝绸之路学』(韩文), 创作与批评, 2001, 78~80頁。

2 『飮食须知』(元末明初);『草花谱』(明);『植物名实图考』(清);『中国与海上丝绸之路─聯合国教科文组织海上丝绸之路综合考察 泉州国际学术讨论会論文集』, 福建省人民出版社, 1991, 119頁('国外传入农作物一览表')等参考。

总之, 海丝路的概念, 是丝绸之路概念扩大的结果, 因此, 海丝路决不是像过时的通说, 是一个地域性的海路, 而是泛地球性的海路. 但迄今传来的通说, 尚未克服, 应加纠正。

II. 海上丝绸之路的通说及其克服

作为文明交流通路之一的海丝路, 就包括范围和长度来说, 丝绸之路3大干线中, 是最广范和最长的。

大约在公元前10世纪, 人们开始部分地利用这个海路, 到公元前后文明交流的黎明期, 便出现分段的航行, 以至中世纪, 承'大航海时代'的开幕之机, 才变成了泛世界性的文明交流通路。随着这个海路的拓展, 新、旧大陆之间的交易, 欣欣向荣, 促使欧洲的近代化, 并借此出现世界'一体化'的概念。由中世纪新.旧大陆间的大宗交易品, 而获名的'陶瓷之路'、'香料之路'、'白银之路'等, 均是对这个海路的限时性别称。

这样具有全球性交流通路的海丝路, 凡在所经过的海岸, 都建立绸密的海上网路(marine network), 以此, 逐渐地增加其机能。海丝路在机能和利用度方面比起綠州路和草原路, 显然具有一系列的特点. 其特点, 首先是包括新、旧大陆的泛地球性, 第二是跟随造船术和航海术的发达及交易的增进, 显示不断变化的可变性, 第3是永不灭并继续发挥机能的恒久性。

如上所述, 海丝路为包括新、旧大陆的泛地球性交流通路, 是不可否認的史实。但是因传来的通说之弊, 其实体仍在烟雾中, 混淆不清。正如在有关国家所製的丝绸之路地图上所看到的, 多半是仍把海丝路的西端与东端, 设在罗马与中国东南海岸, 这样使海丝路的包括范围缩小到一个地域性海路。另外, 还有一种倾向, 是缩短其航程, 限定为由东南亚经印度洋而至红海的海上路[3]。

此外, 还有些误解, 不得不要指出。 其一, 是将海丝路不看做为丝绸之路的3大干线之一, 认为普通'海'(sea routes, maritime routes), 或者陆路的'补助'[4]乃至'延长'[5]. 直到第2次世界大战, 有些人宣称由中国东南海岸经印度洋、阿剌伯海、红海、到地中海的海路为'南海路', 并谈及这一海路上的交流和交易, 然而不把'南海路'包括在海丝路的概念。 實際上在交流和交易方面, 海丝路与陆路(綠州路和草塬路)形成一种网路, 但是, 这决不意味着海丝路实为陆路的补助手段或者其延长。 与此相反, 各自有独立的机能, 不许混为一谈. '补助论'或延长论''只不过是一种语不成句的误解。

其二, 是海丝路的始末论。 中国海丝路研究的理论奠基人陈炎教授, 在1991年发表的「論海上丝绸之路与中外文化交流」[6]一文中, 只从中国丝绸的单方'外传'的观点出发, 海丝路的发展过程, 分为3个时期, 卽唐代以前的形成期、唐、宋代的发展期、元、明、清代的极盛期。 他还提起最早的'外传', 是公元前1112年周武王封箕子于朝鲜, 并"敎其民田蚕织作", 这样暗含着这一年似为海丝路的始年. 那麼, 清代极盛期以后的海丝路命运, 究竟如何, 是否走向凋落, 不免要提问。

此外, 海丝路的中国'起点論', 也值得探讨. 代表性的例子, 就是泉州'东方起点论'[7]和明州'出发点论'. 不可否认, 公元前后时期, 中国丝绸运往罗马帝国的事

---

3 叁杉隆敏(日), 『海のシレクロードを调らべる事典』, 芙蓉书房出版, 2006, 15頁。

4 'The Silk Roud', *Wikipedia*: "The land routes were supplemented by sea routes which extended from the Red Sea to East Africa, India, and Southeast Asia". ("陆路就是由红海伸长到东非和印度.中国.东南亚的海路所补完的路") 显然在这个文章中, 着者把海路看做是陆路的补助路, 并规定丝绸之路为许多交易路交叉的网路(a network of interlinking trade routes across), 而未见海丝路的概念。

5 '海上丝绸之路'『维基百科』(中文): "海上丝绸之路 是陆上丝绸之路的延伸"。

6 前註2), 『中国与海上丝绸之路』, 2~5頁. 本論文荣获北京大学'第1回科学研究成果1等偿'和荣誉证书, 并收录在『北京大学哲学社会科学优秀論文集』第2集。

7 李光斌, 『伊本 白图泰中国纪行考』, 海军出版社, 2009, 44頁。

504

우리 안의 실크로드

초판 1쇄 발행 / 2020년 9월 15일

지은이 / 정수일
펴낸이 / 강일우
책임편집 / 김가희 신채용
조판 / 신혜원
펴낸곳 / (주)창비
등록 / 1986년 8월 5일 제85호
주소 / 10881 경기도 파주시 회동길 184
전화 / 031-955-3333
팩시밀리 / 영업 031-955-3399 편집 031-955-3400
홈페이지 / www.changbi.com
전자우편 / human@changbi.com

ⓒ 정수일 2020
ISBN 978-89-364-8293-0 93900

并加强东北亚的文明纽带, 必须将'脱亚论'一起扬弃所谓'日本文明论'。

关于东北亚的文明纽带, 在亨廷敦的'文明冲突论'中, 引人注目的另一项是'文明相剋论'。他主张文明间的差距是根本的, 文明间的'互相作用'即交流使这样的差距更加深化, 随着通信、贸易和旅行的增加, 文明间的接触得以飞跃的扩大, 结果人们逐渐对自己的认同意识赋豫更大的重要性, 正因为这样的重要性, 与其他文明间的纠纷无可奈何地加重, 这就是'亨廷顿式文明冲突论'。

依据这样的冲突论, 他强调文化间的差距, 是比起政治、经济、理念间的差距, 更加难以变化的水火不相容的相剋关系, 以致互相融合是不可能, 而冲突是不可避免的。按照这样的主张, 东北亚叁国间存在的文化差距, 必将引起纠纷和冲突。这意味着叁国间的交流和融洽, 团结和纽带, 是不可想像的。这样的误见, 是对文明的根本属性和文明交流, 不知或歪曲所致。包括文化在内的文明, 是人类共同的创造物、享受所有物, 并互助共存。因此, 文明的絶对独占或优劣, 是决不容存在, 而文明间的交流和融洽, 是必然的。没有絶对的独占或优劣的文明间交流和融洽, 是通过和平和纯机能的方法, 克服因相异而出现的各种纠纷或矛盾, 渐进实现。问题是本来没有的冲突, 人为的使之存在并行强辩。

亨廷顿特别警惕伊斯兰文明和中华(东亚)文明对西欧文明的挑战, 就此说,"西欧经常对挑战意识强的伊斯兰文明和中华文明感觉到紧张感, 它们之间的关系, 大致上是敌对性的 ... 伊斯兰和中国, 虽然具有迴然不同的文化传统, 但对西欧都具有很高的优越意识。这两个文明的实力化和自豪感, 在与西欧的关系中, 日益增强。围绕价值观和利益, 与西欧的冲突也已多角化和深化。综之, 由于伊斯兰的非宽容(Intolerance)和中华的自己主张(assertiveness), 这两个文明的挑战 不可避免的与冲突相连"。所以, 他主张包括日本文明圈在内的其馀六个文明圈, 应该合纵连衡, 来集体的对付。说实话, 这就是美国的国际安保战略家亨廷顿, 在'文明冲突论'所追求的穷极目标。

为了达成这样的目标, 亨廷顿把日本显出为一个独立的文明圈, 并以'优越意识’、‘自豪心’、‘自己主张’等风马牛不相及的借口，恣意牵制乃至压制中华(东亚)文明。如果，按他的意图，中华文明与日本文明之间发生不和睦或冲突，那麼这必将使东北亚的文明紐带，蒙受致命的打击。

3. 丝绸之路‘疏外论’

原來文明交流通道的丝路与文明紐带，像铜币的两面，是相辅相成的不可分尖係。丝路为文明紐带的物理媒体，文明紐带只靠丝路才能形成。这样的函数尖係，如实地反映在东北亚的文明紐带与撑持之的丝路的尖係上。然而，中国丝路学界，却把以文明紐带所相连的韩国和日本，在东亚的丝路上给与疏外，以致露出丝路与文明紐带的乖离。

从早期，还地球性文明交流通道的丝路，确实担任将东北亚叁国文明紐带，纵横无碍地加以連接的通道角色，其舞臺主要是东北亚海域。广阔的东北亚海域，在1万年以前的间氷期时，就已备好现在的形态，距今7~8千年前，依靠流筏和独木舟等原始的航海手段，海路被开拓，明朗了海上进出的黎明期。領域内所发掘的石矢和支石墓等遗物，暗示当时三国间的海上交易。

到了纪元前后时期，乘东北亚的海上活动由黎明期过渡到展开期，海路便四通八达。纪元前219年，秦国的方士徐市(别名徐福)，奉秦始皇的求得‘不死药’之命，率领大规模船队，从山东半岛南海岸的利根湾出海东渡，沿着沿海路北上渡渤海后，再沿着韩半岛西海岸南下，经济州道抵日本。

纪元后，以韩半岛西南海岸的荣上江口为中间环节，中国－韩半岛－日本，以像铁链一样的‘通交回路’相连结在一起。中国史籍『三国志』「魏书」就連结三国沿海路的这个路程 记述如下：

"(乐浪和带方)郡→韩国→(南行→东行)狗耶韩国→(渡海)(对马国)→(渡海)一

450

大国→(渡海)(末卢国)→伊都国→奴国)→不弥国→投马国→耶马臺国"。

如所上述的史实, 就证实从早在东北亚三国间, 已经海路形成疏通和交流的文明紐带。从文明交流史上看, 使叁国得以疏通文明的这一个海路, 就是海上丝路全程中的东北亚区间。尽管如此, 中国等国际丝路学界, 依然如故地被丝路有关的陈腐之说吸引住, 导致丝路研究中的一系列混同及问题。

中国出刊的『丝绸之路大辞典』, 就丝绸之路(略称丝路)下的定义是, "古代中国经中亚通往南亚、西亚及欧洲、北非的陆上贸易通道"。一看, 就可发现三个问题, 卽① 丝路只是陆路上的贸易通道 而非海上贸易通道, ② 丝路是限制在歐亚旧大陆的通道, 以非环地球的通道, ③ 规定丝路的出发点为中国, 以致其以东的韩半岛与日本, 从丝路被排除。

依据通说, 丝路叁大干线的出发地及终点, 均设在中国, 而不到其以东的韩半岛及日本, 以使这两国在丝路上遭以疏外。中国泉州海上博物馆长丁毓玲, 主张因为中世纪阿拉伯和波斯的穆斯林商人, 所构建的贸易网路的终点是中国, 所以他们再没有北上与高丽或日本往来。正是因为这样的'终点论'和'疏外论', 东北亚的韩半岛及日本, 在丝路的文明紐带上被排除。然而, 各种文献记录和遗物早已充分地证明, 丝路的网路决未中止在中国, 而延长到韩半岛及日本。

关于丝路的这样陈腐过时的通说和认识, 不仅对东北亚文明紐带等的歷史问题, 而且对今天的国际现实问题, 也给与一定的影响, 这值得关注。最近年间, 中国做为泛地球的战略构想, 正式提出所谓'一带一路', 卽'丝路的经济带'和'21世纪海上丝路'的宏图, 正为实现尽力。当分析其内涵, 就发现在丝路概念上, 把陆上与海上通道合起来, 示以综合性的理解, 这较旣往的通说, 是进了一步的认识。不过, 中华中心主义和'局限论', 韩半岛及日本的'疏外论'等 通说馀波 仍未克制。

4. 韩半岛的'他民族论'

八千万韩民族的始终不渝的宿愿, 是达成国家的再统一。这样的民族宿愿所持的根本的当为性, 就是南北同胞(geore)为一个民族。但是, 现在这样的无可置辩的事实, 面临着被'他民族论'等似是而非的民族论蚕食的危机, 并因其馀震, 统一运动日渐失去原动力。

'他民族论'者, 籍以构成民族的共通要素逐渐被消失, 而在血缘及语言特别在经济方面, 异质性为借口, 主张南北韩已不再是同一民族, 而是他民族的'分族论', 并对统一心怀疑惑及冷笑。他们说"民族是一个文化共同体, 南北韩因具有廻然不同的政治制度和经济结构, 已不再是一个文化共同体, 文化上的相似性也没有什麽... 以血缘也不可定义为同一民族, 所谓单一民族已不", "看来所谓同一民族不过是一种累赘, 叫大韩民国国民就够了, 豪无必要加之什麽同一民族类似的话"等等。一言以蔽之, 南北韩已不再是一个民族的'反单一民族'主张, 他们以其根据, 集中地挂齿民族构成要素的共通性, 特别是经济共通性的失去。

我们不能, 因南北韩间的经济制度及经济水準的差距, 民族构成的主要要素之一的经济共通性已被消失。原来民族构成要素之一的经济共通性, 并不指经济制度和经济水準上的共通性, 而是意味着在经济的基层结构(农业和工商业等)、经济生活(衣食住等)、影响经济的自然地理条件(气候和自然资源等)等, 三大要素上表出来的共通性。历史经验告诉, 虽经封建制度和资本主义制度等, 相异的经济制度及经济水準, 民族构成的客观要素的经济共通性, 并不消失, 而照旧维持民族构成要素的原初机能, 其原因是前述三大要素的存在。迄今为止, 南北韩间未能进行经济疏通, 也未见经济制度及经济水準互相补完, 基于这一三大要素的经济共通性, 在水準和比率及表现等方面, 显出一定的相异。虽然如此, 总体的来看, 这些要素依然维持并作机能。因此, 仅依据经济制度及经济水準的差距, 否认南北韩的单一民族性并挂齿'他民族论', 不过是一种冒失的误判。

452

关于血缘、语言、文化、意识结构等, 构成民族的主客观的要素问题上, 发生的相异及共通性问题, 如果以经济共通性一样的实事求是的问题意识接近的话, 必定会达成正确的理解。 这不仅是成为克服'他民族论'等反民族论的有力的理论武器, 而且是会起统一运动的活力素作用。

韩半岛做为地政学上东北亚文明纽带的中间环节, 始终一贯在结成并卫护这个纽带, 起着重要的牵线搭桥作用。 因此, 韩半岛的局势, 不但在东北亚文明有待的运转, 还对东北亚的全般形势 产生一定的影响。 借此机会, 我特意谈及遏止统一的'他民族论'问题, 是为了预防民族分裂而会发生的韩半岛的永久分断, 也为了遮断因此而会产生的东北亚形势的持续紧张。

III. 东北亚的文明纽带与和平

'纽带'与'和平', 在语义上是一个双生语, 是相称谐调的语汇。 没有互相间的纽带, 就不可有互相间的和平, 纽带的目的是和平的伸张, 只要在和平中, 纽带才能形成及巩固。 总而言之, 纽带与和平, 处在互相依赖的函数关系, 东北亚三国的关系史, 雄辩地立证这种关系。

1. 经文明纽带的和平扎根

如前所述, 从早时期开始, 东北亚三国间已形成, 使在文、 制度、 宗教、 日常生活上、共有文明共通要素, 以能形成涵养一体感的文明纽带。 虽在歷史的紧要关头, 经受了暂时的脱离或纠纷, 甚至于战争等迂回曲折, 但从未发生过纽带的断绝或抛弃, 而不断地相连。

尽管如此, 今天的东北亚, 各种矛盾和纠葛盘踞在到处, 变成为紧张不息的,不安的'激浪'地域。韩半岛的统一、日益激化的領土纠纷、激烈的霸权竞争、加速化的军备竞争、频发的各种暴力事件 ...。这些局势, 个个都要求和平为其解决方法。今天, 我们为了顺应这一要求, 为了从多方面的视觉, 寻求其和平解决方法, 就在这裡会聚一堂。我本人是把歷史渊源的合成词'文明紐带', 做为关键词, 用人文学的接近方法 试论东北亚的和平扎根问题。

为经文明紐带而扎根并巩固和平, 首先重要的是彻底摆脱如前所说的'脱亚论'、'文明冲突论'、'丝绸之路疏外'等各种各样的反文明紐带论。此外, 也应该克服那些否认文明紐带互相性的大国主义、中心主义、排他的民族主义、事大主义等不当的主张。这些陈腐的谬说, 不仅对文明紐带的形成及加强百害无益, 而且对东北亚的和平进程, 当成应要除去的绊脚石。

其次重要的是, 为了領内和平扎根, 创意性地开拓新的文明紐带。时代的变化和歷史的进化, 必将要求与其相应的文明交流和紐带。东北亚三国应在互惠原则下, 加强文化交流及疏通, 和平解决互相间的纠纷, 并以其机制设立有效的机构和缔结必要的协约。

最后重要的是, 为世界和平做出贡献 不断地扩大和加强与其他文明圈的文明紐带。在人类所向往的地球化时代, 一个国家或地域的形势, 定要对隣接国或地域甚至于地球全域, 立刻引起連动波纹。所以, 不管那一国家或者地域, 维护和平是全体地球村人的理所当然的义务。强大的东亚文明圈, 维护和加强与其他文明圈的文明紐带的同时 应当眞心诚意地履行恰如其分的和平责任。

2. '和平学'的定立与普及

和平谈论早已开始, 德国哲学者伊曼努弥 康德(Immanuel Kant)在1795年发表的論文「永久和平論」中, 曾提出为国家间永久和平的三大'确定条项': ① 国家体制应该是国民能决定战争与否的共和制, ② 为了永远地终止战争, 应该结成

'诸民族间的和平同盟', ③ 应该宣布对永久和平的世界市民的权利。时间越过一百多年, 大韩帝国的安重根义士, 于1910年3月, 死刑宣判后 在监狱写的未完的遗稿「东洋和平论」中, 严正地指摘说, 因为日本剥夺韩国的国权, 对大满洲及清国抱着侵略野慾, 东洋和平才遭破坏。因此, 实现东洋和平的唯一道路, 就是首先还给韩国国权, 放弃对满洲及清国的侵略。之后, 独立的韩国和中国及日本等东洋三国, 齐心协力公同防御西洋势力的侵略, 进而, 东洋叁国互相融合, 开化进步, 并为东洋和平和世界和平尽力。就这样, 安重根义士阐明了和平守护的远大构想。

从前, 把和平看做是战争和暴力, 及冲突的单纯反意语或者对称语, 并将和平运动只当软性的非暴力社会运动看待。直到第2次世界大战之际, 随着反战和平运动的激烈展开, 对和平的社会学的机能问题, 其关心逐步提高。终于1948年一些社会科学者, 在聯合国教科文组织(UNESCO)发表了'社会科学者争取和平的嗯吁书', 揭开了前后'和平学'的研究序幕。继至1950年代, 出现'和平学'。这一新学问的创始者, 是挪威出身的奥斯陆大学国际关系学教授, 约翰 加弥通(Johan Galtung, 1930~)。他在1959年创建奥斯陆国际和平研究所(PRIO), 被认为是'和平学'建立的标志, 1964年出版专业期刊『和平研究』(*Journal of Peace Reserch*)。之后, 通过主着『和平论』(1961)等160卷的有关和平著作, 试图'和平学'的定立, 并为其普及专心致志。不尽如此, 他还到处设立在线的(online)和平大学, 也调解一百多次纠纷。

'和平学', 一句话, 就是用科学的方法, 研究如何实现人类的永久和平的学问。'和平学'虽然是一门新兴独立学问, 但是与其他学问分野, 多方面連繫的学际间学问, 是包括政治、经济、文化、军事的多层次的复合学问。'和平学'是和平教育和和平运动等有关各种实践的批评科学, 是要达成人类的终极目标卽永久和平, 还重视其价值志向的学问。'和平学'是主要因研讨人类的社会关系, 在学问系谱上, 属于社会学系谱。

'和平学'的内涵, 是由和平理论、和平教育、和平建设的三大部分构成。这样的内涵中, 有几个诱发兴趣的新概念, 引起学术界的注视。首先, 将暴力分为直接暴力、结构暴力、文化暴力等三大部类。直接暴力是一种有形的或看得见的暴力, 一般指造成人的肉体伤害和痛苦的战争和暴力冲突以及言辞和心理上的虐待。结构暴力是指贫穷、疾病、压制、社会的蔑视给人类带来的痛苦和灾难。这些是由政治权利和经济利益产生的不公正现状, 与直接暴力相比, 结构暴力是一种无形的暴力, 需要一个长期的过程才能被消除。文化暴力是在宗教、法律、意识形态、语言、艺术等存在的暴力, 通过学校和媒体进行传送。文化暴力往往诱发社会的憎恶、恐怖、猜疑。

其次, 将和平分为消极和平(Negative Peace)和积极和平(Positive Peace), 以致和平概念得以扩大。消极和平是没有体系化的集团暴力(organized collective violence)状态的和平, 是通过非武力的谈判或调节解决争端, 依靠国际性协议或组织(如聯合国)来保证集体安全的和平。与此相比, 积极和平是不尽没有体系化的集团暴力, 而且在人之间实现协力、回復(rehabilitation)、正义实现状态的和平。只要在消除飢饿、暴力、人权侵犯、难民、环境污染等给人带来痛苦和不安的各种要素, 才能实现这种积极和平。

此外, 有关冲突和和平、非暴力和和解等一系列问题上, '和平学'也提出自己特有的理论和解决方法。

从1970年代, 几次访问过南北韩的约翰 加弥通博士, 为解决韩半岛问题 曾多次陈述自己的和平构想。2016年5月25日, 他在韩国济州道召开的'第11次和平和繁荣济州道論坛', 指出韩国"应该与北韩的关係预以正常化, 建立和平的关係和相互协作"。并就对北韩的制裁问题发表了意味深长的见解, 他说"随着对北制裁持续下去, 北韩的'怨恨'越来越积累。对开发核的其他国家不施加制裁, 而唯有对北韩施加制裁, 是不公平", "美国设想北韩定要崩坏, 所以持续施加制裁。然而, 这种制裁显得不可能持续。我希望所谓'崩坏论'概念的崩坏"。关于南北韩统一, 他说,"首先南北都不要浪费时间, 而必将造成有助于统一的关係","一旦关係建立, 有可能构建值得统一基础的阶段"。这样他豫示统一方式和连展望。

在2次大战后冷战时代诞生的'和平学', 由于其卫护和平的价值志向的目的, 不仅在学术界而且也在社会运动界, 惹起相当的关心, 获得UNESCO等国际和平机构和组织的响应和支持。结果, 今天在欧洲40多个国家200多个大学和研究所内, 专担和平学教育与研究的学科和机构。迄今为止, 乘多次机会直接体验过和平价值的欧洲, 起'和平学'的中心作用。我们东北亚三国虽然已开始学'和平学'之步, 但仍然处在微不足道的状态。

參考文獻

安重根,『東洋平和論』, 獄中, 사형으로 집필 중단, 1910. 3. 26.

유용태 등,『함께 읽는 동아시아 근현대사』, 창비, 2010.

尹鉉哲,『渤海交通運輸史研究』, 華齡出版社, 2006.

정수일,『문명담론과 문명교류』, 살림출판사, 2009,

_____,『실크로드 사전』, 창비, 2013.

_____,『한국 속의 세계(하)』, 창비, 2005.

탁석산,『한국의 민족주의를 말하다』, 웅진닷컴, 2004.

吳杰,『徐福研究』, 靑島海洋大學出版社, 1991.

丁毓齡,「泉州宋元時期海上交通與伊斯蘭網路」,『고대 동아시아 바닷길』, 국립해
     양문화재연구소·목포대학교 도서문화연구소 공동주최 국제학술대회 발
     표논문집, 2009.

周偉洲·丁景泰 主編,『絲綢之路大辭典』, 陝西人民出版社, 2006.

『アジア歷史事典』, 'アジア(Asia)'條, 平凡社, 1985.

니시지마 사다오(西嶋定生),『中國古代國家と東西世界』, 東京大學出版會, 1983.

_____,『日本歷史の國際環境』, 東京大學出版會, 1985.

후꾸자와 유끼찌(福澤諭吉),「脫亞論」,『時事新報』(現 産經新聞), 1885. 3. 16.

前嶋信次·加藤九祚,『シルクロート事典』, 芙蓉書房出版, 1993.

Arnold Toynbee, *A Studt of History*, by D. C. Somervell, Abridgement of Volumes,
     I~IV(1946)

Immanuel Kant, *Zum ewigen Frieden und andere Schriften*, 1795.

John Galtung, 陳祖洲 等譯,『和平論』(Peace by Peaceful Means), 南京出版社, 2006.

주

제1부 실크로드

2. 실크로드의 개념에 관한 동북아 3국의 인식 ────────────

1 졸저 『실크로드 사전』, 창비 2013, 467~68면.

2 남북의 5대 지선 ① 막북(漠北)의 오르콘강 유역에서 카라코룸과 장안이나 유주(幽州, 베이징)를 지나 취안저우(泉州)나 광저우(廣州)에 이르는 마역로(馬易路), ② 중가리아 분지에서 티베트 라싸를 거쳐 인도 갠지스강 어구에 이르는 라마로(喇嘛路), ③ 중앙아 시아에서 페샤와르를 지나 동인도 불교 8대 성지까지의 불타로(佛陀路), ④ 흑해에서 이란의 타브리즈를 거쳐 메소포타미아에 이르는 메소포타미아로, ⑤ 북유럽의 발트해 에서 러시아의 끼예프와 터키의 콘스탄티노플을 거쳐 이집트 알렉산드리아에 이르는 호박로(琥珀路). 졸저 『씰크로드학』, 창작과비평사 2001, 78~80면 참고.

3 『飮食須知』(元末明初); 『草花譜』(明); 『植物名實圖考』(淸); 『中國與海上絲綢之路: 聯合國敎 科文組織海上絲綢之路綜合考察 泉州國際學術討論會論文集』, 福建人民出版社 1991, 119면 '國外傳入農作物一覽表' 등 참고.

4 全漢昇 「美洲白銀與18世紀中國物價革命的關係」, 『歷史語言硏究所集刊』, 中硏院 第28本下, 1957.

5 졸고 「海上絲綢之路與韓半島」, '海上絲綢之路與世界文明進程 國際論壇' 發表論文, 寧波, 2011.

6 周偉洲·丁景泰 主編 『絲綢之路大辭典』, 陝西人民出版社 2006, 1면.

7 같은 책 719면.

8 "シルクロードと, 太古以來, 東アジアと西アジア, アジアとヨーロッパ, および北アフリ

カとを結んできた東西交通路の總稱である。"長澤和俊『シルクロードを知る事典』, 東京堂出版 2002, 3면.

9 "東南アジアからインド洋を經て紅海に至る海上ルート。"三杉隆敏『海のシルクロードを調べる事典』, 芙蓉書房出版 2006, 15면.

10 "1840年爆發的阿片戰爭, 標志着中國進入半封建半植民地社會, 中國的對外關係的性質起了根本的變化, 海上絲綢之路的歷史至此也就終結了。"陳高華 等『海上絲綢之路』, 海洋出版社 1991, 前言.

11 "我們所說的絲綢之路, 主要是原來意味上的絲綢之路, 卽狹義的絲綢之路。"周偉洲·丁景泰主編, 앞의 책 1면.

12 "(…)廣義的海上絲綢之路也包括從中國沿海城鎭至朝鮮半島 日本群島的海上交通。"같은 책 719면.

13 "シルクロードとは, せまい意味ではオアシス·ルートを示すが, ひろい意味では, これと草原ルート, 海上ルートをあわせて唹ふ總稱てあるといえる。"前嶋信次·加藤九祚 共編『シルクロード事典』, 芙蓉書房出版 1993, 4면.

14 林士民『海上絲綢之路的著名海港: 明州』, 海洋出版社 1990, 100~102면.

15 "泉州地處中國東南沿海, 是一座具有悠久歷史的古城, 是海上絲綢之路的東方起點。"李光斌『伊本 白圖泰中國紀行考』, 海軍出版社 2009, 44면; "泉州港是"海絲之路"的始發點, 也是宋元時期馳名世界的東方第一大港。陳榮芳「古港新姿: 千年"海絲之路"再現輝煌」, 中國航海學會·泉州市人民政府 編『泉州港與海上絲綢之路』, 2002, 1면; 앞의 졸고 참고.

16 丁毓玲「泉州宋元時期海上交通與伊斯蘭網路」,『고대 동아시아 바닷길』, 국립해양문화재연구소·목포대학교 도서문화연구소 공동주최 국제학술대회 발표논문집, 2009.

17 졸저『씰크로드학』, 창작과비평사 2001, 35~81면.

3. 실크로드와 '일대일로'

1 졸저『실크로드 사전』, 창비 2013, 467~68면.

2 졸저『씰크로드학』, 창작과비평사 2001, 78~80면.

3 『飮食須知』(元末明初);『草花譜』(明);『植物名實圖考』(淸);『中國與海上絲綢之路: 聯合國敎科文組織海上絲綢之路綜合考察 泉州國際學術討論會論文集』, 福建人民出版社 1991, 119면('國外傳入農作物一覽表') 등 참고.

4 全漢昇「美洲白銀與18世紀中國物價革命的關係」,『歷史語言硏究所集刊』, 中硏院 第28本下, 1957.

5 "'一帶一路'建設植根于絲綢之路的歷史土壤, 重點面向亞歐非大陸, 同時向所有朋友開放。"習近平「加强國際合作, 共建'一帶一路', 實現共贏發展」, "'一帶一路'國際合作高峰論壇' 開幕演講, 2017. 5. 14.

6 史平: "'一帶一路'借用古代絲綢之路的歷史符號。"「從絲綢之路到'一帶一路'對古代絲綢之路的再認識」, 『靑春歲月』 2015. 18.

7 顧永: "可見, 一帶一路經濟帶的建設, 在順應時代要求的同時, 也是古絲路(古代絲綢之路─筆者)的一個傳承與延續, 兩者之間有聯系也有差異." 「趨議'一帶一路'與古代絲綢之路」, 『新西部』, 2017年 4月 下旬刊.

8 高峰: "追古思今, 我們重溫那一頁頁輝煌, 來思考如何繼承古代絲綢之路的精神(…)" 「從古絲綢之路到'一帶一路'建設」, 『北方經濟』 2015年 4號.

9 '실크로드 경제대'와 '21세기 해상실크로드'를 병행적으로 거론함으로써 마치 실크로드에는 2대 길(실크로드의 이원론)이 있는 것처럼 비쳐지는데, 이는 오류다. 앞의 실크로드의 개념 확대에서 보다시피, 하나의 복합개념인 실크로드에는 간선만도 오아시스실크로드와 해상실크로드, 초원실크로드가 있다. 따라서 '실크로드 경제대'는 의당 '오아시스실크로드 경제대'로 바로잡아야 할 것으로 본다.

10 "古今絲綢之路的區別, 從時代背景上來講, 古代絲綢之路出現在農業社會的自然經濟條件下, 今天一帶一路出現在工業化, 信息化和經濟全球化的時代. 從範圍上講, 古代陸上絲綢之路是連接歐亞的陸上通道, 海上絲綢之路是中國與印度洋各國間的海上通道, 而當今的一帶一路則是覆蓋全球, 包括南北美洲的經濟文化交流網路. 從經濟交流方式看, 古代絲綢之路是商品輸出, 卽東西方物産, 商品的貿易往來, 而今天則在商品輸出的同時, 資本輸出, 卽對外投資, 也成爲經濟交流的重要手段. 從交通方式來看, 古代海上絲綢之路主要利用自帆船, 陸上絲綢之路則利用人力和畜力, 當今絲綢之路則利用公路, 鐵路(歐亞大陸橋), 航空, 遠洋航運等現代交通技術以及現代通訊技術展開了高效便捷的交往." 烏圖俠, 『百度文庫』 投稿文, 2016. 4. 16. 他說.

11 앞의 졸저 35~81면; 졸고 「海上絲綢之路與韓半島」, '海上絲綢之路與世界文明進程 國際論壇' 發表論文, 寧波, 2011.

12 졸고 「論海上絲綢之路的環球性問題: 以中國所提'21世紀海上絲綢之路'爲例」, 第11屆海港都市國際硏討會及第5屆世界海洋文化硏究所協議會大會 主題演講文, 臺北, 臺灣中央硏究院, 2016. 4. 24.

13 陳瑞德 『海上絲綢之路的友好使者: 西洋篇』, 海洋出版社 1991年版, 5면.

14 "'一帶一路'貫穿歐亞大陸, 東邊連接亞太經濟圈, 西邊進入歐洲經濟圈." 習近平 「加快推進絲綢之路經濟帶和21世紀海上絲綢之路建設」, 百度百科, 2014. 11. 7.

15 중국과 라틴아메리카 간의 동반자 관계에 관해서는 앞의 졸고 참고.

16 2015년 '중화인민공화국국가발전계획위원회'가 제시한 '일대일로'의 3대 사명은 '① 探尋後危機時代全球經濟增長之道, ② 實現全球化在平衡, ③ 開創地區新型合作'.

4. 해상실크로드의 환지구성 문제를 논함

1 『中國與海上絲綢之路: 聯合國敎科文組織海上絲綢之路綜合考察 泉州國際學術討論會論文集』, 福建人民出版社 1991, 2~5면.

2 林士民『海上絲綢之路的著名海港: 明州』, 海洋出版社 1990, 100~102면.

3 "泉州地處中國東南沿海, 是一座具有悠久歷史的古城, 是海上絲綢之路的東方起點." 李光斌 『伊本 白圖泰中國紀行考』, 海軍出版社 2009, 44면; "泉州港是"海絲之路"的始發點, 也是宋元時期馳名世界的東方第一大港." 陳榮芳「古港新妾: 千年"海絲之路"再現輝煌」, 中國航海學會·泉州市人民政府 編『泉州港與海上絲綢之路』, 2002, 1면. 천옌의 '외전론'과 린스민의 '명주기원론', 리광빈의 '취안저우기원론' 등에 관해서는 졸고「海上絲綢之路與韓半島」('海上絲綢之路與世界文明進程 國際論壇' 發表論文, 寧波, 2011)에서 논급함.

4 董貽安「從『漂海錄』到"千年海外尋珍": 寧波與韓國"海上絲綢之路"的當代詮釋」, 『浙東文化集刊』, 上海古籍出版社 2005, 107면.

5 丁毓玲「泉州宋元時期海上交通與伊斯蘭網絡」, 『고대 동아시아 바닷길』, 국립해양문화재연구소·목포대학교 도서문화연구소 공동주최 국제학술대회 발표논문집, 2009.

5. 해상실크로드와 한반도

1 남북의 5대 지선 ① 막북(漠北)의 오르콘강 유역에서 카라코룸과 장안이나 유주(幽州, 베이징)를 지나 취안저우나 광저우에 이르는 마역로(馬易路), ② 중가리아 분지에서 티베트 라싸를 거쳐 인도 갠지스강 어구에 이르는 라마로(喇嘛路), ③ 중앙아시아에서 페샤와르를 지나 동인도 불교 8대 성지까지의 불타로(佛陀路), ④ 흑해에서 이란의 타브리즈를 거쳐 메소포타미아에 이르는 메소포타미아로, ⑤ 북유럽의 발트해에서 러시아의 끼예프와 터키의 콘스탄티노플을 거쳐 이집트 알렉산드리아에 이르는 호박로(琥珀路). 졸저『씰크로드학』, 창작과비평사 2001, 78~80면 참고.

2『飮食須知』(元末明初);『草花譜』(明);『植物名實圖考』(淸);『中國與海上絲綢之路: 聯合國敎科文組織海上絲綢之路綜合考察 泉州國際學術討論會論文集』, 福建人民出版社 1991, 119면 '國外傳入農作物一覽表' 등 참고.

3 실크로드의 개념과 그 확대 및 3대 간선과 5대 지선의 전개과정에 관해서는 앞의 졸저 35~81면과 또다른 졸저『문명담론과 문명교류』, 살림출판사 2009, 79~94면 참고.

4 三杉隆敏『海のシルクロードを調べる事典』, 芙蓉書房出版 2006, 15면.

5 "The land routes were supplemented by sea routes which extended from the Red Sea to East Africa, India, China, and Southeast Asia." 'The Silk Road,' *Wikipedia*(영어). 이 글에서 실크로드는 '무역통로가 서로 얽힌 네트워크'(a network of interlinking trade routes across)라고 정의하지만, 해상실크로드라는 개념은 없다.

6 "海上絲綢之路 是陸上絲綢之路的 延伸." 海上絲綢之路,'『維基百科』(중국어).

7 중국은 지난 1987년부터 1997년까지의 10년간 유네스코가 기획한 '실크로드의 종합연구: 대화의 길'(Integral Study of the Silk Road: Roads of Dialogue, 약칭 '실크로드 탐사', 'Silk Road Expedition') 프로젝트의 참가를 계기로 '해상실크로드(海上絲綢之路)'란 이름하에 해로에 관한 연구를 본격화하기 시작해 그동안 적잖은 연구성과를 거둔 것으로

알고 있다.

8 『中國與海上絲綢之路』 2~5면.

9 『欽定四庫全書』, 『皇王大紀』 卷13, 「三王紀」 '武王'조.

10 李光斌 『伊本 白圖泰中國紀行考』, 海軍出版社 2009, 44면.

11 董貽安 「從『漂海錄』到 "千年海外尋珍": 寧波與韓國 "海上絲綢之路" 的當代詮釋」, 『浙東文化集刊』, 上海古籍出版社 2005, 107면.

12 일본은 한반도와 마찬가지로 통념에 의해 해상실크로드에서 제외되었으나, 학계의 꾸준한 노력에 의해 1982년 신지다이샤(新時代社)가 출간한 『실크로드역사지도(シルクロード歷史地圖)』에서 보다시피 이 해로를 중국 닝보(寧波)로부터 자국의 나라(奈良), 쿄오또(京都)까지 연장시켰다.

13 딩위링(丁毓玲)은 한국의 국립해양문화재연구소와 목포대학교 도서문화연구소가 공동 주최한 '고대 동아시아 바닷길'이란 제하의 국제학술대회(2009)에서 발표한 논문 「泉州宋元時期海上交通與伊斯蘭網路」에서 중세 아랍이나 페르시아의 무슬림 상인들이 구축한 무역네트워크(網路)의 종착점은 중국이었기 때문에 그들은 더이상 북상해 고려나 일본에까지는 내왕하지 않았다고 주장한다. 그리고 지금까지 동서양 여러 나라에서 제작 출간된 실크로드 관련 지도에는 거의 모두가 한반도를 실크로드(해사로 포함)에서 제외시키고 있다.

14 천옌(陳炎)은 앞의 「해상실크로드와 중외 문화교류를 논함」에서 중국 비단의 '외전' 상황을 기준으로 해사로의 발전과정을 형성기와 발전기, 극성기의 세 시기로 나누면서, 매 시기마다 중국과 한반도 간에 있었던 비단 교역을 그 전거의 첫머리에 다루고 있다. 이것은 한반도가 일찍부터 해사로의 동단(東段)에서 중요한 역할을 했음을 말해준다.

15 한중해로 관련 전적으로는 서복(徐福, 일명 徐市)의 도한에 관한 『史記』 권6 「秦始皇本紀」, 한 수군의 도발해(渡渤海)에 관한 『史記』 권115 「朝鮮傳」, 공자의 도동이(渡東夷)에 관한 『漢書』 권26 「地理志」, 마한(馬韓)의 남방종단로 이용에 관한 『晉書』 「四夷傳」 '馬韓'조, 가야의 남방횡단로 이용에 관한 『南齊書』 권58 「東夷傳」, 위(魏)나라 때 한반도 서남해안로를 밝힌 『三國志』 「魏書」 倭人傳, 등주(登州)에서 경주까지 해로를 밝힌 가탐(賈耽, 당)의 『皇華四達記』(일명 『道里記』) 「登州航行入高麗渤海道」, 일승(日僧) 엔닌(圓仁)이 황해횡단로를 이용한 데 관한 『入唐求法巡禮行記』, 북송 서긍(徐兢)의 남방 횡단기인 『宣和奉使高麗圖經』, 남방횡단로에 관한 『宋史』 「高麗傳」 등이 있으며, 관련 논저로는 林士民 『海上絲綢之路的著名海港: 明州』, 海洋出版社 1990; 全海宗 「論麗宋交流」, 『浙東文化』 2001. 2.; 孫光圻 「公元8~9世紀新羅與唐的海上交通」, 『海交史硏究』 1997年 第1期; 董貽安, 앞의 글; 김영제 「여송(麗宋)교역의 항로와 선박」, 『역사학보』 204집, 2009; 정수일 「해로의 동단(東段): 고대 한·중 해로」, 『문명교류사 연구』, 사계절 2002; 정수일 「동북아해로고」, 『문명교류연구』 2호, 2011 등이 있다.

16 얼마 전까지만 해도 양쯔강 이남의 남중국 일원에는 지석묘가 없는 것으로 알려졌으나, 최근 루이안시(瑞安市) 다이스산(岱石山), 창난현(蒼南縣) 퉁차오(桐橋) 등 저장(浙江) 지역에서 총 51기의 지석묘가 발굴되었다. 陳元甫 「浙江石棚墓硏究」, 『東南文化』

2003年 第11期.

17 金健人 主編『中韓古代海上交流』(韓國硏究叢書之四十), 遼寧民族出版社 2007, 261면.

18 19세기 말~20세기 초 영국에서 대두한 '맨체스터학파'(the Manchester School)는 이른 바 '양석문화분포설'(陽石文化分布說, Theory of the Distribution of Heliolithic Culture) 과 '고대문명이동설'(Theory of the Migration of Archaic Civilization)을 제시하면서 양석문화를 남방 해양문화의 대표적 문화로 지목했다. 그들의 주장에 따르면, 기원전 4000년경 이집트에서는 이미 태양과 거석구조물을 숭배하는 양석복합문화가 출현했 는데, 이 문화가 주로 남방 해로를 따라 동전(東傳)했다는 것이다. 따라서 이 해로 연안 지역에 태양과 돌멘을 비롯한 거석구조물을 숭배하는 양석문화가 생성되었으며, 그 전 파노정이 이른바 '문화이동남방로'라고 주장했다.

19 볍씨 길이는 7.19mm, 너비는 3.08mm로서 대부분은 단립형 찰벼인 자포니카 (Japonica)에, 일부는 장립형 메벼인 인디카(Indica)와 자바니카(Javanica)에 가깝다. 이 볍씨에 관한 연구결과는 1999년 제4회 유전학국제회의(필리핀)와 2002년 제1회 소 로리볍씨 국제학술회의(한국), 그리고 2003년 제5회 세계고고학대회(워싱턴)에서 각 각 발표되었다. 지금도 보완연구가 계속되고 있다.

20 타밀어는 고대 드라비다어족에 속하는 4대 언어 중 가장 중요한 언어로서 기원 전후 의 문헌기록을 갖고 있을 정도로 세계 유수의 유구한 고대어다. 남인도 타밀나두주(약 4600만명)를 비롯해 동남아와 아프리카 중남부에 이르기까지 5천만~6천만명이 사용 하고 있다. 인도와 싱가포르에서는 공용어 중 하나다.

21 이인숙『한국의 고대 유리』, 도서출판 창문 1993, 79~81면.

22『三國遺事』卷2「駕洛國記」; 같은 책, 권3「塔像」第4 '金官城婆娑石塔'조; 金善臣 撰『金 海金氏世譜』.

23 졸고「남해로를 통한 불교의 한국 전래」,『신라·서역교류사』, 단국대학교출판부 1992, 284~312면.

24 Ibn Khurdādhibah, *Kitābu'l Masālik wa'l Mamālik*, Leiden: Brill 1968, 70면.

제2부 문명교류

1. 문명교류의 전개약사

1 문명교류의 개념과 당위성 및 그 전개과정에 관해서는 졸저『고대문명교류사』, 사계절 2001, 35~39면 참고.

2 비너스상의 출토와 의의, 소재와 유형, 기원과 교류, 그 동전(東傳)에 관해서는 같은 책 49~68면 참고.

3 몽골군의 3차에 걸친 서정(1219~60)과 그것이 동서 문명교류에 미친 영향에 관해서는 졸저『씰크로드학』(창작과비평사 2001) 중의 94~100면 내용 참고.

4 동양 3국은 근대화와 서구에 대한 대응을 위한 방편으로서 공히 서학을 수용하였지만, 그 수용태도라든가 서학이 미친 영향 면에서는 서로 다르다. 중국은 중국 학문을 바탕으로 하여 서구 학문을 받아들인다는 '중체서용'을, 한국은 한국의 전통적인 제도와 사상은 지키면서 근대 서구의 과학기술을 받아들인다는 '동도서기'를, 일본은 일본의 정신 위에 서구의 유용한 것을 가져와 사용한다는 '화혼양재'를 수용책으로 택하였다.

2. 동북아시아의 문명유대와 평화

1 근대적 문명담론과 현대적 문명담론의 구체적 내용에 관해서는 졸저 『문명담론과 문명교류』, 살림출판사 2009, 45~62면 참고.

2 Arnold Toynbee, *A Study of History*, by D. C. Somervell, Abridgement of Volumes, Ⅰ-Ⅳ, Oxford University Press 1946.

3 일본의 동양사학자인 니시지마 사다오(西嶋定生, 1919~88)는 저서 『中國古代國家と東亞世界』(東京大學出版會 1983)와 『日本歷史の國際環境』(東京大學出版會 1985) 등에서 이상 네가지를 동아시아문명의 구성요소로 지적하면서, 이른바 '동아시아세계론', 즉 '책봉체제론(冊封體制論)'을 제시하였다.

4 『アジア歷史事典』1卷, 平凡社 1985, 16면 'アジア(Asia)'條, .

5 근세에 들어와서 서구인들은 '아시아'란 명칭을 재생해 그것을 '동(東)'이란 방위 개념에 접목시켜 '동아시아'와 '서아시아' '남아시아' '북아시아'의 4방위 개념을 창출했을 뿐만 아니라, 그것을 '동북아시아'와 '동남아시아' '서남아시아' '중앙아시아'(혹은 내륙아시아)로 세분화하였다. 예컨대 제2차 세계대전 기간인 1943년에 연합군은 당시 남아시아 여러 지역에서 전개되던 일본군에 대한 반격작전을 지휘 통솔하기 위해 스리랑카에 '동남아시아 사령부'(Southeast Asia Command)를 창설했는데, 이때부터 '동남아시아'(동남아)란 말이 나왔다.

6 보통 협의의 '동북아시아'는 중국, 한국, 일본, 몽골, 베트남의 5개국을 지칭하나, 졸문에서는 주제에 따라 그 범위를 중국과 한국, 일본 3개국으로 한정하였다.

7 후꾸자와 유끼찌는 현 『산께이신문(産經新聞)』 전신인 『지지신보』 1885년 3월 16일자에 제목 없이 사설로 발표했는데, 후일 그의 저작들을 출판할 때 '탈아'의 취지를 살려 이렇게 '탈아론'이란 제목을 붙였다.

8 "(…) 左れば, 今日の謀を爲すに, 我國は隣國の開明を待て共に亞細亞を興すの猶豫ある可らず, 寧ろその伍を脫して西洋の文明國と進退を共にし, 其支那朝鮮に接するの法も隣國なるが故にとて特別の會釋に及ばず, 正に西洋人が之に接するの風に從て處分す可きのみ, 惡友を親しむ者は共に惡友を免かる可らず, 我は心に於て亞細亞東方の惡友を謝絶するものなり。" 『時事新報』 1885年 3月 16日.

9 졸저 『한국 속의 세계(하)』, 창비 2005, 178~86면(「조선의 서학 수용」) 참고.

10 새뮤얼 헌팅턴 『문명의 충돌』, 이희재 옮김, 김영사 1997, 180면.

11 같은 책 84~86, 167~70면.

12 문명(civilization)은 인간의 육체적 및 정신적 노동을 통하여 창출된 결과물의 총체로, 원시적인 상태를 벗어나 정신적·물질적으로 발달한 개화의 상태이며, 문화(culture)는 각각의 민족이 독자적으로 만들어낸 종교·기술·습관 등의 생활양식, 특히 정신활동을 가리킨다. 문명과 문화의 관계는 위계적이거나 단계적 관계가 아니라, 총체와 개체, 복합성과 단일성, 내재와 외형, 제품과 재료의 포괄적 관계다. 요컨대, 문화는 문명을 구성하는 개별적 요소이며 그 양상이다. 비유컨대, 문명이 총체로서의 피륙이라면 문화는 문명을 구성하는 개체로서의 재료인 줄, 즉 씨줄과 날줄 같은 것에 해당한다. 따라서 교류사에서 이질 문명권 간의 교류는 '문명교류'이고, 같은 문명권 내의 교류는 '문화교류'인 것이다. 앞의 졸저『문명담론과 문명교류』40~45면 참고.

13 헌팅턴, 앞의 책 245면.

14 배나 승선인원의 규모에 관해서 정설은 없으나, 상하이 푸단(復旦)대학 역사학과 우제(吳傑) 교수는 저서『徐福研究』(靑島海洋大學出版社 1991)에서 3천명의 동남동녀(童男童女)를 비롯해 사공, 무장 군졸, 백공(百工, 즉 工匠) 등 선단의 총 승선인원을 5250명으로 산출하였다(211면).

15 周偉洲·丁景泰 主編『絲綢之路大辭典』, 陝西人民出版社 2006, 1면.

16 丁毓玲「泉州宋元時期海上交通與伊斯蘭網路」,『고대 동아시아 바닷길』, 국립해양문화재연구소·목포대학교 도서문화연구소 공동주최 국제학술대회 발표논문집, 2009.

17 한국역사연구회 북한사학사연구반『북한의 역사 만들기』, 푸른역사 2003, 116~17면.

18 탁석산『한국의 민족주의를 말한다』, 웅진닷컴 2004, 43면.

19 Immanuel Kant, *Zum ewigen Frieden und andere Schriften*, 1795.

20 안중근 의사는 1909년 10월 26일 만주 하얼빈(哈爾濱)에서 한국 침략의 원흉인 이또오 히로부미(伊藤博文)를 처단한 후 감옥에서 사형언도를 받고「동양평화론」을 집필하기 시작하였다. 원래 집필계획은 ① 서(序), ② 전감(前鑑), ③ 현상, ④ 복선(伏線), ⑤ 문답의 5개 장으로 구성되었다. 감옥 측은 사형집행을 집필이 끝날 때까지 연기하기로 약속했으나, 돌연히 그 약속을 어기고 ①과 ②만이 집필된 1910년 3월 26일 사형을 집행하였다. 그리하여 이 글은 미완으로 남게 되었다.

21 평화학은 제2차 세계대전 후에 탄생한 신흥 학문으로, 영어 명칭은 'Peace Science' 'Peace Studies' 'Peace and Conflict Studies' 'Peace Research' 등 여러가지가 있으나, 국제 학계에서 통용되는 것은 'Peace Studies'와 'Peace and Conflict Studies'다.

22 요한 갈퉁 박사는 2016년 5월 25일 한국 제주도에서 열린 '아시아의 새로운 질서와 협력적 리더십'이란 제하의 '제11회 평화와 번영을 위한 제주포럼'에서 김영희 중앙일보 대기자와 '평화학의 아버지, 요한 갈퉁은 말한다: 평화적 수단에 의한 평화란?'이라는 주제로 대담을 하였다. 이 인용글은 이튿날『제주도민일보』에 게재된 최병근 기자의 기사보도문에서 발췌한 것이다.

3. 동북아 해로

1 실크로드의 개념과 그 확대 및 3대 간선과 5대 지선의 전개과정에 관해서는 졸저『씰크로드학』, 창작과비평사 2001, 35~81면과 졸저『문명담론과 문명교류』, 살림출판사 2009, 79~94면 참고.

2 三杉隆敏『海のシルクロードを調べる事典』, 芙蓉書房出版 2006, 15면. 그러나 저자는 같은 책 24~25면에서 '海のシルクロード'(바다의 실크로드)란 제하에 리스본에서 리스본까지 사전적(辭典的) 의미대로 지구를 일주하는 환지구적 해로 지도를 게재하고 있다. 이것은 분명 저자가 앞에서 내린 '바다의 실크로드', 즉 해로의 정의 내용과 불일치한다. 이렇게 고도의 엄밀성을 요하는 '사전'에서까지도 자가당착적인 내용을 싣고 있는 것은 해로에 관한 통념과 현실 사이에서 방황하는 저자의 학문적 모호성을 반영하고 있다.

3 陳炎「略論絲綢之路」,『浙東文化』2001. 1., 98~131면. 저자는 이 글에서 해상실크로드의 발전과정을 당대(唐代) 이전의 형성기와 당·송대의 발전기, 원·명·청대의 극성기의 3시기로 구분하면서, 매 시기 중국 비단의 '외전(外傳)'(수출)을 지역별로 상술하고 있다. 그리고 중국 비단의 '외전'이 세계문명에 대해 기여한 바를 정치, 경제, 문화 등 각 방면에 걸쳐 언급하고 있다.

4 林士民『海上絲綢之路的著名海港: 明州』, 海洋出版社 1990, 100~102면.

5 李光斌『伊本 白圖泰中國紀行考』, 海軍出版社 2009, 44면.

6 董貽安「從『漂海錄』到"千年海外尋珍": 寧波與韓國"海上絲綢之路"的當代詮釋」,『浙東文化集刊』, 上海古籍出版社 2005, 107면.

7 丁毓玲「泉州宋元時期海上交通與伊斯蘭網路」,『고대 동아시아 바닷길』, 국립해양문화재연구소·목포대학교 도서문화연구소 공동주최 국제학술대회 발표논문집, 2009.

8 王遜「朝鮮古代藝術和中國的關係」,『文物參考資料』1950年 第12期.

9 陳炎, 앞의 글 98~100면 참고.

10 서역 무슬림들의 신라와 고려 내왕에 관해서는 졸저『신라·서역교류사』, 단국대학교출판부 1992, 227~36면 참고.

11 王曉秋·大庭修 主編『中日文化交流大系·歷史卷』, 浙江人民出版社 1996, 61면.

12 金健人 主編『中韓古代海上交流』(韓國研究叢書之四十), 遼寧民族出版社 2007, 279~81면.

13 이 글에서는 나·당과 여·송 간의 해로 구명에 초점을 맞췄기 때문에 발전기의 동북아 해로는 논급하지 않는다.

14 張宏彦「東亞地區史前石鏃的初步研究」,『考古』1998年 第3期.

15 本村英明「新彼得諾夫卡文化和北海島的石葉石鏃文化」,『北方文化』1995年 第1期.

16 지금까지 세계적으로 알려진 거석 유물은 약 5만 5천기가 잇는데, 그중 한반도에만도 지석묘가 약 4만기(북한에 1만 4천~1만 5천기, 전남에 약 2만기 집중)가 산재해 한국을 '지석묘의 나라'라고 한다. 한반도의 지석묘 형식에 관해서는 이론이 분분하나 대체로 북방식 탁자형(卓子形)과 남방식 기반형(基盤形)으로 대별하며, 기원에 관해서는 남

방기원설과 북방기원설, 자생설의 세가지 설이 있다. 졸저『한국 속의 세계(상)』, 창비 2005, 36~47면 참고.

17 얼마 전까지만 해도 남중국(양쯔강 이남) 일원에는 지석묘가 없는 것으로 알려졌으나, 최근 연간 루이안시(瑞安市)의 다이스산(岱石山, 36기), 양메이산(楊梅山, 1기), 핑양현(平陽縣)의 징산(荆山, 2기), 창난현(蒼南縣)의 퉁차오(桐橋, 7기), 산먼현(三門縣)의 만산다오(滿山島, 5기) 등 저장 지역에서 총 51기의 지석묘가 발굴되어 고고학계의 이목을 끌고 있다. 陳元甫「浙江石棚墓研究」,『東南文化』2003年 第11期.

18 金健人 主編, 앞의 책 261면.

19 陳元甫, 앞의 글.

20 이러한 통설은 1998년과 2001년 두차례에 걸쳐 충북 청원군 옥산면 소로리의 구석기 유적에서 약 1만 3천~1만 7천년 전(미국 GX방사선연구소는 1만 3010~1만 4820년 전으로 추정)의 토탄층(土炭層)에서 모두 59톨의 볍씨가 발견됨으로써 새로운 도전에 직면하고 있다. 필자는 아시아 벼 품종인 인디카(Indica)와 자포니카(Japonica)와 구별해 소로리카(Sororica)로 명명한 바 있다. 그러나 구석기시대에 벼농사가 없었다는 통념이라든가, 지금까지 한반도에서 발견된 다른 볍씨(예컨대 고양시 일산 가와지 유적에서 발견된 4천년 전 볍씨 등)와의 연대 차가 수천년이나 되며 그 중간 유물이 발견되지 않았다는 사실이라든가, 이 볍씨가 수종이 아닌 육종일 가능성이 있다는 것 등 재고와 연구를 요하는 점들이 있어 학계의 반응은 조심스럽다. 편년으로 따지면 소로리카는 양쯔강 유역의 위찬옌(玉蟾巖) 유적에서 발견되었다고 하는 중국 최고(最古)의 볍씨(약 1만 1천년 전)보다 수천년 앞선다. 앞의 졸저 56~64면 참고. 과문인지는 몰라도 이에 관한 중국 학계의 반응은 접한 바가 없다.

21 蔡鳳書『中日交流的考古研究』, 齊魯書社 1999, 73~74면.

22 柳田國男·安藤廣太郎·盛永俊太郎 等『稻の日本史(上)』, 筑摩書房 1969, 271~72면.

23 安志敏「中國稻作文化的起源和東傳」,『文物』1999年 第2期.

24 金貞培『韓國民族的文化和起源』, 上海文藝出版社 1993, 80면.

25 樋口隆康『日本人はどこから來たか』, 講談社 1971.

26 柳田國男 等, 앞의 책 64~66면.

27 佐佐木高明『日本文化の多重構造』, 小學館 1997, 167~68면.

28『詩經』「商頌」: "相土烈烈 海外有截."

29『論衡』「恢國」: "越裳獻雉 倭人貢暢." '왜(倭)'가 오늘의 일본인가에 대해서는 학자들 사이에 이견이 있으나, 이 책에 나오는 '왜'가 동북아의 한곳이라는 데는 이의가 없다. '창(暢)'은 일종의 향기 나는 풀(香郁芳草)이다.

30『山海經』「海內經」: "東海之內 北海之隅 有國名曰朝鮮."

31『漢書』卷二八「地理志」: "동이의 천성은 유순하고 모든 외방과는 다르므로 공자는 도가 뜻대로 행해지지 않음을 슬퍼하여 바다 건너 구이에 가서 살고 싶어했다(東夷天性柔順 異於三方之外 故孔子悼道不行設浮於海 欲居九夷有以夫)." 이 기사는 본래『論語』公冶長 第五 중 "子曰 道不行 乘桴浮于海 從我者其由與"라고 한 부분을 인용한 것이다. 윗글

을 안사고(顏師古)는 『한서』의 주에서 "공자는 뗏목을 타고 바다를 건너 현자들이 살아 도가 행해지는 동이에 가서 살고 싶다는 말을 했다(論語稱孔子曰 道不行 乘桴浮於海 從 我者其有也歟 言欲乘桴 筏而適東夷 以其國有仁賢之化 可以行道也)"로 해석했다. 하대(夏 代)부터 전국시대에 이르기까지 연해로에 관해 쓴 이 사료는 孫光圻 主編 『中國航海史 綱』, 大連海運學院出版社 1991, 11~28면 참고.

32 『史記』 「張儀列傳」.

33 陳鴻彝 『中國交通史話』, 中華書局 1992, 66면.

34 『韓非子』 「有度」: "先王立司南以端朝夕."

35 『御定淵鑑類凾』 卷三八六: "周成王時 於越獻舟."

36 『前漢書』 卷六.

37 '전통적(고전적) 실크로드'의 '신(현대적)실크로드'로의 전환에 관해서는 졸저 『문명 담론과 문명교류』 79~82면 참고.

38 이 글은 전개기의 나당해로와 여송해로를 고증하는 데 초점을 맞추고 있기 때문에 동 북아 해로의 발전기에 관해서는 논급을 피한다.

39 발해(渤海)는 동쪽의 랴오둥반도와 서쪽의 산둥반도에 의해 경계지어지는 해역으로 서 넓게 보면 황해의 한 부분이다. 그러나 동북아 해역 차원에서 보면 사람들이 최초로 연해를 떠나 도서들 사이를 항해함으로써 원해로의 단초를 연 해역이다. 따라서 본격 적인 원해 항해가 시작된 황해와는 구별해서 고찰한다.

40 『史記』 「朝鮮列傳」 卷一一五.

41 『서씨역대명인록(徐氏歷代名人錄)』에 의하면 서복은 하우(夏禹) 때의 인물인 백익자 (伯益子) 약목(若木)의 32대손인 서언왕(徐偃王)의 29대손으로 이름은 '의(議)'이고 자 는 '복(福)'이며 별명이 '서불(徐巿)'이다.

42 『史記』 卷六, 「秦始皇本紀」. 봉래를 일본열도에, 방장을 제주도에, 영주를 류우뀨우열 도에 비정하는 등 여러 설이 있으나, 신빙성이 없다. 자고로 금강산을 봉래산, 지리산을 방장산, 한라산을 영주산이라 불러왔다.

43 당시 발해는 오늘의 발해(渤海, 일명 北海)와 황해(黃海, 일명 東海)를 망라한 좀더 광 활한 해역을 지칭했다. 한편, "진시황이〔저장성〕후이지(會稽)에 가서 우 임금에게 제 를 올리고는 남해를 바라보았다(秦始皇 上會稽 祭大禹 望于南海)"(『史記』 「秦始皇本紀」) 는 기사에서 보다시피, 오늘의 동·남중국해는 '남해(南海)'라고 불렀다.

44 서복 선단의 승선인원의 규모에 관해서 정설은 없으나, 상하이 푸단(復旦)대학 역사학 과 교수 우제(吳傑)은 승선인원을 총 5250명으로 산출했다. 그 계산은 3천명의 동남동 녀를 배마다 1백명씩 30척에 분승시키고, 배마다 사공 50명, 상어잡이 무장 군졸 10명, 백공(百工, 工匠) 10명, 방사와 관리 인원 5명씩 배정된 것을 기준으로 한 것이다. 吳傑 『徐福硏究』, 靑島海洋大學出版社 1991, 211면.

45 서복 선단의 동도에 관해서는 졸문 「서복도한고(徐福渡韓考)」, 『문명교류사 연구』, 사 계절 2002, 359~99면 참고.

46 『魏書』 「百濟傳」; 『三國史記』 卷二五, 「百濟本紀」 3, '蓋鹵王'조.

47『舊唐書』卷一九九,「百濟傳」;『資治通鑑』「唐紀」一六 ;『三國史記』卷二五,「百濟本紀」六, '義慈王'조.

48『元和郡縣志』卷十三, '登州'조.

49 동북아 해역에 자리한 발해의 해상활동도 동북아 해로의 여명기에 속한 활동이지만, 발해의 특수한 위상과 더불어 발해의 해로에 대한 연구가 미흡할 뿐만 아니라, 여러가지 혼선이 빚어지고 있어 따로 연구주제로 삼았다.

50『新唐書』卷二一九, 列傳 一四四, '渤海'조.

51 尹鉉哲『渤海國交通運輸史硏究』, 華齡出版社 2006, 155면.

52 윤명철『한국해양사』, 학연문화사 2003, 255~56면에 게재된 '발해 사신 도표'를 참고해 산출했다. 저자는 글에서 발해 출사는 34회(같은 책 250면)라고 하는데, 이 도표에는 35차(727~929)로 나와 있어 마지막 차수는 무시하고 1차부터 34차까지를 산출에 포함하였다. 도표에는 1차의 도착월과 3차의 귀국일이 명기되어 있지 않아 그것들을 제외하고 산출했다. 도표에는 출사의 일본 도착일과 회사의 귀국일만 밝혀져 있을 뿐, 출사나 회사의 출발일은 명시되어 있지 않다.

53 쿠로시오(黑潮)는 태평양 서부 타이완섬 동쪽에서 발원해 북쪽으로 일본을 거쳐 흐르는 해류를 말한다. 이 해류는 동중국해를 크게 원을 그리듯이 에돌아 북상하다가 일부는 동해로 흘러들어가 쓰시마(對馬) 해류가 된다. 다시 태평양으로 나와서 북동쪽으로 진행한다.

54 윤명철, 앞의 책 254~57면 참고. 발해 건국 1300돌을 맞아 대한의 젊은 탐사가들이 당한 불운의 조난이 그 한 예다. 그들이 탄 '발해 1300호' 뗏목은 1997년 12월 31일 블라지보스또끄항을 출발해 동해를 종단, 1월 24일 새벽 일본 오끼제도의 도오고섬에 상륙하기 직전에 좌초되어 전복되는 바람에 탐사가 4명 전원이 희생되었다. 그들은 24일간 총 1290km, 하루 평균 53km의 거리를 항진했다. 그들의 숭고한 넋은 발해 항해사에 길이 빛날 것이다.

55 尹鉉哲, 앞의 책 282~86면 참고. 조난 8회는『속일본서기(續日本書紀)』등 문헌기록에 나오는 공식 사행선(使行船)의 조난 횟수이다. 그밖에 민간들이 당한 조난은 더 많았을 것이다.

56 이상의 사적에 의해 밝혀진 일본 측 주요 항구로는 동북 연안의 데와국(出羽國)에 속한 아끼따(秋田)와 노시로(能代), 코시(越) 지역인 쓰루가(敦賀), 호꾸리꾸(北陸)인 이시까와(石川)현의 카가(加賀)와 노또(能登), 에찌젠(越前), 와까사(若狹), 니이가따(新潟), 혼슈우 남단인 톳또리현의 타지마(但馬)와 호오끼(伯耆), 시마네현의 이즈모(出雲)와 오끼(隱岐), 야마구찌(山口)현의 나가또(長門) 등이 있다. 윤명철, 앞의 책 259~70면 참고.

57 이론(異論)이 분분한 발해 측 항구로는 헤이룽강(黑龍江, 아무르강) 하류의 노아간항(奴兒干港, 누르간항), 막예개부(莫曳皆部) 동해안의 와니락항(瓦尼諾港, 바니노항), 발해국 정리부(定理府) 소재지인 파이계찬사항(帕爾季贊斯港), 연해주 남부의 파사특항(波謝特港, 뽀시예드항), 동경용원부(東京龍原府)의 외항인 용제항(龍濟港, 현 함경북도

청진시 부거리富居里 부근), 함경북도 화대군(花臺郡)의 사포항(泗浦港), 함경북도의 토호포항(吐號浦港, 또호쁘항, 현 함경북도 북청군), 함경남도의 금야만항(金野灣港, 현 영흥만) 등이 있다. 尹鉉哲, 앞의 책 264~72면 참고.

58 上田雄·孫榮健『日本渤海交涉史』, 彩流社 1994. 필자는 이 책을 구독하지 못하고 윤현철 (尹鉉哲)의 책에서 관련 내용을 재인용했다. 사도몽 일행은 해상에서 조난을 당해 구사일생으로 카가에 표착했는데, 일행 187명 중 46명만 생존했다.

59 윤명철, 앞의 책 259~70면 참고.

60 같은 책 259면.

61 같은 책 267면.

62 尹鉉哲, 앞의 책 273면의 '渤海國使節團抵達日本的地點'('발해국 사절단의 일본 도착 지점', 24회의 사절단 통계)과 윤명철, 앞의 책 255~56면의 '발해 사신 도표'(35회의 사신 통계) 참고.

63 孫光圻「公元8~9世紀新羅與唐的海上交通」, 『海交史研究』1997年 第1期.

64 孫光圻『中國古代航海史』, 海軍出版社 2005, 217면.

65 林士民「東亞海域航線之硏究」, 『고대 동아시아 바닷길』, 국립해양문화재연구소·목포대학교 도서문화연구소 공동주최 국제학술대회 발표논문집, 2009, 204~208면.

66 張錦鵬『南宋交通史』, 上海古籍出版社 2008, 166면.

67 全海宗「論麗宋交流」, 『浙東文化』2001. 2., 132~33면.

68 김재근『속(續)한국선박사연구』, 서울대학교출판부 1994, 2면과 8~11면 참고.

69 김영제「여송(麗宋)교역의 항로와 선박」, 『역사학보』204집, 2009, 238면.

70 『三國史記』卷二一 ,「高句麗本紀」'寶藏王'조: "戰艦五百艘 自萊州泛海平壤."

71 이 인용문은 가탐이 재상 재임시(德宗 貞元 연간, 785~804)에 저술한 『황화사달기(皇華四達記)』(일명 『道里記』) 중의「登州海行入高麗渤海道」의 한 부분이다. 전문은 소실되고 남아 있는 글이『舊唐書』卷四三二,「地理志」권말에 수록되어 있다. 『舊唐書』卷一六六,「賈耽傳」참고. 가탐은 이 글에서 이 '고려도(高麗道)'와 함께 압록강 하구에서 강을 거슬러 올라가 고구려 수도 환도성(丸都城, 현 集安)을 거쳐 북상해 발해 왕성(현 헤이룽장성黑龍江省 닝안현寧安縣 보하이진渤海鎭)에 이르는 길을 밝히면서 이 길을 '발해도(渤海道)'라고 지칭했다.

72 본문에 나오는 지명과 위치 비정은 오승지(吳承志)의『唐賈耽記邊州入西夷道里考實』과 『東國輿地勝覽』, 그리고 孫光圻 主編, 앞의 책 80면; 졸저『신라·서역교류사』516~18면 참고.

73 『晉書』「成帝記」.

74 『梁書』「新羅傳」.

75 『元和郡縣志』卷五,「新羅本紀」五, '太宗王'조.

76 『三國史記』卷二五,「百濟本紀」六, '義慈王'조;『舊唐書』卷一九九,「百濟傳」;『資治通鑑』「唐記」一六.

77 『元和郡縣志』卷一三, '登州'조.

78 圓仁『入唐求法巡禮行記』, '開成 五年 九月 二日'조.

79『增補文獻備考』卷一七七, 「交聘考」.

80『南齊書』卷五八, 「東夷傳」. 남제에 파견된 가야 왕의 정체에 관해서 이설이 있다.

81『日本書紀』'推古天皇 17年 4月'조.

82 같은 책, '齊明天皇 白雉 5年 7月'조.

83 키미야 야스히꼬(木宮泰彦)의『일지교통사(日支交通史)』(金刺芳流堂 1926, 209면)에
의하면 인명조(仁明朝, 唐 文宗代, 826~39) 시대에 당나라 상인들은 이른바 항신풍(恒
信風, 계절풍)을 이용해 항해했는데, 당에서는 6~7월에 서풍을, 일본에서는 8~9월에
동북풍을 이용해 출항한다. 대부분의 신라승들이 당으로부터 환국한 시기가 7월이었
다는 사실은 그들이 탄 배가 이 항신풍(서풍)을 이용했기 때문인 것으로 풀이된다.

84『增補文獻備考』卷三五, 「輿地考」.

85 김상기「麗宋貿易小考」, 『震檀學報』7호, 1937.

86 김위현「고려시대 대외관계사 연구」, 景仁文化社 2004, 207면과 209~23면 참고.

87 송과 요 간의 근 30년 전쟁 끝에 송의 진종(眞宗)과 요의 성종(聖宗) 사이에 1004년 전
연(澶淵, 澶州)에서 맺어진 화약이다. 내용은 ① 매해 송은 요에게 은 10만냥과 비단 20
만필을 세폐(歲幣)로 바치고, ② 진종은 성종의 모친을 숙모로 삼고 양국은 형제의 교
분을 쌓으며, ③ 양국의 국경은 현 상태를 유지하고 포로나 월경자는 서로 송환한다는
세가지다. 송으로서는 굴욕적인 화약이지만, 이 화약의 성격을 놓고 사가들 간에서는
논쟁이 분분하다.

88『宋史』卷四八七, 「高麗傳」.

89 같은 곳.

90『續資治通鑑長編』卷二四七, '熙寧 六年 十月 壬辰'조: "高麗自局初皆由登州來朝."

91『宋史』卷四八七, 「高麗傳」.

92『續資治通鑑長編』卷八四, '大中祥符 八年 二月 甲戌'조: "令登州于八角鎭海口治官署 以待
高麗女眞使者."

93『蘇東坡全集』奏議集 卷八, 「乞禁商旅過外國狀」, 中華書店 1986, 493면.

94 王辟之『澠水燕談錄』卷一十, 四庫本.

95『續資治通鑑長編』卷三三九, '元豊 六年 九月 庚戌'조.

96 呂英亭「宋麗關係與密州板橋鎭」, 『海交史研究』2003年 第2期.

97『諸城縣志』卷六, 「山川考」, 淸乾隆 二十九年 刻本.

98『續資治通鑑長編』卷四百九, '元祐 三年 三月 乙丑'조.

99 朱彧『萍洲可談』卷二.

100『續資治通鑑長編』卷三三九, '元豊 六年 九月 戊午'조; 卷三四一, '元豊 六年 十一月 己酉'조.

101『高麗史』卷十, '宣宗 元年 八月 甲申'조.

102『高麗史』卷十, '宣宗 二年 三月 戊戌'조; 『續資治通鑑長編』卷三五三, '元豊 八年 三月 戊
戌'조.

103 북송 중기 여송항로에서의 미저우 이용에 관해서는 김영제, 앞의 글 240~42면 참고.

104 서긍의『선화봉사고려도경』(약칭『고려도경』)에 관해 이 책의 공역자의 한 사람인 정용석(鄭龍石)은 역서『선화봉사 高麗圖經』(움직이는책 1998)에서 황허 지역의 카이펑(開封)에서 떠난 배가 위도 38도 지점에 있는 고려 개성(開城)에 가기 위해 양쯔강 이남의 위도 30도 지점에 있는 저장성 딩하이현(定海縣)에 갈 리 만무하고, 저우산군도(舟山群島) 지역을 벗어난 돛배들이 반나절 또는 하루 만에 500km 이상을 항해해 한반도 서남쪽 소흑산도(小黑山島) 부근에 도착했다는 것은 이해하기 어려우며, 자연도(紫燕島)는 중국 최남단 광저우(廣州)에, 급수문(急水門)은 광둥성(廣東省) 바오안현(寶安縣) 남쪽의 후먼(虎門) 지역에 비정되고, "『고려도경』어느 문장에도 한반도에 고려가 있었다는 내용은 없으며, 서긍을 포함한 북송 사신 일행이 한반도 고려로 왔다는 기록은 그림자조차 찾을 수 없다"는 등 여러 이유를 들어 서긍 일행이 한반도 내의 고려에 사행했다는 것을 부정하고 있다. 그는 서긍 일행의 한반도 사행을 인정하는 학계를 '관변사학계'라고 비판하면서, 서긍이 언급한 '고려'는 한반도 내 고려가 아니라 대륙 어디에 있는 '고려'임을 시사한다.『선화봉사 高麗圖經』32~36면, 342면 주 1, 343면 주 4 참고. 그러나 필자는 서긍과『고려도경』에 관해 한국 학계와 중국 학계가 주장해온 지금까지의 통설에 의해 본문을 전개한다. 이의(異意)에 관해서는 앞으로의 연구과제로 남긴다.

105 이상 항로의 일정과 경유지 및 그 비정은 張錦鵬, 앞의 책 170~75면;『선화봉사 高麗圖經』, 정용석·김종윤 공역, 움직이는책 1998, 300~49면, 海道 1~6; 졸저『신라·서역교류사』524~28면 참고.

106『宋史』卷四八七,「高麗傳」.

4. 영산강과 동아시아의 문명교류, 그 이해와 평가 ─────────

1 문명의 개념, 문명과 문화, 문명권, 문명교류의 전개과정 등에 관해서는 졸저『고대문명교류사』, 사계절 2001, 22~39면 참고.

2 최성락「영산강 유역 고대사회의 형성배경」, 역사문화학회·목포대학교박물관 엮음『영산강 유역 고대사회의 새로운 조명』, 전라남도·목포대학교박물관 2000, 29면.

3 같은 글 30면.

4 이영문『고인돌 이야기』, 다지리 2001, 40면.

5 선재명「영산강 유역의 지석묘 연구」, 목포대학교 고고인류학과 석사학위논문 2001, 7면, 28~38면.

6 安田喜憲·金遵敏 外「韓國における環境變遷史と農耕の起源」, 韓國における環境變遷史硏究日韓合同調査團『韓國における環境變遷史』, 日本 文部省 1980; 목포대학박물관·나주시 엮음『羅州牧의 재조명』, 三和文化社 1989, 60면; 향토지리연구소 엮음『영산강의 한복판 羅州 多侍』, 다시면지편찬위원회 1997, 98면.

7 최성락, 앞의 글 30~31면 참고.

8 고분문화시대는 대형 옹관고분을 비롯한 여러 형태의 고분들이 전례없이 병립한 상황이 감안되어 명명된 고고학적 개념으로서, 일부 고고학자들은 이 시대를 '옹관고분사회'라고 일컫기도 한다. 그러나 일부 문헌사학자들은 4세기부터 부족연맹체국가(혹은 연맹왕국)인 마한(영산강 유역 포함)에 대한 백제의 영유화가 시작되었다는 점을 근거로 이 시대를 백제시대로 통괄하고 있다.

9 영산강 유역에는 총 2백여기의 고분이 분포되어 있는데, 그 가운데 옹관묘가 150여기나 되며 백제계 석실분은 30여기에 불과하다. 이것은 영산강문화에서 옹관고분문화가 차지하는 높은 비중을 말해주고 있다.

10 서성훈 「영산강 유역 옹관묘의 일고찰」, 삼불김원룡교수정년퇴임기념논총간행위원회 엮음 『三佛金元龍敎授停年退任紀念論叢: 考古學篇』, 일지사 1987, 509~13면.

11 西村眞次 『文化移動論』, 李寶瑄 譯, 上海文化出版社 1989, 33~39면. 그간 지석묘를 비롯한 거석구조물이 남방에서뿐만 아니라, 일부 북방 지역에서도 발견되었지만, 주 발견지는 역시 남방 지역이므로 이 '양석문화설'은 여전히 유효한 일설이다. 문제는 이 거대하고 육중한 거석을 공통 문화요소로 하는 범지구적 문화대가 어떻게 이루어졌는가 하는 것이다. 물론 자생일 수도 있지만, 교류의 결과일 수도 있을 것이다. 교류의 경우, 거석의 반출이나 반입에 의한 교류라기보다 거석문화 창조자들의 이동이나 교류에 의한 것이라고 보는 것이 가당할 것이다.

12 성낙준 「영산강 유역 옹관고분의 성격」, 역사문화학회·목포대학교박물관 엮음, 앞의 책 84~86면 참고.

13 같은 글 84~85면.

14 앞의 졸저 82~89면 참고.

15 두 문명 간의 접변으로 인해 각이한 문명요소가 건설적으로 혼합되어 선진문명의 창조나 전통문명의 승화 같은 순기능적 역할을 하는 접변을 융합(融合, fusion)이라고 한다. 이에 반해 피전파문명의 해체나 퇴화 등 역기능적 역할을 하는 접변이 있는데, 그 하나는 두 문명의 접변으로 인해 피차(彼此)가 아닌 제3의 문명이 형성되는 융화(融化, deliquescence)이고, 다른 하나는 일방적 흡수인 동화(同化, assimilation)다.

16 홍성화 「고대 영산강 유역 세력에 대한 검토」, 『백제연구』 51집, 충남대학교 백제문화연구소 2010, 91면.

17 임영진(林永珍)은 논문 「왕인박사 논의에 대한 고고학적 고찰」(임영진·武末純一 외 『고대 영산강 유역과 일본의 문물교류』, 전라남도·(사)왕인박사현창협회 2008)에서 '영산강유역권'이란 용어를 쓰고 있다. 그러면서 정읍 운학리 고분은 행정적으로는 전북으로 다르지만 영산강유역권의 분구묘와 동일한 특징을 가지고 있기 때문에 '문화적으로 영산강유역권에 포함되는 지역으로 설정된 바 있다'(22면)고 함으로써 '영산강유역권'은 곧 '영산강문화권'으로 환치할 수 있음을 시사하고 있다.

18 강봉룡 「고대 동아시아의 해상교류와 영산강 유역: 신미제국과 왕인의 도왜(渡倭) 문제의 탐색을 위하여」, 같은 책 152~53면.

19 홍성화, 앞의 글 18면.

20 영국의 문명사가 아널드 조지프 토인비(Arnold Joseph Toynbee, 1889~1975)는 명저 『역사의 연구』(A Study of History, 전12권, 1934~61)에서 문명의 탄생과 성장에 관한 이른바 '도전과 응전의 법칙', 그리고 이 법칙에 따라 문명은 탄생, 성장, 붕괴(쇠퇴), 해체의 4단계를 주기적으로 거친다는 이른바 '문명순환론'을 제시했다.

21 한병삼(韓炳三)은 「영산강 유역 고문화의 연구현황」(제5회 全南古文化 심포지엄 주제발표, 1990. 11)에서 "전남지방의 젖줄이며 대동맥인 영산강은 넓은 평야지대를 품고 있어 일찍부터 인류가 생활하기에 적합한 자연조건을 갖추고 있다. 이러한 호조건은 문화형성의 좋은 기반이 되었을 것이다."라고 분석했다.

22 나주시 연구단 『영산강 생태문화관광 뱃길 조성: 나주시를 중심으로』, 제7회 행정연수대회, 1998, 30~31면.

23 범선규 「영산강 유역의 지형과 토지이용」, 고려대학교 지리학과 박사학위논문 2001, 8면.

24 영산강개발지편찬위원회 『영산강개발지』, 농수산부·농업진흥공사 1979, 52~53면. 범람원(汎濫原, flood plain, 일명 '홍수터' 혹은 '홍함지洪涵地')은 하천이 범람해 토사가 퇴적됨으로써 생긴 땅(지역, 평야)으로, 주로 강의 하류에서 물줄기가 갈라져서 홍수가 났을 때 범람이 생긴다.

25 노신규·곽판주 『토양학개론』, 정음사 1974, 89~92면; 전덕재 「백제 농업기술 연구」, 『한국고대사연구』 15집, 1999, 95~98면.

26 전덕재 「삼국시기 영산강 유역의 농경과 사회변동」, 역사문화학회·목포대학교박물관 엮음, 앞의 책 103면.

27 범선규, 앞의 논문 7면.

28 같은 논문 23면.

29 『晉書』 卷3, 帝紀3 馬韓條. 함녕(咸寧) 2년(276) 2월~영평(永平) 원년(291)까지의 15년간. 문안식·이대석 『한국고대의 지방사회: 영산강 유역의 역사와 문화를 중심으로』, 혜안 2004, 48면.

30 『晉書』 卷36, 列傳6 張華條: "東夷馬韓新彌諸國 依山帶海 去州四千餘里 歷世未附者二十餘國 並遣使朝獻." 앞의 『진서』 마한조에는 태강 원년 7월, 즉 280년에 '東夷 二十國'(20여 개국이 아님)이 조헌(朝獻)했다고 기록되어 있고, 태강 3년 9월, 즉 282년 '東夷二十九國 歸化'라고 기록되어 있다. 이 '東夷二十國'이 신미제국(新彌諸國, 영산강 유역 부족왕국들)이라고 한다면, 2년 후에 거명된 이 '東夷二十九國'도 신미제국이라고 여겨도 별 무리가 없을 것이다.

31 강봉룡 「고대 동아시아 연안항로와 영산강·낙동강 유역의 동향」, 『도서문화』 36집, 2010, 13~16면. 강봉룡은 이 글에서 '신미'라는 이름을 영산강 유역의 고대사회를 지칭하는 '대표명칭'으로 사용할 것을 제안한다.

32 화천은 중국 신대(2~23년)에 주조된 동전으로서 방곽(方郭) 좌우에 '화천(貨泉)'이란 두 글자가 있다.

33 강봉룡 「영산강 유역의 고대사회와 나주」, 나주시·목포대학교박물관 엮음 『나주지역

고대사회의 성격』, '98국제학술대회' 자료집, 나주시 1998, 80면 주21.

34 최성락, 앞의 글 36면.

35 許玉林『遼東半島石棚』, 遼寧科學技術出版社 1994; 역사문화학회·목포대학교박물관 엮음, 앞의 책 11면에서 재인용.

36 王洪峰「石棚墓葬研究」, 『靑果集』, 知識出版社 1993; 역사문화학회·목포대학교박물관 엮음, 앞의 책 11면에서 재인용.

37 毛昭晰「浙江支石墓的形制與朝鮮半島支石墓的比較」, 杭州大學韓國硏究所 編『中國江南社會與中韓文化交流』, 杭州出版社 1997; 역사문화학회·목포대학교박물관 엮음, 앞의 책 11면에서 재인용.

38 마오자오시(毛昭晰)는「고대 중국 강남지역과 한반도」, 역사문화학회·목포대학교박물관 엮음, 앞의 책 12면에서 이 문화권을 예맥족(濊貊族)의 문화권이라고 주장한다.

39 마오자오시 논문에 대한 토론문. 같은 책 23~24면.

40 같은 책 9면.

41 나주시·목포대학교박물관 엮음, 앞의 책 32면.

42 역사문화학회·목포대학교박물관 엮음, 앞의 책 12~16면.

43 같은 책 24면.

44 일본 학자들이 1920년대 김해 패총에서 나온 볍씨 유물에 근거해 우리나라의 벼농사는 기원전 1세기경에 시작되었으며, 따라서 기원전 3세기에 벼농사를 받아들인 일본으로부터 유입되었다고 주장하는 '일본유입설'이다.

45 볍씨의 평균 길이는 7.19mm, 너비는 3.08mm이고, 대부분은 단립형 찰벼인 자포니카(Japonica)인데, 일부는 장립형 메벼인 인디카(Indica)와 자바니카(Javanica)에 가깝다. "식물의 조직학적, 생태적, 토양의 물리적 면을 고려할 때 한국 벼 재배의 조상이며 순화(馴化) 초기 단계의 벼로 해석되고 청원군 소로리는 벼 재배의 기원지로 기록되어야 할 것이다." 박태식·이융조「소로리볍씨 발굴로 살펴본 한국 벼의 기원」, 『농업사연구』 3권 2호, 한국농업사학회 2004.

46 1999년 제4회 유전학국제회의(필리핀), 2002년 제1회 소로리볍씨 국제학술회의(한국), 2003년 제5회 세계고고학대회(워싱턴) 등.

47 『동아일보』 2007년 11월 26일자.

48 졸저『한국 속의 세계(상)』, 창비 2005, 56~64면 참고.

49 임영진, 앞의 글 20~21면. 임영진은 이 글에서 3세기 말~4세기 초부터 백제에 밀린 마한세력의 일부가 일본 큐우슈우 북부지역으로 이주함에 따라 가야와 키나이(畿內) 사이에 형성되었던 기존의 교류채널과 구별되는 새로운 교류채널이 마한과 큐우슈우 사이에 개통됨으로써 영산강유역권에 일본의 문물이 유입되기 시작하였다고 기술하고 있다.

50 같은 글 29면.

51 일본의 원시·고대사(홋까이도오와 류우뀨우열도 제외)는 구석기시대→죠오몬(繩文)시대→야요이(彌生)시대→고훈(古墳)시대→아스까(飛鳥)시대→나라(奈良)시대→헤

476

이안(平安)시대 순으로 구분한다. 그중 기원전 6·7세기~기원후 3세기 전반까지 지속된 야요이시대는 한국의 원삼국시대에, 3세기 중엽~6세기까지의 고훈시대는 한국의 삼국시대에 대체적으로 상응한다. 武末純一「일본 출토 영산강 유역 관련 고고학 자료의 성격」, 임영진·武末純一 외, 앞의 책 104면.

52 최성락, 앞의 글 36면. 일본 학자 타께스에 준이찌(武末純一)는 더 나아가서 '영산강 유역계(榮山江流域系)' 시대에 이르러서도 "문화와 사람의 흐름은 압도적으로 '한반도에서 일본열도로' 흘러갔다"고 주장한다. 武末純一, 앞의 글 103면.

53 같은 글 106~14면.

54 자라봉 고분의 축조 시점(4세기와 5세기라는 엇갈린 주장)과 양식상의 특징에 관해서는 강봉룡의 「고대 동아시아의 해상교류와 영산강 유역: 신미제국과 왕인의 도왜(渡倭) 문제의 탐색을 위하여」 164면의 주 77과 주 78 참고.

55 영산강 유역에만 분포되어 있는 전방후원분(장고분)은 고성의 송학동 1호분을 비롯해 영광의 월계 고분(월계장고분), 함평의 신덕 고분과 장고산 고분, 광주의 월계동 1호분과 월계동 2호분, 명화동 고분, 영암의 자라봉 고분, 해남의 말무덤 고분(용두리 고분)과 장고봉 고분(장고산 고분) 등 모두 14기다. 보다시피, 이 고분은 영광, 함평, 광주, 영암, 해남, 담양 등 영산강문화권의 핵심지역인 나주를 제외한 외곽지역에 산재되어 있다. 임영진, 앞의 글 21면.

56 田中俊明「영산강 유역에서의 전방후원형고분의 성격: 造墓集團의 성격을 중심으로」, 역사문화학회·목포대학교박물관 엮음, 앞의 책 206면.

57 타께스에 준이찌는 앞의 글(104면)에서 '기원지'를 결정하는 '객관적인 기준'으로 이러한 불연속성과 비보편성 말고도 각 유적 안에서의 비율이 일정하지 않은 '불안정'과 그밖의 고고학 자료와 모순되지 않는 것(비모순성)을 제기하고 있다.

58 서성훈「영산강 유역의 옹관묘를 통해 본 전남지방의 고분문화」, 국립광주박물관·전라남도 엮음『全南古文化의 현황과 전망: 고고학을 중심으로』, 제2회 全南古文化 심포지엄 자료집, 1987, 136~38면.

59 임영진, 앞의 글 24~25면.

60 같은 글 26~28면 참고. 임영진은 다른 글에서 옹관봉토분에 버금가는 영산강식 석실봉토분의 피장자 문제를 두가지 가능성으로 다루고 있다. 하나는 석실봉토분 역시 외곽지역에 분포되어 있다는 이유를 들어 피장자는 북큐우슈우 지역 등 타 지역에서 들어온 망명객이라는 가설이고, 다른 하나는 외곽지역에 나타난 신흥세력으로서, 그들은 왜의 북큐우슈우식 석실이나 중국의 전축분(塼築墳)의 영향을 받아 이런 영산강문화 특유의 고분을 축조했다는 것이다. 임영진「영산강 유역 석실봉토분의 성격」, 역사문화학회·목포대학교박물관 엮음, 앞의 책 180~81면.

61 강봉룡「영산강 유역 고대사회 성격론: 그간의 논의를 중심으로」, 같은 책 61~62면.

62 김영심「영산강 유역 고대사회와 백제」, 같은 책 227~29면.

63 서성훈, 앞의 글 147~48면.

64 같은 글 149면.

65 우재병 「영산강 유역 전방후원분 출토 원통형토기에 관한 시론」, 『백제연구』 31집, 충남대 백제연구소 2000, 43~53면.

66 같은 글 43~48면. 일본의 오구리 아끼히꼬(小栗明彦)는 월계동 1호분 원통형토기의 계보에 관해서 일본의 오와리(尾張, 아이찌현愛知縣 주변)를 중심으로 하는 지방에서 도립기법이 사용되어 발생한 원통형토기의 형태와 제작기술 정보가 호꾸리꾸(北陸, 이시까와石川縣 주변) 지방과 동해를 경유해 변용되면서 영산강 유역에 전달되었다고 주장한다. 역시 일본의 아즈마 우시오(東潮)는 원통형토기의 조형(祖型)이 되는 기형(器形)이 북큐우슈우에 있으며, 고분의 석실 구조도 그곳의 것과 유사하다는 이유로 이 토기의 계보를 북큐우슈우에 관련시킨다. 한국의 박순발(朴淳發)은 이 토기의 왜적 요소를 부정하지는 않지만, 그것이 6세기 전반 백제의 남천으로 인해 발생한 새로운 정치질서 속에서 정치세력 간의 이해관계에 의해 출현한 것으로 보고 있다.

67 도립기법이란 원통형토기의 제작공정에서 점토띠를 어느정도 감아올린 단계에서 제작 중인 원통의 상하가 바뀌도록 뒤집어놓고 다시 그 위에 점토띠를 감아올려 성형하는 기법이다.

68 Lewis Henry Morgan, *Ancient Society*, Chicago 1877.

69 해로를 통한 불교의 남래설에 관해서는 졸저 『신라·서역교류사』, 단국대학교출판부 1992, 284~312면 참고.

70 『三國志』 「魏書」 '東夷傳' 倭人條. 여기서의 '韓國'은 충청도 일원의 마한연맹체나 그 연맹체를 이끌고 있던 아산만 인근의 목지국(目支國)을, '狗邪韓國'은 김해지역의 금관국(金冠國)을, '一大國'은 이끼시마(壹岐島)의 이찌다이국(一大國)을 지칭하며, '末盧國' 이하 '邪馬臺國'까지는 큐우슈우 지방에 있던 왜의 여러 소국을 말한다.

71 王曉秋·大庭修 主編 『中日文化交流大系: 歷史卷』, 浙江人民出版社 1996, 61면.

72 졸고 「동북아 해로고」, 『문명교류연구』 2호, 한국문명교류연구소 2011, 17~32면 참고.

73 『詩經』 「商頌」: "相土烈烈 海外有截."

74 『論衡』 「恢國」: "越裳獻雉 倭人貢暢."

75 『韓非子』 「有度」: "先王立司南以端朝夕."

76 서복 선단의 동도(東渡)에 관해서는 졸문 「서복도한고(徐福渡韓考)」, 『문명교류사 연구』, 사계절 2002, 359~99면 참고. 서복 일행이 전남 땅에 남긴 흔적에 관해 한두가지 전설이 전해오고 있다. 서복이 '불로초'를 구하기 위해 삼신산(三神山, 지리산)에 가면서 구례군 마산면(馬山面) 냉천(冷泉)마을에 들러 샘물을 마셔보니 물이 하도 차서 찬 샘이 솟아나는 곳이라고 하여 이 마을을 '냉천마을'이라 이름지었다고 한다. 다른 한가지 전설로는, 서복 일행이 지금의 섬진강인 다사천(多沙川, 강바닥에 고운 모래가 많이 깔려 있다는 데서 유래)을 따라 올라가다가 그 지류인 구례의 서시천(徐市川, 혹은 西施川)으로 해서 지리산에 들어갔다. 그러나 '불로초'를 찾지 못하자 다시 서시천을 따라 내려와 남해안가에서 배를 타고 탐라(耽羅, 제주도)로 가게 된다. 서불이 두번씩이나 오갔다고 해서 이 강을 '서시천'이라 부르게 되었다고 한다. 그런데 서불의 '불(市)'(앞치마불)자를 누군가가 외견상 얼른 구별할 수 없는 '시(市)'(저자시)자로 오인해 '서시

천(徐市川)'으로 잘못 부른 것이 지금까지 굳어져 내려왔다는 것이다.

77 한반도 서남해안을 지나가는 해로 연변에서 중국 고대 화폐가 발견된 곳은 해남 군
곡리 패총(화천), 고흥 거문도 유적(오수전 980점), 제주 신지항(오수전, 대천, 화천),
사천 늑도 유적(반량전), 의창 다호리 유적(오수전), 창원 성산 패총(오수전), 김해 회
현리 패총(화천) 등이 있다. 최몽룡「상고사의 서해 교섭사 연구」,『국사관논총』3집,
1989, 20~21면; 지건길「남해안지방 한대 화폐」,『昌山金正基博士華甲紀念論叢』, 1990,
535면; 강봉룡「고대 동아시아의 해상교류와 영산강 유역: 신미제국과 왕인의 도왜(渡
倭) 문제의 탐색을 위하여」146면.

78 윤명철이 영산강 유역이 고대 중국과 교섭할 때 사용한 항로라고 제시한 '황해 남부
횡단항로'나 '황해 남부 사단항로' '동중국해 사단항로' 등은 7세기 통일신라시대 이후
에 가동되었던 한·중 간의 남방 해로이지, 그 이전 시기, 특히 영산강문화권 시대의 정
상 해로는 아니었다고 본다. 윤명철「고대 동아 지중해의 해양교류와 영산강 유역」, 역
사문화학회·목포대학교박물관 엮음, 앞의 책 149~52면.

79 같은 글 155~58면.

80 쿠로시오(黑潮)는 태평양 서부 타이완섬 동쪽에서 발원해 북쪽으로 일본을 거쳐 흐르
는 해류를 말한다. 이 해류는 동중국해를 크게 원을 그리듯이 에돌아 북상하다가 일부
는 동해로 흘러들어 쓰시마(對馬) 해류가 된다. 다시 태평양으로 나와서 북동쪽으로 진
행한다.

81 예컨대 흑산 제도에서의 창조류(漲潮流)는 북~서북쪽으로 흐르고 낙조류(落潮流)는
남~남동쪽으로 흐르는데, 창조류/낙조류는 저조(低潮)/고조(高潮) 후 2~3시간부터 고
조/저조 후 2~3시간까지 흐르며, 각 도서 사이의 협수도(狹水道)에서는 유속이 매우 빠
르다. 같은 글 139면 주 12.

7.『지봉유설』속 외국명 고증 문제

1『지봉유설』은 저자 이수광이 1614년에 탈고한 후 서문을 써둔 것인데,『지봉집(芝峯
集)』과 함께 아들 성구(聖求)와 민구(敏求) 형제가 1634년 의령(宜寧)에서 목판으로 간
행했다. 내용은 여러가지 경서와 유설에 관한 348가(家)의 전적(典籍)에서 3435조의 사
항을 25부 182항목으로 분류한 우리나라의 첫 백과전서다. 특히 권2의「제국부(諸國
部)」에서 외국의 문물과『천주실의(天主實義)』등 천주교 교의를 소개함으로써 17세기
실학이라는 새로운 학풍을 일으킨 계기가 되었다.

2 지봉의 세계지지관을 다룬 논저로는 다음과 같은 것이 있다.

노정식「"지봉유설"에 나타난 지리학적 내용에 관한 연구」,『대구교육대학논문집』4집,
대구교육대학교 1969.

유홍렬「이수광의 생애와 그 후손들의 천주교 신봉」,『역사교육』13집, 1970.

이만열「지봉 이수광 연구: 그의 행적과 해외인식을 중심으로」,『숙대사론』6집, 1971.

이원순『朝鮮西學史研究』, 일지사 1986.

한영우「이수광의 학문과 사상」, 『한국문화』 13호, 1992.

원재연「17~19세기 실학자의 서양인식 검토」, 『한국사론』 38집, 1997.

노대환「조선 후기의 서학 유입과 서기수용론」, 『震檀學報』 83호, 1997.

구만옥「16~17세기 양반사대부의 서구 이해와 세계관」, 『17세기 조선과 서양의 만남』, 연세대학교 국학연구원 2003.

장보웅·손용택「지봉 이수광의 지리적 세계관」, 『문화역사지리』 16권 1호, 2004.

한명기「'지봉유설'에 나타난 이수광의 대외인식: 대외인식 형성의 배경과 평가 문제를 중심으로」, 『진단학보』 98호, 2004.

김문식「이수광의 자아인식과 타자인식」, 『진단학보』 98호, 2004.

한영우「이수광의 세계인식」, 『실학의 선구자 이수광』, 경세원 2007.

3 『芝峰類說』, 남만성 옮김, 을유문화사 2001, 卷二『諸國部』 '外國'조에 준한 계산이다. 연구자들의 시각에 따라 '외국' 수가 30여개에서 50여개로 큰 차이를 보인다. 그리고 일부 연구자들은 이 책『諸國部』 '北虜'조에 있는 3국(숙신肅愼, 돌궐突厥, 금金)을 외국 개념에 포함시키고 있다. 물론 조선으로 보면 외국이 분명하지만, 이 글에서는 '외국'조에 포함된 나라들만 다루고 있음을 밝혀둔다.

4 34권 10책으로 된『지봉집』은 인조 12년(1634)에 아들 성구와 민구 형제가 편집 및 간행한 지봉의 시문집이다.

5 한영우, 앞의 책 209~10면 참고.

6 24권의 이 책은 황당무계해서 '경죽난서(罄竹難書)', 즉 '죄상이 너무 많아 필설로 이루다 표현할 수 없다'는 혹평을 받고 있는 책이다.

7 『삼재도회(三才圖會)』(일명『三才圖說』, 총 108권)는 명대의 왕기(1530~1615)와 아들 사의(思義)가 편찬한 백과사전적 도록류 서적이다. '삼재(三才)'는 '천(天)·지(地)·인(人)'을 지칭하는 것으로서 천문, 지리로부터 인물, 초목에 이르기까지 3계의 만물상을 다루고 있다. 권 중에는 내화(來華) 선교사들이 들여온 지도나 과학기술을 나름대로 소개한 내용도 있다.

8 명대의 정효(1499~1566)가 명 홍무제(洪武帝)로부터 정덕제(正德帝)에 이르기까지의 기간에 일어난 사실(史實)을 기전체(紀傳體)로 기록한 사책(史冊)이다.

9 이수광이 '외국'조가 포함된『제국부』와「지리부」에서 인용한 사기류 위주의 문헌은 무려 50여종에 달한다. 노정식, 앞의 글 138면.

10 「양의현람도」는 경북 울진군 기성면 사동리의 황병인(黃炳仁)이 소장한 것으로 알려졌는데, 그의 선조인 황여일(黃汝一)이 사신으로 베이징에 갔을 때 가져온 것이라고 하나 연대는 확실치 않다. 같은 글 142면 참고; 黃時監 主編『中國關係年表』, 浙江人民出版社 1994, 377면.

11 이 글에서는『지봉유설』과 중국 역대에 출간된 8종의 주요 세계 지지서들에 거명된 외국명들 간의 대조 비교를 통해 이수광의 세계인식을 밝혀보려고 한다. 외국명 아래 기술된 내용을 통한 이들 지지서들 간의 비교연구는 금후의 과제로 남겨놓는다.

12 「혼일강리역대국도지도」의 '혼일(混一)'이란 용어는 원나라가 한족의 입장에서 보면 이적(夷狄)인 몽골족이 세운 나라이기 때문에 '중화'와 '이적'을 하나로 묶는 통일적 개념으로 사용하기 시작했다. 이 지도에서 보는 것처럼 조선도 이 지도를 비롯해 그 이후에 만든 세계지도의 제목에는 이 '혼일'을 사용하는 것이 상례가 되었다. 예컨대 1530년경에 제작된 「혼일역대국도강리지도(混一歷代國都疆理地圖)」의 경우이다. 「혼일강리역대국도지도」에 관해서는 오상학 「조선시대의 세계지도와 세계 인식」, 서울대학교 지리학과 박사학위논문 2001, 제2장 제2절 '혼일강리역대국도지도」의 세계 인식' 참고.

13 김문식, 앞의 글 225면 주 70~72 참고.

14 노정식, 앞의 글 136면 참고.

15 『芝峯類說』「諸國部」'外國'조: "見其圖甚精巧於西域特詳以至中國地方曁我東八道日本六十州地理遠近大小纖悉無遺."

16 이에 관해서는 이만렬, 앞의 글 51~58면 참고.

17 『芝峯類說』「諸國部」'外國'조: "俗尙信義 行者讓路道不拾遺 (…) 而有上古三代之風可尙也."

18 같은 곳: "好布施 物産饒裕 (…) 人無飢寒 夜無寇盜 蓋樂土也."

19 같은 곳: "以上諸國 出『吾學編』等書 (…) 此外 西番及海外小國 如彭亨·呂宋·阿魯·甘巴利等國 不能悉錄 其不通中華 不入載籍者 亦何限乎."

20 동서양 개념과 그 변화에 관해서는 졸저 『문명교류사 연구』, 사계절 2002, 16~22면 참고.

21 『지봉유설』속 외국명 실태조사에 포함된 이 87개는 독립항목으로 수록된 54개국과 독립항목 속에 거명된 나라와 지방 33개를 합한 것이다.

22 『지봉유설 精選』(정해렴 역주, 현대실학사 2000, 58~62면)에서는 『지봉유설』의 '외국'조에 거명된 나라와 지역, 인물들 중에서 '왜노(倭奴)' '하이(蝦夷)' '천황(天皇)'과 관백(關白)' '일본의 삼신산(三神山)' '대마도(對馬島)' '임정태자(臨政太子)' '뽀르투갈(佛浪機國)' '남번국(南番國)' '마떼오 리치(利瑪竇)' '구라파(歐羅巴)' 등 열가지 내용을 역출했다. 그 가운데서 외국의 국명과 지명은 4개밖에 안 되는데, 그것마저도 음역에 그치고 역주는 없다.

23 노정식, 앞의 글 134~36면. 이만열도 앞의 글(45~51면)에서 동남아시아와 중앙아시아의 10여개 나라와 회회국들에 관해 소개하고 있다. 뒤에 출간된(2007) 한영우의 앞의 책(216면)에서도 52개국의 역주를 찾아볼 수 있다.

24 이기찬 「『매천집(梅泉集)』 역주의 유형별 고찰: 고전번역서 역주의 방향 모색을 위한 시론」, 『경술년 순국선열 향산 이만도·매천 황현 문집 번역 기념' 발표 논문집』, 한국고전번역원 2010, 77~79면 참고.

25 『지봉유설』보다 더 광범위한 지지(地誌)를 포괄하고 있는 『지구전요』(13권)는 '亞細亞總說'과 '歐羅巴總說' '阿非利加(아프리카)總說' '亞墨利加(아메리카)總說'의 4개 총설을 설정하여 세계 5대주의 거의 모든 나라들의 '疆域·山水·人民·程途·俗·兵·學·法·刑·器用·工·商·文·食·衣·物産·風氣(기후)'를 상술하고 있다.

8. 『왕오천축국전』 연구의 회고와 전망

1 高楠順次郞 「慧超傳考」, 『大日本佛敎全書』 卷13: 『遊方傳叢書』 卷1, 東京 1915.

2 이 책 6권은 저자 원조(圓照)가 정원(貞元) 16년(800) 이전에 혜초와 불공 등 10여명의 고승들이 쓴 총 180여수의 표제(表制), 사표(謝表), 답비제문(答批祭文) 등을 집록한 서적이다.

3 高楠順次郞 「慧超往五天竺國傳に就いて」, 『宗敎界』 11卷 7號, 1915, 18~19면.

4 『代宗朝贈司空大辨正廣智三藏和尙表制集』 卷3.

5 고병익 「구도자의 끝없는 순례기: 왕오천축국전 혜초」, 현암사 엮음 『한국의 명저』, 현암사 1969, 48~49면. 이 글 말미의 '신라승구법입당표'에 입당승 90여명의 승명과 입당년, 귀국선, 문헌출처 등이 적혀 있다.

6 최남선(崔南善)은 1943년에 펴낸 『新訂三國遺事』(三中堂書店 1943)의 부록 「왕오천축국전 해제」에서 혜초는 약관에 당에 건너갔다고 하였으며, 일본의 오오따니 카쯔마사(大谷勝眞)는 1934년에 쓴 「慧超往五天竺國傳中の一二に就いて」(小田先生頌壽記念會 編 『小田先生頌壽記念 朝鮮論集』, 大阪屋號書店 1934) 18면에서 혜초는 개원 10년(722) 무렵 30세를 전후한 시기에 남해를 출발해 도축(渡竺), 개원 17년(729)이나 18년경에 장안에 돌아왔다고 한다.

7 혜초의 서문은 크게 세가지 내용인데, 첫째인 '譯經緣起'에서는 그의 귀당 후의 행적을 기록하고 있고, 둘째인 '述經秘義'에서는 5문(門) 9품(品)의 비밀교의를 약술하고 있으며, 셋째인 '說經頌'에서는 7언(言) 20구(句)의 게송(偈頌)을 소개하고 있다. 김영태 「신라승 혜초에 대하여」, 『伽山學報』 3호, 가산불교문화연구원 1994, 25~30면 참고.

8 慧超 「賀玉女潭祈雨表一首(幷答)」, 『代宗朝贈司空大辨正廣智三藏和尙表制集』 卷5: 『大正新修大藏經』 卷52, 855면.

9 P. Pelliot, "Deux Itinéraires de Chine en Inde á la fin du VIIIe Siécle," *Bulletin de l'Ecole Française d'Extrême-Orient*, Tome 4, 1904.

10 *The Hye Ch'o Diary: Memoir of the Pilgrimage to the Five Regions of India*, Translated and edited by Han-Sung Yang, Yün-Hua Jan, Shotaro Iida, and Laurence W. Preston, Berkeley, Calif.: Asian Humanities Press/Seoul: Po Chin Chai Ltd. 1984.

11 桑山正進 編 『慧超往五天竺國傳研究』, 京都大學人文科學硏究所 1992.

12 張毅 箋釋 『往五天竺國傳箋釋』, 中華書局 1994.

13 고병익 「慧超 往五天竺國傳 研究史略」, 백성욱박사송수기념사업위원회 엮음 『白性郁 博士 頌壽記念 불교학논문집』, 동국대학교 1959.

14 고병익 「혜초」, 『동아사의 전통』, 일조각 1976.

15 溫玉成 「西行的新羅高僧: 原來是少林弟子」, 『中國文物報』 1992. 10. 18.

16 김영태, 앞의 글; 고병익 「'왕오천축국전' 해설」, 『東아시아文化史論考』, 서울대학교출판부 1997; 변인석 『唐 長安의 新羅史蹟』, 아세아문화사 2000; 변인석·진경부·이호영

『중국 명산 사찰과 해동 승려』, 주류성 2001.
17 『혜초의 왕오천축국전』, 정수일 역주, 학고재 2004.

수록문 출처

우리에게 실크로드란 무엇인가

2011년 3월 28일 우석대학교에서 열린 동명의 특강에서 발표한 후 라틴아메리카(2012년)와 아프리카(2016년) 및 유럽(2018년)을 주유하면서 수집한 실크로드 관련 한국 자료를 집대성한 글. 국내의 관련 강좌나 강연에서 많이 발표.

실크로드의 개념에 관한 동북아 3국의 인식

2018년 12월 14일 서울의 국회 회의실에서 개최된 '한국문명교류연구소 창립 10주년 기념 국제학술대회'에서 발표한 기조강연문.

실크로드와 '일대일로'

2016년 11월 24일 서울에서 개최된 '돈황-실크로드 국제학술대회' 기조발표문.

해상실크로드의 환지구성 문제를 논함 / 論海上絲綢之路的環球性問題

2016년 4월 타이완 타이베이에서 개최된 '第11屆海港都市國際研究會及第5屆世界海洋文化研究所協議會大會'에서 발표한 기조강연문.

해상실크로드와 한반도 / 海上絲綢之路與韓半島

2011년 12월 11일 중국 닝보(寧波)에서 개최된 '海上絲綢之路與世界文明進程國際論壇'에서 발표한 논문.

북방 유라시아유목문명의 대동맥, 초원실크로드

2019년 3월에 출간된 『실크로드 도록: 초원로편』의 '여는 글'.

쿠르간과 초원실크로드의 복원

2018년 다섯차례에 걸친 총 79일간의 북방 초원로 답사 결과 초원실크로드를 새롭게 복원한 논문. 2019년 3월에 출간한 『실크로드 도록: 초원로편』에 수록.

희세의 풍운아 콜럼버스

2014년 6월 콜럼버스의 네차례에 걸친 대서양 횡단 항해 현장을 직접 탐방하면서 남긴 글. 2016년 10월에 출간한 『문명의 보고 라틴아메리카를 가다 2』에 수록.

실크로드와 경주 / The Silk Road and Gyeongju

2019년 9월 모스끄바에서 개최된 제5회 세계실크로드학회 국제학술대회에서 발표한 논문으로, '최우수논문상' 수상.

실크로드의 규범서, 『실크로드 사전』

한국문명교류연구소 연구원 정진한 박사가 2019년 10월 1일 중국 둔황에서 개최된 실크로드국제학술대회의 요청에 의해 발표한 논문으로, 필자와 공저.

문명교류의 전개약사

고대 및 중세 '문명교류사'를 집필하면서 문명교류의 전개사를 요약하여

2019년 8월 '중세문명교류사'의 서문으로 택한 글.

동북아시아의 문명유대와 평화 / 東北亞的文明紐帶與和平

2016년 6월 18일 중국 창춘 지린대학 동북아시아연구원에서 개최한 '조선(한)반도의 정세 변화와 동북아시아 지역 안전' 제하의 중국·일본·한국 국제학술회에서 발표한 기조강연문.

동북아 해로고

2010년 6월 4일 한국문명교류연구소 제4차 학술심포지엄에서 발표한 논문으로, 연구소 학술지『문명교류연구』2011년 제2호에 게재.

영산강과 동아시아의 문명교류, 그 이해와 평가

2011년 9월 22일 나주에서 개최된 '영산강의 문명교류와 생활문화사' 제하의 '영산강국제학술심포지엄'에서 발표한 기조강연문.

알타이문화대와 한반도

2009년 12월 9일 서울에서 개최된 '알타이문화 2009 포럼' 창립총회에서 발표한 기조강연문.

한국과 중앙아시아의 오래된 만남

2018년 6월 1일 까자흐스딴 알마띠에서 개최된 '초원실크로드와 북방협력 국제포럼' 개막식에서 발표한 기조발표문.

『지봉유설』속 외국명 고증 문제

2010년 12월 4일 개최된 한국문명교류연구소 제5차 학술심포지엄 발표논문으로, 연구소 학술지『문명교류연구』2011년 제2호에 게재.

『왕오천축국전』 연구의 회고와 전망

2019년 9월 28일 서울에서 개최된 한국둔황학회 학술대회 개막 기조연설문.

찾아보기

488

지명

사항

우리 안의 실크로드

초판 1쇄 발행 / 2020년 9월 15일

지은이 / 정수일
펴낸이 / 강일우
책임편집 / 김가희 신채용
조판 / 신혜원
펴낸곳 / (주)창비
등록 / 1986년 8월 5일 제85호
주소 / 10881 경기도 파주시 회동길 184
전화 / 031-955-3333
팩시밀리 / 영업 031-955-3399 편집 031-955-3400
홈페이지 / www.changbi.com
전자우편 / human@changbi.com

ⓒ 정수일 2020
ISBN 978-89-364-8293-0 93900

VOL

12

2010 하반기

작가와 비평

Writer and Criticism

작가와비평

저자가 문학사회에 나선 적지 않은 세월 동안 짬짬이 내놓았던 줄글 가운데 시 창작 경험을 다룬 것을 중심으로 한 자리에 묶었다. 시에 두루 걸친 경험을 담은 글, 개별 작품에 대한 자작시 풀이나 시작 노트에 드는 글, 창작 언저리에서 얻은 강연 원고나 이저런 표사·축사와 같은 것, 대담 가운데서 지역문학에 대한 생각을 담은 것들 모두 네 매듭을 지었다.

박태일 | 13,800원 | 국판변형(양장) | 336쪽 | 작가와비평

시는 달린다

시로 말미암아 더욱 지치고 시로 말미암아 더욱 아프리라

시는 예나 이제나 스스로 살길을 잘 찾아 따르며 살아온 떠돌이의 노래다.
힘찬 떠버리 노래다. 말로써 말 많은 아픈 매혹이다.
앞날에 대한 걱정 앞에서도 시는 당당하다. 시는 달린다.

펴낸곳 작가와비평 | **등록** 제2010-000004호 | **주소** 경기도 광명시 소하동 1272번지 우림필유 101-212
블로그 http://wekorea.tistory.com | **이메일** wekorea@paran.com

공급처 (주)글로벌콘텐츠출판그룹 | **주소** 서울특별시 강동구 길동 349-6 정일빌딩 401호 | **전화** 02-488-3280 | **팩스** 02-488-3281